U0818268

高中数学单元教学

解读与设计

主编　燕洁

从“碎片化”到“结构化”的教学变革

山西出版传媒集团　山西教育出版社

图书在版编目（CIP）数据

高中数学单元教学解读与设计 ：从“碎片化”到“结构化”的教学变革 / 燕洁主编. — 太原 ：山西教育出版社，2021.4

ISBN 978-7-5703-2289-3

Ⅰ. ①高… Ⅱ. ①燕… Ⅲ. ①中学数学课—教学研究—高中 Ⅳ. ①G633.602

中国版本图书馆 CIP 数据核字（2022）第 050898 号

高中数学单元教学解读与设计：从“碎片化”到“结构化”的教学变革

GAOZHONG SHUXUE DANYUAN JIAOXUE JIEDU YU SHEJI：CONG “SUIPIANHUA” DAO “JIEGOUHUA” DE JIAOXUE BIANGE

责任编辑 张 平
复　　审 刘继安
终　　审 闫果红
装帧设计 王耀斌
印装监制 蔡 洁

出版发行 山西出版传媒集团·山西教育出版社
（太原市水西门街馒头巷 7 号 电话：0351-4729801 邮编：030002）
印　　装 山西聚德汇印务有限公司
开　　本 720×1020 1/16
印　　张 24.75
字　　数 366 千字
版　　次 2023 年 9 月第 1 版 2023 年 9 月第 1 次印刷
书　　号 ISBN 978-7-5703-2289-3
定　　价 75.00 元

如发现印装质量问题，影响阅读，请与山西教育出版社联系调换。电话：0351-4729718。

主　编

燕　洁

副主编

李三有　武翻旺

编　委

李师师　周林爱　梁婷婷　刘园园　贾夏莉　张　玮
韩宏伟　梁　瑞　王　艳　董晓燕　杨春华　梁毓芳
王　倩　李翔璇　张永刚　张　伊　史　宁　牛艳斌
李　芳　韩　灵　佟　佳　郝琦莹　王培培　吴　婕

前　言

相较于初中数学，高中数学不仅难度大，而且抽象程度高、逻辑性强，学生在学习上适应困难，获得的数学知识多以碎片化的形式存在，不具备一个相对完整的结构. 因此，数学教学的一个关键任务就是帮助学生建立知识之间的联系，整体性建构知识结构体系，促进学生数学认知结构体系的完善和发展，提高学生的学习效率.

近几年，国内外都将培养学生的核心素养作为教育最重要的目标，发展学生的数学素养也就成了数学教学的根本目标. 发展学生的数学素养，需要整体把握数学课程，开展单元教学. 单元教学有利于学生从整体上了解数学知识，增强他们整体建构知识体系的意识；有利于学生建立知识之间的联系，消除他们只注重知识量的积累，而忽视知识体系建构的弊端；有利于消除学生获得的知识无序化、碎片化的现象，提高他们结构性迁移学习的能力；有助于学生系统掌握数学知识，提高他们记忆知识的效率以及整体建构知识结构体系的能力，从而促进他们数学认知结构的形成和完善.

在数学教学活动中，预设与生成总是交织在一起的，预设的主要形式为教学设计. 数学单元教学设计是在整体思维指导下，从提升学生数学核心素养的角度出发，对相关教学内容进行统筹、重组和优化，并将优化后的教学内容视为一个个相对独立的教学单元，以突出主线以及知识间的关联性. 以课时为单位的数学教学设计对于合理把握教学活动进程、优化教学活动具有重要意义. 因此，数学单元教学在帮助学生形成和完善数学认知结构、促进学生思维能力的发展、提高学生解决数学问题能力等方面，均具有一定的价值.

本书分为理论篇和实践篇两部分. 理论篇分析了结构化单元教学的现实背景，对其核心概念进行了界定，为实践奠定了基础，并且针对高中数学知识结构化单元教学提出了策略性构想，呈现出流程与方法. 实践篇以人教社2019年版高中数学必修第一册和第二册涉及的主要内容为单元模块，通过深入浅出的理论诠释和丰富生动的案例，力求带给读者真切的实践感悟.

本书在阐释结构化单元教学理念的基础上，提供了丰富的教学案例，再现了精彩的结构化教学过程，展示了由“碎片化”教学到“结构化”教学的多元方法，旨在改变数学教学理念，指导教师理解和体会结构化单元教学模式，从而促进教师的专业化发展.

本书是教育部中小学名师领航工程燕洁名师工作室三年来的教研科研成果之一，是全体工作室成员的倾力之作. 教育部中小学名师领航工程是全国中小学教师培养的最高班次，旨在充分发挥名师的示范引领作用，探索教育领军人才培养的有效模式，营造教育家脱颖而出的制度环境，着力建设新时代高素质专业化创新型教师队伍。可以说，教育部中小学名师领航工程是“国培计划”皇冠上的明珠. 燕洁名师工作室是由教育部教师工作司和东北师范大学培养基地授牌，在山西省教育厅和太原市教育局共同管理下开展工作的名师工作室. 该工作室由山西省知名学科教师和太原市名师培养对象以及优秀骨干教师联合组建，是集教学、科研、培训等职能于一体的教师专业发展共同体.

燕洁名师工作室自2019年6月开展工作以来，作为太原市乃至山西省教研课改的引领者和实施者，努力开展以高中数学单元教学以及培养学生数学抽象核心素养为主题的教学科研活动和校本培训，以促使教师理论水平和教学实践能力的提高。全体工作室成员不断学习，审视自己的能力素质，反思自己的不足，在不断历练中提升自身业务素养，并结合课堂教学实践参与多个学校组织的专题研讨，不断推广工作室教育、教学改革经验. 本书的实践篇是工作室成员在单元教学研究方面的成果集锦. 限于水平，本书疏漏之处在所难免，恳请广大读者多提宝贵意见!

目　录

理论篇

第一章　结构化教学理念

第二章　高中数学单元知识结构化教学策略的构想

第三章　核心素养导向下的单元结构化教学实践与研究

实践篇

第四章　预备知识

第五章　函数

第六章　三角函数

第七章　平面向量与复数

第八章　立体几何初步

第九章　统计

第十章　概率

理｜论｜篇

第一章　结构化教学理念

第一节　背景分析

一、现实背景

1. 新课程重视结构化教学

伴随着《普通高中数学课程标准（2017年版）》的正式颁布，新一轮的课程教学改革工作正式拉开帷幕，培养普通高中学生的核心素养已经成为各学科课堂教学的关键点．如何将培养学生的学科核心素养，融入课堂教学中，越来越成为课程改革的重点．美国心理学家布鲁姆（1913—1999）曾言："知识是对具体事物和普遍原理的回忆，对方法和过程的回忆，或者是一种对模式、结构或框架的回忆．"知识的掌握就是在学习者头脑中建立起与知识结构相适应的认知结构，而结构化教学是以构建学习者的心理结构为中心的教学，目的在于帮助学生形成良好的认知结构，促进知识的层次化、结构化、系统化，是知识转化为素养的关键．数学作为一门重要的学科，教师要致力于转变学生的思维观念，帮助其构建合理的知识结构，使其重新认识数学，感受数学的魅力．结构化教学既是一种教学策略，也是落实学科核心素养的一个重要载体．同时，新课程强调能力与品格的培养，我们不仅希望学生对课本知识熟练掌握，更希望学生能够将学科知识结构化，不断地总结运用，逐步形成结构化思维，激活课本中的"死知识"，并且能够运用这些知识解决现实问题. 结构化教学促使教师不断提高学科涵养，增进对学科本质的理解，提升教学水平，学生能够学得更本质、更系统、更轻松，使教学成效最优化.

2. 科学认识新教材知识结构

我国教材体制实行“一标多本”政策.《普通高中数学课程标准（2017年版）》发行之后，三个版本的新教材也陆续更新并发行使用. 教材是教学的工具，新教材的编写与时俱进，结合学生的认知能力形成了完整的体系结构. 教材的体系结构和理念是影响教学质量的关键因素，繁杂的知识镶嵌在一定的结构体系中得以有序化地表达. 教师的教学将受到教材编写理念和知识结构呈现方式的影响，进而影响学生的学习效果. 人教版新教材（2019年版）在编排上较旧教材有很大的改动，教师能否勾画出正确的教材知识结构，并以之为参考进行教学是新课程标准能否落地生花的关键. 利用结构化教学理念分析教材的知识结构，能够更加客观地得到教材中某一单元、章节、模块的知识层级，直接反映出关键要素间的关系层级. 在这个过程中教师对教材有了整体的认知，不断地深入感知教材、理解教材编排意图、领悟课程标准要求，结合学生的具体情况调整层级，能最客观地表达教材的知识逻辑. 在此基础上进行结构化教学有助于教师摆脱“课时主义”，确定正确的教学目标，避免教学内容碎片化.

3. 数学教学中产生的问题以及学生自身学习数学的体验

目前，中学数学课呈现一种普遍的教学态势：教师按照教材内容分课时讲授，每节课都成为一个独立的教学模块，数学知识和方法按课时为单位推进，课与课之间关联度低、离散性强，易使教师拘泥于具体内容的“就课论课”，过多地关注知识与技能，从而忽略了对情感、态度和价值观的培养，缺乏对教学整体的把握，不利于学生学科素养的发展. 在此情形下，学生注重对习题的强化练习，而相对弱化了对概念性知识的理解，从而使得学生缺乏对知识的深入理解，导致学生习得的知识呈碎片化和非结构化. 长此以往，学生很难对数学学科有整体性的把握和系统性的认知，数学能力的提升不大，这也恰恰是导致学生觉得数学难学并且丧失学习兴趣的原因之一.

二、理论背景

1. 结构观点对数学教育的影响

20世纪30年代末，法国出现了许多作者署名为尼古拉·布尔巴基（Nicolas Bourbaki）的文章，这些文章因取得了瞩目成就而备受关注. 需要说明的是，布尔巴基是一个数学学派，该学派所取得的成就对现代数学的发展产生了巨大的影响，从获得菲尔兹奖的人数就可看出公众对他们的认可度. 其数学结构主义学说从宏观上揭示了全部数学的统一性，这里的结构主义，是指运用结构化方法，把数学按照结构的不同进行分类，找出数学分支间的结构差异的哲学理论. 布尔巴基的结构主义学说虽然是在纯数学领域进行的研究，但是这个学说对数学教育的影响主要体现在以下几个方面：

一是从数学的本质出发，将中学数学内容统一起来，促进课程内容和教材体系的改革. 如美国“新数”运动时期，以代数结构为基本概念和公理化方法形成的《统一的现代数学》一书，以及美籍华裔数学家项武义汲取“新数”运动失败的经验而编写的教材就深受数学结构主义的影响. 新课程背景下的高中数学也强调了结构的统一.

二是结构的方法能帮助学生学好数学. 我国在20世纪80年代推行的结构化教学实验就提高了学生的竞赛水平、缩短了教学时间、发展了智力水平中等偏上的学生的智力. 在新课程背景下，从数学教材中依然能看到结构化观点对教材系统性的影响和对数学本质的刻画.

之后，瑞士心理学家皮亚杰（1896—1980）从认知心理学的角度对结构主义进行了研究，他将数学和学生的认知发展结合起来. 他从数学和逻辑学的结构概念开始，分别在不同学科领域对结构主义进行研究. 他总结了结构的整体性、转换性和自身调整性这三个特点，并强调了学习者对结构的认知的主体关系. 使我们意识到学生认知结构发生和发展与已有的经验、逻辑之间的关系. 他的儿童认识发展阶段的提出以及后来对结构的建构都为中学数学教学提供了心理学依据. 皮亚杰的结构主义对数学教育的影响深远.

对结构主义有重要贡献的还有美国教育心理学家布鲁纳（1915—2016）. 从某种程度上说，他的观点是对皮亚杰理论的继承与发展，他提出的结构主义教学理论继承了皮亚杰对学生的认知发展阶段理论，从学科的角度去分析结构，并提出应让学生主动学习，强调学习者内部动机的作用，这一点对当今的数学教学依然有着广泛的影响．在知识传授方面，布鲁纳试图从质的角度，探讨如何改善和编写教材．基于这种观念，他强调了结构的重要性．布鲁纳说："不论我们选教什么学科，务必使学生理解学科的基本结构．"在《教育过程》这一结构主义教育理论的报告中，布鲁纳提出的有关学科基本结构和"发现法"教学，不仅直接成为20世纪"新数"运动时期其他西方国家教育改革的指导思想，而且为我国的数学教育提供了借鉴．

结构主义观点指导中学数学教学从整体出发去统一数学，通过数学的结构去作用学生的认知结构，它对设计教学、刻画数学本质以及帮助学生理解数学所产生的价值依然值得我们去研究．

2. 新一轮课改的要求

《普通高中数学课程标准（2017年版）》一经发行，就引起广大教育工作者的关注．从课程标准中大致可以总结出以下几点：一是高中数学是学生在已有的知识经验基础上学习的．从结构观点来看，显示了学生数学学习中已有的认知结构．二是提倡主动探究．结构观点的教学也突出认知结构的发生过程以及学生的主体能动性，从这一点可以发现课改理念与结构观点相吻合．三是强调本质，重视学生的数学素养．在教学中具体体现为"四基"（基础知识、基本技能、基本思想和基本活动经验）、"四能"（发现、提出、分析和解决问题能力）以及情感、态度、价值观，重点放在对学生思维的培养上．在新课标语境下，我们期望通过不断增强思维能力去解决问题．学生首先需要知道问题的本质是什么，是数量关系，还是空间形式，或是两者结合的情况．其次需要思考这个问题和哪些知识点有关，需要用到哪些思想方法，解决这个问题的途径是否只有一种．通过这样对问题的解决步骤适度的形式化，使得学生的认知结构不断完善．

第二节　结构化教学的意义

一、良好的数学认知结构有利于学生数学能力的提高

《普通高中数学课程标准（2017年版）》明确要求：“重视以学科大概念为核心，使课程内容结构化，以主题为引领，使课程内容情境化，促进学科核心素养的落实.”数学认知结构是一个整体性的结构，这一认知结构有利于学生进行结构性的迁移学习. 数学知识是学生建构数学认知结构的客观基础，学生通过认知活动将数学知识逐渐内化为自己的认知结构. 只有理解性地获得数学知识，建构属于自己的数学认知结构，才能解决数学问题. 因此，拥有良好的数学认知结构是学生能够成功学习数学的基础和关键. 单元教学设计倡导将教学内容置于单元整体内容中去把控，更多地关注教学内容的本质、蕴含的思想以及学生素养的培养，对于改变教师过分关注具体知识点的倾向、拓展其教学视野以及提高教学效率等具有重要意义.

高中数学的知识点不仅多，并且抽象度高，逻辑性强. 对教师来说，面临着教学任务重、压力大等问题. 尽管每个教师都竭尽全力地去教学生. 但是，在实际教学中，往往是教师觉得自己已经把知识讲解得很细致、很透彻、很全面了，但是学生的成绩还是没有提高. 究其原因，是教师太过于注重对知识细节的讲解，反而忽略了知识的整体建构对学生学习的重要性. 如果学生从头到尾都感受不到知识的整体性，他们就没有整体建构的意识，他们习得的知识就一直是碎片化的、非结构性的. 学生良好的数学认知结构是在数学知识的整体联系上建构起来的. 只有让学生感受到知识在整体结构中的地位、作用，学生才能具有整体建构的意识，进而主动去整体建构，其数学认知结构才会不断地发展和完善. 结构性教学不仅注重对知识细节的处理，更强调知识的整体性、结构性以及学生建构知识的重要性. 学生对知识的整体建构，不仅有利于知识在学生头脑中储存，而且还有利于学生对知识的整体迁移，由此促进学生对数学问题的解决.

综上，在教学过程中帮助学生发展和完善认知结构，有利于提高学生对数学问题的解决能力.

二、良好的数学认知结构的建构有利于学生思维能力的发展

在教师讲授完一节内容之后，学生对刚学过的知识点说不全，但是如果教师给一点提示或者线索，学生就可能说出来．这说明学生并不是不知道这些知识，而是这些知识在学生的头脑中是零碎的、杂乱堆积着的．因此，学生无法有序提取和组织这些知识，所以学生就不能完整地说出来．同样，有的学生在面对稍微复杂一点的问题时，就不知道如何下手，即使知道考的是哪方面的知识，可以将相关的知识点一个一个都罗列出来，也不能成功地解决问题．这反映了学生缺乏的不是知识，而是建立知识间联系的能力，从而说明了学生的数学认知结构是不完善的．学习是一个积极建构、发展和完善认知结构的过程．在教学中，帮助学生建构、发展和完善认知结构，能够让学生从整体上感知知识的整体性、结构性，有意识地建立知识间的联系．对学生来说，学习不再是知识点的量的积累，而是知识的质的建构和认知结构的发展．所以说，发展和完善学生的数学认知结构，不仅能够提高学生学习的效率，而且还能提升学生的学习能力、建构知识的能力、思维能力．

数学学科核心素养是学生通过数学学习逐步形成的运用数学方法观察现实世界，运用数学思维方式去分析、归纳、推理，并且运用数学概念、理论解决问题的能力及其倾向性，包括数学意识、数学行为、数学思维习惯等．简而言之，就是使学生逐渐掌握数学知识、运用数学知识，具备良好的数学思维能力、分析问题能力、解决问题能力、逻辑思考能力等．结构化教学就是将数学课程中的各个知识点相连接，形成系统的知识结构，以结构为框架向学生传递知识，促使学生逐渐理解数学知识之间的共性，帮助学生养成数学思维习惯．

三、单元结构化教学的必要性

1．基于内容优化走向结构化：从课时到单元，化“碎”为“统”

碎片化学习只能作为甜点，已成为一种共识．反观教材中的知识在教学时间和学生年龄、认知等多种因素的影响下，不得不被划分成一个个课时，但如果只是停留在见山是山、见水是水的层面，便是只见树木，不见森林．

若不能连点成线、串线成面、由面及体，则知识点更多是散的、非条件性的，不易被提取或运用的．从整体视角出发系统地进行大单元教学，是从传授知识到搭建认知结构的跨越，更是从关注知识本身到关注学生心智成长的转变．

2．基于学习内需走向生长性：从知识到素养，变“知”为“能”

“课程分化”状态下也存在主题单元教学，内容选择上仅限于单学科，学科间、学科单元间还存在壁垒．在目标的设置上更注重知识的掌握，课时目标间的“链式效应”不明朗，课时目标与课标要求、单元目标之间的线索不清晰，教学评价更倾向于结果性、检测性．参与主体中教师为先导性主体，学生多为“风筝效应”下的体验性主体，“开放性”和“再创性”经历不足．而大单元主题教学旨在以高观点视角和结构化视野架构进阶式的目标链，通过建构任务链、任务群，形成更多条件性知识，将惰性知识转化成活性素养．

第三节　结构化教学的理论基础

一、认知结构学习理论

认知结构学习理论是由美国著名教育家布鲁纳提出的教学理论．布鲁纳认为，“认知结构是学生所获得的概念和思维能力的组合．简单的认知结构通过新的概念的加入逐步发展成为复杂的认知结构”．认知结构学习理论强调知识结构性的重要作用．布鲁纳认为，“具有结构性的教材，才会有利于学生的理解，才会有助于学生知识的保持；学生从整体的知识结构中学到的原理，更加容易迁移到今后的学习中去．”在此基础上布鲁纳主张，在教学中，为了使学生在学习的过程中感到要学习的知识更有意义，教师应该把教材上的知识以合适的方式组织起来，让学生尽快地掌握学科的基本内容结构．布鲁纳认为的结构不仅是学习的产物，也是学习的过程．也就是说，结构不仅包括学生要学习的基本内容，也包括理解所学习的基本内容的逻辑的联系方式．如果教材所呈现的知识是合乎逻辑结构的，那么学生就会更加容易理解与记忆所要学习的内容．在学生实际学习的进程中，教材虽然是以逻辑结构呈现知识，但是学生是有可能感受不到这种结构的存在的. 所以说，在数学教学中，教师要将教材中的知识以更加紧密的方式呈现给学生，让学生能够感受到知识结构的存在. 不仅如此，因为学生的良好认知结构的建构和发展是建立在知识结构的整体性基础上的，所以教师还要注重对学生完整认知结构的建构.

二、结构观点与数学课程

皮亚杰的《发生认识论原理》和《结构主义》从理论上给了我们许多启示. 他认为数学中的结构不断变化，“在逻辑-数学结构领域，结构随之变成更丰富、更广大的整体中的亚结构了”. 受皮亚杰理论的影响，布鲁纳阐述的结构课程理论的内容主要为“教些什么？什么时候教？怎样教？”，并以此为基础，提出：掌握学科的基本结构；大胆地假设；发现学习等理论. 他的研究对课改的启示有许多，比如，螺旋形课程的设置，对内部动机的强化，以及发现学习法等. 这些理论虽然在一定程度上完善了课程改革，然而从心理学的角度来看，它们和皮亚杰的理论一样，对数学课程改革的作用还只是存在于某些方面.

荷兰数学家弗赖登塔尔（1905—1990）也谈到了结构，他所说的结构实际上来源于布尔巴基学派. 他对布尔巴基学派的观点做了如下描述：数学统一于结构，其理论基础是德国数学家康托尔（1845—1918）的集合论和希尔伯特（1862—1943）的形式公理化方法. 布尔巴基学派按照结构的观点对数学进行了重新分类，反映客观世界数量特征的数学也是千变万化的.

华东师范大学数学系教授李士锜在谈“孰能生巧”问题时提到，“结构具备的根本性功能是，利用关系、层次的形式，合理地将要素分清主次，……在有限短期记忆中同时加工处理，一揽子把握，确切地组织它，建构概念意义”. 从一定程度上来说，李士锜所谈到的结构，重点放在对课程概念的理解以及对数学思维的加工上，这需要结合具体的操作. 结合李士锜的“熟能生巧”与“熟能生厌”，他所谈到的“熟”，主要是从“记忆”与“理解”的角度出发.

三、结构观点与学生学习

有关数学学习，北京四中数学特级教师刘坤在其文章中将数学理论的内化，数学技能的形成，数学经验、思想、观念的获得这三个方面看作是数学学习的“基本结构”，并从操作层面得到“数学认知三角形”（如图1.3-1）．他以函数奇偶性的学习为例，指出学生对数学的理解内化的三项操作指标：重建构、重分析、重系统．此外还有关于数学技能的形成，数学经验、思想、观念的获得，智力参与程度的提高，三个顶点与中心的关联这四个方面的讨论．其文章的理论支持主要是建构主义，这和结构观点相吻合．

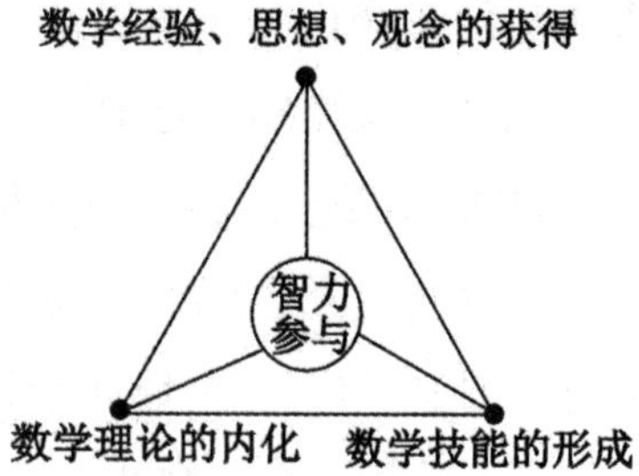

图1.3-1

四、结构观点与数学教学

结构观点自西方传入中国以来，对中国的数学教学产生了一定的影响．20世纪80年代，我国就有关于数学结构的改革探讨．原国家督学游铭钧等人就初中数学“结构教学”问题谈到，“结构教学”是根据知识的逻辑结构、学生的心理特征、教师业务能力的现状，适当地选择一种较优的教学结构，以推动现有教学结构的改革甚至教材结构的改革．他从结构教学在减轻学生负担与提高教学质量、改善教学结构，以及在传统教学上的突破这三个方面来谈结构教学的意义．并且认为改善教学结构需从以下三个方面入手：（1）研究数学知识内在的逻辑结构，确定核心知识；（2）分析学生学习数学的心理过程，作出整体安排；（3）考虑教师自身的驾驭能力．

第四节　核心概念界定

一、从认知心理学角度看数学结构

“结构”是结构主义的一个重要概念．皮亚杰从数学、逻辑学、物理学、心理学和语言学等结构主义中找到“结构”的两个共同点：（1）一个结构本身是自足的，它能自己说明自己而不向外界寻求解释；（2）已得到的某个结构是自成体系的，在使用时具有普遍性和必然性等特征．并且根据这两点得出：结构是一个由种种转换规律组成的体系，它具有整体性、转换性和自身调整性，且结构可以形式化．

这里的数学结构受康托尔的集合论和布尔巴基学派的影响．皮亚杰根据结构的定义对群的概念进行阐述，又由布尔巴基学派的相关研究去说明“数学是一个以群结构推广而得的结构系统”．在皮亚杰的观点中，结构主义不是一种学说，而是一种方法．在这种方法论的结构主义中，初级的结构通过抽象的形式达到更高级的结构．例如“1”这个数并不是孤立的，我们对它的认识过程为，它可归纳到自然数、整数、有理数或实数中，这些数集具有“群”“环”“域”的结构性质，进一步分析推理，这些结构根据性质属于更高级的代数结构．整个过程中不仅有知识结构的发展，更有人的思维的产生，通过抽象、推理的数学思想方法，刻画出结构模型．

然而，皮亚杰所说的结构主要涉及认知方面，他更关心的是与理解有关的结构，并且特别强调主体的结构特征．他认为“每个结构都是心理发生的结果，心理发生就是从较初级的结构转化为较复杂的结构”．他以运演为标志来划分儿童的认知阶段，形成了认知发展阶段理论．并且认为智力实质是一种结构性运演，儿童的智力水平体现了相应的认知结构．比如，小学生在求三角形的面积时可由该三角形的底和高的长度得到，而利用三角函数求面积显然大大超出小学生的认知范围；以图式去表示人的内部的一种动态的、可变结构，即动作结构．一个图式通过同化和顺应最后达到平衡，形成新的图式．他认为，“全部数学都可以按照结构的建构来考虑”，是因为“结构的系统不是静止的，而只能比作其高度在不断增加的螺旋结构”．

通过对认识的发生的分析可以发现，主体的认知结构就是“动作的一般协调结构及其内化的产物”，进而形成皮亚杰的建构主义理论．该理论相对全面地把握了认识过程的总体特点，一些学者认为，建构主义（Constructivism）也可以叫结构主义（Structurlism），然而和结构观点比较，结构是一种方法，不仅强调结构本身的转换，而且注重经个体的内化将知识结构转变成认知结构的过程；而建构是认识论的“内核”，更强调学习的非结构性和具体情境与学习的相互作用．比如在学习数列时，教材中引入一个情境，古希腊数学家研究数学问题时，习惯在沙滩上画点表示数，如图 1.4-1 所示．

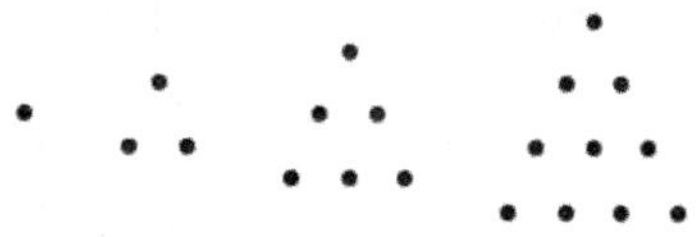

图 1.4-1

通过具体情境得到数列的概念，这偏重建构．而我们按照归纳、类比和推理等方式，将等差数列和等比数列等与原来已经掌握的函数和集合联系起来，进行运演，在脑海中形成新的结构图，这是结构．

在结构观点上皮亚杰形成了结构主义理论，从认知的角度来看，布鲁纳受皮亚杰等人观点的影响，再结合杜威的实用主义等观点，形成了认知结构学习理论．在教学上，布鲁纳认为每个人在相应的认知阶段，知识都可以通过它们之间的相互关系在头脑中进行分类，形成认知结构，新的知识若和人已有的认识无关，是很难被加工的．比如，集合对刚上高一的学生来说是一个新概念，不容易被理解，但是如果结合已经学过的自然数、圆等知识，以及生活中的其他事例，学生就很容易发现集合的概念及其运算性质，这样就容易理解．在他看来，人要获得更多的知识，除了获得最直观的这个知识，还要将它放到某个类别中去，再结合其他相关的类进行推理，形成认知结构．值得说明的是，布鲁纳常常将认知和智慧看成是同义词，他认为教育的目的就是“帮助学生获得智慧发展”，也就是帮助学生获得认知发展．

在教学上，布鲁纳试图从质的角度来探讨如何改善和编写教材，他根据学生的认知结构，认为教材设置的结构应是“螺旋式”的，而非简单的直线型．并且，特别重视学科的基本结构，在他看来，“每个学科，教师都一定要让学生理解学科的基本结构”．表现在数学上，基本结构就包括了数学的基本观念（数学概念、命题、思想方法）、这些数学观念的内在联系、学习态度和方法等．

他认为重视该门学科的基本结构，可以让学生尽快理解该学科的基本思想、基本原理和基本概念，随着记忆的保持以及对问题的迁移，最终使高级结构知识的学习更容易．反过来，如果没有把一门学科更高级的基本结构弄清楚，可能造成“对知识推广非常困难；学生的认知水平不能提高，容易遗忘，没有联系更完整的结构”等结果，对于相对抽象的高中数学来说更是如此．而在现阶段，高中生很多时候在数学课堂上学到的，不是对数学基本概念或方法的理解，而是死板的解题方法，他们套用公式去做题，并不懂得这堂课所呈现的数学知识的意义是什么．掌握数学的结构，就是“学习数学内容是怎样相互关联的”．

而数学学习的每个环节都要经历知识的获得（acquisition）、转换（transformation）和评价（evaluation）三个过程．比如在数列的教学中，若不能将学习等差数列的思想方法转换到学习等比数列中去，就不能更好地理解“等比数列”的结构，也就不容易从特殊到一般地去解决“求数列的通项公式”这一类问题．因此我们可以认为，布鲁纳所说的认知结构，是指“内在的编码系统”．例如在解析几何中，可以根据这些知识的相关性作出层级结构如下：

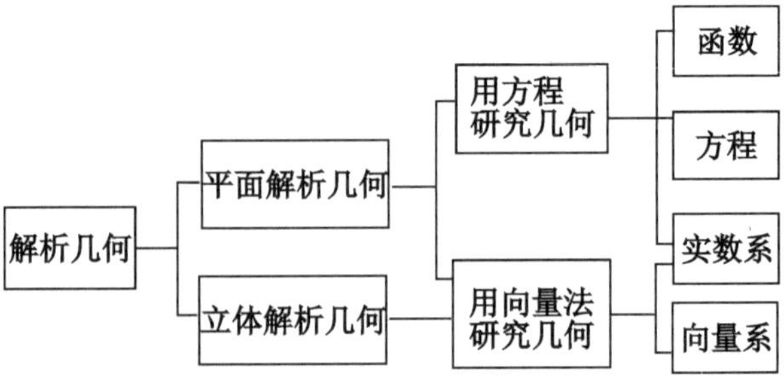

从皮亚杰和布鲁纳的观点中我们可以发现，他们所说的结构主义，从心

理学层面来看，在数学上有以下几个特点：首先，数学应重视从“整体”出发去理解，并且要重视数学知识、原理之间的“关系”；其次，重视认知水平．根据学生的认知水平，将数学的新知识、新方法等加入原来的结构中去，形成新的结构；再次，结构是有层次性的，有低级和高级之分．学习数学就是学习整个数学的结构，且是从低级的结构向高级的结构过渡，越高级的结构越能反映数学的本质．最后，强调主动学习，提倡启发探究式教学．

二、结构化教学

结构化教学是指将教材中诸要素以符合系统逻辑的方式联结，合理重组教学内容，使教学内容成为学科知识结构的子结构，再通过合理的教学帮助学生内化知识结构，从而形成他们认知结构的过程．

从心理学角度来看，结构化教学是指：“教学应以构建学生的心理结构为中心．”教学系统是概括化与系统化了的社会规范的遵从经验．结构化教学的目的是合理应用当代教育心理学的研究成果，依据学生学习的规律，优化教学，使教学成效最大化，以适应社会快速发展的要求，培养具有必备品格、关键能力的新一代．结构化教学具有以下几个特点：

1．系统化

首先，结构化教学目标的确定既要考虑学生已有的认知发展状况，也要考虑学生未来进一步发展的要求，必须从系统出发，体现教学目标之间的连贯性．其次，分析教材时要防止各要素间相互割裂，使教材一体化．

2．网络化

教学设计要以教学目标为中心，强调沟通教材各要素之间横纵交错的联系，突出各种知识技能规范的节点和连线，设计出网络型图示，并合理呈现各种联系线索．

3．最佳法

结构化教学要求教学符合学生的学习规律，最利于心理结构的形成和发展，突出各要素间的逻辑关联，体现强有力的组织作用．

教学的结构化是一种教学策略，要求合理组织教学内容．教学内容结构化的范围可为单元、章、主题、模块等等，最终目的在于发展学生的核心素养．单元化教学设计是在充分考虑单元内与单元间知识关联的基础上，以单元为一个小结构进行知识串联，通过整体规划一定主题的一种结构化教学．新教材的单元编排更加突出单元的小主题，强调知识的结构化，在每一章后都有“本章知识结构”栏目，有助于学生建构正确的知识网络，体现教学的层次性、发展性．基于数学学科主题的教学设计也是一种结构化教学，但比单元教学内容结构化范围更大，不仅可以脱离教材重新编排教学内容，也可以融合几个单元进行整体设计．这种设计突出教学的整体观，不局限于局部的课时内容，以素养为本，更能聚焦学科大概念，有利于将繁杂的数学知识结构化与功能化，但对教师素养要求更高，难度更大．因此，结构化教学强调的是一种教学理念，目的是在充分了解学情的基础上合理组织教学内容，是一种教学策略，知识关联、认知思路、核心素养结构化均旨在促进知识结构化，形成正确的认知经验结构．除此之外，结构化教学也能帮助学生形成合理的动作经验结构和情感经验结构，发展关键能力和必备品格．

第二章　高中数学单元知识结构化教学策略的构想

在高中阶段，促进学生主动构建知识体系颇为重要．高中数学知识点零散且不易理解，这就造成了数学难学的现状．如何让学生对高中阶段的数学学习产生一定兴趣是一个难题，构建高中数学单元知识结构化教学策略的目的主要就是要解决这个难题．结构化的思想让零散的知识联结在一起，基本概念和规律能够连点成线、连线成面，数学知识框架结构也就建立起来了，这就解决了数学难理解的问题．单元知识结构化教学的实施，增强了学生学好数学的信心，并且不断地激发他们学习数学的兴趣．

第一节　高中数学的特点、课程设置及核心内容分布

一、高中数学的特点

1．高度的抽象性．高中数学相较于初中数学更加抽象．它仅从数量关系和空间形式或者一般结构方面来描述客观现实，舍弃了与此无关的其他一切性质，表现出高度的抽象性这一特点．

数学学科本身就是借助抽象建立起来并不断发展的，数学语言的符号化和形式化的程度，是任何学科都无法比拟的，它给人们学习和交流以及探索、发现新问题提供了很大方便．虽然抽象性并非数学所特有，但就其形式来讲，

数学的抽象性表现为多层次、符号化、形式化，这正是数学抽象性区别于其他学科抽象性的特征. 因此，培养学生的抽象能力就自然成为中学数学课程的目标之一.

2. 严谨的逻辑性. 数学的基本研究对象是人为定义的数学概念，它们是形式化的思想材料，它们是否正确，一般不能像物理、化学等各种研究自然界中客观存在的现象、规律的学科那样，借助于可以重复的试验、观察或测量来检验，而是主要靠严密的逻辑推理来证明. 而且一旦由推理证明了，那么这个结论就是正确的了. 数学中的公理化方法实质上就是逻辑方法在数学中的直接应用. 在数学公理系统中，所有命题与命题之间都是由严谨的逻辑性联系起来的. 从不加定义而直接采用的原始概念出发，通过逻辑定义的手段逐步地建立起其他的派生概念；由不加证明而直接采用的公理出发，借助于逻辑演绎手段而逐步得出进一步的结论，即定理；然后再将所有概念和定理组成一个具有内在逻辑联系的整体，即构成了公理系统. 一个数学问题的解决，一方面要符合数学规律，另一方面要合乎逻辑，问题的解决过程必须步步为营，言必有据，用严谨的思维和缜密的逻辑进行推理和论证. 因此，培养学生的分析、综合、概括、推理、论证等逻辑思维能力也是中学数学的课程目标之一.

3. 应用的广泛性. 在日常生活、生产劳动和科学研究中都要用到数学知识，这是人所共知的. 随着现代科学技术的突飞猛进，数学更是成了必不可少的重要工具. 在每门学科的研究中，定性研究最终要化归为定量研究来揭示它的本质，数学恰好解决了每门学科在纯粹的量的方面的问题. 可以说，每门学科的定量研究都离不开数学. 当今，数学更多的是渗透到其他学科中，影响着其他学科的发展，人们甚至认为哪门学科引入了数学，就标志着该学科开始走向成熟.

在中学阶段，数学是重要的基础课程之一. 学好数学，就为物理、化学乃至其他课程的学习打下了坚实的基础，这对于进一步的学习和参加生产劳动都是很有益处的．因此在确定中学数学课程目标时，必须充分考虑数学应用的广泛性．

4．内涵的辩证性．数学中包含着丰富的辩证唯物主义思想，揭示了唯物辩证法的许多基本规律．数学中充满了相互联系、运动变化、对立统一、从量变到质变的辩证法的基本规律．例如，正数和负数、常量与变量、必然与随机、近似与精确、收敛与发散、有限与无限等等，它们互为存在的前提，失去一方，另一方将不复存在，而且在一定条件下可以相互转化．数学方法也体现了辩证性．例如，数学中的极限方法就是为了研究和解决数学中的“直与曲”“有限与无限”“均匀与非均匀”等矛盾问题而产生的，这就决定了极限方法的辩证性．数学的发展过程也充满了辩证性．三次数学危机的产生和解决过程，就给了我们深刻的启示．在中学数学教学中，充分揭示蕴含在数学中的诸多辩证法，以对学生进行辩证唯物主义教育，使他们形成正确的数学观．

二、课程结构设置

《普通高中数学课程标准（2017年版）》在课程设置方面突出数学知识之间的逻辑关系，课程内容以数学逻辑为主线，设置函数、几何与代数、概率与统计、数学建模活动与数学探究活动四条主线，并将这四条主线贯穿于必修、选择性必修和选修课程之中．构建“主线—主题—核心内容”数学内容体系、选修与必修相结合的课程体系．数学文化融入课程内容，而数学建模和数学探究由原来的数学思想内容变为主要的学习主线之一，其重要性可见一斑．

高中数学课程结构：

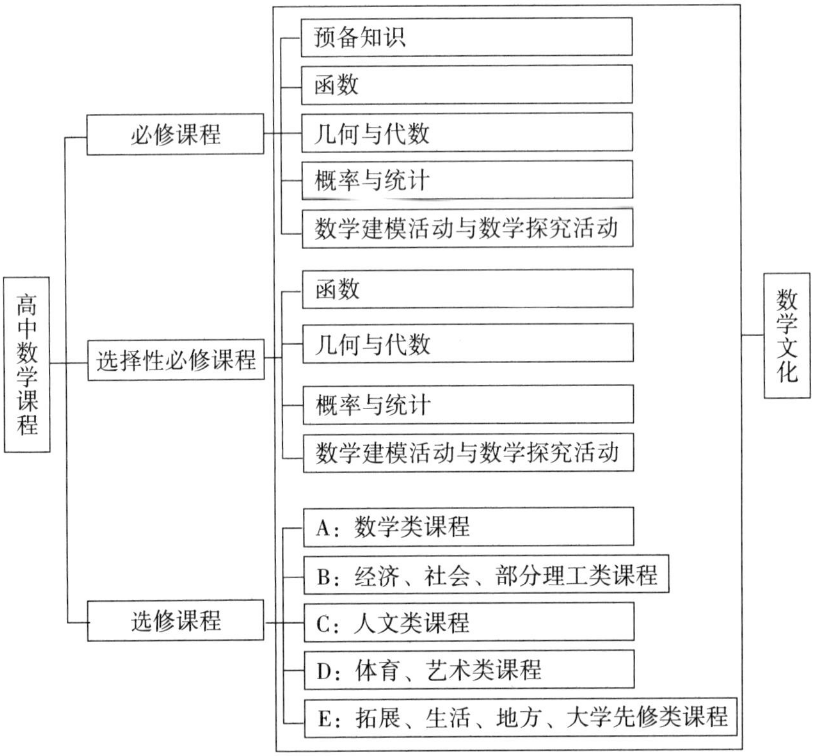

第二节　基于宏观结构的高中数学教学策略

“宏观”指大范围的或涉及整体的，是与“微观”相对的概念. 在数学教学中，“基于宏观结构”主要是指对数学知识要有一个整体的认识. 本书中所提及的宏观结构主要是指数学这门学科、数学领域的不同分支，乃至一节的内容. 学科基本结构，是指该学科的基本概念、基本原理及其相互之间的关联性，主要体现知识的整体性和事物的普遍联系，而非零碎的结论. 为了帮助学生掌握数学的基本结构，教师要具备良好的数学知识结构，秉持一定的教学理念，在教学中要充分揭示数学的本质特征，把握数学知识体系与相应核心素养，从宏观上理解数学知识之间的联系.

一、运用先行组织者策略，渗透知识结构

美国心理学家奥苏伯尔（1918—2008）认为，认知结构中起固定作用的观念的可利用性是影响接受学习的关键因素，为此他提出“先行组织者”策略. 他认为促进学习和防止干扰的最有效的策略，是利用相关包摄性较广的、最清晰和最稳定的引导性材料. “先行组织者”是在学习者学习任务之前呈现的一种材料，旨在为新的学习任务提供固着点，增强知识之间的联系，减轻学习的负担. 因此，先行组织者可以引导学生，使其对知识的走向有个清晰的认识，并且帮助学习者发现当前知识与已有知识的实质性联系，从而有效地促进有意义的学习. 目前数学教材的编写主要采用“整体—部分—整体”模式，在每一章的章头增设章头图、章头语或本章内容概述等引导性语言. 因此教师应意识到每个单元起始课的重要性，运用“先行组织者”策略使学生对本章的概貌有一个认识，领会其蕴含的数学思想方法，让本章知识结构“先入为主”，以此激发学生的学习兴趣，促进知识的正迁移.

例如，在刚开始学习《指数函数与对数函数》这一章时，可让学生尝试着概括学习《函数的概念与性质》这一章时所研究的问题、思路和基本方法，以便对《指数函数与对数函数》这一章的内容有一个总体的认识. 教师可通过以下 3 个问题展开教学. 问题1：你能说一说《函数的概念与性质》这一章研究的主要问题、过程与方法吗？通过回顾、交流、归纳、总结，得到《函数的概念与性质》这一章研究的问题：函数的概念、定义域、值域；常用函数的表示方法（图象法、解析法、列表法）、性质及应用. 问题2：类比前面所学的知识，你能说一说接下来要如何研究指数函数与对数函数及其性质吗？问题3：研究函数时我们渗透了哪些数学思想方法. 通过这3个问题，让学生明确一个类比的对象，并且对这三类基本初等函数的研究思路有一个整体的认识，也让学生认识到“数形结合”是基本的数学思想方法. 在这一章的章头图和章头语中提及良渚遗址中碳14的衰减问题，在自然条件下，细胞的分裂、人口的增长、放射性物质的衰减等问题的呈现，为本章的学习做了一个很好的铺垫，从而指出本章我们将要学习指数函数、对数函数的概念及基本性质，并运用它们解决一些简单的实际问题. 章引言就是通过运用先行

组织者策略搭建知识框架，提前渗透本章的知识结构.

二、运用整体感悟策略，逐步分化知识

数学是一门逻辑性较强的学科，具有严密的连续性和系统性，它几乎是按照一定的数理逻辑关系呈现在学生面前的，但是并非全是逻辑性的. 爱因斯坦曾说："要通向这些定律，并没有逻辑的道路，只有通过那种以对经验的共鸣的理解为依据的直觉，才能得到这些定律."同样的，布鲁纳指出学习结构经常是无意识的. 因此，数学教师在教学中应当尽可能采取合理有效的方式，唤醒学生的潜能，提高学生的感悟意识."整体感悟"教学是一种重在"整体"了解和"感悟"渗透其中的思维方式，是从整体背景到局部知识、从思维策略到具体方法、从上位概念到下位概念的认识过程，如整体感悟数学知识的背景框架，整体感悟问题解决的数学思想方法和思维策略，整体感悟概念的丰富内涵等.

例如，解析几何是高中数学的重要内容之一，其主要是将几何问题代数化. 它源于天体的运动轨迹、炮弹的发射路径等等. 在解析几何教学过程中要注重它的数学结构，即要理解解析几何的基本思想方法是数形结合思想，它的核心概念是曲线与方程，而基本原理是映射原理. 为了促使学生从整体上理解和感悟解析几何，可以在教学中渗透解析几何的研究思路. 曲线与方程的概念是解析几何的核心概念，是直线的方程、圆的方程、椭圆的方程、双曲线的方程、抛物线的方程的上位概念. 通过曲线与方程来引领解析几何的教学，可以让学生更好地理解解析几何所蕴含的思想方法和研究对象之间的逻辑关系，从而形成如下宏观结构：

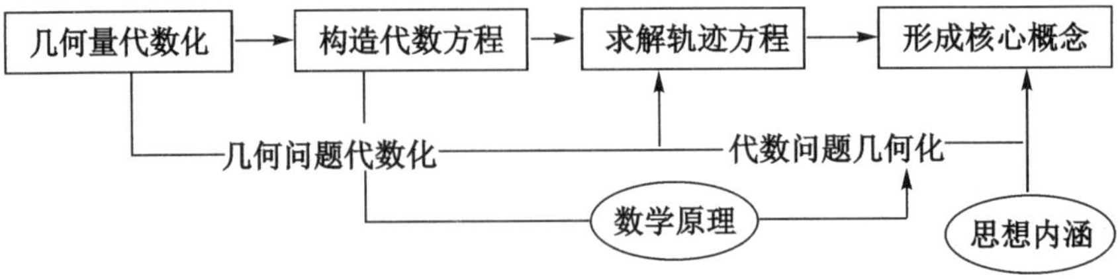

三、运用系统性策略，归纳梳理知识

系统论认为组织良好的整体材料所提供的信息，远远大于部分材料提供

的信息之和．因为系统化、结构化的知识方便存储、记忆、理解和应用．在数学复习时，不应将所学的知识只进行简单的罗列就呈现给学生，而应基于整体性原则对数学知识认真分析，并按其具有的逻辑结构特点及其内在的联系，将局部的、零碎的知识与解决问题的数学思想、方法之间建立丰富的联系，使之系统化、结构化，进一步丰富和完善学生的数学认知结构．因此，复习课应特别重视对数学知识进行归纳梳理，尽可能引导学生将不同阶段习得的相关知识联系起来，最终构成一个具有更大包容性的知识系统．以下为两种构建知识结构的常用方法．

1．“表格”式知识结构

利用表格，可以将知识进行横向和纵向比较，直观得到知识的联系与区别、共性与个性，可以明确知识的要点，凸显其中的规律．“表格式”知识结构适用于易于混淆的数学知识间的比较，这有利于学生简单明了地学习数学，寻找异同点，加深对数学的理解与应用．以下为复数部分的表格式知识结构（表2.2-1）．

表 2.2-1

<table>
<tr><td rowspan="8">复数</td><td rowspan="4">概念</td><td>虚数单位</td><td>规定：$i^2=-1$. 实数可以与i进行四则运算，并且运算时原有加、乘运算律仍成立．$i^{4k}=1$，$i^{4k+1}=i$，$i^{4k+2}=-1$，$i^{4k+3}=-i(k\in\mathbf{Z})$.</td></tr>
<tr><td>复数</td><td>形如$a+bi(a,b\in\mathbf{R})$的数叫做复数，a叫做复数的实部，b叫做复数的虚部．当$a=0$，且$b\neq0$时，$a+bi(a,b\in\mathbf{R})$叫做纯虚数．</td></tr>
<tr><td>复数相等</td><td>$a+bi=c+di(a,b,c,d\in\mathbf{R})\Leftrightarrow a=c$，$b=d$.</td></tr>
<tr><td>共轭复数</td><td>实部相等，虚部互为相反数．即$z=a+bi$，则$\bar{z}=a-bi$.</td></tr>
<tr><td rowspan="3">运算</td><td>加减法</td><td>$(a+bi)\pm(c+di)=(a\pm c)+(b\pm d)i(a,b,c,d\in\mathbf{R})$.</td></tr>
<tr><td>乘法</td><td>$(a+bi)(c+di)=(ac-bd)+(bc+ad)i(a,b,c,d\in\mathbf{R})$.</td></tr>
<tr><td>除法</td><td>$(a+bi)\div(c+di)=\dfrac{ac+bd}{c^2+d^2}+\dfrac{bc-da}{c^2+d^2}i\,(a,b,c,d\in\mathbf{R}$，且$c+di\neq0)$.</td></tr>
<tr><td>几何意义</td><td colspan="2">复数$z=a+bi\xleftrightarrow{一一对应}$复平面内的点$Z(a,b)\xleftrightarrow{一一对应}$向量$\overrightarrow{OZ}$，向量$\overrightarrow{OZ}$的模叫做复数的模，$|z|=\sqrt{a^2+b^2}$.</td></tr>
</table>

2．“框架图”式知识结构

框架图是将知识高度浓缩，将各类概念及它们之间的关系按层级结构形式排列，清晰地揭示数学知识之间的联系．以下为“圆的有关性质”这一节的知识框架图（图 2.2–1）．本节知识点众多，通过画框架图，较为清晰地呈现了本节内容，使学生能够较好地厘清各知识点之间的关系．

- 圆
  - 定义：静态、动态
  - 表示法
  - 分类：同心圆、等圆、同圆
  - 与圆有关的概念：弦、弧、等弧、弓形
  - 性质
    - 同圆或等圆中，半径相等
    - 垂径定理：垂直于弦的直径平分弦，并且平分弦所对的两条弧
  - 弧、弦、圆心角关系：同圆或等圆中（前提），圆心角等，弧等（灵魂），弦等
  - 圆周角
    - 定义：顶点在圆上，并且两边都与圆相交的角
    - 性质
      - 在同圆或等圆中（前提）
      - 圆周角 = 圆心角的一半
      - 等弧 $\Leftrightarrow$ 圆周角相等
      - 推论

图 2.2–1　圆的知识框架图

第三节　基于微观结构的高中数学教学策略

“微观”泛指小范围的或部分的，是与“宏观”相对的概念．微观方面探讨的对象是具体的数学知识点，即一个个具体的数学概念、数学命题等．数学概念或命题不是孤立存在的，它们本身往往由多个要素组成，如语言、图象、符号等，因此需要从多个方面进行分析，才能通透地理解数学概念或命题的意义．本章的微观结构是指一个个数学概念或命题本身构成要素之间的关系．

一、运用“问题链”策略，呈现知识的过程性

问题是数学的心脏，构建适当的问题链是有效教学的基础．在数学课堂上，应根据学生的已有知识储备、能力情况，对教材中的内容进行深层次加工，将之设计成有效的问题链，使教学内容环环相扣，这有利于提升学生的

数学思维能力，由原来的识记、理解、应用等较低层次引向分析、综合、评价等较高层次．一个数学概念或命题是由几个子概念或子命题构成的，如方程的定义是由未知数和等式这两个子概念构成的．通过设计问题链，可以使得每个子概念或子命题的呈现环环相扣，使得学生能够深刻地理解概念或命题．

例如，数列定义的构成要素是顺序和一列数．教师以问题链的形式进行教学设计．具体过程如下：

1．用表格（如表2.3–1）表现青蛙的数量与其嘴、眼睛和腿的数量．

表2.3–1

青蛙	嘴	眼睛	腿
1	1	2	4
2	2	4	8
3	3	6	12
…	…	…	…

2．古代有“一尺之棰，日取其半，万世不竭”，若将“一尺之棰”记为1份，则每日剩余部分依次是：$\frac{1}{2},\frac{1}{4},\frac{1}{8},\frac{1}{16},\frac{1}{32},\cdots$

3．古希腊数学家常用小石子摆成如图2.3–1的形状来表示数，称为三角形数，它们依次是：1，3，6，10，…

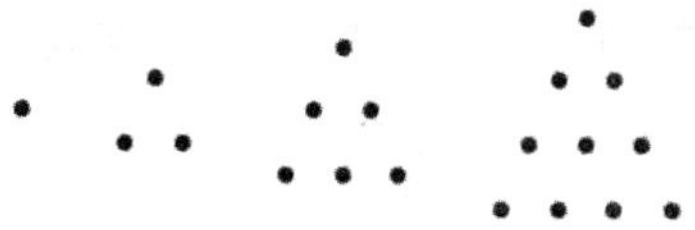

图2.3–1

4．1984年至今，我国已参加了10次奥运会，所获得的金牌数依次是：15，5，16，16，28，32，48，38，26，38．

问题1　请同学们观察这些题目中的数，你们有何发现？（是不是一列数？）

生：都是一列数.

追问：还有其他特点吗？

生1：每组数字都有规律.

生2：不正确，第4题中的数字没有“规律”

问题2　生1，能说说你对“有规律”的数的认识吗？

生1：我认为“有规律”的数就是知道前面几个数，根据这几个数之间的关联，进而能推断出后面的数.

问题3　生2，请你解释一下为何第4组数字没有“规律”.

生2：假设这组数有规律的话，那我们就能知道2024年奥运会我国将获得的金牌数. 这显然是不可能事件.

问题4　综上，“有规律”并不是这四组数字的共同特征. 请同学们思考：每组中的数字能否随意调换？

生3：不能随意调换，比如1题中，第二行的4和8调换就变成了两只青蛙对应8只眼睛、4条腿了. 调换后意思就不一样了，由此说明每一组数字都是有顺序的.

问题5　很好！我们把“按照一定顺序排列着的一列数称为数列”. 请问：你认为数列定义中有哪些关键词？

生4：关键词有两个：“一列数”和“顺序”.

问题6　根据定义，1，3，5，7是数列吗？1，5，3，7是数列吗？它们是否为同一个数列？

生5：它们都是数列，但不是同一个数列，因为两组数字的排列顺序不一致.

问题7　既然数列1，3，5，7和数列1，5，3，7由于顺序不同不是同一个数列，那么何谓顺序不同？

师生共同讨论交流得出概念中“顺序”的含义：顺序不同指的是数列的项与序号之间的对应关系不一样.

问题8　数列中的每一项a_n与其序号n之间的对应关系有何特点？

根据学生已有的知识储备，从函数的视角认识数列，明确：数列的项与序号之间的对应关系是函数关系，体会任何数列问题都蕴含着函数的本质，任何数列都具有函数的一些特征．不同之处在于函数的定义域可取一切实数 $\mathbf{R}$，而数列的定义域只能为正整数集，最终归纳出数列是一类特殊的函数，即数列可以看作一类定义域为正整数集 $\mathbf{N}_+$ 的特殊函数，其函数值是当自变量从小到大依次取值时的对应值．因此，需要同时满足一列数和一定顺序这两个属性，才能形成数列．

二、运用多元表征策略，展示概念的多面性

现代心理学研究表明，概念的“心理对应物”在大多数情况下并非相应的形式定义，而是一种由多种成分组成的复合物，即概念意象，而概念意象的建立依赖于多元化的心理表征．数学概念要被学生合理内化，成为他自身知识结构体系的一部分，那么教学就应围绕建立多元化的心理表征来展开．对于数学多元化表征，不同学者持有不同的观点，但多数学者认为数学多元化表征，大致可分为言语化表征和视觉化表征两类，前者如符号表征、文字表征等，后者如图形表征、情境表征、操作表征等．多元表征策略是指通过多种形式的表征及各表征之间的转译和转换，帮助学生从多角度、多层面对数学知识进行认识，使针对同一数学知识的不同信息互相补充，丰富学生的数学知识储备，从而达到优化已有认知图式目的的一种策略．

例如，函数的概念是由定义域、对应法则、值域三个要素构成的．对函数本质的理解，需要学生构建一个动态变化过程，来把函数的三个构成要素凝聚成一个对象，这个变化过程就是“对定义域中每一个特定值通过对应法则都能得到一个函数值”．函数既有代数的特征（函数的解析式）、数的特征（函数的列表方式），也有几何的特征（函数的图象）、符号特征（$y=f(x)$），以及通俗的形象化特征（输入、输出项）．函数解析式具有抽象性、简洁性等特点，图象和表格具有直观、形象、具体等特点，将言语化和视觉化这两种表征结合起来，可有效促使学生在多元表征的转换与转译中实现对函数概念本质的理解．

三、运用变式教学策略，深化对概念的理解

数学知识之间的联系性是变式的依据，即利用知识的相互联系，可以系统地获得概念的各种变式. 变式教学是指在教学过程中通过变更概念的非本质特征、改变问题的条件或结论、转换问题的形式或内容，有意识、有目的地引导学生从“变”的现象中发现“不变”的本质，从“不变”的本质中探究“变”的规律的一种教学策略. 就概念学习而言，变式教学主要是通过在教学中使用不同形式的直观材料或事例说明事物的本质属性，或变换同类事物的非本质特征以突出事物的本质特征. 目的在于使学生了解哪些是事物的本质特征，哪些是事物的非本质特征，从而对一事物形成科学概念. 通过概念的变式教学，有利于排除背景干扰，凸显事物本质属性，明晰概念外延，让学生真正理解和把握数学概念.

例如，在函数概念教学中，学生可能会举出许多用解析式表示函数的例子，在问题“函数关系都可以用解析式表示吗?”的引导下，举出用图、表来表示函数的实例，要求学生说明为什么它们是函数. 再者通过教材的三个实例的情景变式让学生判断能否构成函数，以此来进一步理解函数的概念，顺利地实现从函数的“变量说”过渡到“对应说”.

问题1　某“复兴号”高速列车加速到350 km/h后保持匀速运行半小时. 这段时间内，列车行进的路程s（单位：km）与运行时间t（单位：h）的关系可以表示为$s=350t$.

这里，s和t是两个变量，而且对于t的每一个确定的值，s都有唯一确定的值与之对应，所以s是t的函数.

问题2　某电气维修公司要求工人每周工作至少1天，至多6天. 如果公司确定的工资标准是每人每天350元，而且每周付一次工资，那么你认为该怎样确定一个工人每周的工资？一个工人的工资w（单位：元）是他工作天数d的函数吗?

显然，工资w是一周工作天数d的函数，其对应关系是

$w=350d$.（*）

其中，d的变化范围是数集$A_2=\{1, 2, 3, 4, 5, 6\}$，w的变化范围是数集$B_2=\{350, 700, 1\,050, 1\,400, 1\,750, 2\,100\}$. 对于数集$A_2$中的任一个工作天数$d$，按照对应关系（*），在数集$B_2$中都有唯一确定的$w$值与它对应.

问题3　如图2.3-2，是北京市2016年11月23日的空气质量指数（Air Quality Index，简称AQI）变化图. 如何根据该图确定这一天内任一时刻t h的空气质量指数（AQI）的值I？你认为这里的I是t的函数吗？

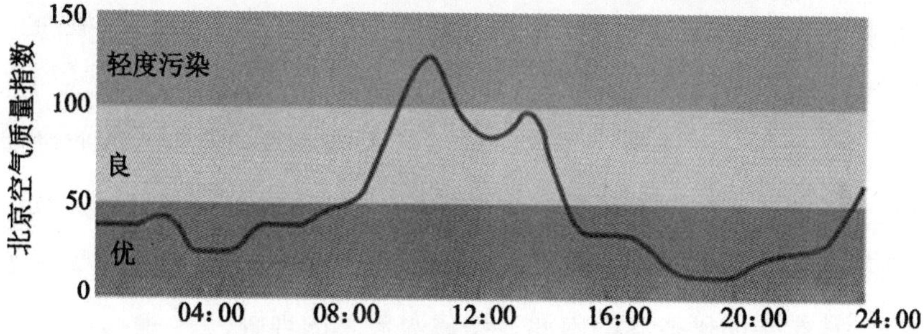

图2.3-2

从图2.3-2中的曲线可知，对于数集$A_3=\{t|0\leqslant t\leqslant 24\}$中的任一时刻$t$，按照曲线所给定的对应关系，在数集$B_3=\{I|0<I<150\}$中都有唯一确定的值$I$与之对应. 因此，这里的$I$是$t$的函数.

问题4　国际上常用恩格尔系数r（$r=\dfrac{食物支出金额}{总支出金额}\times 100\%$）反映一个地区人民生活质量的高低，恩格尔系数越低，生活质量越高. 表2.3-2是我国某省城镇居民恩格尔系数变化情况，从中可以看出，该省城镇居民的生活质量越来越高.

表2.3-2

年份y	2006	2007	2008	2009	2010	2011	2012	2013	2014	2015
恩格尔系数r（%）	36.69	36.81	38.17	35.69	35.15	33.53	33.87	29.89	29.35	28.57

你认为按表2.3-2给出的对应关系，恩格尔系数r是年份y的函数吗？如

果是，你会用怎样的语言来刻画这个函数？

这里，y的取值范围是数集$A_4=\{2006,2007,2008,2009,2010,2011,2012,2013,2014,2015\}$；根据恩格尔系数的定义可知，$r$的取值范围是数集$B_4=\{r\mid 0<r\leqslant 1\}$. 对于数集$A_4$中的任意一个年份$y$，根据表2.3-2所给定的对应关系，在数集$B_4$中都有唯一确定的恩格尔系数$r$与之对应. 所以，$r$是$y$的函数.

上述四个情景分别从解析式、图象、表格的角度出发，利用情景变式引导学生积极思维，从而引导学生用集合及对应的语言来刻画函数概念. 经过学生思维的内化及教师的引导，函数可概括为一般的对应过程：$x\to f(x)$，从而得到函数的定义. 图象、表格、解析式均为函数的表示法，通过情景变式来加强三者的联系，凸显函数概念的本质属性. 在给出函数概念的定义后，针对函数概念的内涵与外延，可设计一些辨析型问题，通过对这些问题的讨论与解决，让学生明确概念的内涵，深化对概念的理解.

例1. 如图2.3-3所示，其中不能作为函数$f(x)$图象的是(　　).

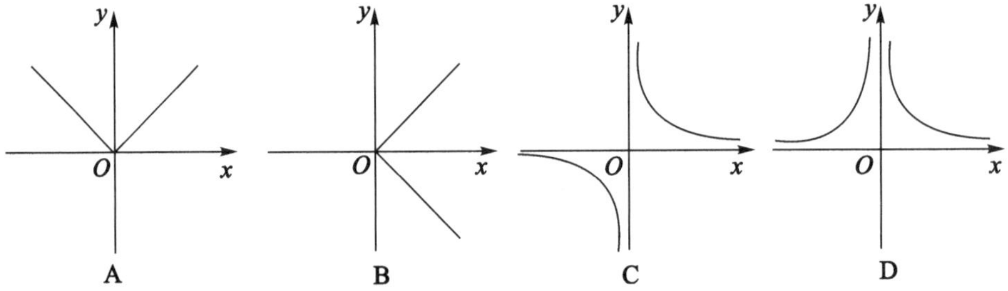

图2.3-3

例2. 下列说法正确的是________.

①函数$f(x)=x$与$g(t)=t$表示同一函数.

②函数$f(x)=x$与$f(x)=\dfrac{x^2}{x}$表示同一函数.

例2中，对于①而言，有部分学生会认为是不同函数. 出现这样的问题，主要是学生未深刻认识到形式与内容的关系；对于②而言，学生也往往只从函数的表面形式来考查，而认识不到对应关系的实质或函数定义域的重要性. 通过上述两个变式，可加深学生对函数概念的理解.

第四节　基于纵向联系的高中数学教学研究

纵向联系是指时间上前后相续并有某种隶属关系的事物之间的相互影响、制约和作用. 这种联系揭示事物经历了由低级到高级、由简单到复杂、由具体到抽象的发展过程，或展示不同等级和层次的事物的某一方面的关系. 考虑到学生的认知规律，教材中呈现的知识被分成块，有时需分为几个学习阶段，如学生在初中接触到巧用变量说定义函数，而高中进一步学习利用对应说的语言来刻画函数. 因此，教师讲授新知识前，应充分考虑到学生已有的认知基础，对教材中具有纵向联系的知识进行分析，将不同学段的知识由点串成线，从而做到“见木见林”.

一、纵向联系的类型

1. 上位学习

上位学习是奥苏伯尔有意义言语学习理论中的术语，是概括程度较高的新的概念或命题包容了概括程度低的概念或命题之后而获得意义的学习，主要依靠顺应的方式，采用概括与综合的思维方法. 上位学习主要通过归纳和综合而获得有意义的学习，它需要满足两个条件：一是新的学习内容在概括层次上一定要高于已学过的知识，二是头脑中原有的认知结构一定要有可供归纳和概括的内容.

例如，曲线与方程是直线与方程、圆与方程的上位概念，是直线与方程、圆与方程的一般化. 学生通过直线与方程这一章的学习，体会解析几何的思想，知道在平面直角坐标系中，直线方程可用点斜式、斜截式、两点式等形式表示，通过方程可探究直线间的位置关系等问题，使学生对坐标法有初步的了解. 在此基础上，在圆与方程章节中主要学习在平面直角坐标系中建立圆的标准方程和一般方程，运用代数方法研究点与圆、直线与圆、圆与圆的位置关系. 在二者的基础上，曲线与方程这一章囊括了原有的知识，主要是让学生学会借助坐标系，利用方程以及代数的运算来研究曲线的性质，旨在培养学生的坐标思想. 下页为曲线与方程的知识结构，厘清这些关系，对于掌握这部分内容有着重要的意义.

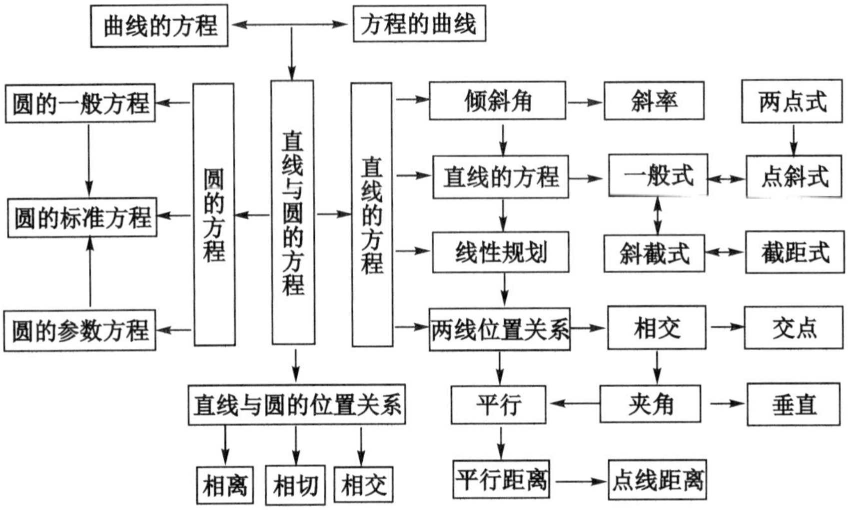

2. 下位学习

下位学习，即“类属学习”，是将概括程度或包摄性较低的新概念或新命题归属于认知结构中程度较高的观念中，它主要依靠同化的方式，通过类属过程获得有意义的学习. 在下位学习过程中，新的知识可以直接和头脑中原有的与之相关的数学知识建立联系，使得原有的认知结构得到优化.

例如，四边形及特殊的四边形在初中几何中占有重要的地位，也是教学的一个难点. 由于知识点较多，彼此之间又存在着紧密的联系，所以这部分知识的学习主要是下位学习：先给出四边形的定义，进而再研究特殊的四边形. 下页为四边形与特殊四边形的关系图，厘清这个关系图（图2.4–1），对于掌握这部分知识有着重要的意义.

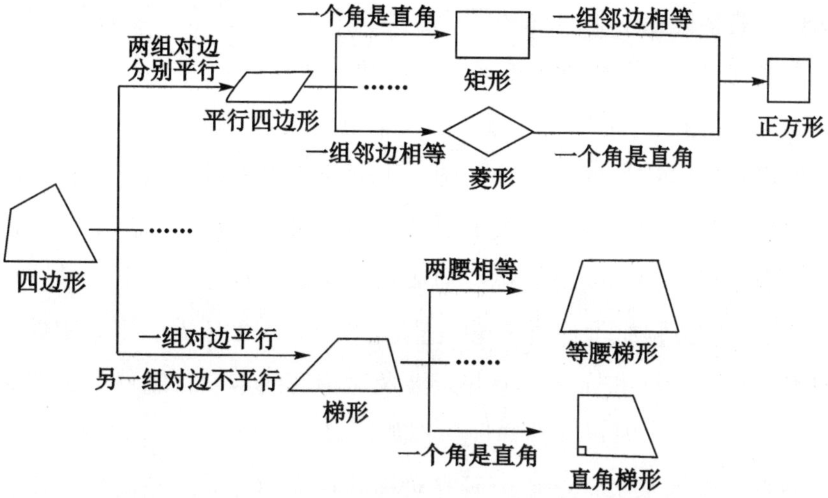

图 2.4–1 四边形与特殊四边形的关系图

二、基于纵向联系的数学教学策略

1. 同一概念，螺旋上升

按照认识论的原理，人类一次性地或孤立地认识一类事物的本质属性是不可能的，必须用联系的方法，经历一个由感性到理性的发展过程. 因此，对于同一个数学概念，要采用螺旋式上升的方式展开教学. 所谓螺旋式是指有的概念在发展的意义上出现多次，每次出现在意义上都有新的发展. 在讲授一个数学概念时，应把握知识的源与流，源就是知识的源头，这个知识从哪里来，现在处在什么位置. 流就是这个知识有哪些应用，将来要流向哪里，即追溯知识的“原有形态”和寻找知识的“发展形态”. 只有用前面的旧知识做铺垫，才能较好地理解新知识. 因此教师需要明确知识的内在联系，将不同年级的知识由点串成线，将零散的知识进行梳理，从局部到整体地去把握与实施教学，摒弃“见叶不见枝，见木不见林”的狭隘的学习观念. 正如株洲市教育局政府主任督学帅常凯老师所说的那样，建立知识结构化之一就是要实现纵向推导关系，也就是要把数学知识之间的逻辑推导关系找出来，串成一条知识链 A→B→C→D……这样，学生就经历了从前面的知识中得到新知识的一种演绎思维. 对于知识的前后联系，大概可从以下几个方面来探讨：

一个知识点的掌握在中小学阶段要经历哪几个阶段？每个阶段的重点是什么？从一个阶段到另一个阶段学生要经历哪些数学活动．

例如，“对称性”是中小学数学的一个重要概念，围绕这个概念进行知识梳理，便可构造对称性的知识结构图．下面我们以人教版数学教材为例，对对称性进行直观认识：在二年级上册“美丽的对称图形”一节中，通过“画一画”的数学活动使学生对对称性形成初步认识；在五年级下册“图形的变换”一节中，在方格纸上通过“量一量”“数一数”的方式，来半定性、半定量地研究对称的特征和性质，但并未涉及对称性的本质．随着学生的认知水平的提高，随着学生对对称性知识的不断了解，在八年级“轴对称”一节中，借助平面直角坐标系来定量化地研究对称的特征和性质．在高中阶段，主要从两个角度来探究对称性，一方面是探究特殊的轴对称图形（偶函数的图象）和中心对称图形（奇函数的图象）．另一方面是通过方程来进行研究，主要研究点、直线、曲线关于某点或某直线的对称性，这又包含两类，一类是研究图形自身呈现出的对称性，如双曲线关于实轴、虚轴和中心的对称性，另一类是研究两个图形关于某点或某直线的对称性．围绕定性与定量、轴对称与中心对称、函数与方程等，便可建构起较为完整的关于对称性的知识结构图．因此，对称性的学习并不是一蹴而就，而是要经过不断学习、感悟，螺旋上升．通过对生活中的对称性的初步感知、初步认识，对对称性概念的抽象认识，比较全面地把握概念，将概念形式化来深化对对称性的理解．

2．不同概念，循序渐进

奥苏伯尔指出将教材编排成序，需要遵循不断分化的原则．这类似于循序渐进，就是教师在教学过程中要根据人们认识新事物的自然规律和认知结构的组织特点，对知识进行由上位到下位，由一般到个别的纵向组织．在呈现教学材料时，首先应介绍具有较高概括性和包摄性的知识，再安排那些概括程度较薄弱的知识，这样有利于知识的保持与迁移．数学概念的学习是一个有意义的过程，要着眼于学生的“最近发展区”，选择恰当的教学策略，分阶段、分层次让学生循序渐进地理解．

例如，在集合→映射→函数这一过程中，集合是基石，映射是在两个集合之间建立的一种对应，而函数则是在两个非空数集中建立的一种对应，因而函数又是一种特殊的映射. 人教版数学教材（2019年版）采用的是先讲函数再讲映射的方式，这是充分考虑到学生已有的认知基础，使得抽象的函数概念有足够的实例背景作为支撑，这有利于学生领会函数概念的本质，充分体现了循序渐进的原则，符合人类认识事物由特殊到一般的规律. 集合、映射、函数这三个知识点彼此之间有着密切的联系，环环相扣. 由这三个知识点构成了一个“层面”，在这个“层面”上可以构建出五大支柱，即常数函数、指数函数、对数函数、幂函数、三角函数这五个基本初等函数. 根据研究函数的思路研究这五个基本初等函数，主要研究它们的定义域、值域、对应法则、图象、单调性、奇偶性、周期性、对称性等. 因此讲授这些知识点，应从“柱”与“层面”的结点入手，循序渐进，构建结点之间的联系，不断完善学生的认知结构.

第五节　基于横向联系的高中数学教学研究

横向联系是指空间上处于并列状态的事物之间产生相互影响、相互制约和相互作用. 在数学知识当中，总有部分内容因所呈现的形态相近或者所蕴含的思想方法相同而被归为同一类. 本文研究的数学知识的横向联系主要是指课与课之间、单元与单元之间、册与册之间、阶段（如初中、高中）与阶段之间的数学知识的联系. 在数学学习中，横向联系具有覆盖面广、跳跃性强等特点. 通过引导学生全面分析各个数学知识点，广泛地将知识点进行横向联系，并按照一定的思维线索建构知识网络，从而发展学生的正迁移能力及培养学生的数学思维能力. 教师在教学时要处理好各章节知识之间的横向联系，超越空间与时间的限制，寻觅显性数学知识之间的隐性关系，促进学生的联想与记忆能力的发展，加深学生对知识的全面理解.

一、横向联系的类型

1. 内容转化，建构联系

在解决数学问题时，有时直接求解会遇到一定的阻碍，此时应心平气和地通过观察、分析、类比、联想等思维过程，选择适当的方式将所要求解的问题转化为另一个我们熟悉的问题，使得求解更容易、更便捷．在解题过程中，若能依据数学知识间的内在联系寻找二者的契合点，将所求问题进行等价转换，就会深刻体验到解决问题的巧妙，乃至乐趣．不仅如此，问题的转化还能培养学生思维的灵活性、跳跃性．例如，将函数问题转化为两点间的距离公式求解等．

例．求函数$y=\sqrt{x^2-2x+2}+\sqrt{x^2-4x+13}$的最小值．

分析：由于本题根号下的形式较为复杂，若直接从函数的角度出发，很难快速解决问题．若换个角度去思考，问题就会迎刃而解．通过观察式子，考虑它们的几何意义．

$\sqrt{x^2-2x+2}=\sqrt{(x-1)^2+(0-1)^2}$表示点$(x,\ 0)$与点$(1,\ 1)$之间的距离；同样地，$\sqrt{x^2-4x+13}=\sqrt{(x-2)^2+(0-3)^2}$表示点$(x,\ 0)$与点$(2,\ 3)$之间的距离．而点$(x,\ 0)$在$x$轴上，因此本问题就转化为在$x$轴上找一点，使得这个点到点$(1,\ 1)$和点$(2,\ 3)$的距离之和最小．利用对称性、两点间的距离公式，即可求出最小值为$\sqrt{17}$．

本题考查的主要知识点是两点之间距离的几何意义及对称性问题，主要考查学生的数学翻译能力．这道函数题能转化为两点间的距离公式求解，主要在于函数问题大部分是借助平面直角坐标系进行研究的，而函数图象上的点可以用坐标表示出来，因此二者之间具有一定的关联．该类型的函数解析式一般具有明显的某种几何意义，如两点间的距离公式或直线的斜率等等．解这类型的题目，若先考虑函数解析式的几何意义，再利用数形结合的思想方法，可以使求解更简洁，更赏心悦目．

2．*方法转化，启迪思维*

（1）一题多解

一题多解，是教师启发和引导学生从多个角度、按照多种思路，采用不同的方法分析、解决某道数学题的活动．一题多解有利于促进知识的横向联系，可调动学生思维的积极性．某数学题之所以有多种解法，原因就在于这些解法之间是有一定联系的，通过“多解”后的“归一”，能让学生高屋建瓴地看待问题，进而升华到从哲学的角度认知世界，由此形成强大的认识力，最终获得对数学的通透理解.

例. 设S_n为等比数列$\{a_n\}$的前n项和，若$a_1=1$，且$3S_1$，$2S_2$，S_3成等差数列，则$a_n=$__________.

基本解法1：由题意知，$2S_2=2(a_1+a_2)=2(a_1+a_1q)$，$S_3=a_1+a_2+a_3=a_1+a_1q+a_1q^2$.

因为$3S_1$，$2S_2$，S_3成等差数列，所以$3a_1+a_1+a_1q+a_1q^2=4(a_1+a_1q)$.

解得$q=3$. 所以$a_n=3^{n-1}$.

基本解法2：由$3S_1$，$2S_2$，S_3成等差数列，易知$q\neq1$，所以$4S_2=3S_1+S_3$，即$\frac{4a_1(1-q^2)}{1-q}=3a_1+\frac{a_1(1-q^3)}{1-q}$.解得$q=3$. 所以$a_n=3^{n-1}$.

基本解法3：由$3S_1$，$2S_2$，S_3成等差数列，易知$4S_2=3S_1+S_3$. 由公式$S_{m+n}=S_m+q^mS_n$，得 $3S_1+S_3=3S_1+(S_1+qS_2)=3S_1+[S_1+q(S_1+qS_1)]$；$4S_2=4(S_1+qS_1)$. 所以$4(S_1+qS_1)=3S_1+[S_1+q(S_1+qS_1)]$. 解得 $q=3$. 所以$a_n=3^{n-1}$.

基本解法4：因$3S_1$，$2S_2$，S_3成等差数列，故$S_3-2S_2=2S_2-3S_1$，即$(S_3-S_2)-S_2=2S_2-3S_1$，$S_3-S_2=3(S_2-S_1)$，$a_3=3a_2$，$a_1q^2=3a_1q$. 因为$q\neq0$，所以$q=3$. 所以$a_n=3^{n-1}$.

（2）多题一解

数学解题方法展现了人类智慧，它与数学的不断发展是相伴相生的. 解题的本质就是弄清解题方法与数学知识之间的联系. 数学题千变万化，但认真挖掘可发现有些问题的实质是一致的. 在教学过程中若能引导学生对这些“型异质同”或“型近质同”的问题进行分类整理，抓住它们的本质特征，实现多题归一，就可以培养学生的收敛性思维. 因此，在教学中要注重对解题本质的揭示，这样才能触类旁通、举一反三. 以下是二项式展开式的系数问题.

练习题：（1）求$(1+2x)^7$的展开式中第 4 项的系数；

（2）求$\left(x-\frac{1}{x}\right)^9$的展开式中$x^3$的系数.

变式1. 在二项式$\left(\sqrt[3]{x}-\frac{1}{2\sqrt[3]{x}}\right)^n$的展开式中，前三项系数的绝对值成等差数列.

（1）求展开式的第4项；

（2）求展开式的常数项；

（3）求展开式中各项系数的和.

变式2. 设$(3x-1)^4=a_0+a_1x+a_2x^2+a_3x^3+a_4x^4$.

（1）求$a_0+a_1+a_2+a_3+a_4$；

（2）求$a_0+a_2+a_4$；

（3）求a_1+a_3；

（4）求$a_1+a_2+a_3+a_4$；

（5）求二项式展开式中各项系数之和.

二、基于横向联系的数学教学策略

1. 巧用比较法，提高迁移能力

比较法是通过观察、分析，寻找研究对象的异同点，认识事物的一种基本方法，也是一种辩证的思维方法. 数学知识都具有自身的特性，通过比较法可以发现它们之间的异同，能较好地把握它们之间的相互联系. 在同中求异、异中求同的过程中，可以培养学生的求异思维，开拓学生的思路，提高学生解决数学问题的综合能力.

例如，圆锥曲线的研究对象是图形，常用的方法是坐标法，它是中学数学的一个重点和难点. 人教版数学教材中给出曲线与方程的概念、求曲线的方程的步骤和用方程研究曲线性质的角度，并通过对椭圆、双曲线、抛物线等具体圆锥曲线的研究加深对坐标法的理解. 通过比较法分析椭圆、双曲线、抛物线，可以发现这三类圆锥曲线的研究方法是一致的．圆锥曲线具有统一性，如它们都是平面截圆锥得到的截口曲线；它们都是平面内到一个定点的距离和到一条定直线（不经过定点）距离的比值是一个常数的点的轨迹；它们都是关于x，y的二次方程．在认识它们共同特征的同时，也要认识到它们各自的属性．通过整理这三类圆锥曲线的相关知识点，以表格的形式来展示它们各自的特点，如表2.5－1所示．

表2.5–1　中心在原点，焦点在x轴上的圆锥曲线

	椭圆	双曲线	抛物线
定义	到两定点的距离之和等于定长的点的轨迹． 两定点间的距离为：$2c$；定长：$2a$（$2a>2c$）	到两定点的距离之差的绝对值等于定长的点的轨迹． 两定点间的距离为：$2c$；定长：$2a$（$2a<2c$）	到一定点与一定直线的距离相等的点的轨迹．
标准方程	$\frac{x^2}{a^2}+\frac{y^2}{b^2}=1$	$\frac{x^2}{a^2}-\frac{y^2}{b^2}=1$	$y^2=2px$
图形	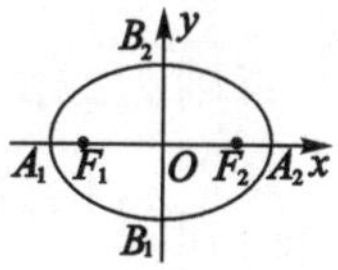	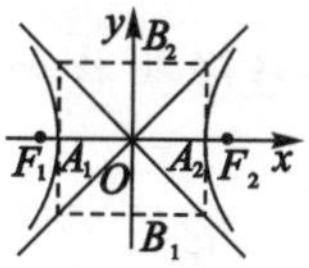	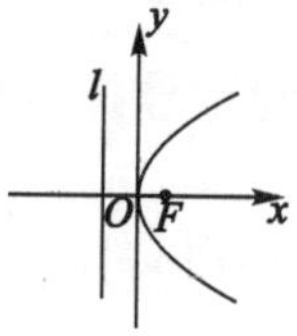
关系	$b^2=a^2-c^2$	$b^2=c^2-a^2$	$p>0$
焦点	$(-c,0)$，$(c,0)$	$(-c,0)$,$(c,0)$	$\left(\frac{p}{2},\ 0\right)$
顶点	$(a,0)$,$(-a,0)$,$(0,b)$,$(0,-b)$	$(a,0)$，$(-a,0)$	$(0,0)$
离心率	$e=\frac{c}{a}$，$e\in(0,\ 1)$	$e=\frac{c}{a}(e>1)$	$e=1$
渐近线		$y=\pm\frac{b}{a}x$	
准线	$x=\pm\frac{a^2}{c}$	$x=\pm\frac{a^2}{c}$	$x=-\frac{p}{2}$
统一定义	平面内与一个定点F和一条定直线l（l不经过定点F）距离之比等于定值e的点的轨迹．当$0<e<1$时，轨迹是椭圆；当$e>1$时，轨迹是双曲线；当$e=1$时，轨迹是抛物线．		

2. 深掘知识内涵，打破知识壁垒

“内涵”在逻辑学上指一个概念所反映的事物的本质属性的总和. 数学概念不是孤立存在的，彼此之间有一定的联系. 因此，在教学过程中要突出数学知识之间的内在联系、数学规律的形成过程、数学思想方法的提炼等，有效地凸显数学知识的内涵. 在学生的最近发展区内，努力揭示知识的内涵，才能准确把握知识，才能了解哪些是同类知识，哪些知识可以进行横向联系. 通过把握数学知识的内涵，使得知识珠连璧合，最终学生的数学能力也在潜移默化中得到提升. 例如，单调性是必修第一册中函数的第一个性质，斜率是选择性必修第一册中的一个知识点，导数是选择性必修第三册中的一个重要概念. 从表面上看，这三个概念联系不甚紧密，通过深入分析、理解其内涵发现，这三个概念实则有着内在的本质性联系.

教材中函数单调性的定义经历了自然语言、文字语言和符号语言的转化，“上升、下降”可转化为文字语言“函数值随着自变量的增加而增加，或是随着自变量的增加而减小”，进而转化相应的符号语言，即$f\left(x_1\right)-f\left(x_2\right)$与$x_1-x_2$的符号是否相同，若同号说明此函数为增函数，否则为减函数. 进一步，判断$f\left(x_1\right)-f\left(x_2\right)$与$x_1-x_2$的符号可以等价转化为判断$\dfrac{f\left(x_1\right)-f\left(x_2\right)}{x_1-x_2}$的符号，此式子表示函数的平均变化率. 从函数图象上看，连接两点$\left(x_1,f\left(x_1\right)\right)$和$\left(x_2,f\left(x_2\right)\right)$的割线的斜率是平均变化率$\dfrac{f\left(x_1\right)-f\left(x_2\right)}{x_1-x_2}$. 通过对该割线的斜率取极限，即$\lim\limits_{x_1\to x_2}\dfrac{f\left(x_1\right)-f\left(x_2\right)}{x_1-x_2}$，转化为函数在点$\left(x_1,f\left(x_1\right)\right)$处的切线斜率，此即函数在$x=x_1$处的导数$f'\left(x_1\right)=\lim\limits_{\Delta x\to 0}\dfrac{\Delta y}{\Delta x}$. 根据极限的保号性定理，当$\dfrac{\Delta y}{\Delta x}>0$时，导数非负，此时函数单调递增；当$\dfrac{\Delta y}{\Delta x}<0$时，导数非正，这时函数单调递减. 通过变化率，这三个数学概念之间建立了本质性的联系. 因此，只有在教学过程中深挖知识的内涵，才能破除不同知识之间的壁垒，达到触

类旁通、游刃有余的效果.

3. 注重多元联系，避免形成思维定式

思维定式，是指由定向思维所造成的思维的趋向性或专注性状态，有正迁移和负迁移之分. 当它发生负迁移时，会表现出思维僵化、呆板等特点，不能多角度、多侧面地看待问题，这将会阻碍问题的顺利解决，而思维定式的对立面则是思维的变通. 数学教学并不是不加以组织、改造、重组就将知识传授给学生，而是要注重知识的结构性，强调知识的多元联系. 在教师的引导下主动地建构数学认知结构，才能避免思维定式发生负迁移. 例如，垂直关系是中学数学中的一种重要的关系. 它与多个数学知识点具有一定的联系，以下为垂直关系的多元联系结构：

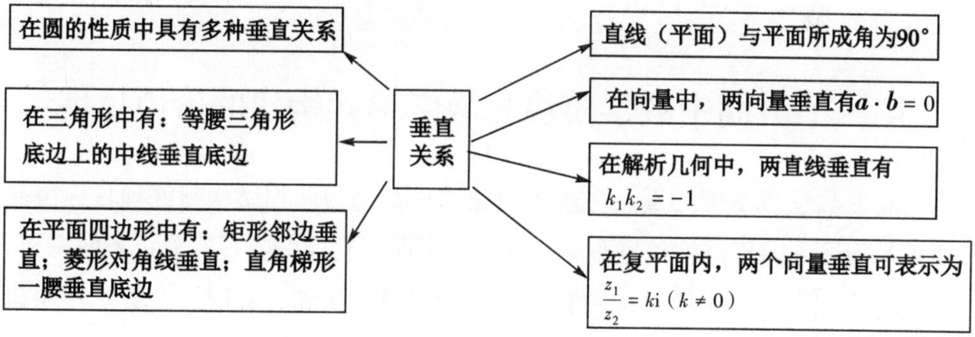

第三章　核心素养导向下的单元结构化教学实践与研究

第一节　高中数学模块化教学单元构建的价值体现

高中数学教学中的重点与难点问题，一直是与课程结构与课程目标协调相关的问题．课程结构如果布局合理，对于课程功能的实现有着重大的意义，直接影响到课堂目标的实现和教学成果的取得．从细处着眼，在数学模块化教学过程中，数学模块的整体设计、价值定位、元素组成，都关乎之后的单元构建各个环节．整体作用的大小与发挥在于各个部分的组合和排列，因此数学模块的完美组合和数学单元的有规律划分，对于提高课堂效率、达到预期目标，有着重要的意义．

在数学整体模块设计完成之后，要对其进行单元划分．将模块划分为单元进行教学这一“单元构建”的模式，是过去数年来在各地的课改实验过程中所发现的最佳模式，在提高教学效率、促进学生数学认知等方面体现出了非凡的价值，在与模块式教学的良性互动和改进模块化教学中的一些弊端等方面起到了不小的作用．

一方面，在模块化教学基础上的“单元构建”实现了高中数学课程教学的最大灵活性，为学生的选择提供了便利，也有利于模块整体的实现．另一方面，利用单元构建的方法进行模块教学的实施，也化解了模块本身一些无法避免的矛盾，两者之间得到协调．模块教学方法在实践中往往会遇到相互分离、学时难以调配、逻辑关系混乱等问题，但如果将数学模块中的知识划分为若干个单元，再将各个单元按序排列，并且分清主次合理分配教学资源，这些问题就可以得到妥善解决．

值得注意的是，对高中数学课程进行模块教学下的单元构建，要根据学校、课堂的实际情况因地制宜确定阶段目标．用单元构建的方法将模块教学的总体目标分解为数个小目标，更具有操作性和可控性，也更利于根据课堂形势进行微观调节和引导．值得关注的是，各个单元的具体目标应该与本单元知识结构和数学模块大环境相契合，既要契合教学实际，也要有机融合，还要注意分清主次，符合逻辑顺序．

第二节　核心素养导向下的高中数学单元教学特征分析

第一，整体关联．基于高中数学核心素养“是一个有机整体”的基本属性，该视域下单元教学也必然具备“整体性”特征，包括：（1）知识的整体性．以“单元主题”为组织核心，将高中数学中琐碎、分散的内容糅合成一个完整体系，并在内部按照“知识点”的统一性形成多个便于教学实践的知识模块，据此设计教学方法、目标、任务等．（2）教学的整体性．高中数学单元教学实践，应立足于多个独立知识模块构建整体性知识语境，每一个阶段性目标完成之后，都要置于单元系统中重新审视．（3）认知的整体性．客观上，即便在一个“教学单元”内部，知识的分布也是从低到高、由易到难的，这也是学生认知的发展规律，因此知识模块、知识点之间应保持密切关联．

第二，层次递进．所谓“层次”，就是针对不同单元主题而言；所谓“递进”，就是针对不同单元难度而言．“层次递进”强调单元教学实践中应形成一定的逻辑规律，例如各层次知识之间构建环环相扣、由低到高的“数学坡度”，以此更好地发挥学生“最邻近发展区”的功能．同时，结合高中数学不同核心素养的要求，在教学活动中也具有明显的“层次递进”的特征，如从

“数学运算”到“数学抽象”再到“数学建模”，分别对应不同的难度层次，与单元教学模式相对应，前一部分知识可以是后一部分知识的铺垫.

第三，以生为本. 数学课程标准中的“核心素养”是对《中国学生发展核心素养》中“核心素养”的具体化，即便突出了数学课程特征，但是其本质上仍然是“学生适应终身发展及社会发展”的重要能力、品质，凸显出“学生为主体”的特征. 因此，在高中数学单元结构化教学中同样要贯彻“以生为本”的育人理念，尤其在教学实践过程中要遵循学生对数学学科认知发展规律，不断倡导“自主、探索、合作”的学习风气.

第四，动态演变. 必须明确的是，基于核心素养导向下的高中数学“单元教学”与教材基础上的“单元教学”是不同的. 立足于事先设计好的教学框架，在具体实施过程中及实施完毕之后，基于“单元内容”都存在较大变数. 换而言之，单元教学本质上是一种动态演变组织形式，不能将其看作静态的知识点堆砌.

第五，整合重构. 从高中数学教师角度出发，如何设计单元教学、如何组织单元内容、如何进行单元教学评价等，并没有一个成熟且统一的标准，很大程度上取决于单元教学在“核心素养”上的倾斜性. 如在“数学运算”及“逻辑推理”的差异性之下，单元教学内容、资源的组织必然存在区别，因此一个具体的单元教学方案，必然是根据教学需求对教学对象、内容进行的整合重构.

第三节　核心素养导向下的高中数学单元教学实践模式

如前文所述，核心素养导向下的高中数学“单元教学”设计并不存在统一模型框架，教师可从“整体性”切入，以满足单元教学的“系统性”构建为目标. 而相关教学模型是比较丰富的，如ISD（教学系统设计）模型、PDCA（戴明环）模型、ADDIE（系统发展教学方法）模型等. 其中，ADDIE模型具有良好的流程化特色，比较符合高中数学单元教学的五大特征，而ISD模型具有明显的显性特征，PDCA模型主要针对一个知识点教学进行“循环改进”.

综合考量ADDIE模型最为适合；ADDIE教学模式包括五个阶段，分别为A（分析）、D（设计）、D（开发）、I（实施）和E（评价）. 结合高中数学核心素养培养的需要，进一步将这一模式简化为“ADIE”模式.

一、分析单元教学内容，对应数学核心素养

在现阶段，高中数学教学所依据的蓝本是教材，虽然新课改之后各地高中教材呈现多元化态势，但作为教与学的共同文本，高中数学单元教学仍然不可脱离教材这个媒介. 基于同一主题筛选、划分、组织单元教学内容是第一步，在此基础上要对教学内容展开综合分析，科学地对应某一个或几个“核心素养”——需要注意的是，高中数学教材本身就有单元设计，从“整合重构”的角度出发，应摒弃固有的教材单元框架，以知识逻辑为主线重新梳理模块、构建新单元，这样可以更科学地对接“核心素养”内容——当然，也可以反其道而行之，以六种核心素养为“主题”，对高中数学教材固有单元进行重组，如此，数学知识与核心素养之间的对应关系将会更加明晰. 如人教版高中数学必修第二册中，有关平面向量的基本概念可对应数学抽象的核心素养，有关平面向量运算的知识可对应数学运算的核心素养等.

二、设计课时教学目标，明确核心素养落实

立足高中数学课堂组织形式，单元教学是由具体的课时构成的，设计课时教学目标是达成单元教学整体性的保障，也是“层次递进”和“动态演变”的基础. 课时教学目标设计主要按照两种思路展开：其一，是将整个单元教学目标进行分解、转化成层次分明的课时目标. 显而易见，同一主题下高中数学单元教学的整体目标是比较容易确定的，且理论上整体目标必然包括全部六种核心素养. 因此基于整体目标分解为课时目标的过程，也可以看作高中数学核心素养落地的过程. 值得注意的是，在这一思路下展开的课时教学目标设计，需要严格把控每个“子目标”的知识点范围、合理分配教学任务. 例如，人教版高中数学必修第一册“函数的单调性”单元教学整体目标，可分解为目标不同的两个“子模块”，包括：(1) 结合几何、代数等方

法阐明函数单调性的过程，主要让学生掌握函数单调性概念、判断方法等，对应的核心素养包括数学抽象、逻辑推理、数学运算三类.（2）在函数单调性类型基础上，进一步体会数学知识差异、关联，通过对比教学提升分析能力，对应的核心素养包括逻辑推理、数学建模、直观想象三类. 其二，分别设计课时教学目标，并通过“做加法”的方式累积成单元教学目标，这种方式操作起来较为容易，但能否实现教学目标“从量变到质变”，对教师的整体控制能力是一个很大的挑战.

三、制订单元教学方案，实施核心素养培养

在分析完毕单元教学内容、设计完毕课时教学目标，基于核心素养导向下的高中数学单元教学框架也基本成型，为保障单元教学实践的顺利展开，还需要制订完整的教学方案.“框架”与“方案”最大的不同在于，后者对单元教学内容做了明细化处理，一方面保障了知识传授的结构化、逻辑化，另一方面也保障了核心素养的针对性、合理性，满足了相互渗透、相互融合的需要.

例如，人教版高中数学必修第一册“函数的单调性”单元，该部分知识点分散、跨越章节较多，在教学方案设计中应布局一系列的子模块，按照循序渐进的方式培养核心素养：①基础模块. 借助初中阶段所学函数单调性概念，衔接高中阶段对“函数的单调性”内涵的扩展，这一过程中可借助“数形结合”的教学方法，帮助学生掌握函数符号语言、函数图形模式的认知切换，以此实现数学抽象核心素养的培养. ②公式模块. 通过函数单调性证明题，关联函数的单调性在日常应用中的形式，让学生了解数学知识的现实价值，以此培养学生的直观想象核心素养. ③关联模块. 如针对方程零点、不等式、平面向量等知识，分别建立与函数单调性一一对应的数学关系，以此强化学生逻辑推理核心素养. ④扩展模块. 函数单调性与导数的关系密切，以“变量”这一共同特性搭建数学模型，实现数学建模核心素养的培养.

四、评价单元教学效果，完善单元教学模式

对于任何一种教学模式，评价都是不可或缺的组成部分，它的价值体现在对教学成果的优劣判断上，是基于核心素养导向下的高中数学单元教学改进的依据. 尤其在简化版的“ADIE”模式下，“单元教学”是一个螺旋上升的发展过程，在相同环节、步骤的基础上，通过评价“前一个”单元教学效果，可有效完善“下一个”单元教学方案. 在具体实践过程中，教师可依据单元内“子模块”所反映出的核心素养内容，提交具体的评价方案——例如，针对数学抽象核心素养培养，适合选用诊断性评价方式；对于逻辑推理核心素养培养，适合选用过程性评价方式. 此外，在评价主体的构成上，应尽可能做到多元化、主体化，除了教师、学生，还可邀请相关教育专家、其他学科教师共同参与.

第四节　高中数学单元教学的组织方式

对于中小学数学课程，通常可以采用以下三种方式来组织单元教学内容.

一、以重要的数学概念或核心数学知识为主线组织主题类单元

例如，函数的单调性、向量、数运算、方程等，可作为主题类单元来对待. 这些单元有些是教材中的章节单元，有些是跨章节的单元，且多以知识的逻辑联系加以组织，呈现一种递进的关系，可以前后依次展开，表现形式通常是线串式的，我们可以称其为线串式单元.

二、以数学思想方法为主线组织方法类单元

数学思想方法是数学思想和数学方法两者的统一，既有观念层面的，也有操作层面的，如分类讨论、化归转化、数形结合、数学建模、待定系数法、消元法、配方法等等.

三、以数学核心素养、基本能力为主线组织素养类单元

例如，可以以数学抽象、逻辑推理、数学建模、直观想象、数学运算、数据分析或其某方面的表现为主线，来组织教学内容.

上述类型的单元通常是教材中跨章节的内容，表现形式通常是张网式的. 本书将以重要的数学概念或核心数学知识为主线开展单元结构化教学设计.

第五节　高中数学单元结构化教学的操作步骤

一、教学内容及要素分析

如表3.5-1所示.

表3.5-1

要素分析	内　容
教学内容分析	1. 本单元内容的数学本质（核心概念、命题与法则及其来龙去脉）、体现的数学文化以及所渗透的数学思想等； 2. 本单元内容与本学段其他内容的关联； 3. 本单元内容与前后学段以及大学内容的联系； 4. 本单元内容在本学段数学课程中的地位； 5. 本单元内容在中小学数学教学中的地位和作用； 6. 本单元内容在数学整体中的地位.
课程标准分析	1. 课程标准对单元内容的要求； 2. 课程标准对单元不同内容要求的关联.
学情分析	1. 学生学习新知识的预备状态； 2. 学生对即将要学习的内容的了解程度； 3. 学生学习新知识的情感、态度； 4. 学生的学习方法、习惯以及风格.
教材分析	比较新旧教材以及不同版本教材的异同以及概念引入、情境创设、例题与习题的编排方式等.

续表

要素分析	内 容
重点与难点分析	1. 单元整体教学重点与难点； 2. 具体课时重点与难点.
教学方式分析	从单元整体角度出发，选择恰当的教学方式（体现学生主体性）.

二、学科分析

以“函数单调性”单元教学为例.

研究函数单调性的方法：几何方法（图象）、代数方法、导数方法.

代数方法就是根据函数单调性的定义用代数运算来判断某种不等关系是否成立的方法，这是一种定性研究函数单调性的方法. 导数方法是根据函数在某个区域内导函数的符号来判断函数的单调性的方法，导数能反映函数单调增大或单调减小的快慢程度，这是一种定量研究函数单调性的方法.

三、确定教学目标

以“函数单调性”单元教学为例.

1. 经历用几何方法、代数方法和导数方法研究函数单调性的过程，理解函数单调性的概念，掌握研究函数单调性的方法，体会用代数方法与导数方法研究函数单调性的特征，以及引入导数方法的必要性和重要性. 加深对函数概念的理解，提升数学抽象、数学运算等数学素养.

2. 通过梳理与函数单调性相关的内容，如函数定义域、值域、函数图象、函数最值、不等式、函数零点与方程的根、导数等，体会函数单调性对研究函数的重要性及其与其他数学内容的内在联系. 提升整体把握数学内容的能力，增强学习数学的信心，提升逻辑推理、直观想象等数学素养.

3. 经历用函数单调性解决问题的过程，体会函数单调性在解决问题中的作用，提升数学建模素养.

四、设计教学流程

上述是以函数单调性知识的前后逻辑为线索组织单元内容的，其教学实施过程可分为以下几个阶段：

第一阶段，从图形语言到符号语言的过渡，让学生感悟从直观想象到数学表达的抽象过程，感悟常用逻辑用语中的量词与数学严谨性.

第二阶段，结合几种初等函数单调性的研究，理解用代数方法证明函数单调性的基本思路与论证方式，增强逻辑推理和数学运算能力.

第三阶段，利用导数一般性地研究函数的单调性，感悟导数是研究函数性质强有力的工具，理解函数单调性的本质.

第四阶段，通过利用函数单调性刻画现实问题的若干实例分析，理解为什么函数可以成为构建数学模型的有效数学语言，从而理解研究函数的单调性不仅仅是为了数学本身，而且是为了更好地表达现实世界.

第六节　工作室的研究成果

三年多来，工作室以单元结构化教学研究带动学科教研，小至提高师生的学科站位，大至改善学科乃至改变一个学校的学科建设.

单元结构化教学加深了学生对知识的理解程度，培养了学生的学科素养. 以“解三角形”为例，从如何测量物体的高度、河的宽度等实际问题出发，在掌握正弦定理与余弦定理后又回归到实际问题中，使学生有了思考的起点与落点. 从起点到落点，从特殊到一般，学生在认真分析正弦定理与余弦定理的推理过程中，加深了对知识的理解程度. 当然，单元教学的过程也是培养学生学科素养的过程.

单元结构化教学提升了学生对数学的整体思维水平与研究能力. 从单元教学设计来看，本设计采用ADIE的方式，以学科素养为导向，把握本质，打乱教材顺序，跳出一节一学的局限，将所授知识作为一个整体供学生进行思考与研究，加强了课时与课时之间的衔接，使学生对知识具有了整体的认识，提升了学生对数学的整体思维水平与研究能力.

单元教学改变了课堂的样貌. 从教学实践来看，拉进了师生之间的距离，课堂气氛明显活跃了很多. 学生对知识的掌握程度较好，教学目标达成度较高. 在对学生进行访谈后得知，单元教学能够有效弥补传统课堂的欠缺，以及学生在解决问题中“拼盘式”输出知识的缺陷，改变了学生在课堂上学习的状态，营造了一种轻松的课堂氛围.

单元结构化教学研究带动了学科教研建设. 工作室的每一次活动都以具体课例教学为主，在教学实践过程中体现了对学生“数学核心素养”的培养. 从起初的尝试单元教学模式，到进一步借助多媒体手段辅助教学，再到引导学生自主探究学习，高效提升了课堂教学效果. 在这一过程中，工作室成员不断进取，引领教学新思维，创新发展，对学科教研建设起到了一定的推动作用.

单元结构化教学研究提升了师生的学科站位. 通过课题研究，提升了教师的专业发展水平，培养了学生高站位审视所学知识的能力，使得他们在学科竞赛中获得佳绩，同时教师也收获了丰硕成果.

实 | 践 | 篇

第四章　预备知识

第一节　主题单元解读与设计

一、单元主要内容

数学是研究数量关系和空间形式的一门科学，学习数学应该是循序渐进的．初中与高中数学课程有很大的差异，如初中阶段的数学知识相对具体，高中阶段的数学知识相对抽象．为了帮助学生顺利地完成初高中数学的过渡，《普通高中数学课程标准（2017年版）》中设置了“预备知识”主题，作为高中数学入门阶段的学习内容．

对于本主题，课程标准要求：“以义务教育阶段数学课程内容为载体，结合集合、常用逻辑用语、相等关系与不等关系，从函数观点看一元二次方程和一元二次不等式等内容的学习，为高中数学课程做好学习心理、学习方式和知识技能等方面的准备，帮助学生完成初高中数学学习的过渡．”

学生进入高中后，数学学习的首要任务是完成初高中课程的衔接，这也是一直以来备受教师关注的问题．但是由于没有统一的标准，此过程无形中增加了教学方面的负担，导致了教学秩序的混乱．在教学实施过程中，教师们热衷于补充的知识点有：十字相乘法、立方和（差）公式、无理方程、圆的有关定理、三角形的内切圆和外接圆的性质、三角函数中的基本关系式等．即使是简单地对知识进行补充，那课时也肯定是不够的．所以要明确补充知识点不是衔接的主要任务，面对具体问题时应该理解其本质，把握其蕴含的数学基本思想，达到迁移运用的目的．在衔接教学中，应该通过一定的方式对已学知识进行回顾与整理，用新的语言进行再表达，以形成思想性、结构性、系统性更强的认识．所以初高中数学课程衔接，不能只以补充知识为主要任务，而要在认知方面下功夫，应包含知识技能、语言表达能力、思想方法、思维方式、学习心理等的提升．

集合的知识是现代数学的基础，能够用集合的语言和工具表述数学对象及研究范围是基本要求．高中数学比初中数学更抽象，语言表述方式的变化是一个重要方面，所以这是学生进入高中后首先要适应的一个变化．

逻辑用语是数学语言的重要组成部分，借助常用逻辑用语进行数学表达和交流也是数学的基本要求．所以，《普通高中数学课程标准（2017年版）》将常用逻辑用语从“选修”调回到“必修”，并置于“预备知识”中，与集合一起作为高中数学课程的开篇，这是高中数学课程回归数学本质、凸显数学内在逻辑和思想方法的需要，对发展学生的理性思维和逻辑推理素养都有非常重要的意义．在学习集合之后，紧接着学习函数，在概念方面由“变量说”变为“对应关系说”，而且使用了“非空”“任意”“存在”“唯一确定”等逻辑用语，在定义域、值域等方面大量涉及不等式的知识，学生理解起来比较困难，对所涉及的推理运算力不从心，这导致很多学生这部分基础不扎实，从而直接影响到后面的学习，甚至影响了学生学习数学的兴趣与信心．

《集合与常用逻辑用语》一章，为学习高中数学课程准备了必需的数学语言、数学推理工具，让学生在学习中以一种新的语言表达方式梳理已学过的数学知识．通过掌握一些简洁、准确的数学语言，提升学生用抽象符号进行数学表达的水平，从而提高了其数学推理论证的严谨性和准确性．因为语言是思维的载体，所以在学习利用集合、常用逻辑用语等“专业术语”进行数学表达和交流的过程中，学生的数学抽象化思维能力会得到相应的提高，从而使他们的理性思维能力在潜移默化中也得到增强．在教学中要根据语言学习的规律，让学生用集合、常用逻辑用语对初中的典型内容进行再理解、再表达，使学生在熟练运用集合语言和常用逻辑用语的过程中，加强思维的概括性、间接性和逻辑性，为后续学习做准备.

相等关系与不等关系都是客观事物的基本数量关系，是构建方程、不等式的基础. 不等式则是刻画现实世界中这些不等关系的数学模型，是进行数学研究、解决许多实际问题的数学工具.

从函数观点看一元二次方程和一元二次不等式，用函数理解方程和不等式，强调知识的联系性、整体性. 用新的思想、新的观点看旧问题，是认识层次的提高，可以使学生感悟到函数的重要性，体验到数学的思考方式，并提升他们发现和提出问题、分析和解决问题的能力. 在此过程中，学生的抽象思维水平得到提高，逻辑推理的严谨性得到增强，从而在潜移默化中帮助学生实现学习方法、思考习惯的过渡.

将常用逻辑用语、等式与不等式、从函数观点看一元二次方程和一元二次不等式作为“预备知识”. 在学习函数之前进行学习，引导学生用新的观点看待与分析问题，提升他们数学语言表达的水平，同时还能增强他们逻辑的严谨性，进而提升他们的数学思维和对数学的认知水平.

把课程内容与学生感兴趣的事物和已具备的知识经验联系起来，这样才能使学生在面对学习任务时产生“数学是有意义的”心理过程. 在数学学习活动中，将思考、感受和行动融合起来，使学生在克服困难、掌握知识、发展数学思维、提高数学能力的过程中增强数学学习兴趣，树立学好数学的自信心，养成良好的数学学习习惯，这是安排预备知识的价值所在.

二、单元课程标准和教材解读

（一）课程标准解读

以义务教育阶段数学课程内容为载体，结合集合、常用逻辑用语、相等关系与不等关系、从函数观点看一元二次方程和一元二次不等式等内容的学习，为高中数学课程做好学习心理、学习方式和知识技能等方面的准备，帮助学生完成初高中数学学习的过渡.

1. 集合

在高中数学课程中，集合是刻画一类事物的语言和工具. 本单元的学习，可以帮助学生使用集合的语言简洁、准确地表述数学的研究对象，学会用数学的语言表达和交流，积累数学抽象的经验. 内容包括：集合的概念与表示、集合间的基本关系、集合的基本运算.

在生产、生活中，我们经常遇见或涉及具有相同属性的群体，为了准确地刻画一类事物的主要特征，简洁地表述数学的研究对象，我们引入集合的语言和工具. 其目的是让学生学会使用准确的数学语言表达和交流数学对象，积累数学抽象的经验，提升数学学科核心素养. 通过本单元的学习，从具体实例抽象、概括出集合的共同特征，在明晰集合概念的基础上，再根据集合的运算法则解决相关的数学问题，由此发展学生的数学抽象素养和数学运算素养.

2. 常用逻辑用语

常用逻辑用语是数学语言的重要组成部分，是数学表达和交流的工具，是逻辑思维的基本语言. 本单元的学习，可以帮助学生使用常用逻辑用语表达数学对象、进行数学推理，体会常用逻辑用语在表述数学内容和论证数学结论中的作用，提高交流的严谨性与准确性. 内容包括：必要条件、充分条件、充要条件，全称量词与存在量词，全称量词命题与存在量词命题的否定.

数学语言包括数学符号语言、图形语言、文字语言等. 逻辑用语是数学语言的重要组成部分，是数学表达和交流的工具.《普通高中数学课程标准（2017年版）》把六个数学学科核心素养中的每一个划分为三个水平，每一个水平都是通过数学学科核心素养的具体表现和体现数学学科核心素养的四个方面进行表述的. 体现数学学科核心素养的四个方面为情境与问题、知识与技能、思维与表达、交流与反思. 由此可以看出在学生学习数学的过程中，表达与交流也起着重要作用. 常用逻辑用语是用来表达数学对象、进行逻辑推理的工具，因此，在教学时让学生体会常用逻辑用语在表述数学内容和论证数学结论中的作用，以提高学生交流的逻辑性和准确性；在教学时让学生利用常用逻辑用语准确表述数学内容和论证数学结论，以发展学生逻辑推理等素养.

3. 相等关系与不等关系

相等关系、不等关系是数学中最基本的数量关系，是构建方程、不等式的基础. 通过本单元的学习，可以帮助学生类比、理解等式和不等式的共性与差异，掌握基本不等式. 本单元的内容包括等式与不等式的性质、基本不等式. 学习和掌握这些知识对后续的学习非常重要. 在学习本单元时，可以先研究简单的等式，证明恒成立的等式和解方程. 通过类比等式的研究内容，引出不等式的研究内容，即证明恒成立的不等式，和解不等式，让学生理解等式和不等式的共性与差异，学会用类比的思想理解等式与不等式的共同特征与差异，在明晰不等式性质的基础上，通过探索和运用基本不等式解决一些数学问题，由此发展学生的数学抽象、逻辑推理和数学运算等数学学科核心素养.

4. 从函数的观点看一元二次方程和一元二次不等式

用函数的观点理解方程和不等式是数学的基本思想方法. 本单元的学习可以帮助学生用二次函数的知识认识一元二次方程和一元二次不等式. 通过梳理初中数学的相关内容，理解函数、方程和不等式之间的联系，体会数学的整体性. 内容包括，以函数的观点看一元二次方程，以函数的观点看一元二次不等式.

常见的数学思想有四个：函数与方程思想、分类讨论思想、数形结合思想、转化与化归思想. 以函数的观点理解方程和不等式是数学的基本思想方法，借助二次函数图象的直观性更容易认识和理解一元二次方程和一元二次不等式. 数形结合的方法体现了函数的工具性、数学知识的相关性与整体性. 通过本单元的学习，让学生经历从实际问题情境中抽象出一元二次不等式模型的过程，可提升学生的数学建模素养和数学抽象素养；借助二次函数的图象求解一元二次不等式，可提升学生的直观想象素养和数学运算素养.

（二）教材解读

1. 集合

在学习本单元内容之前，学生在小学和初中阶段已经接触过一些集合，如各种数集、不等式的解集、点集等，以此为基础，高中阶段系统安排学习集合的初步知识，包括集合的含义、关系与运算，以帮助学生使用集合的语言简洁、准确地表述数学研究对象. 教科书中该部分类比数的研究，采用了“集合的含义与表示—集合的关系—集合的运算”的研究路径，加强了对“如何研究一个数学对象”的指引. 集合是特殊的运算对象，也是高中阶段接触的新量，学生印象深刻. 所以章引言的学习可以帮助学生初步形成一个整体认识，知道本单元学什么，为什么学，怎么学. 教材中以上环节的设置，符合学生的认知，有利于提高学生的思维能力，提升学生的数学抽象、逻辑推理素养.

2. 常用逻辑用语

学生在初中阶段学习过命题的概念，教材中大量列举学生熟悉的数学命题，帮助学生理解充分条件与其判定定理、必要条件与其性质定理的关系. 教材在例题的设置上也是基于学生的认知水平，层层递进. 例1加深了学生对充分条件的理解及其与判定定理的关系；例2加深了学生对必要条件的理解及其与性质定理的关系；例3加深了学生对充要条件的理解；例4侧重于证明命题为真命题的过程，更注重对数学知识本身的考查. 课后练习从初中学过的几何命题出发，加深了学生对本节内容的理解.

对于全称量词与存在量词，教材首先引导学生回顾命题的概念，通过创设情境引入全称量词与全称量词命题的概念，要注意引导学生通过例子体会概念. 例1通过三个数学实例介绍全称量词命题的真假的判断方法，同时用类比的方法介绍存在量词和存在量词命题，然后通过思考题让学生体会. 例2介绍存在量词命题真假的判定方法.

在本节，无论是在例题中还是在练习题中，全称量词命题与存在量词命题都是用符号语言表达的，从而引导学生体会符号语言表达数学内容的准确性、简洁性. 引导学生在今后的数学学习中自觉地运用符号语言表达数学内容，也是学习本节的重要目的之一.

3. 相等关系与不等关系

教材从等式与等式性质入手，类比得到不等式与不等式的性质，渗透研究一个数学对象的基本路径. 在不等式自身性质的基础上引导学生关注“运算”本质，体会加、减、乘、除、乘方、开方等运算性质，尤其指出实际中常用的倒数、平方、开方等性质. 教材也设计了有关不等式证明的例题，涉及作差比较法、分析法、综合法，证明难度不大，但为后续学习打下了基础.

在基本不等式的学习中，教材注重数学的应用价值，同时引导学生从几何角度体会基本不等式. 本节安排了四道基本不等式的应用例题，利用不等式求最值. 在练习和习题中也强化了通过变形构造两个正数的和为定值或积为定值的训练.

4. 从函数的观点看一元二次方程和一元二次不等式

教材为了体现一元二次不等式的现实意义，设计了一个实际问题：求用栅栏围成的一个矩形区域的边长. 为了解决这个问题，需要把实际问题中的数量关系用数学模型表示出来，再把题设条件代入数学模型求解. 在初中，我们学习了从一次函数的观点看一元一次方程和一元一次不等式的思想方法，学生易于理解、建立思维的连续性，为学习本节内容打下了基础. 在这里，将这种思想方法迁移到二次上来.

教材安排了三道例题，分别对应了与所求解的不等式相应的二次函数的图象与x轴有两个交点、有一个交点和没有交点的情况. 同时例3还反映了二次项系数小于0的情况. 例题之后设计了框图，让学生更清晰地了解求解不等式的过程.

在本节的最后，教材设计了两道例题来示范如何用一元二次不等式解决实际问题，在课后习题和练习中也安排了相应的题目. 在教学中，应把重点放在解一元二次不等式上.

三、单元教学分析与建议

（一）单元划分

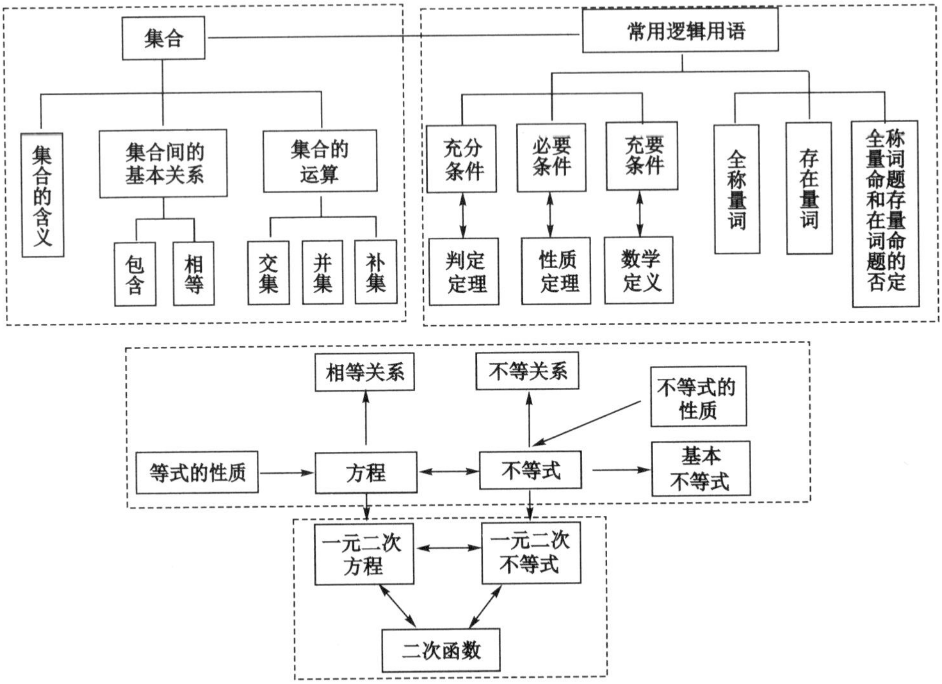

（二）教学建议

1．集合

集合是数学语言多元表征的一种，在后续主题学习中是一种重要的工具．如用集合表示函数的定义域、值域、不等式和方程的解等．在数学学习过程中，经常会通过数学多元表征转化，将一个复杂而又陌生的问题转化为一个简单而又熟悉的问题．因此，在教学过程中要能够针对具体问题，引导学生恰当使用自然语言、图形语言和集合语言来描述相应的数学对象，要充分利用学生已经学过的数学内容，将生活中的实例抽象为集合语言，让学生感受到运用集合语言的好处，进而发展学生的数学抽象素养，提高他们运用数学语言交流的能力．

2．常用逻辑用语

在本单元内容的教学中，要通过具体实例来帮助学生按照课程标准的要求了解和理解常用逻辑用语，并学会正确使用常用逻辑用语，避免形式化的讨论．由于本单元不是为学习逻辑学和数学逻辑奠定基础，而是帮助学生学习正确使用逻辑用语，从而清晰地表达数学内容．因此，在本单元的教学中，应以生活中熟悉的实例和已经学过的知识为载体，帮助学生学会正确使用常用逻辑用语，建立新旧数学知识之间的逻辑联系，加强学生对数学本质的认识．在教学过程中，要结合具体的数学知识，不断地使用常用逻辑用语，注意引导学生掌握常用逻辑用语，纠正他们出现的逻辑错误，体会运用常用逻辑用语表述数学知识的准确性和严谨性．

初中阶段数学知识相对具体，高中阶段数学知识相对抽象．教师应针对这一特征，帮助学生完成从初中到高中数学学习的过渡，包括知识与技能、方法与习惯、能力与态度等方面．在集合、常用逻辑用语的教学中，教师应创设合适的教学情境，以义务教育阶段学过的数学知识为载体，引导学生用集合语言和常用逻辑用语梳理、表达学过的相应数学知识．

3．相等关系与不等关系

相等关系与不等关系都是客观事物的基本关系．不等式则是刻画现实世界中不等关系的数学模型，是进行数学研究、解决数学问题的工具．因此关于不等式的知识是高中数学学习的重要内容．本节内容包括等式性质与不等式性质、基本不等式等．在学习过程中要鼓励尝试、探究、发现，重视学生合作共享．教学中教师应基于学生已熟悉不等式的性质、一元一次不等式的解法、一元二次方程以及二次函数的知识，创设丰富的探究情境，设计合适的探究问题．充分利用类比以及几何直观等方法，引导学生自主探究、合作交流，激发学生学习的主动性和积极性．需要注意的是，在进行类比时，既要说明它们的共性，又要使学生明确它们的差异，发展学生的逻辑推理、直观想象等素养，突出主题内容的整合．可以将不等式与方程和函数的知识联系起来学习．

4．从函数观点看一元二次方程和一元二次不等式

在教学中，从二次函数的观点看一元二次方程和一元二次不等式，可以先以具体的二次函数的变化情况为情境，引导学生发现二次函数与一元二次

方程的关系，引出一元二次不等式的概念，然后进一步引导学生探索一般的二次函数与一元二次方程和一元二次不等式的关系，归纳总结出用二次函数解一元二次不等式的程序.

学生在初中学习过一些定义和定理，以此为出发点，介绍充分条件、必要条件、充要条件和量词，并将它们联系起来，深化“如何严谨准确地进行数学表述”的思想. 应引导学生理解属于关系是集合的基本关系，了解元素a与集合$\{a\}$组成的集合的差异. 在梳理过程中，可以针对学生的实际情况布置不同的任务，采用自主学习与合作学习相结合的方式组织教学活动. 在相等关系与不等关系的教学中，应引导学生通过类比学过的等式与不等式的性质，进一步探索等式与不等式的共性与差异. 教学中要根据内容的定位和教育价值，关注数学学科核心素养的培养，要让学生逐渐养成借助直观理解概念、进行逻辑推理的思维习惯，以及独立思考、合作交流的学习习惯. 引导学生感悟高中阶段数学课程的特征，以适应高中阶段的数学学习.

第二节　“集合”单元教学解读与设计

一、教学设计基本要素分析

（一）学情分析

学生在小学和初中阶段已经接触过一些集合，例如实数集、有理数集、整数集等各种数集，一元一次不等式的解集、直线与圆上的点集等等. 在已有知识经验的基础上进一步学习，抽象出关于集合的初步知识，是顺其自然的，是符合学生的认知发展规律的. 高中数学教科书的第一章系统安排了集合的初步知识，包括集合的含义、关系与运算，帮助学生树立使用集合的语言符号简洁、准确表述数学研究对象的意识. 学生在已有的数学知识体系和数学学习方法的基础上，已经可以进行一些简单的归纳、抽象、类比学习，因此集合知识的学习对于学生来说，是比较轻松的. 集合单元的学习，旨在为高中数学课程做好学习心理、学习方式和知识技能等方面的准备，帮助学生完成初高中数学学习的过渡，符合初高中数学的衔接规律.

（二）教材分析

集合单元在高中数学中的地位是比较基础的，属于预备知识主题模块．集合的语言是数学的基本语言，它是学习数学及其他研究对象的基石，用集合的语言可以表示函数、方程、不等式、圆锥曲线、三角函数及简单几何体等高中数学研究对象．同时，集合论是数学的一个基本的分支，在拓扑图论、代数分析、几何分析等高等数学领域有着广泛的应用．可以说，集合论的提出、发展和应用开辟了数学的新时代．因此，高中数学中的简单的集合论初步，既为后续高中数学研究对象建立了语言基础，也为后续高等数学课程的学习奠定了基础．

（三）教学分析

1．课程标准分析

集合单元的主要内容是集合的概念、集合的基本关系与基本运算．从现实情境和数学情境中，概括出数学对象的一般特征，并用集合的语言予以表达，初步学会用三种语言（自然语言、图形语言、符号语言）表达数学研究对象，并能进行转换．掌握集合的基本关系与基本运算，感受用集合语言表达数学对象的简洁、准确，树立用数学语言表达数学对象的意识，并能解决相应的数学问题．

2．教学重点、难点分析

集合单元的重点有两个：一是集合的概念与表示；二是集合的基本关系与基本运算．确定研究范围是建立集合概念的基础，在此基础上建立集合的概念与两种表示方法：列举法和描述法．教学中，让学生经历从直观到抽象，从特殊到一般的过程，通过观察、归纳、概括、抽象出集合的概念，提升数学抽象素养．集合的基本关系与基本运算的研究方法，主要是“类比”，通过学生非常熟悉的“实数”学习路径：定义→关系→运算，类比获得集合的研究内容：概念→关系→运算．类比实数的大小、相等关系、研究点集、不等式集，抽象集合的包含关系与相等关系，类比实数加减法，研究集合的并集、交集与补集等，通过Venn图表达集合的基本关系与基本运算，体会图形对理解抽象概念的作用．

3. 学法分析

集合单元内容属于“预备知识”，通过对抽象的数学符号语言的学习，提升学生数学表达的抽象层次，完成初高中数学学习的过渡，为高中数学学习奠定知识表达基础、心理基础和学习方法基础.

从单元教学目标可以看出，第一，应通过实数、方程、不等式及丰富的生活实际问题，感受集合与元素的广泛应用，并学习集合语言的规范符号表示. 第二，将集合单元的教学看成一个有机整体. 对集合从概念生成、概念同化、表示等方面进行学习，依据“具体→抽象→具体”的研究思路对集合的关系与运算进行设计，达到集合单元研究思路整体统一的目的. 第三，在学完集合单元的相关知识后，进行回顾与小结. 第四，在集合单元的具体学习过程中，应注意整体把握教材、注重数学思想和数学方法的形成、关注知识的发生发展过程等.

二、单元课时教学设计

第一课时　集合的概念

教学目标

1. 通过大量具体实例，引导学生了解归纳集合的概念，理解元素与集合的属于关系及符号表示，提升数学抽象素养.

2. 针对具体问题，能够在自然语言的基础上，用列举法和描述法表示集合.

教学过程

1. 集合的概念

问题1　明确研究对象、确定研究范围是研究数学问题的基础. 为了简洁、准确地表述数学对象及其研究范围，需要集合的语言和工具. 在小学和初中，同学们已经接触过一些集合. 你们在小学和初中学过的数集和点集有哪些呢？

师生活动：学生独立思考，讨论交流. 教师提示，引导学生回顾小学和初中学过的实数集、有理数集、平面内到一个定点的距离等于定长的点的集合（即圆）等数集和点集.

【设计意图】从熟悉的数集和点集入手，引入研究对象——集合. 初步体会集合的含义，进而为下一步具体推广研究范围的描述做准备.

问题2 阅读教科书引例（1）~（6），观察它们有什么共同特征. 例（3）到例（6）也都能组成集合吗？它们的元素分别是什么？

师生活动：学生独立观察，充分思考，交流讨论. 教师引导学生说出每个例子的研究对象和研究对象的全体组成的研究范围.

（1）回顾偶数概念，1到10之间的所有偶数分别为2，4，6，8，10. 把1到10之间的每一个偶数作为元素，这些元素的全体就是一个集合.

（2）把立德中学今年入学的每一位高一学生作为元素，这些元素的全体就是一个集合.

（3）把每一个正方形作为一个元素，这些元素的全体就是一个集合.

同理，归纳说出例（4）（5）（6）每个例子中的元素与集合.

引导学生探究（1）~（6）中的共同特征，并归纳元素与集合的概念.

【设计意图】让学生充分经历从观察、分析到抽象、概括的过程，发现研究对象——元素，和研究对象的全体组成的研究范围——集合，提升数学抽象素养.

问题3 你能举例说出生活中常见的集合吗？说出其中的元素.

追问：通过这些例子，你能说出集合中的元素有什么特点吗？

师生活动：分组讨论，举例交流，小组展示，师生点评. 教师引导学生，判断集合时考虑集合中元素的特点，并分析其原因.

【设计意图】通过举例深刻理解集合与元素的概念，进而总结概括集合中元素的特点：确定性和互异性，由此判断集合. 认识、感受、明确研究对象，确定研究范围的重要性，建立用集合的语言和工具简洁、准确表述数学研究对象及研究范围的意识.

问题4 数学中常用的数集有哪些？用符号表示它们.

师生活动：教师引导学生回顾数学中一些常用的数集，并学习用符号表示它们.

2. 集合的表示方法

问题1 前面的例子是用自然语言描述的集合. 除此之外，还可以用什么方式表示集合呢? 观察例子（1）（5）（6），如何简洁表示这些集合?

师生活动：教师引导学生用列举法表示引例（1）（5）（6）中的集合，尝试用列举法完成例1. 体会列举法及集合中元素列举的无序性.

【设计意图】引导学生使用列举法表示集合，并理解这样表示的合理、简洁.

问题2 回顾用自然语言和列举法表示集合，你能用列举法表示不等式 $x-7<3$ 的解集吗?

师生活动：学生发现、提出问题，进而学习分析与解决问题. 教师介绍列举法的使用特点，引入解决问题的方案——描述法. 教师介绍用描述法表示不等式解集、奇数集、有理数集. 归纳描述法的表现形式. 学生借助不等式解集、奇数集、有理数集理解何为共同特征及其符号表示，并用描述法表示偶数集.

【设计意图】使学生理解描述法的表现形式. 借助不等式解集、奇数集、有理数集说明何为共同特征及其符号表示，突破学习难点.

3. 巩固应用

例. 试分别用描述法和列举法表示下列集合：

（1）方程 $x^2-2=0$ 的所有实数根组成的集合 A；

（2）由大于10且小于20的所有整数组成的集合 B.

师生活动：教师引导学生用列举法和描述法表示集合 A，B，小组讨论，交流、展示不同表示方法下集合 A，B 中元素的特点. 由此举例说明用自然语言、列举法和描述法表示集合时各自的特点.

【设计意图】巩固列举法和描述法，引导学生用不同的方法表示集合. 并总结用自然语言、列举法和描述法表示集合时各自的特点.

练习. 教科书第5页练习1，2，3.

师生活动：学生做练习，教师根据学生的练习情况给予反馈.

4. 归纳总结，布置作业

（1）教师引导学生回顾本节知识结构：

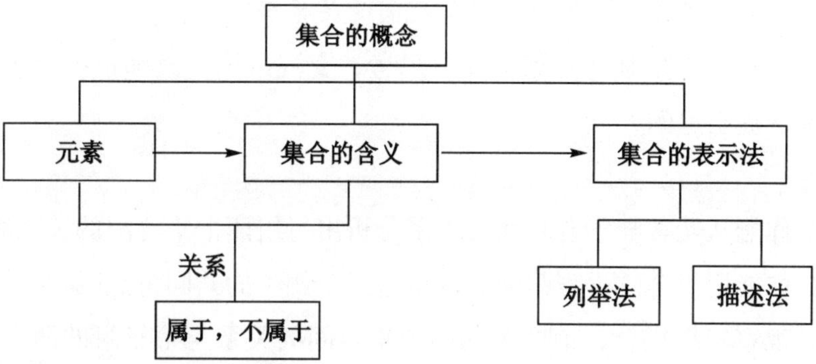

（2）回顾常见的数集及其记法.

（3）布置作业：教科书习题1.1第1，2，3，4题.

第二课时　集合间的基本关系

教学目标

1. 理解集合之间包含与相等的含义.

2. 能识别给定集合的子集，了解空集的含义.

3. 针对具体问题，能进行自然语言、符号语言、图形语言（Venn图）的转换，刻画集合，提升数学抽象素养.

教学过程

1. 概念的引入

问题1　上一节课我们学习了集合的概念，对于这个新的研究对象，接下来该如何研究呢？同学们学习过实数，研究了哪些内容？类比实数的研究，集合是否也可以进行类似的研究？

师生活动：学生独立思考，讨论交流. 教师提示，指引学生回顾实数的研究内容、实数间的关系、实数的运算，确定集合的研究问题：集合间的关系，集合的运算.

【设计意图】引导学生思考“如何研究一个数学对象”，由此回顾实数的研究过程，类比实数，提出新的研究对象集合的研究方法和研究内容以及要研究的问题．

问题2　阅读教科书第7页“观察”，类比实数之间的相等、大小关系，观察给出的两个集合，你能发现它们之间的关系吗？

师生活动：学生独立观察，充分思考，交流讨论．教师根据学生讨论及交流情况，提出追问．

追问：

（1）你能从元素与集合之间的关系分析出每组两个集合间的关系吗？

（2）你能用集合的语言归纳、概括这三个例子的共同特点吗？

（3）观察三组集合，前两组的两个集合间的关系与第三组的两个集合间的关系有什么不同之处吗？

师生活动：引导学生观察、讨论、分析，抽象概括数学定义，介绍子集、包含关系与相等关系．引导学生列举有包含关系、相等关系的集合，并用符号语言和Venn图表示．

【设计意图】让学生充分经历从观察分析到抽象概括的过程，提升他们的数学抽象素养．

2. 概念的理解

问题　自主阅读教科书第8页“思考”之前的内容，你们理解了吗？

师生活动：学生独立阅读之后，提出新的数学概念，教师提出追问．

追问：

（1）子集和真子集有什么区别和联系？

（2）什么是空集？你能举几个空集的例子吗？

（3）类比实数间的关系“若$a \geqslant b$，且$b \geqslant a$，则$a = b$”，你对集合间的基本关系有什么体会？根据实数间关系的其他结论，你还能猜想出集合间关系的其他结论吗？

师生活动：教师根据学生举例进行点评，再补充一些其他例子，帮助学生提升对概念的理解，比如第8页的“思考”，比如空集与0，集合$\{0\}$是否为空集等例子，进而引导学生获得教科书第8页关于集合间关系的两个结论．

【设计意图】内容难度不大，但是符号较多，通过自主阅读，熟悉三种语言的转换，通过举例和师生辨析交流，从抽象到具体，深入理解概念．通过类比、归纳、概括、总结得到新的结论．

3. 概念的巩固与应用

例1. 写出集合 $\{a, b\}$ 的所有子集，并指出哪些是它的真子集．

师生活动：师生分析解题思路，教师板书给出规范解答．

【设计意图】根据子集和真子集的概念和性质，按照分类的原则和方法，例如根据子集中元素的个数分类，不重不漏，按照顺序写出子集．

例2. 判断下列各题中集合A是否为集合B的子集，并说明理由：

（1）$A=\{1, 2, 3\}$，$B=\{x \mid x$是8的约数$\}$；

（2）$A=\{x \mid x$是长方形$\}$，$B=\{x \mid x$是两条对角线相等的平行四边形$\}$．

师生活动：学生判断，师生交流．

【设计意图】巩固从元素与集合之间的关系角度来分析两个集合间关系的方法，加强对子集概念的理解．

练习．教科书第8，9页练习1，2，3．

师生活动：学生做练习，教师根据学生练习情况给予反馈．

4. 归纳总结，布置作业

教师引导学生回顾本节知识，回答以下问题：

（1）两个集合间的基本关系有哪些？如何判断两个集合间的关系？

（2）本节是如何研究集合间基本关系的？

（3）表示集合的自然语言、符号语言、图形语言（Venn图）各有什么特点？集合之间的包含关系和属于关系有什么区别？

【设计意图】从内容和研究方法两方面对本节课进行小结．

布置作业：教科书习题1.2第2，3，4，5题．

第三、四课时 集合的基本运算

教学目标

1. 理解两个集合的并集与交集的含义，能求两个集合的并集与交集．

2. 理解在给定集合中一个子集的补集的含义，能求给定子集的补集.

3. 能使用Venn图表达集合的基本运算，体会图形对理解抽象概念的作用.

教学过程

1. 并集

活动：上一节类比实数间的关系学习了集合间的基本关系，本节课类比实数的运算研究集合的运算. 阅读教科书第10页“观察”，类比实数的加法运算，你能说出集合C与集合A，B之间的关系吗?

师生活动：学生独立思考，讨论交流. 教师提示，指引学生回顾实数的关系与运算，研究了集合的基本关系后，研究集合的基本运算. 教师根据学生讨论及交流的情况，提出追问.

追问：你能通过元素与集合之间的关系来分析集合C中元素的特点吗?

师生活动：教师引导学生观察具体实例，讨论、分析、抽象概括数学定义，介绍集合的并集，并用符号语言和Venn图表示.

【设计意图】让学生充分经历从观察分析到抽象概括的过程，提升他们的数学抽象素养.

2. 交集

活动1：阅读教科书第10页“观察”，你能说出集合C与集合A，B之间的关系吗? 你能通过元素与集合之间的关系来分析集合C中元素的特点吗?

师生活动：学生独立思考，讨论交流. 教师提示，根据学生交流的结果，引导学生从元素与集合之间的关系角度分析集合C中元素的特点，抽象概括交集的定义，并用符号语言和Venn图表示.

【设计意图】让学生充分经历从观察分析到抽象概括的过程，提升他们的数学抽象素养.

活动2：并集与交集运算的巩固应用.

例1. 设$A=\{4, 5, 6, 8\}$，$B=\{3, 5, 7, 8\}$，求$A\cup B$.

例2. 设集合$A=\{x\mid -1<x<2\}$，集合$B=\{x\mid 1<x<3\}$，求$A\cup B$.

师生活动：学生思考解答，教师给出解答示范. 并完成教科书第11页

“思考”，得到并集的运算性质．

【设计意图】检验学生对并集运算的掌握情况，熟练运用符号语言表达数学研究对象，熟悉用数轴直观表现求并集的过程．

例3．立德中学开运动会，设

$A=\{x \mid x$是立德中学高一年级参加百米赛跑的同学$\}$，

$B=\{x \mid x$是立德中学高一年级参加跳高比赛的同学$\}$，

求$A \cap B$．

例4．设平面内直线l_1上点的集合为L_1，直线l_2上点的集合为L_2，试用集合的运算表示l_1，l_2的位置关系．

师生活动：学生思考，师生一起完成解答．并完成教科书第12页“思考”，得到交集运算性质．

【设计意图】检验对交集运算的掌握情况，学习使用集合语言描述几何对象及它们之间的关系，加深对集合的关系和运算的理解．

练习．教科书第12页练习第1，2，3，4题．

师生活动：学生做练习，教师根据学生的练习情况给予反馈．

3．全集的概念

活动：从小学到初中，数的研究范围逐步由自然数到正分数，再到有理数，引进无理数之后，数的研究范围扩充到实数．按要求解决下列问题：

（1）在有理数范围内求方程$(x-2)(x^2-3)=0$的解集．

（2）在实数范围内求方程$(x-2)(x^2-3)=0$的解集．

师生活动：学生独立思考，讨论交流．教师提示，引导学生用符号语言表示并解决数学问题，进而提出在不同范围内研究同一个问题，可能有不同的结果．因此，在研究问题时，我们需要确定研究对象的范围，引入全集的概念及符号．

【设计意图】引导学生经历操作实践、观察分析，理解学习全集概念的意义，更好地理解抽象概念．

4．补集

活动1：自主阅读教科书第13页例5之前的内容，你理解了吗？

师生活动：学生自主阅读，师生一起分析补集的自然语言、符号语言，利用Venn图的直观性帮助学生理解补集的概念.

活动2：集合运算巩固应用.

例1. 设 $U=\{x|x\text{是小于9的正整数}\}$，$A=\{1,2,3\}$，$B=\{3,4,5,6\}$，求 $\complement_U A$，$\complement_U B$.

例2. 设全集 $U=\{x|x\text{是三角形}\}$，$A=\{x|x\text{是锐角三角形}\}$，$B=\{x|x\text{是钝角三角形}\}$，求 $A\cap B$，$\complement_U(A\cup B)$.

师生活动：学生思考，教师引导学生利用Venn图表示 A 与 $\complement_U A$，B 与 $\complement_U B$ 的关系. 使学生深刻体会补集的含义.

【设计意图】检验学生对补集运算的掌握情况，使学生熟练运用符号语言表达数学研究对象，加深对集合的关系和运算的理解.

练习：教科书第13页练习第1，2，3题.

师生活动：学生做练习，教师根据学生的练习情况给予反馈.

5. 归纳总结，布置作业

教师引导学生回顾本节内容，回答以下问题：

（1）本节研究了集合的哪些运算，分别是如何研究的？

（2）集合的自然语言、符号语言、图形语言（Venn图）各有什么特点？

【设计意图】从内容和研究方法两方面对本节课进行小结.

布置作业：教科书习题1.3第1，2，3，4，5，6题.

教学反思

集合是学生进入高中后学习的第一个知识点. 通过集合单元的学习，引导学生从知识与技能、方法与习惯、能力与素养等各方面实现从初中到高中数学的过渡. 在教学中，应特别注意以下几点：

（1）作为高中数学起始课，在培养学生数学素养的过程中，要注意多引导学生规范思考、规范表达和规范书写. 通过集合内容的学习，培养学生用集合语言表述数学研究对象的能力，如不等式的解集、数集、点集等. 引导学生归纳有关不等式集合的关系与运算. 对于孤立点集和抽象集合的关系与运算借助Venn图解决，由此熟悉集合的自然语言、符号语言、图形语言的转换．在这一过程中，教师可以示范书写，以使学生养成规范表达的好习惯，为后续知识的学习奠定基础．

（2）通过集合单元教学，培养学生的逻辑思维能力．进入高中阶段，集合单元的学习使学生初步感受到了知识的抽象、知识量的增加和学习难度的提高，由此需要调整学生的学习心理和学习方法．集合单元教学通过符号化、严谨化、抽象化使学生逐步适应高中数学学习．在教学中应多关注学生的思维方式和书写表达方式，并加以引导．

第三节 “常用逻辑用语”单元教学解读与设计

一、教学设计基本要素分析

（一）学情分析

首先，学生在初中阶段已经获取了部分关于常用逻辑用语的知识，如命题的定义、命题真假的定义、命题的常用表达形式等．其次，在新教材的第一章1.1~1.3节学生学习了集合的概念与运算，能利用相关知识解决一些简单的集合问题，并掌握了数学语言：自然语言、符号语言与图形语言．我们知道，初中阶段学生的数学概念、定理储备量较少，对命题真假的判断与证明能力较弱，所以本单元的例题设计与教材选题应规避难点，教师应该尽量关注学生的已有知识铺垫，核心目标是完成概念—命题—逻辑推理的内在链条关系的构建．高中数学教学中，不仅要引导学生掌握基础知识，学会解题技能，还要使他们在数学问题的解决过程中发展逻辑推理核心素养，从而深刻识别所学知识，促进知识的实践应用．数学逻辑思维能力的形成会激发学生探究的热情，使他们发现生活中的数学，对学生创新能力、数学素养的提高具有深远的意义．在当前重视核心素养培育的素质教育环境下，培养学生的逻辑推理能力，对学生来说，不是仅限于应对高考，而是永久受益的事情．

（二）教材分析

在新教材第一册，常用逻辑用语出现在1.4~1.5节，为新教材的“铺垫”

章节，以实现与初中教材的衔接，为高中生学科核心素养的提升做铺垫．单元教学设计应该是建立在对整个章节内容总体把握的基础上的，由于该部分在数学体系中的基础性，我们的教学主要是以教材中的内容安排、习题安排、阅读材料安排、所涉及的数学思想方法开展的，并不做知识内容的拓展（如四种命题、普通命题的否定等），且不做过多与实际生产生活的联系，所有内容集中在数学问题的解决中．

（三）教学分析

1．课程标准分析

首先，课程标准对常用逻辑用语教学方法的指导建议：本单元的学习不仅要为学生后续学习做好知识技能的准备，更重要的是要为整个高中数学学习做好心理准备，初步形成适合高中数学学习的方式方法，使学生能更好地适应高中数学学习，做好素养提升的铺垫，并形成逻辑推理素养养成的基础．故而教师在教学流程的设计与题目设计上，应该关注基础概念的记忆、理解，在练习中不故意强化逻辑判断过程的难度，将关注点放在对定义与方法的联系与强化上．

其次，从课程标准看单元与核心素养的联系：结合初中学过的平面几何知识和代数知识，学生通过学习常用逻辑用语，发现初中数学中的定义、定理、命题都可以用常用逻辑用语表达，利用常用逻辑用语表述数学内容，进行推理论证，可以大大提升表述的逻辑性和准确性，从而提升逻辑推理素养．

2．重点与难点

本单元的重点有两个：一个是充分条件与必要条件；另一个是全称量词与存在量词．在学习的过程中，教师要借助大量的例子帮助学生理解这两个重点．在选取例子方面，教师可从初高中的数学知识出发，也可从生活中的实际例子着手．此外，一定要善于利用上一章刚刚学习过的集合语言，助力学生的理解．

3．学法分析

作为铺垫课程，学生将在学习该单元后获得数学表达的基础能力，学生的数学抽象、逻辑推理的素养也将在此基础上架构．所以教师在教学中应着重强调其在高中数学课程学习方面的铺垫作用：提升数学表达能力，奠定逻辑推理的基础，增强对判定定理、性质定理与数学定义的理解，形成高中数学理论构建与分析方法．学习利用常用逻辑用语表述数学内容、进行推理论证，可以大大提升学生表述的逻辑性和准确性，从而提升其逻辑推理素养，为整个高中数学学习打下基础．

二、单元课时教学设计

第一课时　充分条件与必要条件

教学目标

1. 理解推断符号“⇒”的含义，理解充分条件、必要条件的概念，初步掌握这两个条件的判断方法及其简单应用．

2. 通过推断符号的应用，体会数学符号的简约之美．

3. 通过实例的判断，感受等价转化、正难则反的数学方法．

教学过程

1. 引入语

在初中，我们已经对命题有了初步的认识．一般地，我们把用语言、符号或式子表达的，可以判断真假的陈述句叫做命题．判断为真的语句是真命题，判断为假的语句是假命题．中学数学中的许多命题可以写成“若p，则q”“如果p，那么q”等形式．其中p称为命题的条件，q称为命题的结论．本节主要讨论这种形式的命题．

【设计意图】扎根教材，引导学生读懂教材．

2. 通过实例给出定义

下列“若p，则q”形式的命题中，哪些是真命题？哪些是假命题？

（1）若平行四边形的对角线互相垂直，则这个平行四边形是菱形；

（2）若两个三角形的周长相等，则这两个三角形全等；

（3）若$x<7$，则$x<5$；

（4）若平面内两条直线a和b均垂直于直线l，则$a \parallel b$．

师：这些命题都是大家熟悉的“若p，则q”形式，你能快速判断其真假吗？

生：命题（1）和（4）是真命题，命题（2）和（3）是假命题.

师：很好，一般地，“若p，则q”为真命题，是指由p通过推理可以得出q．这时，我们就说，由p可以推出q，记作$p \Rightarrow q$. 并且说，p是q的充分条件，q是p的必要条件. 如果“若p，则q”为假命题，那么由条件p不能推出结论q，记作$p \nRightarrow q$. 此时，我们就说p不是q的充分条件，q不是p的必要条件.

【设计意图】学生判断命题的真假，教师在此基础上提出新定义.

3. 抽象定义图式化、生活化

例1. 下列“若p，则q”形式的命题，哪些命题中的p是q的充分条件、q是p的必要条件?（请务必仔细品读定义）

（1）若$x^2=1$，则$x=1$;（2）若$a=b$，则$ac=bc$;

（3）若$x=1$，则$x^2=1$;（4）若$ac=bc$，则$a=b$.

例2. 观察图4.3-1，4.3-2，写出合适的命题“若p，则q”，使p成为q的充分条件.

（1）

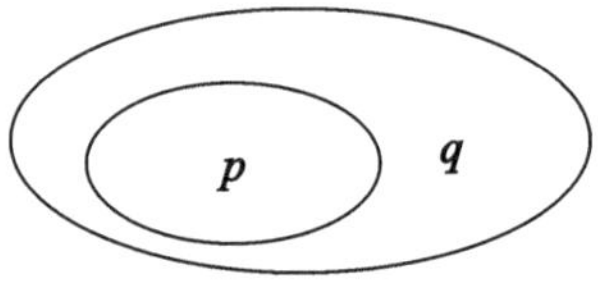

图4.3-1

（2）

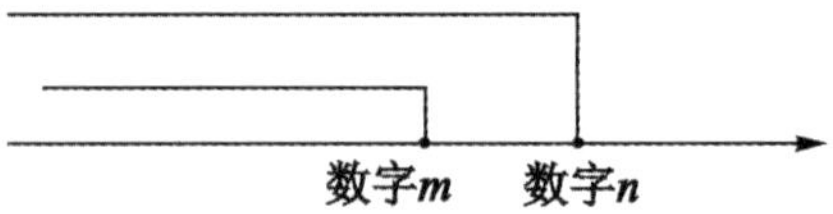

图4.3-2

学生活动：

生1：集合$P=\{x|x满足条件p\}$；集合$Q=\{x|x满足条件q\}$，那么就有若$x\in P$，则$x\in Q$.

生2：若$x < m$，则$x < n$.

例3. 请你举出生活中的充分条件与必要条件的例子.

如：若你是一个太原人，则你是一个山西人.

教师总结："若p是q的充分条件"，那么这句话的潜台词是"q是p的必要条件"，从集合的角度讲：p代表的集合是q代表的集合的子集. 我们可以简记为"以小推大".

【设计意图】给出三个难度不同的例题，以供学生判断充分条件、必要条件.

4. 拓展延伸概念

充分条件是指条件的充分性；必要条件是指条件的必要性.

一般地，数学中的每一条判定定理都给出了相应数学结论成立的一个充分条件，而每一条性质定理都给出了相应数学结论成立的一个必要条件.

5. 在实践中加深理解

练习1. 观察图4.3-3中的四幅电路图，问："开关A闭合"是"灯泡B亮"的什么条件？

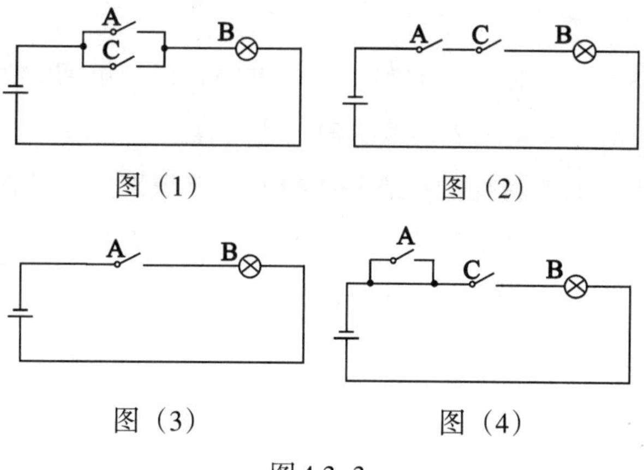

图4.3-3

【设计意图】结合物理电路图中"开关闭合与灯泡亮"的关系感知，学生能够直观地感受到充分条件与必要条件的关系. 同时，题目的问法除了可以回答"开关A闭合"是否能够推出"灯泡B亮"之外，还可以反过来思考，"灯泡B亮"是否能够推出"开关A闭合". 这样一方面拓展了学生的思维，另一方面也为“充要条件”的学习做了铺垫.

练习2. 判断下列“若p，则q”形式的命题中，哪些命题中的p是q的充分条件?

(1) 若两个三角形的两角和其中一角所对的边分别相等，则这两个三角形全等;

(2) 若两个三角形全等，则这两个三角形的周长相等;

(3) 若一元二次方程$ax^2+bx+c=0$有两个不相等的实数根，则$ac<0$;

(4) 若$A\cup B$是空集，则A与B均是空集.

【设计意图】夯实本节课基本内容. 学生可以从命题真假角度入手，也可以从集合大小角度入手.

练习3. 在上述练2中，请进一步判断哪些命题中的q是p的充分条件.

【设计意图】为“充要条件”的学习做铺垫.

第二课时　全称量词与存在量词

教学目标

理解全称量词、全称量词命题、存在量词、存在量词命题的意义. 并能使用符号语言简洁、准确地表达数学的一些内容.

特别地，达成上述目标的标志是:(1) 能够识别怎样的命题是全称量词命题和存在量词命题，并能说出一些全称量词和存在量词. (2) 能够利用已有的知识储备判断全称量词命题和存在量词命题的真假.

教学过程

1. 创设情境引入概念

问题1　同学们，你们在初中见到过一些含有变量的陈述句吗? 请你们举例.

师生活动: 学生独立思考并主动起立展示.

【设计意图】让学生回忆并自己说出一些含有变量的陈述句.

问题2　它们都是命题吗? 为什么?

【设计意图】变量代表什么数，在不明确的前提下无法判断其真假.

师生活动：学生独立思考并主动起立展示.

问题3　如果对这些变量加以范围的限定，它们可以成为一个个命题吗？请大家在自己说出来的命题中加一些限定，使其成为命题，再判断其真假.

师生活动：学生独立思考，讨论交流，并以小组为单位展示思考所得.

【设计意图】使学生了解对量词进行范围的限定的作用，感受数学表达的严谨性与量词的功能.

问题4　请同学们阅读教科书第26页“思考”，回答问题，并说出第（3）（4）语句中的量词是什么？你能说出其他的一些表达相似功能的量词吗？

师生活动：小组合作展示讨论.

问题5　请同学们阅读教科书第27页“思考”，回答问题，并说出第（3）（4）语句中的量词是什么？你能说出其他的一些表达相似功能的量词吗？

师生活动：小组合作展示讨论.

2. 概念的生成，存在量词命题与全称量词命题

师生活动：教师板书全称量词、全称量词命题、存在量词、存在量词命题的定义与符号形式，学生小组合作讨论还有哪些词语可以作为全称量词、存在量词.

3. 概念的理解

活动1：学生们小组合作，每个小组至少写出一个全称量词命题与存在量词命题.

活动2：合作讨论例1、例2，完成对例1、例2中命题的真假判断，并小结判断全称量词命题和存在量词命题真假的方法与思路.

【设计意图】强化学生对于全称量词命题和存在量词命题的认识，并能判断全称量词命题和存在量词命题的真假，通过小组合作的方法自行总结概括判断全称量词命题和存在量词命题真假的方法. 判断全称量词命题为真，需进行严谨的数学推导与证明；判断其为假，只需举反例；判断存在量词命题为真，只需举一例；判断其为假，则需进行数学论证和推导.

4. 归纳总结，布置作业

提问：请同学们回顾本课时内容，自行梳理本课时所得.

【设计意图】从知识内容和研究方法上对本节课进行小结.

布置作业：教科书习题1.5第1，2题，复习参考题1第6题.

第三课时　全称量词命题与存在量词命题的否定

学习目标

能写出全称量词命题和存在量词命题的否定，并掌握全称量词命题的否定是存在量词命题、存在量词命题的否定是全称量词命题这一规律，并能使用符号语言简洁、准确地表达数学的一些内容.

特别地，达成上述目标的标志是：能够写出全称量词命题的否定和存在量词命题的否定，并能判断其真假.

教学过程

1. 创设情境引入概念

问题1　同学们，你们能写出一些命题的否定吗？如“56是7的倍数”的否定是什么？“空集是小于等于10的正整数集的真子集”的否定是什么？

师生活动：学生独立思考并主动起立展示.

【设计意图】感受到对一个命题进行否定就可以得到一个新命题，引出原命题的否定这一基本概念，但不形成对命题的否定的明确的定义与形式进行说明.

问题2　同学们，根据刚才的两个例子，我们可以推测一个命题和它的否定可能同时为真或同时为假吗？请你举出其他的例子来论证这一猜测.

师生活动：小组合作，大胆推测.

说明：我们只针对全称量词命题与存在量词命题的否定展开学习. 一般性命题的否定，留待同学们课后进行思考和分析.

问题3　请小组合作完成教科书第29页“探究”，写出这些命题的否定.

师生活动：小组合作讨论展示.

【设计意图】充分暴露学生对全称量词命题的认识，并能够结合问题1，2写出全称量词命题的否定. 可预判所得的结果是不唯一的，教师应注重引导，如何使语言表达更具简洁性，以期使得对于全称量词命题的否定形式的转换趋向于存在量词命题的形式.

问题4　请同学们大胆总结梳理，对全称量词命题的否定是什么命题？你可以写出它们的符号形式吗？

师生活动：学生独立思考，并将结果书写在笔记本上.

【设计意图】使学生意识到全称量词命题的否定是存在量词命题.

问题5　请小组合作完成教科书第30页“探究”，请写出这些命题的否定.

师生活动：小组合作讨论展示.

【设计意图】充分暴露学生对存在量词命题的认识，并能够结合问题1，2写出存在量词命题的否定. 可预判所得的结果是不唯一的，教师应注重引导，如何使语言表达更具简洁性，以期使得对于存在量词命题的否定形式的转换趋向于全称量词命题的形式.

问题6　请同学们总结梳理，对存在量词命题的否定是什么命题？你可以写出它们的符号形式吗？

师生活动：学生独立思考，并将结果书写在笔记本上.

【设计意图】使学生意识到存在量词命题的否定是全称量词命题.

2. 明确存在量词命题和全称量词命题的否定的符号表示形式

师生活动：教师板书结论并引入否定符号.

3. 例题分析，巩固能力

活动：小组合作讨论完成例5，并引导学生学习对全称量词命题与存在量词命题的否定的真假进行判断的方法.

师生活动：小组合作探究、讨论、展示.

【设计意图】一方面，巩固学生书写全称量词命题和存在量词命题的否定形式；另一方面，使学生意识到判断全称量词命题与存在量词命题的真假可转化为其否定形式的真假判断，进而温习上一课时所习得的知识.

4. 归纳总结，布置作业

提问：请同学们回顾本节内容，自行梳理本节所得.

【设计意图】从知识内容和研究方法上对本节课进行小结.

布置作业：教科书习题1.5第3，4，5，6题，复习参考题1第7题.

教学反思

第一册教科书中的常用逻辑用语属于数学预备知识，起着衔接初高中数学的作用. 教学中要引导学生结合本章知识的学习，从知识与技能、方法与习惯、能力与素养等各方面实现从初中到高中学习的过渡. 在常用逻辑用语的教学中，应该多创设情境和机会，鼓励学生多用常用逻辑用语进行表达和交流.

首先，关注与义务教育阶段知识的衔接. 在充分条件与必要条件的教学中，所举例的命题的真假最好是显然的或者是比较容易判断的. 初学逻辑用语，重点应放在对充分条件、必要条件、充要条件的意义的理解和辨析中，不应使判断命题的真假成为学习的障碍.

其次，关注教材中充分条件与必要条件和判定定理与性质定理的联系，关注充要条件与定义的联系，能提升学生对定义的判定能力和增强对其性质属性的理解能力，辅助后期对诸多数学概念的认识和应用.

再次，全称量词、存在量词、全称量词命题、存在量词命题的学习应尽可能多地从义务教育阶段的命题出发，结合现实情境进行语言的表达. 一者要学习其定义，二者要获得符号语言表达的能力，加强数学中自然语言能力、符号语言能力的培养.

在实践教学中，我们发现对存在量词命题和全称量词命题进行否定时，学生会出现一些错误，例如：所有的矩形都不是平行四边形，有同学将其否定为所有的矩形都是平行四边形. 对此问题的修正和处理应给予充分的说理，让学生认识到并非所有的矩形都是平行四边形和所有的矩形都不是平行四边形的联系与区别. 并进行例子补充，强化学生的认识，使学生认识到否定是对语义的否定，并不只是对判断词的否定.

最后，结合学情，我们可适当将充分条件、必要条件与子集相联系，将充要条件与集合相等相联系，将对命题的否定与补集相联系.

第五章　函数

第一节　主题单元解读与设计

一、单元主要内容

函数是现代数学最基本的概念，是描述客观世界中变量关系和规律的最为基本的数学语言和工具，在解决实际问题中发挥着重要的作用. 20世纪初，德国数学家菲利克斯·克莱因（1849—1925）指出，函数是数学的灵魂，应该成为中学数学的基石. 经过近百年的努力，在中小学数学课程中，函数从无到有，从附属地位到核心内容，已经成为贯穿中学数学课程的主线. 函数是学生进入社会应对需求和进一步学习的最主要基础，它使小学、初中、高中以及大学的数学学习构成一个系统、整体. 函数承载着解决实际问题的最主要的知识、技能、思想和方法，同时也是提高学生核心素养的基本载体.

1. 函数是什么

（1）函数是描述客观世界中运动变化规律的模型

高中阶段对于函数的认识虽然已经从初中的“变量之间的单值对应”提升到“数值之间的对应关系”，但其刻画运动变化现象的本质特征没有改变. 如：一次函数刻画“匀速”运动变化模型，二次函数刻画“匀变速”运动变化模型，指数函数刻画“指数爆炸”的变化模型，对数函数刻画“对数增长”

的变化模型，三角函数刻画“周期运动”的变化模型，分段函数刻画不同阶段有不同运动的变化模型.

（2）函数是连接两类对象的桥梁

在高中阶段，函数的定义为：设A，B是非空的实数集，如果按照某种确定的对应关系f，使对于集合A中的任意一个数x，在集合B中都有唯一确定的数y和它对应，那么就称f：$A \to B$为从集合A到集合B的一个函数(function)，记作：$y=f(x),x \in A$．这是用映射的观点刻画函数，它反映的是两个实数集之间的关系，在两个实数集之间架起了一座桥梁.

（3）函数是平面直角坐标系上的“图形”

函数可以看成平面直角坐标系上的一个个“图形”．在很多情况下，函数是满足一定条件的曲线．从某种意义上来说，研究函数就是研究曲线的性质，研究曲线的变化．因此，函数可以看成数形结合的载体之一．在讨论函数问题时，教师要帮助学生养成画函数图象，并且用函数图象思考问题的习惯．树立“图形意识”是掌握函数性质、学好函数的关键.

以上是认识函数的三个不同角度，它们可以帮助学生更全面地认识函数，也是学生在高中阶段学习函数后应留下的东西，对于进一步学习是很重要的．对函数概念的理解和认识贯穿于函数主线的始终，循序渐进，不断深入．大学数学教育还会不断提升学生对函数概念的理解.

2．函数研究什么

在高中阶段，函数主要围绕以下几个主题展开：理解一般的函数概念，学会研究函数的性质；掌握一批具体函数模型；学会运用函数知识研究数学问题和解决实际问题；通过函数主题的学习和应用，感悟和运用函数中蕴含的运动变化思想、数形结合思想、运算思想、极限思想等数学思想方法，提升数学抽象、数学建模、数学运算、直观想象和逻辑推理的数学学科核心素养.

高中数学课程中的函数主线

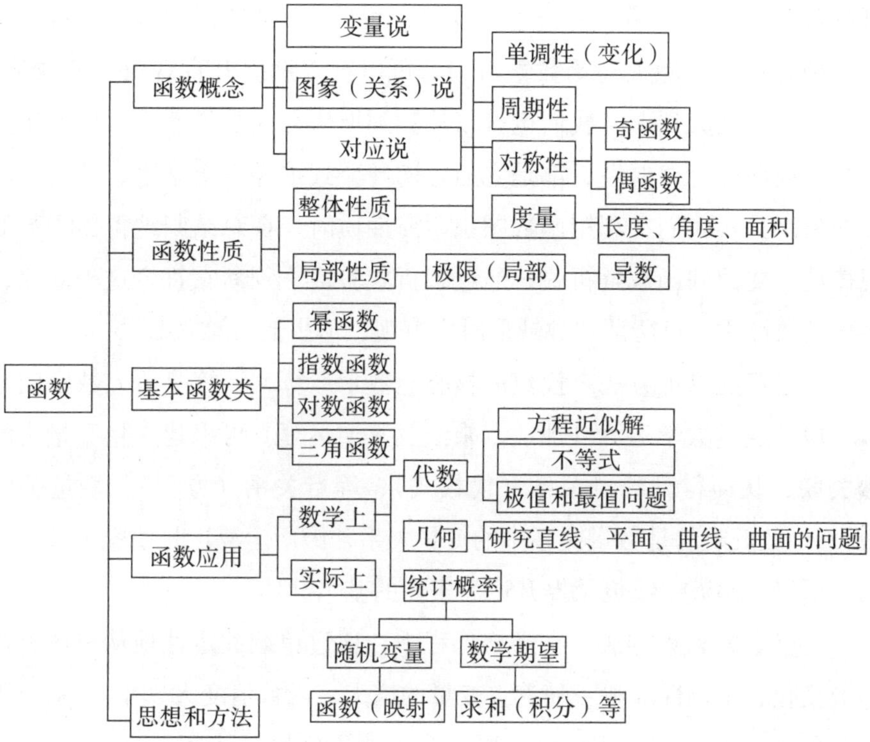

3. 函数怎样研究

（1）研究思路

①从一般到特殊是研究函数的一个总思路. 不管是研究函数的概念还是性质，基本上都遵循这个思路.

②从具体到抽象. 函数概念的得出、性质的研究，教科书中都提供了典型的、丰富的例子. 其中函数概念的得出，用的是生活中的实例；函数性质的研究，用的是具体的函数模型.

③从整体到局部. 对函数性质的研究，采用的是从整体到局部的研究方法.

（2）研究的思想方法

①数形结合的思想方法. 一方面，从形到数. 认识函数的一个重要角度就是函数图象. 利用函数图象来研究函数性质的“三步曲”：首先观察图象，描述其变化规律；然后结合图、表，用自然语言描述其变化规律；最后用数

学符号语言描述其变化规律．图象具有直观性，它可以帮助我们建立想象，可以帮助我们理解抽象的概念和规律，可以帮助我们寻求解决问题的思路，把这种思想方法融汇在函数学习中，可以有效地提升直观想象的数学素养．另一方面，从数到形．我们也可以从数到形研究函数的性质，比如研究正切函数的周期性、奇偶性，都是先通过诱导公式推导得出结论，然后再研究函数图象．其实我们在利用函数图象研究性质时，在总结归纳得出函数的一般规律后，要回到函数解析式，通过解析式验证、判断它符合这种规律，最终得出函数性质．正所谓“数缺形时少直观，形少数时难入微”．

②运算的思想方法．代数的核心是数学运算，运算是研究数学问题的基本手段．通过数学运算（加法、乘法及其逆运算）可以建立量和量之间的代数关联，从而得到数量关系（代数式）、等量关系（方程）、变量关系（函数）．函数反映的是数量关系中的变量关系，因而运算也是研究函数的基本手段．所以，函数主线也是提升运算素养的基本载体．

③极限的思想方法．在必修课程中，通过单调性定性地从整体上描述了函数变化，单调性反映了随着自变量的增大，函数值变大（小）．对于不同自变量的值，函数值变化可能不同．为了能更好地描述在一个范围内（区间）函数的变化，引入了平均变化概念，区间越小就越能够精确地刻画函数的变化，当区间长度趋近于0时，平均变化的极限值，就可以定量刻画某一点函数的变化了，这就是导数．选择性必修课程中加入了导数内容．导数定量地反映了函数局部变化的性质，这个过程体现了极限的思想，导数是学生学习的第一个建立在极限基础之上的概念．从单调性到导数，就是从定性地描述变化到定量地描述变化的过程，定量地分析和解决问题是数学基本的特征，也是直观想象、数学抽象、逻辑推理素养的具体体现．

4．函数的应用

函数应用主要体现在两个基本方面．

一是运用“函数的思想方法”思考、解决其他数学问题．在高中阶段，主要表现在用“函数的思想方法”研究和求解代数方程的根，研究和求解不等式，讨论极值和最值问题、研究图形，等等．

二是运用“函数的思想方法”描述、分析、解决实际问题．函数是描述现实世界变化规律的数学模型，也是分析和解决实际问题的重要工具．函数主线是提升学生应用和实践能力的载体，特别是提升数学建模素养的基本载体．

5．函数的育人价值

函数主题的育人价值主要体现在以下三个方面：

（1）让学生经历从具体的现实情境中抽象出一般规律和结构的过程，有利于培养其透过现象看本质的能力，使他们学会以简驭繁，养成一般性思考问题的好习惯，从而发展数学抽象、直观想象素养，逐渐学会用数学的眼光观察世界．

（2）通过数学运算、函数图象发现指数函数、对数函数所刻画的现实世界中的变量关系和规律，研究指数函数和对数函数的性质，比较这两种不同的函数的增长差异，有利于学生把握相关数学内容的本质，提升数学运算、逻辑推理素养，逐步学会用数学的思维思考世界．

（3）运用指数函数和对数函数建立数学模型解决实际问题，可以帮助学生切实感受数学与现实世界的联系，认识数学在自然科学、社会科学、工程技术等领域的作用，积累数学活动经验，发展数学建模素养，提高实践能力和创新意识，进而逐步学会用数学语言表达世界．

二、单元课程标准和教材解读

（一）课程标准解读

1．“完整的函数概念”包括“变量说”和“对应关系说”．可以认为，这是认识函数概念的两个角度，也是认识函数概念的两个抽象层次．“变量说”比较形象、直观，与“变化过程”联系紧密；“对应关系说”进一步舍弃了运动变化背景，抽象为两个实数集元素之间的对应关系，这样就不仅可以研究一类函数的性质、函数之间的关系（例如$y=kx+b$中，k，b取不同的值对函数图象、函数值变化快慢的影响等），而且还可以研究不同函数类的关系，对不同函数类进行运算等，从而极大地拓展了函数的研究视野，扩展了函数的应用范围.

2. 函数性质的研究方法，强调代数运算和函数图象的综合运用，也就是数形结合的方法. 实际上，初中主要是通过图象直观给出函数性质的定性描述，显然这是比较“粗糙”的. 高中阶段应该在图象直观的基础上加强代数运算的方法，由此得到函数性质的定量刻画. 还要在选择性必修课程中利用导数进行研究，进一步实现对函数性质的精准刻画.

3. 幂函数、指数函数、对数函数，这三个函数在高中数学中具有基础性地位，不仅应用广泛，而且还是进一步学习数学的基础，所以非常重要. 研究这些函数的方法是数形结合，即代数运算和图象直观相结合. 通过对这些函数的研究，要使学生理解这些函数中所蕴含的运算规律，这里的运算规律主要是指幂的运算规律、对数的运算规律，这些规律同时反映在指数函数和对数函数中，要加强运用这些函数建立模型解决实际问题.

（二）教材解读

1. 函数主题的教材内容结构

高中阶段函数主线的基本架构是：函数的概念与性质—基本初等函数—函数的应用—离散函数（数列）——导数及其应用.

函数主题内容安排强调螺旋上升，在“预备知识”中学习的集合语言、常用逻辑用语和不等式的相关知识及由内容所反映的数学思想和方法，为函数的一般概念和性质的学习做好了比较充分的认知准备.

数学必修第一册首先研究函数概念，使学生从宏观上了解函数的内容，起到先行组织者的作用；然后通过基本初等函数的学习，以具体函数为载体，感受用函数建立数学模型的过程与方法，体会函数在数学和其他学科中的应用，学会用函数思想和方法解决问题.

为了进一步深化对函数的理解，提升用函数解决问题的能力，在选择性必修中安排了数列、导数及其应用的学习. 数列是一类特殊的函数（离散函数），而且具有非常广泛的实际应用，通过学习可以使学生完善函数的类型，更有效地用函数解决实际问题；导数定量地刻画了函数的局部变化状况，是研究函数性质的基本方法. 通过学习可以使学生掌握研究函数性质的一般方法，能更好地用函数解决实际问题．这是数学思想的一次质的飞跃，是研究工具、研究方法的一次质的飞跃．

2．函数主题在教材中的具体呈现（如表5.1−1）

表5.1−1

课程	函数主题
必修	函数概念与性质
	幂函数、指数函数、对数函数
	三角函数
	函数的应用
选择性必修	数列
	一元函数的导数及其应用

3．函数主题教材的编写特点

（1）重视相关概念的形成过程，发展数学抽象素养

数学源于对现实世界的抽象，数学研究对象是从数量和数量关系、图形与图形关系中抽象得到的．在函数主题的教材呈现中，更加重视概念教学，重视相关概念的获得过程，不管是对一般函数的概念、具体的基本初等函数的概念、数列（包括等差数列和等比数列）的概念、导数的概念，都更加重视它们与现实的联系，从反映这些概念本质特征的现实情境、数学情境、其他学科情境等问题情境出发，让学生经历归纳其共同特征、概括其本质属性的过程，使学生学会从数学的视角认识问题，学会“用数学的眼光观察世界”，从而发展其数学抽象、直观想象的素养．

（2）从“一般观念”出发研究函数性质，发展逻辑推理素养

所谓一般观念，是对内容及其反映的数学思想和方法的进一步提炼和概括，是对数学对象的定义方式是什么、几何性质是什么、代数性质是什么、函数性质是什么、概率性质是什么等问题的一般性回答．通过数学抽象获得

数学概念后，接下来就是要对其进行研究，这是一个由“数学概念”得到“数学性质”、建立概念之间联系的过程. 在这个过程中，教材从数学知识的发生发展过程和学生的认知规律出发，重视研究方法的引导，从“一般观念”出发构建对数学对象研究的思路：为什么研究函数性质？我们要通过研究函数的变化规律来把握客观世界中事物的变化规律. 什么是函数的性质？变化中的不变性就是性质，变化中的规律性也是性质. 然后让学生经历“观察想象—实验探索—概括猜想—推理论证”的过程，从而发现规律、获得猜想、证明结论. 这个过程是“用数学的思维思考世界”的过程，也是发展学生逻辑推理、数学运算素养的过程.

（3）重视背景和应用，发展数学建模素养

数学的产生和发展，始终与人类社会的生产、生活有着密不可分的联系. 在数学教科书中，任何一个新概念的引入，都特别强调它的现实背景、理论背景、历史背景，从而使教材显得亲切、自然，让学生感到数学的发展是水到渠成的事，从而有利于学生更好地理解其本质. 除了“函数应用（一）”“函数应用（二）”，教材还专门安排了一个数学建模活动. 通过数学建模活动，有效地培养和发展学生发现和提出问题、分析和解决问题的能力，培养他们的探究精神和实践能力. 应用数学概念、性质去解决实际问题，或构建数学模型解决问题的过程，也是用数学语言表达世界的过程，也是发展学生数学建模、数据分析素养的过程.

（4）重视问题引导，提升学生发现问题和提出问题的能力

教科书在每一章的章引言中，在每一节的导语中，都以现实背景、理论背景、历史背景为出发点，以问题形式引出本章、本节所要学习的内容，建立相关内容之间的联系. 正文以“观察”“思考”“探究”等栏目明确提出问题，引导学生观察具体事例中反映的数量关系，积极主动地开展实验与猜想、归纳与推理的活动，探究解决问题的方法. 使学生通过自己的探索来概括数学概念，获得数学结论，领悟数学思想，体会研究方法，理解数学本质. 对于每一章的小结，教材也都安排了“回顾与思考”的内容，“回顾”部分主要是对本章进行整体概述，阐述内容之间的联系，揭示内容反映的思想方法、

研究方法等；“思考”部分则强调问题引导，以增强学生的思维能力．通过学生独立思考，回忆、总结全章内容，深化对本章核心内容及其反映的数学思想方法的理解．

（5）通过幂函数打造“样板”，给出研究函数的一般套路

与上一版人教版教材相比，2019年版的教材将幂函数的内容前移到了指数函数、对数函数之前，函数的一般概念和性质之后．作为高中阶段研究的第一类具体函数，幂函数的研究起着样板的作用．借助对这一类函数的研究，使学生理解研究一类函数的内容、基本思路（定义、表示—图象与性质—应用）和方法，围绕函数概念这个核心，从相互联系的观点出发，利用函数与数、代数式、方程、不等式等的联系，通过类比、归纳和概括，引导学生从不同角度理解函数概念．其中，函数的概念，是在初中已学过的正比例函数、反比例函数、二次函数等函数的基础上，通过实例，引导学生归纳共性、抽象概括出的；图象与性质，注重先明晰整体思路，再展开具体研究．在研究幂函数的过程中，引导学生加强对前面所学函数知识的理解和应用，体会研究具体函数的基本内容、过程和方法．打造按“背景—概念—图象和性质—应用”的路径研究函数的平台，这样有利于学生形成系统性、普适性的数学思维模式．

三、单元教学分析与建议

（一）单元划分

《函数》（本主题研究部分）划分为五个单元，23个课时：

第一单元：函数的概念及其表示，共4课时；

第二单元：函数的基本性质，共6课时；

第三单元：指数与指数函数，共5课时；

第四单元：对数与对数函数，共5课时；

第五单元：函数建模，共3课时．

（二）教学建议

1. 概念教学要具有连续性

连续性涉及的是围绕数学课程中的核心概念及其反映的数学思想方法，构建连贯的学习过程，促使学生通过持续的带有探究性的数学活动达成较高的理解水平. 只有连贯的、能从已有知识中“生长”出来的内容，才是有利于学生独立思考、自主学习的内容，才能激发学生数学学习的兴趣. 以这样的内容为载体的学习活动才能保证数学思考的“含金量”，使学生逐步养成良好的思考习惯、形成数学的思维方式，才有利于学生掌握“四基”（基础知识、基本技能、基本思想、基本活动经验）、提高“四能”（发现和提出问题的能力、分析和解决问题的能力）. 像函数这样的核心概念，必须以一种螺旋上升的方式来展开和再展开，给予学生多次接触、反复体悟的机会，使他们逐步加深理解，这样才能真正掌握并灵活应用.

在初中关于数的运算和运算律、代数式、方程等内容中，以用字母表示数、借助不定元建立数量关系、用代数式表示数量概念，为领会函数概念中的变量、对应法则等提供基础，这是函数概念的认知准备阶段；在初步认知函数概念阶段，其核心是安排“变量说”，并逐步安排正比例函数、一次函数、反比例函数和二次函数等现实背景丰富的、学生容易感知的具体函数，以帮助学生逐步了解函数的一般概念；进入理解函数概念阶段，核心是安排“集合对应说”，借助已学过的具体函数，用集合与对应的语言再次认识函数概念，并渐次安排指数函数、对数函数、三角函数等“基本初等函数”，帮助学生理解函数概念；对函数性质的研究，从定性到定量、整体到局部、宏观到微观等不同视角，运用不同的工具及思想方法，如图象直观、代数运算、极限运算等等，也体现了其层层递进、逐步深入的特征.

另外，强调连续性还蕴含了这样的观点：发展学生的数学学科核心素养，不能依靠烦琐、割裂和杂乱堆砌的知识，更不能依靠那些追求细枝末节、训练解题技巧的题库，而是需要把数学教材构建成为一个引导学生理解核心概念的进程，这些核心概念是能够贯穿高中数学课程的，它们所蕴含的思想方法不仅对后续的数学学习是关键的，对形成人的理性思维、科学精神和解决今后生活及工作实践中的问题等也是至关重要的.

2. 把函数的应用渗透在学习函数的全过程

函数是描述客观世界中变量关系和规律的最为基本的数学语言和工具，幂函数、指数函数与对数函数是最基本的、应用最广泛的函数. 在学习这些函数的过程中，加强对其背景与应用的认识，既是为了使学生了解这些函数的来源，有效地经历概念的抽象过程，更深刻地理解这些函数的本质，也是为了使学生明确这些函数分别描述了现实世界中哪一类变量关系和规律，从而为学生在面对具体问题时能正确选择函数类型、建立适当的数学模型解决实际问题打下坚实基础. 同时，这也是为了把数学建模素养的培养落实在本单元学习全过程的需要. 函数的应用应该渗透到学习函数的全过程中.

函数主题部分安排了很多函数应用的实例，涉及游客人次与旅游收入的指数增长、碳14测年技术、人口增长模型、产品产量增长率、储蓄利率（复利）、地震释放的能量与震级的关系、GDP增长率、血液中酒精含量或药物含量的指数衰减、物价的增长率、溶液酸碱度、火箭飞行的运动规律、鲑鱼游速与耗氧量的关系、声强级别、动物或植物自然繁殖的规律、投资方案的选择、数据量的爆炸式增长、特定人群身高与体重的关系、汽车耗油量、废气减排、物体冷却模型等各种各样的现实问题. 通过函数的应用解决这些实际问题，可以帮助学生更好地理解函数是如何刻画客观世界事物的变化规律的，逐渐掌握建立函数模型解决实际问题的一般过程，体会函数的模型思想.

3. 重视信息技术的运用

在函数主题中，信息技术是大有用武之地的. 第一，呈现方式多样，能更好地体现本质. 信息技术具有文字、图表、动画等多种表述方式，可以从不同角度提供直观素材，为数学对象建立“多元联系表示”. 第二，动态演示数学对象和对象间关系的变化，帮助理解数学对象的本质. 利用信息技术工具，可以将抽象内容形象化、静态关系动态化，帮助学生在一种直观、动态的情境中观察数学对象和对象间关系的转化，帮助学生理解数学对象和对象间关系的本质. 第三，进行复杂计算和绘图，提高学习效率. 在函数主题相关内容的学习中，有许多复杂计算，如计算指数幂、对数值、三角函数值等，这些利用科学计算器即可完成．许多计算机软件和图形计算器等信息技术工具都具有绘制函数图象的功能，利用它们可以方便、快捷地绘制各种函数的图象，方便学生理解函数．这种工具性的应用可以代替学生繁杂、机械的劳动，提高数学学习的效率和效果，让学生将更多的精力用于经历数学过程、理解数学本质．第四，教师还可以利用计算机或计算器配备恰当的问题，为学生营造探索、研究的空间，引导、帮助学生总结有关规律和性质，为学生提供交互式的学习和研究环境，也为学生的发现学习创造条件．

第二节　“函数的概念”单元教学解读与设计

一、教学设计基本要素分析

（一）学情分析

从生理和心理特点来看，高一学生思维活跃、求知欲旺盛，特别是刚刚进入新的群体，对一切都充满了好奇，这是教师在教学中可利用的有利因素；从思维特点来看，高一的学生正处在从形象思维向抽象思维过渡的阶段，学生虽然具有一定的抽象思维能力，但毕竟高中思维方式与初中存在较大差别，特别是非常数学化的概念表述以及抽象符号的理解，在教学中要对学生进行充分引导；从知识基础来看，此前学生已在初中阶段学习了函数的有关概念，对其已经有了比较深入的了解．但初中函数研究采用的是“变量说”，研究方法主要借助于直观和语言文字，研究对象基本上是简单的代数函数．这一方面为高中函数学习奠定了良好的基础，但另一方面可能会对高中函数概念学习产生负迁移．翻开函数概念发展历史就会发现，“对应说”定义的产生经历了相当长的时间，这说明了函数概念发展的艰巨性．重演论认为，个体数学理解过程与数学历史发展过程具有相似性．学生的错误和认知障碍与数学史上的错误和认知障碍是有关联的，了解历史上的重要时刻可以为教师提供预测学生认知障碍的工具．因此在进行函数概念教学时，让学生了解函数概念发展的这段历史，能更好地让学生体会到初中函数概念的局限性，从而理解高中学习函数概念的必要性.

本单元的第二个内容是函数的表示，调查数据显示，大量学生认为图象、表格表示的对应关系不是函数."函数的表示"给学生提供了从两个变量之间的依赖关系、两个实数集合之间的对应关系、函数图象的几何直观等多个角度认识函数概念的机会，有利于学生在数学表达与抽象定义之间建立联系，全面理解$y=f(x)$中f的意义.

（二）教材分析

人教版必修第一册（2019年版）中的"3.1函数的概念及其表示"一节.从内容上看，主要包括：函数概念与函数的表示方法.具体有：①在初中用变量之间的依赖关系描述函数的基础上，用集合语言和对应关系刻画函数，建立完整的函数概念，体会集合语言和对应关系在刻画函数概念中的作用.了解构成函数的要素，能求简单函数的定义域.②在实际情境中，会根据不同的需要选择恰当的方法（如图象法、列表法、解析法）表示函数，理解函数图象的作用.③通过具体实例，了解简单的分段函数，并能简单应用.

学生在初中已经学习过函数概念的"变量说"以及正比例函数、反比例函数、一次函数和二次函数，加上刚刚经历的集合知识的学习，这些是学生学习高中函数"集合对应说"的基础.基于HPM（数学的历史和教学法）的视角，可以让学生了解函数概念的发展史，理解高中生学习函数概念的必要性，从变量之间的依赖关系、实数集合之间的对应关系、函数图象的几何直观这三个角度整体认识函数概念，发展学生的数学抽象素养.

（三）教学分析

《普通高中数学课程标准（2017年版）》指出：函数是现代数学最基本的概念，是描述客观世界中变量关系和规律的最为基本的数学语言和工具，在解决实际问题中发挥重要作用.函数是贯穿高中数学课程的主线，函数知识体系构建的核心基础是函数定义，并且函数的思想和方法贯穿了高中数学课程的始终.教科书第三章《函数的概念与性质》是后续研究指数函数、对数函数和三角函数等基本初等函数以及数列、导数及其应用的基础.而本单元函数的概念及其表示又是函数性质学习的重要基础，因此本单元内容在高中数学课程中具有奠基地位.

函数概念虽然抽象，但函数现象大量存在于人们的周围. 因此，本单元的教学应从实际例子出发，让学生通过对具体问题的观察与分析，归纳函数的要素，并由此抽象出函数的概念. 这种“归纳式”的内容呈现方式，其目的是落实以数学知识发生发展过程为载体进行“思维的教学”这一数学课程的核心任务，使学生不仅学会数学知识，而且受到研究方法的训练，从而培养学生的思维能力，逐步增强其独立解决问题的能力，将学生数学抽象素养的培养落到实处.

二、单元课时教学设计

第一课时　函数的概念

教学目标

在初中用变量之间的依赖关系描述函数的基础上，用集合语言和对应关系刻画函数，建立完整的函数概念，体会集合语言和对应关系在刻画函数概念中的作用. 了解构成函数的要素，能求简单函数的定义域.

教学过程

1. 介绍导入

客观世界中有各式各样的运动变化现象，比如“天宫二号”在发射过程中，离发射点的距离随时间的变化而变化等. 所有这些都表现为变量间的对应关系，这种关系常常可以用函数模型来描述. 函数是贯穿高中数学的一条主线，函数的概念及其反映的数学思想方法已渗透到数学的各个领域. 本章我们将在初中数学的基础上，进一步探究函数的概念与性质.

【设计意图】通过章引言让学生了解学习函数的重要意义，了解本章要学习的内容，进一步感受学习函数的必要性，激发他们的学习兴趣.

2. 函数发展史简述，引出新课

简要回顾历史上函数概念的重要发展历程：17世纪，法国数学家笛卡儿（1596—1650）在《几何学》一文中首次引入变量的思想，并引入了两个变量之间的依赖关系，这就是函数概念的萌芽.

18世纪中叶，瑞士数学家欧拉（1707—1783）提出函数概念的关键就是具有具体的解析表达式，这就是函数概念表达的“公式说”.

1837年，德国数学家狄利克雷（1805—1859）提出如何去建立x与y之间的关系不是那么重要，进而拓广了函数的概念，这个定义巧妙地避免了函数定义中对依赖关系的表述，以更清晰的方式被数学家们认同. 这就是函数概念发展史上的“变量说”. 这也就是同学们初中所学的函数的概念，我们一起来复习一下（PPT展示）初中函数的概念：一般地，如果在一个变化过程中有两个变量x和y，并且对于变量x的每一个值，变量y都有唯一的值与它对应，那么我们称y是x的函数，其中x是自变量.

下面请同学们看这样的一个问题，判断$y=0(x\in\mathbf{R})$是否为函数？并说明你的理由.

学生活动：思考并回答. 有的学生认为它不是函数，有的学生认为它是函数，用原来“变量说”的观点来解释显得有些勉强，因此我们要对函数的概念再做进一步的推广.

19世纪末，德国数学家康托尔创立了集合论，集合论已经被公认为是全部数学的基础，那么集合论的产生是如何推动数学家们进一步完善和发展函数概念的呢？

【设计意图】通过数学史的介绍让学生简要了解函数概念的发展历程，并体会进一步学习函数概念的必要性. 通过复习初中所学函数的定义，为高中进一步学习函数的概念做铺垫，建立新旧知识间的联系.

3. 新知探索

问题1　某“复兴号”高速列车加速到350 km/h后保持匀速运行半小时. 这段时间内，列车行进的路程s（单位：km）与运行时间t（单位：h）的关系可以表示为________.

（1）这段时间内，列车行进的路程s（单位：km）与运行时间t（单位：h）的关系如何表示？这是一个函数吗？为什么？

（2）有人说：“根据上述对应关系，这趟列车加速到350 km/h后，运行

1h就前进了350 km”这样的说法对吗？为什么？

（3）自变量的取值范围如何用集合表示？函数值呢？

（4）你能用集合语言和对应关系表述上述问题情境吗？

师生活动：学生思考回答以上问题，教师引导学生填写下表：（为方便表述，记表示自变量和函数值的集合分别为A_1，B_1，强调集合的规范表达）

问题情境	自变量的集合表示	对应关系	函数值的集合表示
问题1			

学生回答问题（4）可能会有困难．教学过程中，在学生回答的基础上，要给出精确表述的示范，并用PPT展示．

用集合语言和对应关系表述上述情境为：对于数集A_1中的任一时刻t，按照对应关系，在数集B_1中都有唯一确定的路程s和它对应．

【设计意图】学生通过对实例或问题的思考，去体验知识的发生过程．提高学生的观察能力、类比推理能力、概括能力．

问题2　某电气维修公司要求工人每周工作至少1天，至多6天．如果公司确定的工资标准是每人每天350元，而且每周付一次工资．

（1）你认为该怎样确定一个工人每周的工资？

（2）一个工人的工资w（单位：元）是他工作天数d的函数吗？

（3）自变量的取值范围如何用集合表示？函数值呢？

（4）你能仿照问题1中对s和t的对应关系的精确表示，用集合语言和对应关系表述上述问题情境吗？

（5）你认为问题1和问题2中的函数是同一个函数吗？为什么？

师生活动：学生思考回答以上问题，教师引导学生填写下页表：（为方便表述，记表示自变量和函数值的集合分别为A_2，B_2）

问题情境	自变量的集合表示	对应关系	函数值的集合表示
问题2			

学生对问题（5）的回答可能会有困难，可以通过讨论得出结论．

【设计意图】对问题1与问题2进行对比、分析与思考，为后面讲函数的三要素做铺垫.

问题3　如图5.2-1，是北京市2016年11月23日的空气质量指数变化图.

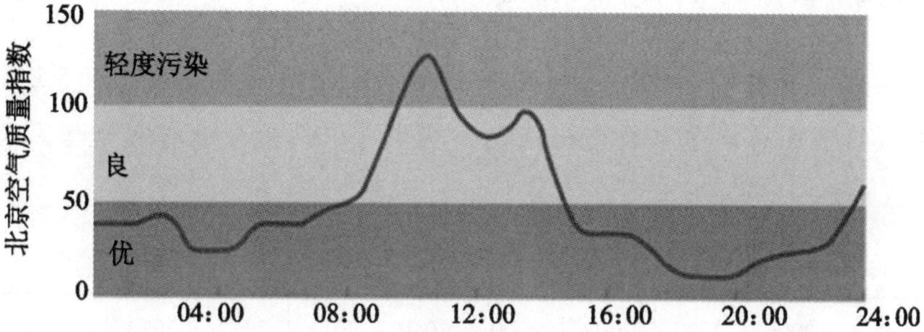

图5.2-1

（1）你能根据该图确定这一天内任一时刻t h的空气质量指数（AQI）的值I吗？如何确定？

（2）你认为这里的I是t的函数吗？你的确定依据是什么？

（3）这个问题中自变量的取值范围如何用集合表示？函数值呢？对应关系是如何体现的？

（4）你能仿照问题1中对s和t的对应关系的精确表示，用集合语言和对应关系表述上述问题情境吗？

师生活动：学生阅读思考，并让学生代表发言，填写下表（为方便表述，记表示自变量和函数值的集合分别为A_3，B_3）

问题情境	自变量的集合表示	对应关系	函数值的集合表示
问题3			

学生根据图象描述对应关系可能会有困难，引导学生紧扣初中已经学过的函数概念，结合两个集合表示，模仿问题1，2，完成精确表述.

【设计意图】问题3有很多作用：首先，引导学生体验利用图象表示对应关系的实质，弄清由确定的t值找出对应的I值的方法及其步骤，化解难点；其次，使学生明确可以用图象表示一个函数，为了表示I与t的对应关系，引入抽象的符号f: $A \to B$很有必要；最后，引导学生由图5.2-1得出I

不能取满集合$\{I \mid 0 < I < 150\}$中的所有值，为后续学生理解函数值域B_3的子集埋下了伏笔.

问题4 国际上常用恩格尔系数$r\left(r=\frac{\text{食物支出金额}}{\text{总支出金额}}\times 100\%\right)$反映一个地区人民生活质量的高低，恩格尔系数越低，生活质量越高. 表5.2-1是我国某省城镇居民恩格尔系数变化情况，从中可以看出，该省城镇居民的生活质量越来越高.

表5.2-1

年份y	2006	2007	2008	2009	2010	2011	2012	2013	2014	2015
恩格尔系数r（%）	36.69	36.81	38.17	35.69	35.15	33.53	33.87	29.89	29.35	28.57

（1）你认为该表给出的对应关系，恩格尔系数r是年份y的函数吗？为什么？

（2）如果是，自变量的取值范围如何用集合表示？函数值呢？对应关系是如何体现的？

（3）你能仿照问题1中对s和t的对应关系的精确表示，用集合语言和对应关系表述上述问题情境吗？

师生活动：学生阅读思考，让学生代表发言，填写表格（为方便表述，记表示自变量和函数值的集合分别为A_4，B_4）

问题情境	自变量的集合表示	对应关系	函数值的集合表示
问题4			

该问题中，学生对于集合B_4的描述可能会比较困难，多数会写$B_4=\{r \mid 0.2857 \leqslant r \leqslant 0.3817\}$，或者直接用列举法表示. 教师先给予肯定，再进一步提问，$B_4=\{r \mid 0 \leqslant r \leqslant 1\}$可以吗？模仿问题1，2，完成精确表述.

【设计意图】引导学生体验利用表格表示对应关系的实质，为了表示r与

y的对应关系，引入抽象的符号f: $A\to B$很有必要，同时也为后续学生理解函数值域是B_4的子集做好了铺垫.

学生分组讨论：上述问题1至问题4中的函数有哪些共同特征？由此你能概括出函数概念的本质特征吗？

【设计意图】通过对四个实例中函数共同特征的观察与分析，帮助学生归纳概括出函数的概念，并用集合与对应语言表述，从而培养学生的数学抽象这一核心素养.

学生展示分组讨论结果，共同特征有：

（1）都包含两个非空数集，用A，B来表示；

（2）都有一个对应关系；

（3）尽管对应关系的表示方法不同，但它们都有如下特性：对于数集A中的任意一个x，按照对应关系，在数集B中都有唯一确定的数y和它对应.

函数的概念：设A，B是非空的实数集，如果对于集合A中的任意一个数x，按照某种确定的对应关系f，在集合B中都有唯一确定的数y和它对应，那么就称f: $A\to B$为从集合A到集合B的一个函数(function)，记作：

$$y=f(x),x\in A.$$

其中，x叫做自变量，x的取值范围A叫做函数的定义域；与x的值相对应的y值叫做函数值，函数值的集合$\{f(x)|\,x\in A\}$叫做函数的值域.

对函数概念的理解：

（1）对数集的要求：集合A，B为非空数集；

（2）任意性和唯一性：集合A中的数具有任意性；集合B中的数具有唯一性；

（3）对符号f的理解，它表示对应关系，对应关系可以是解析式，也可以是图象与表格；

（4）函数的三要素，定义域、对应关系和值域缺一不可.

学生活动：回到四个问题情境中，分析值域与$B_i\left(i=1,2,3,4\right)$的关系.

结论：值域$\subseteq B$.

【设计意图】引导学生通过归纳，概括出函数的本质特征，用集合语言与对应关系刻画函数，建立完整的函数概念，让学生体会数学抽象的过程，培养理性思维，发展数学抽象与数学建模素养．通过比较初、高中函数的定义，深化学生对函数概念的理解．

4．牛刀小试

练习1．集合A，B与对应关系f如图5.2-2所示：

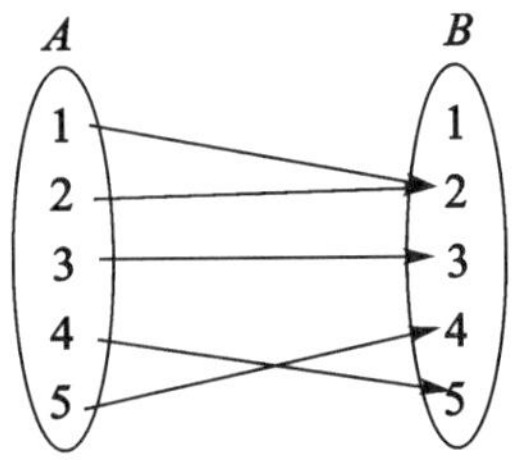

图5.2-2

f：$A \to B$是否为从集合A到集合B的函数？如果是，那么定义域、值域与对应关系各是什么？

练习2．完成下表，填写一次函数、二次函数、反比例函数的定义域和值域：

函数	一次函数	二次函数		反比例函数
		$a>0$	$a<0$	
对应关系				
定义域				
值域				

【设计意图】用函数定义重新认识学生初中已经学过的函数，进一步加强对函数定义的理解，体会定义域、对应关系与值域是函数的三要素．

5．典例精析

函数的解析式是舍弃问题的实际背景而抽象出来的，它所反映的两个量之间的对应关系，可以广泛地用于刻画同一类事物中的变量关系和规律．

正比例函数$y = kx(k \neq 0)$可以用来刻画匀速运动中的路程与时间的关系、一定密度的物体的质量与体积的关系、圆的周长与半径的关系等.

例. 试构建一个问题情境，使其中的变量关系可以用解析式$y = x(10 - x)$来描述.

解：长方形的周长为20，设一边长为x，面积为y，那么$y = x(10 - x)$. 其中，x的取值范围是$A = \{x | 0 < x < 10\}$，y的取值范围是$B = \{y | 0 < y \leqslant 25\}$，对应关系$f$把每一个长方形的边长$x$，对应到唯一确定的面积$x(10 - x)$上.

【设计意图】通过质疑、探究、辨析等活动，使学生内化函数概念，体悟函数模型的应用，加深其对函数概念的理解，培养其数学建模素养.

6. 小结

（1）知识层面：函数的概念.

（2）核心素养层面：数学抽象素养的提升.

（3）学科教育价值层面：数学家们坚持不懈完善函数概念，这种不断探索的精神值得我们每一个人学习. 培养学生勇于探索的科学精神.

【设计意图】通过总结，让学生进一步巩固本节所学内容，提高学生的概括能力、数学运算能力和逻辑推理能力.

教学反思

课程教材研究所研究员章建跃先生指出：以逻辑性著称的数学学科，“不知所以然”的教学，“把原本讲道理的数学搞成了‘不讲理的学问’，使原本最容易学的学科变成了最令人惧怕、生厌的学科”. 数学教学实质上是用讲理的态度和方式讲解数学知识，数学教学的内容应直指数学本质.

数学史具有巨大的教学价值、育人价值，于高中数学课堂渗透数学史教学具有重要意义. 苏霍姆林斯基认为：“真正能驾驭教育过程的高手，是用学生的眼光来读教科书的.”学生在初中阶段就已经学过函数这个概念，但当时对函数的认识主要以直观感性认识为主，为了让学生认识到高中再次学习函数概念的重要意义，在HPM视角下回到历史，重视函数发展历程，可以为学生后续学习奠定思想基础. 因此本节课基于HPM视角，让学生了解函数概念的发展史，基于学生对函数已有的认知和学习经验，引导学生理解“对应说”这一函数定义的本质，把握“变量说”和“对应说”这两个函数定义的联系，体会“对应说”函数概念学习的必要性，让他们不仅知其然，而且知其所以然.

第三节 “函数的基本性质”单元教学解读与设计

一、教学设计基本要素分析

（一）学情分析

学生学习了函数的概念之后，学会了用集合与对应的语言来刻画函数概念，认识到了函数是描述客观世界变量间依赖关系的重要数学模型. 在此基础上进一步深入学习函数的基本性质，是水到渠成的事情，也是符合学生的认知发展规律的. 但是，掌握函数的基本性质，对学生来说，还是比较困难的，它要求学生有较强的抽象思维能力，这对刚升入高一的学生来说，不容易. 所以，在中学阶段，函数的基本性质对大部分学生来说还是比较难以掌握的内容. 同时，这些性质的应用也比较广泛，函数的性质在高考中是一个重点，经常以低、中、高难度题的形式出现. 所以，它是高中数学的重点，也是难点. 很多学生在高中毕业后，还都难以掌握函数的基本性质这部分内容.

究其原因，函数的基本性质的学习，要求学生在概念形成的过程中能进行由特殊到一般的顺利过渡. 在讨论函数的基本性质时，不仅需要学生通过图形的直观性来进行分析、抽象和概括，从数量关系的角度通过逻辑推理加以确认，完成从感性认识到理性思维的飞跃，而且还需要学生质疑、尝试、归纳、总结和运用，对学生有比较高的抽象理解能力、概括能力、扎实的数学基本功和数学推理能力的要求，而这些要求则是学生的薄弱之处.

鉴于此，教学时应关注学生的这些薄弱环节，适度给予学生帮助和指导. 这就要求我们不仅在备课时，对函数的复杂程度要加以控制，而且在教学中，要充分使用信息技术创设教学情境，以利于学生作函数图象，有更多的时间用于思考、探究函数的基本性质，着重培养学生发现问题、研究问题、分析问题的能力.

（二）教材分析

“函数的基本性质”是高中数学必修第一册第三章第二节的内容，该内容包括函数的单调性、函数的最值、函数的奇偶性. 函数的单调性是学生在高中阶段第一个用符号语言刻画的概念，对学生进一步学习函数的其他性质具有示范作用，函数的奇偶性是函数的又一个重要性质，它不仅与现实生活中的对称性密切关联，而且还是后面学习基本初等函数的性质的基础，在整章知识的学习中起着承上启下的作用. 从函数的单调性的学习到函数奇偶性的学习，逐步培养学生用数量关系来刻画函数图象的变化趋势和特征的能力，让他们体验用代数方法来研究图象特征，通过符号化将性质数学化. 通过数学化的过程培养学生从直观感知到理论建构的能力，培养他们的数学抽象及逻辑推理核心素养. 通过图形语言到文字语言再到符号语言的转化让学生熟悉研究函数的一般方法.

函数是中学数学最重要的基本概念之一，本节函数的基本性质与前面学过的函数的概念，为函数学习的第一阶段；基本初等函数Ⅰ和基本初等函数Ⅱ是学习函数的第二阶段；选修系列的导数及其应用是函数学习的第三阶段. 这三个阶段的函数知识层层递进，由浅入深. 在教学的过程中，应注重引导学生加深对旧知的理解，并引导学生熟悉身边的数学知识，小组合作交流，类比归纳，以加深数学知识之间的本质联系.

1. 重视函数产生的背景及数学应用能力

教材力求贯彻理论联系实际的原则. 它在内容上更注重精选那些在现代社会生活、生产和科学技术中有广泛应用的，为进一步学习所必需的，同时又是学生所能接受的知识. 所以在教学中，教师要注意增强学生应用数学的意识. 一方面，使学生通过背景材料进行观察、比较、分析、综合、抽象和推理，得出数学概念和规律；另一方面，使学生能够运用已有的知识进行交流，并能将实际问题抽象为数学问题，建立数学模型，从而形成比较完整的数学知识，让学生亲身体验思维加工的过程. 比如，讲函数概念时有学生熟悉的喷水池问题，有贴近生活的出租车里程和车费的关系问题. 在研究函数的性质时，有学生感兴趣的拱形构架的弧形桥问题，有近10年来上海市城市园林绿地面积的数据图等等. 这样编排教材，一方面可以激发学生的学习积极性，另一方面有助于学生应用能力的提高，有助于发展学生的思维能力.

2. 突出学生实践能力、探究能力、创新能力的提高

为了培养学生的实践能力、探索能力、创新能力，从第三章起，每章都单独设置了“探究与发现”栏目. 这是新教材的一个亮点，它有别于旧教材只考虑知识的系统性、完整性，而没有考虑对学生学习能力、解决问题能力的培养. 实践也证实了学生对这样的学习形式感兴趣，效果也较好.

3. 注重学生学习方式的改变，有助于学生学习能力的提高

每章都有引言，每章都附有阅读材料. 章引言意在起到一个承上启下的作用，让学生在已有数学知识的基础上，了解将在本章中学到哪些后续知识. 对于阅读材料，学生通过阅读理解、建立数学模型、解决新问题、获取新知识. 这种形式十分有利于学生学习能力的提高. 比如，本节的阅读材料“用计算机绘制函数图象”，就是为培养学生应用函数图象变化趋势来研究函数性质而精心选择和安排的.

从教材内容的安排看，新教材十分注重学生的自主活动. 比如，旧教材对于奇函数、偶函数的图象的对称性，有详细的证明. 而新教材对于这部分内容是这样处理的：先由具体函数的图象特点得出奇函数、偶函数的图象分别关于原点和y轴对称的结论，然后请学生根据其定义分别解释奇函数、偶函数的图象的对称性，将主动权交给学生. 目的是增加学生自主活动的时间与空间，体验结论获得的过程.

4. 教材对数学教师提出了更高的要求，要求教师转变观念和教学方式.

新的教育改革需要教师紧跟时代步伐，改进教学方法，改变向学生灌输知识的单一的教学模式，要求我们积极实行启发式和讨论式教学，重视现代教育技术的应用等等. 只有这样才更利于素质教育，更利于理论联系实际，

更利于学生能力和创新意识的培养，更利于其他学科的学习，更利于中国的数学教育与国际接轨.

二、单元课时教学设计

第一课时 函数的单调性

教学目标

1. 从形与数两方面理解函数单调性的概念，初步掌握利用函数图象和单调性定义判断、证明函数单调性的方法.

2. 通过对函数单调性定义的探究，渗透数形结合的数学思想方法，培养学生观察、归纳、抽象的能力和语言表达能力；通过对函数单调性的证明，提高学生的推理论证能力.

3. 通过知识的探究过程培养学生细心观察、认真分析、严谨论证的良好思维习惯，让学生经历从具体到抽象、从特殊到一般、从感性到理性的认知过程.

教学过程

1. 创设情境，引入课题

实例：科考队对沙漠气候进行科学考察，如图5.3-1是某天气温随时间的变化曲线. 请你根据曲线图说说气温的变化情况.

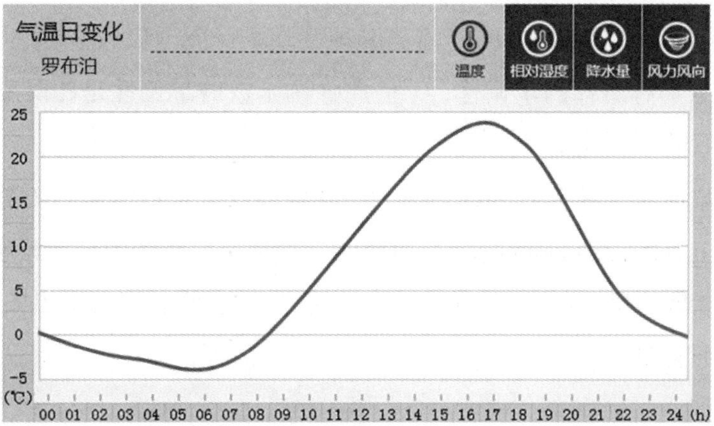

图5.3-1

课堂预设：学生的关注点不同，如气温的最值，某时刻的气温，某时间段气温的升降变化（若学生没指明时间段，可追问）等. 图象在某区间上（从左往右）“上升”或“下降”的趋势反映了函数的一个基本性质——单调性（板书课题）.

【设计意图】从科考情境导入新课，了解“早穿棉袄午穿纱，围着火炉吃西瓜”这一独特的沙漠气候特征，直观形象地感知气温变化，自然引入函数的单调性这一概念.

函数是描述事物变化规律的数学模型. 如果清楚了函数的变化规律，那么就基本把握了相应事物的变化规律. 在事物变化过程中，保存不变的特征就是这个事物的性质. 因此，研究函数的变化规律是非常有意义的.

问题　如图5.3-2，观察下列函数图象，请你说说这些函数有什么变化趋势.

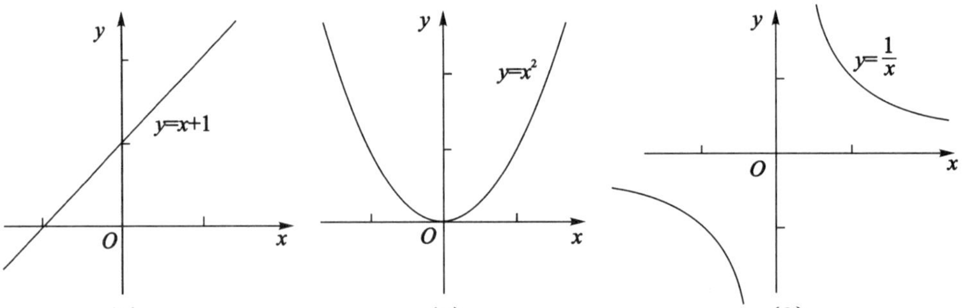

(1)　　(2)　　(3)

图5.3-2

【设计意图】学生回答时可能会漏掉“在某区间上”，规范表达“函数在哪个区间上具有怎样的单调性”. 借此强调函数的单调性是相对某区间而言的，是函数的局部性质.

设函数的定义域为I，区间$D\subseteq I$. 在区间D上，若函数的图象（从左向右）总是上升的，即y随x的增大而增大，则称函数在区间D上是递增的，区间D称为函数的单调增区间.（学生类比定义“递减”，接着推出图5.3-3，让学生准确回答单调性）

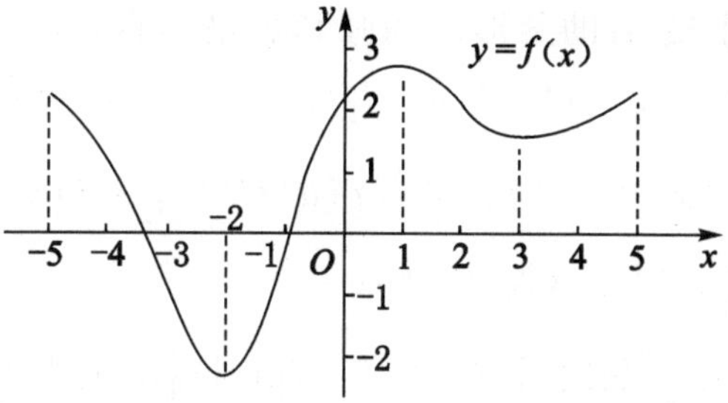

图5.3-3

【设计意图】从图象直观感知到文字描述，完成对函数单调性的第一次认知. 明确相关概念，准确表述单调性. 学生认为单调性的知识似乎够用了，为下面的认知冲突做好铺垫.

2. 引导探索，生成概念

问题1　(1) 图5.3-4是函数$y=f(x)$的图象（以$f(x)=0.001x+1$为例），它在定义域**R**上是单调递增的吗?

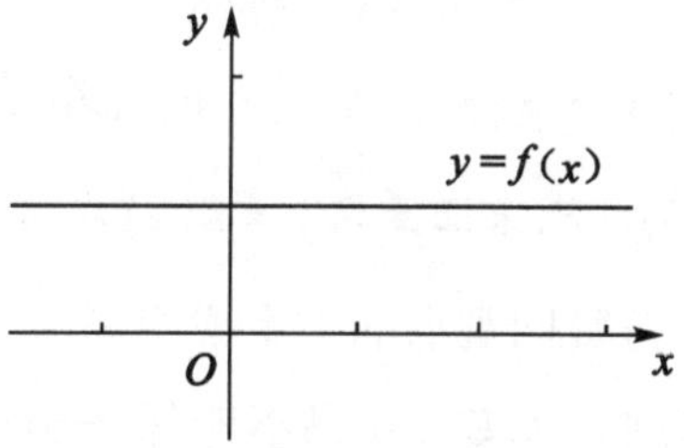

图5.3-4

(2) 函数$f(x)=x+\frac{1}{x}$在区间$(0,+\infty)$上有何单调性?

课堂预设：学生会不置可否，或者凭感觉猜测，可追问判定依据.

【设计意图】函数图象虽然直观，但是缺乏精确性，必须结合函数解析式；但仅凭解析式常常也难以判断其单调性. 借此认知冲突，让学生意识到学习符号化定义的必要性，自然开始探索.

问题2　(1) 如何用数学符号描述函数图象的“上升”特征，即“y随x的增大而增大”?

以二次函数$f(x)=x^2$在区间$[0,+\infty)$上的单调性为例，用几何画板动画演示“y随x的增大而增大”，生成表格（每一秒生成一对数据）.

【设计意图】先借助图形、动画和表格等直观感受“y随x的增大而增大”，然后让学生思考、讨论得出：若$x_1 < x_2$，则必须有$y_1 < y_2$.

（2）已知$a < x_1 < x_2 < b$，若有$f(a) < f(x_1) < f(x_2) < f(b)$. 能保证函数$y = f(x)$在区间$[a, b]$上单调递增吗？

拖动“拖动点”改变函数$y = f(x)$在区间$[a, b]$上的图象，可以递增，可以先增后减，也可以先减后增.

（3）已知$a < x_1 < x_2 < x_3 < b$，若有$f(a) < f(x_1) < f(x_2) < f(x_3) < f(b)$，能保证函数$y = f(x)$在区间$[a, b]$上单调递增吗？

拖动“拖动点”，观察函数$y = f(x)$在区间$[a, b]$上的图象变化.

【设计意图】先让学生讨论交流、举反例，然后借助几何画板动态说明验证两个定点不能确定函数的单调性，三个点也不行. 验证无数个点行不行呢？引导学生过渡到符号化表示，呈现知识的自然生成.

（4）已知$a < x_1 < x_2 < x_3 < x_4 < \cdots < b$，若有$f(a) < f(x_1) < f(x_2) < f(x_3) < f(x_4) < \cdots < f(b)$，能保证函数$y = f(x)$在区间$[a, b]$上单调递增吗？

【设计意图】可先请持赞同观点的学生说明理由，再请持反对意见的学生画出反驳图象，然后追问：无数个x也不能保证函数递增，那该怎么办呢？若学生回答全部取完或任取，追问：总不能一个一个地验证吧？

紧接着师生一起回顾子集的概念，（PPT展示教材上子集的定义）再次体验对“任意一个”进行操作，实现“无限”目标的数学方法，体会用“任意”来处理“无限”的数学思想.

问题3　一般地，设函数$f(x)$的定义域为I，区间$D \subseteq I$. 如何用数学语言准确刻画函数$y = f(x)$在区间D上单调递增呢？

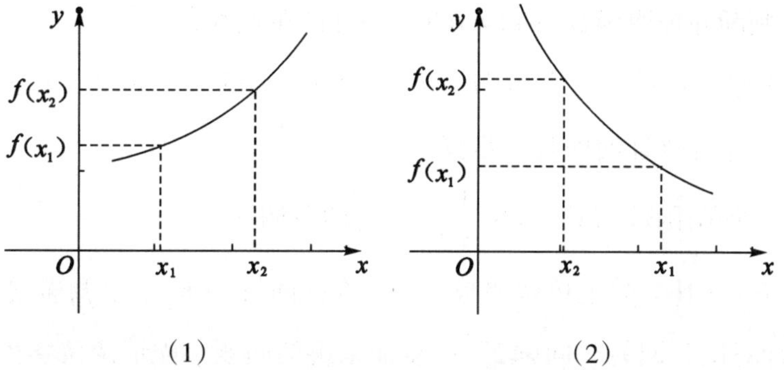

图5.3-5

课堂预设：请学生自愿尝试概括定义．板书“任意x_1，$x_2 \in D$，当$x_1 < x_2$时，都有$f\left(x_1\right) < f\left(x_2\right)$，则称函数$y = f(x)$在区间$D$上单调递增（图5.3-5（1））”，突出关键词“任意”和“都有”．若缺少关键词“任取”或“任意”，则追问：验证两个点就能保证函数在区间D上单调递增吗？

问题4　请你试着用数学语言定义函数$y = f(x)$在区间D上是单调递减的．

课堂预设：为表达准确规范，要求学生先写下来，然后展示．并有意引导使用“任意x_1，$x_2 \in D$，当$x_1 > x_2$时，都有$f\left(x_1\right) < f\left(x_2\right)$，则称函数$y = f(x)$在区间$D$上单调递减（图5.3-5（2））”，以此打破必须“$x_1 < x_2$”的思维定式．

3. 学以致用，理解感悟

判断题：你认为下列说法是否正确，请说明理由．（举例或者画图）

（1）设函数$y = f(x)$的定义域为$\left[a, +\infty\right)$，若对任意$x > a$，都有$f(x) > f(a)$，则$y = f(x)$在区间$\left[a, +\infty\right)$上单调递增；

（2）设函数$y = f(x)$的定义域为$\mathbf{R}$，若对任意x_1，$x_2 \in \left(a, +\infty\right)$，且$x_1 > x_2$，都有$f\left(x_1\right) > f\left(x_2\right)$，则$y = f(x)$是单调递增的；

（3）反比例函数$f(x) = \dfrac{1}{x}$的单调递减区间是$\left(-\infty, 0\right) \cup \left(0, +\infty\right)$．

【设计意图】让学生分组讨论，然后作展示性回答．若学生认为正确，则要求说明理由；若学生认为错误，则要求学生到黑板上画出反例（题（3）可追问怎么修改）．通过构造反例，逐步完善和加深对函数单调性的理解．

例. 判断并证明函数$f(x)=0.001x+1$的单调性.

【设计意图】对照定义板书示范，指明变形的目的是变出因式$\left(x_1-x_2\right)$等，并让学生提炼证明的基本步骤.

练习. 证明函数$f(x)=x+\frac{1}{x}(x>0)$的单调性：

（1）在区间$\left(0,1\right)$上单调递减；（2）在区间$\left(1,+\infty\right)$上单调递增.

【设计意图】回答“问题2”中悬而未决的问题. 先请两位学生板演，然后由其他学生完善步骤.

思考题：物理学中的玻意耳定律$p=\frac{k}{V}$（k为正常数）告诉我们，对于一定量的气体，当其体积V减小时，压强p将增大. 试用函数的单调性证明.

【设计意图】引导学生用数学知识解释其他学科的规律，培养学生应用数学的意识和能力.

4. 回顾反思，深化认识

课堂小结：通过本节课的学习，你的主要收获有哪些?

（关键词：三种语言，证明方法，数学思想，核心素养等.）

【设计意图】先给出问题，要求学生自主小结，再推出引导性关键词，使得总结简明、到位、拔高.

5. 布置作业

作业1. 教科书第79页练习第2~4题.

作业2. 判断并证明函数$f(x)=x+\frac{1}{x}(x<0)$的单调性.

探究题：向一杯水中加入一定量的糖，糖加得越多水越甜. 请你运用所学的数学知识解释这一现象.

【设计意图】课堂作业是为及时巩固初学的知识和方法，完善对“对勾函数”的认识. 探究题是为培养学生运用数学的意识（从科考情境开始，中间证明物理定律，最后以化学实验结束），感受数学的实用性和人文性.

6. 板书设计

函数的单调性 递增：（板书定义） 递减：（学生类比）	例题（提炼步骤，明确变形方向） 练习（学生板演）

7. 目标检测设计：

（1）下列命题中正确的个数是（　　）.

①若函数$f(x)$满足$f(1)<f(2)$，则$f(x)$在区间$[1, 2]$上是增函数.

②若函数$f(x)$在区间（1，2）和区间$[2, 3)$上都是增函数，则在区间$(1, 3)$上也是增函数；

③函数$y=\frac{1}{x}$的单调递减区间是$(-\infty, 0)\cup(0, +\infty)$.

A. 0　　B. 1　　C. 2　　D. 3

【设计意图】①是考查学生对增（减）函数定义的理解；②③是对同增或同减的两个不连续单调区间表示方法的检查.

（2）画出下列函数的图象，并根据图象说出函数$y=f(x)$的单调区间，以及在各单调区间上函数$y=f(x)$是增函数还是减函数.

①$y=x^2-5x-6$；②$y=-\frac{1}{x}$.

【设计意图】考查作图能力，数形结合思想，以及正确表达单调区间的能力.

（3）证明函数$f(x)=-x^2+1$在区间$(-\infty, 0)$上是增函数.

【设计意图】巩固用单调性定义证明增（减）函数的方法、步骤.

（4）探究一次函数$y=kx+b(k\neq 0)$的单调性，并证明你的结论.

【设计意图】考查学生探究问题的能力以及分类讨论的数学思想.

教学反思

本节课是函数单调性的起始课，单调性是函数学习中第一个用数学符号语言刻画的概念. 由于认知水平的局限和经验的缺乏，估计学生在学习本节内容时会遇到以下两方面的困难：其一，用准确的数学符号语言去刻画图象的上升与下降，这种由形到数的翻译，从直观到抽象的转变对高一的学生来说是比较困难的；其二，单调性的证明是学生在函数中首次接触到的代数论证，而学生在代数方面的推理论证能力是比较薄弱的．在学生现有的认知结构中，能根据函数的图象观察出“随着自变量的增大函数值增大”等变化趋势，所以在本节课的教学中要充分利用好函数图象的直观性，发挥多媒体教学的优势，利用多媒体快捷、生动、形象的特点，为学生提供直观感性的材料，以帮助学生加深对问题的理解和认识．教师应启发式讲授，学生应探究式学习，通过创设情境，引导探究，师生交流，最终形成概念，获得方法．利用函数的单调性的定义证明具体函数的单调性是对函数单调性概念的深层理解，要注意“作差、变形、定号”的过程学生不易掌握．按现行新教材结构体系，学生只学过一次函数、反比例函数、正比例函数、二次函数，所以对函数的单调性研究，初始阶段应限于这几种函数．由于学生在概念的掌握上缺少系统性、严谨性，在教学中须加强培养．

第二课时　函数的最值

教学目标

1．掌握函数最大值、最小值的概念，能够解决与二次函数有关的最值问题，以及利用函数单调性求最值，会用函数的思想解决一些简单的实际问题．

2．通过函数最值的学习进一步研究函数，感悟函数的最值对于函数研究的作用．

3．培养学生积极进行数学交流，乐于探索创新的科学精神．

教学过程

1．创设情境，引入课题

科考队对“早穿棉袄午穿纱，围着火炉吃西瓜”这一独特的沙漠气候进行科学考察，如图5.3-6是某天气温随时间的变化曲线．

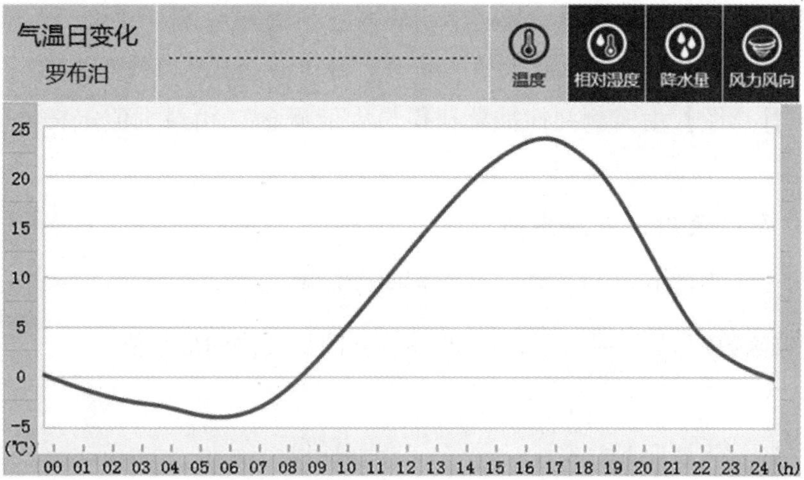

图5.3-6

问题 (1) 该天的最高气温和最低气温分别是多少?

(2) 设该天某时刻的气温为$f(x)$，则$f(x)$在哪个范围内变化?

(3) 从函数图象上看，气温的最大值(最小值)在什么时刻取得?

【设计意图】从上节课的问题出发，引入课题，温故而知新，同时为学习接下来的函数最值概念做好了铺垫.

2. 引导探索，生成概念

函数最大值概念:

一般地，设函数$y=f(x)$的定义域为I. 如果存在实数M满足:

(1) $\forall x\in I$，都有$f(x)\leqslant M$.

(2) $\exists x_0\in I$，使得$f\left(x_0\right)=M$.

那么，称M是函数$y=f(x)$的最大值.

(3) 问题1 设函数$y=f(x)$的图象上最高点的纵坐标为M，则对函数定义域内任意自变量x，$f(x)$与M的大小关系如何?

问题2 若函数$f(x)\leqslant M$，则M一定是函数的最大值吗?

问题3 任何函数都有最大值吗?(举例说明)

问题4 函数$f(x)$在区间$[a, b]$上的最值一定是$f(a)$或$f(b)$吗?

问题5　函数的最大值一定比最小值大吗？

问题6　你能依照函数最大值的定义，得出函数最小值的定义吗？

【设计意图】由实例共性抽象获得最大值概念．由最大值定义类推最小值定义．

3．学以致用，理解感悟

例1．①求函数$f(x)=x^2-2x+2$的最小值．

②求函数$f(x)=\dfrac{2}{x-1}$（$x\in[2,6]$）的最大值和最小值．

③求函数的$f(x)=\begin{cases}\dfrac{1}{x}(0<x\leqslant 1),\\ x(1<x\leqslant 2)\end{cases}$的最值．

【设计意图】由熟悉的二次函数的最值问题入手，引导学生总结利用函数图象解决最值问题．引导学生学会利用函数的单调性解决函数最值问题（特别是函数图象不容易作出时）．以实际问题考查学生灵活应用数学知识的能力，逐渐增强他们的应用意识．

变式：（链接教科书第81页练习3）已知函数$f(x)=\dfrac{1}{x}$，求函数在区间$[2,6]$上的最大值和最小值．

【设计意图】复习巩固证明函数单调性的方法，进一步深化利用单调性求函数最值的意识，做到讲练结合，形成技能升华，深化概念理解．

例2．求函数$f(x)=x+\dfrac{4}{x}$在区间$[1,4]$上的最大值和最小值．

【设计意图】在上一节的“课后探究”中出现过“对勾函数”，通过这个例题，进一步从用单调性角度对“对勾函数”有更深入的认识，可引导学生对一般的“对勾函数”的图象有个准确的认识，从而可以利用函数图象来解决与“对勾函数”有关的函数的最值问题，

变式：已知函数$f(x)=\dfrac{x-1}{x+2},x\in[3,5]$．

（1）判断函数$f(x)$的单调性；

（2）求函数$f(x)$的最大值和最小值．

【设计意图】培养学生应用所学知识解决相关问题的能力，进一步熟悉函数最值的求解方法.

例3．“菊花”烟花是最壮观的烟花之一．制造时一般是期望在它达到最高点时爆裂．如果烟花距地面的高度h（单位：m）与时间t（单位：s）之间的关系为$h(t)=-4.9t^2+14.7t+1.8$，那么烟花冲出后什么时候是它爆裂的最佳时刻？这时距地面的高度是多少（精确到1m)？

【设计意图】以实际问题考查学生灵活应用数学知识的能力，逐渐增强函数的应用意识，提升学生数学建模的核心素养.

4．回顾反思，深化认识

（1）最值的概念.

（2）应用图象和单调性求最值的一般方法及步骤.

【设计意图】归纳总结求函数最值的一般方法，完成本节课知识的建构.

5．作业布置：练习册1~9题

6．板书设计

函数的最值 最大值：（板书定义） 最小值：（学生类比）	例题（提炼步骤） 练习（学生板演）

7．目标检测设计

（1）函数$y=f(x)(-2\leqslant x\leqslant 2)$的图象如图5.3-7所示，则函数的最大值、最小值分别为（　　）.

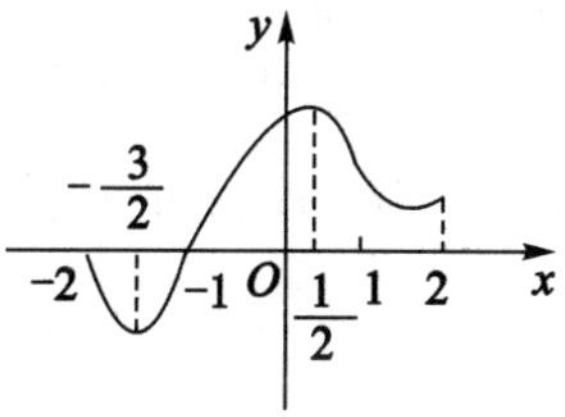

图5.3-7

A．$f(2)$，$f(-2)$　　　　B．$f\left(\frac{1}{2}\right)$，$f(-1)$

C. $f\left(\frac{1}{2}\right)$, $f\left(-\frac{3}{2}\right)$　　D. $f\left(\frac{1}{2}\right)$, $f(0)$

【设计意图】考查学生利用图象求函数最值的方法，体现数学直观想象、逻辑推理的核心素养.

（2）函数 $y=x+\sqrt{x-2}$ 的值域是（　　）.

A. $[0,+\infty)$　　B. $[2,+\infty)$

C. $[4,+\infty)$　　D. $[\sqrt{2},+\infty)$

【设计意图】考查学生通过解析式判断函数单调性的能力，以及求函数最值时对定义域的要求，是上一节课程的升华.

（3）函数 $y=\begin{cases}x+3, x<1,\\ -x+6, x\geqslant 1\end{cases}$ 的最大值是（　　）.

A. 3　　B. 4

C. 5　　D. 6

【设计意图】求分段函数的最值，可以通过作出图象直观感知函数的最值，也可以通过解析式分析函数的单调性，进而求最值. 一题多解，既拓宽了学生的思路，提高了学生分析问题、解决问题的能力，又对前面所学的知识进行了巩固.

（4）用长度为24 m的材料围成一个中间加两道隔墙的矩形场地，要使矩形场地的面积最大，则隔墙的长度为（　　）.

A. 3 m　　B. 4 m

C. $\frac{3}{2}$ m　　D. $\frac{5}{2}$ m

【设计意图】培养学生应用所学知识解决相关问题的能力，使他们进一步熟悉函数最值的求解方法.

教学反思

本节课围绕核心知识点及学生的易错点设计、变换问题，引导学生思考讨论，锻炼学生独立解决问题的能力和合作学习的能力，使他们形成自己的数学思想方法. 进一步激发了学生积极思考、勤奋探索的动力，开发了学生的智力．本设计符合新课改的课堂教学理念：以培养学生能力为主，体现学生在课堂上的主体地位．本设计中的讨论问题环节对成绩中上等的学生比较适合，对部分“潜力生”有一定的难度，有待进一步改进．

本节课通过函数最值的寻找与求解，使学生经历对函数图形进行观察、分析、抽象、概括的过程．探求运用函数图象结合函数的单调性找到函数最值点的方法，进一步提升学生对图形的欣赏和探索能力，对数学的学习兴趣，引领学生的审美观念，培养学生的科学探究精神．

在教学方式上采用自主探索，创造性解决问题，并激发学生积极主动参与课堂活动的热情．使学生在活动过程中，积极探索发现．当学生做完例题，熟悉求函数最值的基本方法后，马上给出两个变式，学生们个个都摩拳擦掌，跃跃欲试，这时课堂气氛十分热烈，学生的思维十分活跃．一个问题解决，同时又有新的问题出现．待大家弄明白后，及时引导学生从特殊到一般，总结出求函数最值的一般方法，使整个课堂教学得到升华．

第三课时　函数的奇偶性

教学目标

1．理解奇函数、偶函数的概念，会判断简单函数的奇偶性．

2．提高观察、分析、归纳、概括的能力，提高自主学习和运用信息技术的能力，建立数学的“服务意识”．

3．体会数形结合的思想，感受数学的对称美，在快乐中学习成长，养成积极创新、乐于分享的生活态度．

教学过程

1．创设情境，引入课题

活动1：让学生感受生活中的对称美．出示一组图片：蝴蝶、建筑物等．

活动2：让学生自己画出以下两个函数图象，并从数学中的对称角度观察函数图象．

（1）$y = x^2$；（2）$y = 2 - |x|$．

问题1　函数$y=x^2$，$y=2-|x|$的图象有什么样的特征？分别计算出这两个函数中$f(0)$，$f(-1)$，$f(1)$，$f(-2)$，$f(2)$，$f(-3)$，$f(3)$的值，并说一说它们之间有什么样的规律.

活动3：用“几何画板”展示函数的图象.在“几何画板”中，画出函数$y=x^2$的图象及其上任意一点P及其关于y轴的对称点P'，拖动点P，让学生观察两点坐标变换的规律.

（信息技术运用说明：利用超链接调出“几何画板”，让学生结合形和数，发现规律）

问题2　若规定函数$y=2-|x|$的定义域为$[-1,2]$，则还有以上规律吗？

课堂预设：学生已经学过一些基本的函数，有了对函数图象对称性的直观认识，尚未将对称性上升到用数学语言刻画函数的奇偶性的高度. 但同时，学生已经学习过函数的单调性，已经经历过从图形直观感知函数性质，用自然语言描述函数，以及用数学语言刻画函数单调性的过程.

【设计意图】通过让学生观察函数图象，并求解几个特殊的函数值，得出对称点与函数值的关系，并能从特殊到一般，得出任意对称点与函数值的关系. 函数具有奇偶性的一个必要条件是：对于定义域内的任意一个x，则$-x$也一定是定义域内的一个自变量（即定义域关于原点对称）. 因此设计了问题2，让学生直观地理解：只有在定义域对称的前提下，才能去研究奇偶性.

2. 引导探索，生成概念

活动1：试用自己的语言给出偶函数的定义.

活动2：（1）形成偶函数的定义，并举出具体的偶函数的实例.

偶函数：一般地，设函数$f(x)$的定义域为I，如果$\forall x\in I$，都有$-x\in I$，$f(-x)=f(x)$，那么函数$f(x)$就叫做偶函数. 偶函数的图象关于y轴对称.

（2）类比偶函数的定义，形成奇函数的定义，并举出具体的奇函数实例.

奇函数：设函数$f(x)$的定义域为I，如果$\forall x\in I$，都有$-x\in I$，且$f(-x)=-f(x)$，那么函数$f(x)$就叫做奇函数. 奇函数的图象关于原点对称.

问题　若奇函数在$x=0$处有意义，则$f(0)=1$吗？若偶函数在$x=0$处有意义，则$f(0)$呢？

课堂预设：学生直接用数学语言描述偶函数比较困难，先用自己的语言理解偶函数并给偶函数下定义，再上升到严谨的数学语言，是理解偶函数的关键．

【设计意图】引导学生归纳出偶函数的定义，感受数学语言严谨、简洁之美，并让学生举出实例，体会从特殊到一般，再从一般到特殊的思想．

3．学以致用，理解感悟

题组一　熟悉定义

（1）根据下列函数图象，判断函数的奇偶性．

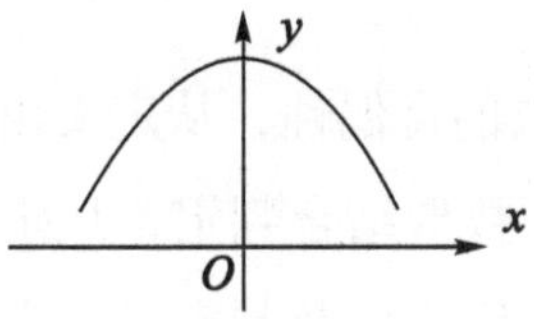

①$f(x)=\dfrac{2}{x^2+11}$

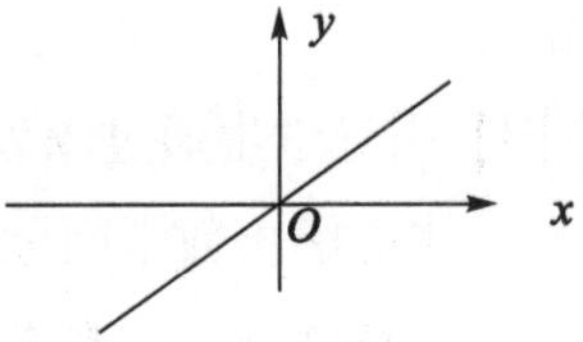

②$f(x)=x$

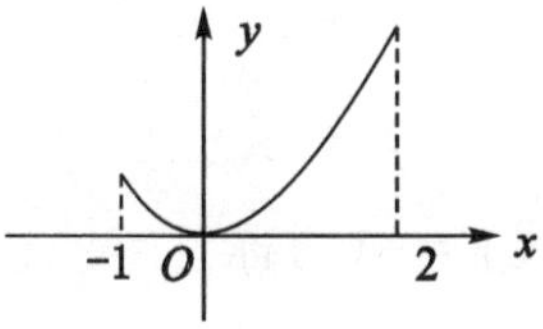

③$f(x)=x^2, x\in[-1,2]$

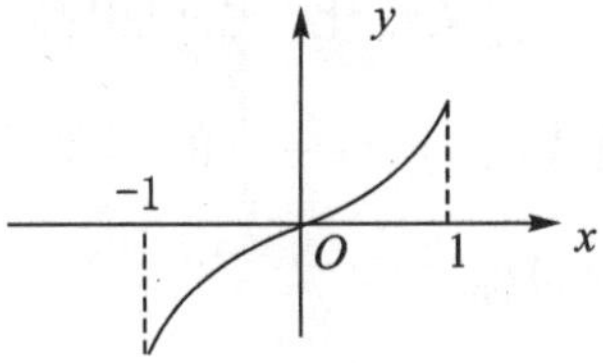

④$f(x)=x^3, x\in[-1,1]$

【设计意图】从图形的角度，进一步认识函数的奇偶性，并能根据图形判断函数的奇偶性，提升学生直观想象的核心素养．

（2）（链接教科书第84页例6）判断下列函数的奇偶性：

①$f(x)=x^4$；　　②$f(x)=x^5$；

③$f(x)=x+\dfrac{1}{x}$；　　④$f(x)=\dfrac{1}{x^2}$．

（信息技术运用说明：在例题讲解时利用一体机的教学助手软件——Seewo Link，直接用手机把学生的书写过程拍下来上传到一体机上，在一体机上直接批改讲解．然后利用超链接调出几何画板，让学生结合形和数，检

验结果）

问题1　你能总结出用定义法判断函数的奇偶性的一般步骤吗？

学生通过解答例题总结出步骤：第一步先判断函数的定义域是否关于原点对称，第二步判断$f(-x)=f(x)$还是$f(-x)=-f(x)$，第三步下结论．

问题2　通过以上几个例子，你能发现奇函数、偶函数的解析式分别有什么特征吗？

（1）对于函数$f(x)=x^n$：当n为奇数时，$f(x)$为奇函数；当n为偶数时，$f(x)$为偶函数．

（2）“奇函数+奇函数=奇函数”，“偶函数+偶函数=偶函数”“奇函数+偶函数不能确定”．

【设计意图】引导学生通过图象判定函数的奇偶性，从定义出发严谨证明函数的奇偶性，体会解决数学问题的规律：数形结合判定，从定义出发严谨证明．最后让学生总结判定函数奇偶性的方法，以及判定函数奇偶性的一般步骤．

题组二　定义转化，引申提高

（1）函数$f(x)=x-\dfrac{1}{x}$的图象关于（　　）．

A．y轴对称　　　　B．直线$y=-x$对称

C．坐标原点对称　　　　D．直线$y=x$对称

（2）$f(x)=x^3+x$是奇函数，如图是函数图象的一部分，请画出它左边的部分．

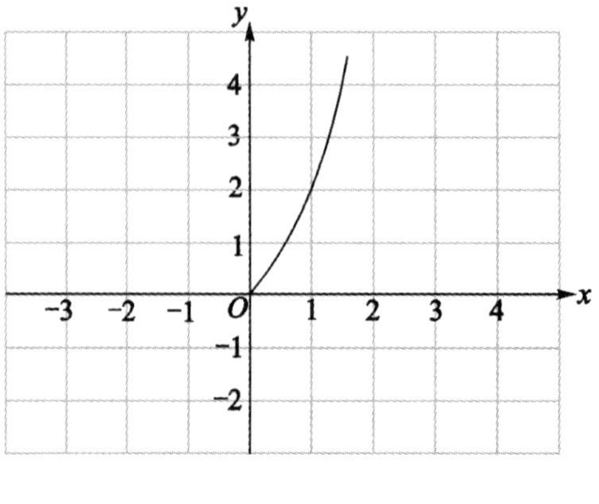

（3）已知函数$y=f(x)$是奇函数，如果$f(a)=1$，那么$f(-a)=$______.

变式1. 设函数$f(x)$是R上的奇函数，且当$x>0$时，$f(x)=2^x-3$，则$f(-2)$等于（　　）.

A. -1　　B. $\frac{11}{4}$　　C. 1　　D. $-\frac{11}{4}$

变式2. 已知$f(x)$是定义在R上的奇函数，且当$x<0$时，$f(x)=\sqrt{-2x+1}$，那么当$x>0$时，求$f(x)$的解析式.

变式3. 已知$f(x)$是定义在R上的奇函数，当$x<0$时，$f(x)=\sqrt{-2x+1}$，求$f(x)$的解析式.

（信息技术运用说明：利用超链接调出几何画板，让学生结合形和数，检验结果）

4. 回顾反思，深化认识

小结：

（1）一个概念，一种思想方法：函数的奇偶性；数形结合的思想方法.

（2）两个方法：从特殊到一般的方法；从一般到特殊的方法.

5. 作业布置

作业1. 教科书P85练习第1，2，3题.

作业2. 已知$f(x)$是定义在R上的奇函数，且当$x>0$时，$f(x)=-x^2+2x-3$，求$f(x)$的解析式.

作业3. 判断并证明$f(x)=\begin{cases}-x^2+2x-3, x\in(0,+\infty),\\0, x=0,\\x^2+2x-3, x\in(-\infty,0)\end{cases}$的奇偶性.

6. 板书设计

函数的奇偶性 奇函数：（板书定义） 偶函数：（学生类比）	例题（提炼步骤，明确变形方向） 练习（学生板演）

7. 目标检测设计

（1）下列四个函数中为偶函数的是（　　）.

A. $y=2x$　　　　B. $y=\dfrac{x^5-x^4}{x-1}$

C. $y=x^2-2x$　　　　D. $y=|x|$

【设计意图】通过本题，让学生熟悉基本初等函数的奇偶性，会用定义判断函数的奇偶性，以及判断函数奇偶性的一些方法．比如当函数的定义域关于原点对称时：奇函数±奇函数=奇函数，偶函数±偶函数=偶函数.

（2）已知奇函数$f(x)$的定义域为$[-5,5]$，且在区间$[0,5]$上的图象如图所示.

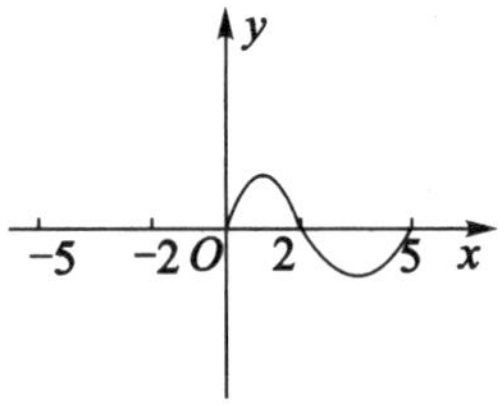

①画出函数$f(x)$在区间$[-5,0]$上的图象；

②写出使$f(x)<0$的x的取值范围.

【设计意图】熟悉奇函数、偶函数的图象特征，并能利用图象解决问题，培养学生分析问题、解决问题的能力.

（3）若函数$f(x)=ax^2+bx+3a+b$是偶函数，定义域为$[a-1,2a]$，则$a=$______，$b=$______.

（4）已知函数$f(x)=ax^2+2x$是奇函数，则实数$a=$________.

【设计意图】熟悉函数奇偶性的应用，并能利用奇偶性求解参数问题，提升学生逻辑推理的数学核心素养.

教学反思

这篇案例设计由浅入深，由具体的函数图象及对应值表，抽象概括出了奇、偶函数的定义，符合学生的认知规律，有利于学生理解和掌握．设计的层层递进，深化了学生对奇、偶函数概念的理解和应用．拓展延伸为学生思维能力、创新能力的培养提供了平台. 本节课基本达到教学的目标，从数与形两方面引导，使学生通过文字、图形、符号三种数学语言理解奇函数、偶函数的概念，并会利用定义判断简单函数的奇偶性. 在奇偶性概念形成的过程中，培养了学生的观察、类比、归纳问题能力，同时渗透了数形结合的思想、运用符号及变元表示的思想，以及从特殊到一般的数学思想方法. 设计情境，让学生感受数学美，同时激发他们学习的兴趣，培养他们乐于探索的精神. 本节课突出了教学重点：函数奇偶性概念的形成及其几何意义. 利用多种手段，有效地突破了教学难点：理解函数奇偶性的概念和判断函数奇偶性的方法与步骤. 课后仔细回味，本节课留给我们一个需要长期思考的问题：在今后的教学中，该如何创设问题情境，培养学生的问题意识，使学生更积极地思考，更踊跃地发言，更有效地参与到教学活动中.

第四节　“指数与指数函数”单元教学解读与设计

一、教学设计基本要素分析

（一）学情分析

学生在初中阶段已经学过整数指数幂，并能熟练进行整数指数幂的运算. 学生在初中阶段也学习了三类具体的函数，即一次函数、反比例函数、二次函数，对函数的概念、图象、性质有了一定的认识，会用描点法作图，会通过图象归纳函数的简单性质.

进入高中以来，学生通过新教材除了学习函数的概念和性质，还学习了幂函数. 因为幂函数相较指数函数对学生来说更好理解，而通过幂函数的学习让学生经历了研究函数的完整环节. 就这点来说，新教材比旧教材的安排要更具科学性，也更适合学生的阶梯式学习法. 学生是很愿意尝试运用在幂函数学习过程中学到的思路和方法去研究新函数的.

（二）教材分析

指数函数是学生在高中阶段学习的第二类具体函数. 在前面学习幂函数

的过程中，呈现了完整的研究函数的具体环节，指数函数可以类比幂函数的研究思路来研究，做得好将会对研究对数函数有帮助. 新教材对指数函数的编排与旧教材有很大不同，将指数函数的概念专门设立为一节，“问题1”让学生从身边的实例，旅游人次的两种不同的增长中，对比一次函数的线性增长来感受指数函数的增长；“问题2”让学生从碳14的衰减来感受指数衰减（这个实例不好理解，但教材详细呈现了解答过程以帮助学生理解），问题来自实际，类型全面，思路开阔，让学生在运算中发现规律，充分地认识了什么样的运动变化现象可以用指数函数来刻画. 对它有切实的感受和全面的认识后再抽象出它的概念，实现了从实际情境到数学形式的过渡. 而在得出指数函数概念后，教材又配置了例2，比较两地的旅游收入变化情况，让学生充分体会到我们学的知识是有用的，是可以解决实际问题的，是可以指导生产、生活实践的. 通过实例，这部分内容让学生感悟到数学知识的来龙去脉. “4.2.2 指数函数的图象和性质”一节，在指数函数概念的基础上深入研究它的图象和性质，图象是学生用描点法画出来的，性质是学生对比观察多个函数图象得到的. 例3是函数性质简单应用于比较两个值的大小，巩固了函数的性质；例4用函数图象了解城市人口的增长问题，摆脱了计算，通过图象来解决实际问题.

教材安排了“阅读与思考”环节，帮助学生更正确地认识指数增长，使他们走出对“半衰期”的认知误区. 连续两个半衰期是否就是一个“全衰期”？自然不是. 而例4又让学生见识了“倍增期”，这些实际问题中的常见指标引发了学生的兴趣. 这部分的“阅读与思考”是对课内知识的延伸与深入，既使学生走出了理解的误区，又拓宽了学生的认知边界，并且程度恰当，在拓展知识的同时并没有给学生带来负担.

（三）教学分析

教科书类比幂函数的编排，依然是按照“背景—概念—图象和性质—应用”的路径介绍指数函数，体现了函数研究的一般思路. 因为这个思路还要应用于对数与对数函数的学习中，所以在教学中我们把指数与指数函数作为一个完整的单元来构思教学，以期用指数的运算性质来类比对数的运算性质，用指数函数的图象性质研究类比对数函数的图象性质研究，还期望学生能更加自主地研究并且高效地研究.

在教学中，要改变传统的讲授式教学方式，注重培养学生的数学素养. 在整体观下进行单元教学，要重视情境创设与问题设计，促进学生对数学本质的理解，在教学中，要给学生更多的自主权与主动权，增加学生思考问题的时间，给他们表达的机会，设计环节让学生充分动脑动手. 采用“沉浸式”学习方式，让学生走进问题，担起责任，谋求方法，直到解决问题.

二、单元课时教学设计

第一课时　根式与分数指数幂

教学目标

1. 经历从整数指数幂到有理数指数幂的拓展过程，能说出a的n次方根的意义，能说出$\sqrt[n]{a}$，$\sqrt[n]{a^m}$，$\frac{1}{a^n}$，$a^{\frac{m}{n}}$等符号的意义以及它们之间的逻辑关系，能说出0的分数指数幂的意义.

2. 能说出有理数指数幂的运算性质，能用有理数指数幂的定义和运算性质进行有理数指数幂的化简、求值.

教学过程

课堂呈现：

问题1（由第1、第2学习小组学生汇报）　说出“这一单元的学习主线”.

由第1小组和第2小组分别解释这一单元的学习主线是怎么来的，顺序是什么，前后的关系怎么样. 由第3小组来点评第1、第2小组的汇报各有什么优劣. 进而全班确定一条大家都认为更合理的主线开始学习.

教师适当点评结构的合理性.

【设计意图】让学生在学习之前先对整个单元的知识结构有一个全面的认识.

问题2（由第3、第4学习小组学生汇报）　说出“根式的知识框架”.

由第3小组解释自己设定的知识框架，4组修改补充，最后基本敲定下面的知识框架：

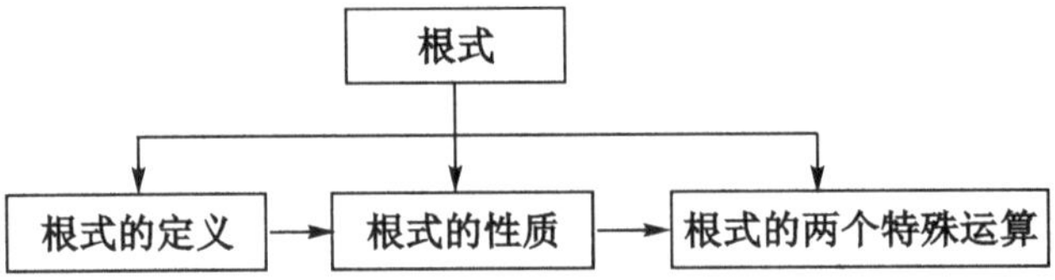

教师对学生设定的框架给予肯定，适当点评.

【设计意图】培养学生的阅读能力，教给学生抓重点的阅读方法，让学生厘清知识间的关系.

问题3（由第5学习小组学生汇报）　说明根式是怎么定义的，根式有什么性质.

由第5小组的一位同学说明根式的定义以及根式的性质，其他同学举例说明. 说明的过程已经有分类的思想，最后再总结一下.

教师适当点评.

问题4（由第6学习小组学生汇报）　说明根式的两个特殊运算是怎样的.

由第6小组的一位同学说明，其他同学举例说明并总结一下. 最后完成例1的讲解.

教师适当点评（为什么一个直接有结果，另一个需要分类?）.

问题5（由第1学习小组学生汇报）　说明“分数指数幂的来源与意义”.

由第1小组的一位同学说明，其他同学举例说明，然后总结分数指数幂的性质，最后基本敲定下面的知识框架：

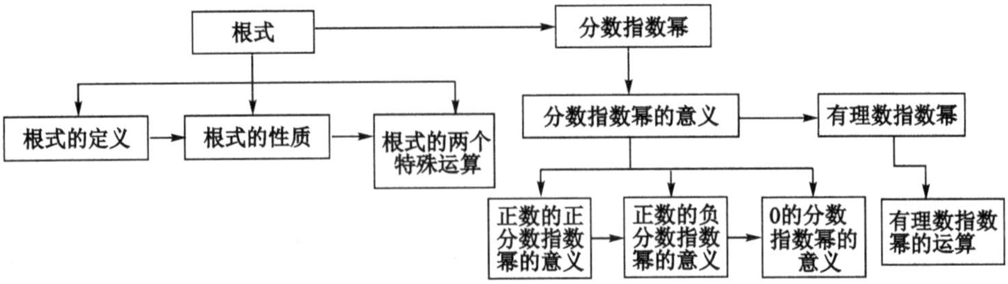

教师适当点评.

【设计意图】与建立知识框架相比，找具体的知识点对学生来说相对容易些，只是对重点词的理解不一定到位，所以想通过这个环节培养他们在概念、定理中找出关键词，并能用自己的语言表述关键词的意思，进而深入理解它们的能力．举例说明的过程就是对学生理解概念与否的检查，补全例子类型的过程就是对知识点深入理解的过程．

问题6（由第2学习小组学生汇报）　说明“指数的发展史与有理数指数幂的运算性质”．

由第2小组的同学说明，并完成对例2、例3、例4的讲解．

教师适当点评．

【设计意图】学生用自己的语言来讲解例题，其实是其自身深入理解的一个过程，也是教师检验学生理解知识点与否的过程．讲解过程中的疏漏正是教师要反复强调的重点、难点．让学生用自己的语言表达，主要想变他们的被动听课为主动思考．

学生总结这节课所学．

【设计意图】帮助学生养成每节课总结所学的习惯．

课堂预设：学生知识体系的架构，开始时会层次不明．许多同学只会写出第1到第n个知识点，但并不能清晰表述它们之间是什么关系．还有对知识定位不准，或分不清类别，这都很正常．如正数的奇次方根是一个正数，负数的奇次方根是一个负数，正数的偶次方根是互为相反数的两个数，负数没有偶次方根，学生认为这是根式的特点，也无可厚非．经过一段时间的引领，慢慢地就会结构明晰，定位准确．学生也会分不清语言中的几次方根和书写的根式的区别，如学生认为4的2次方根为$\sqrt{4}$，其实并不是这样，这是教师应该强调的细节，学生是注意不到的．另外，学生讲解例题也会出现方法不优、步骤冗长、重点环节处理强调不够的问题，需要教师适时做出适当的点评．

【设计意图】学生对单一的知识训练还是可以应对的，但学的内容多了，训练时就会手忙脚乱．在他们的脑海中知识是支离破碎的，不能将知识连点成线、连线成面，进而织成网．所以在单元教学中第一个要解决的问题就是将知识架构成体系，这是每个单元开始学习时要做的第一件事，也是每节课开始时要做的事，就像找一个果子，要先找到树，再找到大枝干，再找到小枝干，最后才能找到果子. 先架构好知识体系以后再去研究知识本身，我们经常觉得自己努力讲授知识，而学生听不进去，听不懂，所以我们要做的不是多讲几遍，而是先让他们行动起来，主动思考，主动开口问询，最后用自己的语言表达所学的知识.

第二课时 无理数指数幂及其运算

教学目标

通过对 $5^{\sqrt{2}}$ 的不足近似值和过剩近似值的观察，感受 $5^{\sqrt{2}}$ 逐渐逼近某一确定的实数，进而将指数运算性质从整数范围推广到实数范围. 会在实数范围内熟练应用指数运算性质进行指数运算.

教学过程

课堂呈现：

问题1（由第3学习小组学生汇报） 就本单元的学习主线，我们上节课完成了哪几部分？分别是什么内容？下面我们该研究哪些内容了？

由第3小组成员总结上节课的内容，列出当天准备学习的内容，最后基本敲定下面的知识框架：

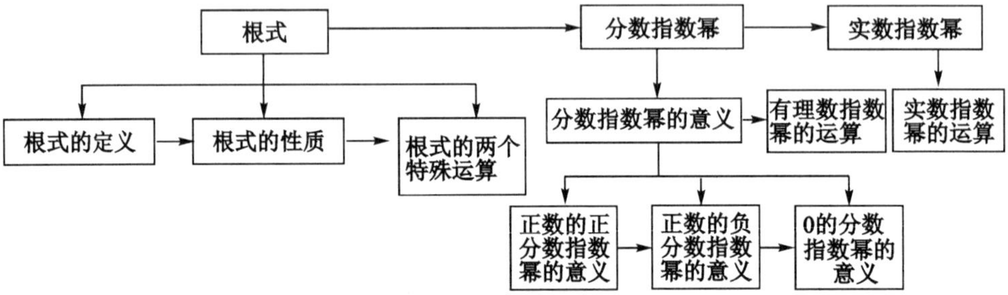

教师适当点评第3组的发言.

【设计意图】培养学生良好的习惯：每单元学习前架构本单元知识框架，每节课学习前架构本节课知识框架.

问题2（由第4学习小组学生汇报） 无理数指数幂的意义以及实数指数幂的运算性质是什么？

由第4小组成员介绍教科书上用不足近似值和过剩近似值无限逼近的方

法来认识无理数指数幂是一个实数．进而将指数的取值范围拓展到了实数．原来在整数指数幂中适用的运算性质也适用于实数指数幂．

问题3（全体学生完成，由第5、6小组学生来汇报成果）　完成并展示第109页“练习”与“习题4.1”．

全体学生完成，由第5、6小组学生展示结果．

教师点评完成情况，挖掘方法，强调细节．

【设计意图】学生用自己的语言来讲解例题，其实是其自身深入理解的一个过程，也是教师检验学生理解知识点与否的过程．讲解过程中的疏漏就是教师要反复强调的重点、难点．

问题4（全体学生完成，由第1、2小组学生展示成果）　完成教师布置的拓展习题．

拓展练习：

1．（1）用分数指数幂表示 $a\sqrt{-a}$；

（2）化简 $\dfrac{\sqrt{a^3b^2\sqrt[3]{ab^2}}}{\left(a^{\frac{1}{4}}b^{\frac{1}{4}}\right)^4 a^{-\frac{1}{3}}b^{\frac{1}{3}}}$（$a>0$，$b>0$）．

2. 若 $a<\dfrac{1}{2}$，则化简 $\sqrt[4]{(2a-1)^2}$ 的结果是（　　）．

A. $\sqrt{2a-1}$　　B. $-\sqrt{2a-1}$

C. $\sqrt{1-2a}$　　D. $-\sqrt{1-2a}$

3. 已知 $10^a=2^{-\frac{1}{2}}$，$10^b=\sqrt[3]{32}$，则 $10^{2a+\frac{3}{4}b}$ 等于（　　）．

A. $\sqrt[4]{2}$　　B. $\sqrt{2}$

C. 1　　D. 无答案

4. 已知 $a+a^{-1}=3$，求 $a^{\frac{1}{2}}-a^{-\frac{1}{2}}$ 的值．

5. 已知 $x^{\frac{1}{2}}+x^{-\frac{1}{2}}=3$，求 $\dfrac{x^{\frac{3}{2}}+x^{-\frac{3}{2}}+2}{x^2+x^{-2}+2}$ 的值．

由第1，2小组学生汇报计算结果，讲解求解过程．

教师点评解题方法，强调解题细节.

【设计意图】习题训练是为了促使学生把知识转化为能力，实质性地培养学生的解题素养.

学生总结这节课所学.

【设计意图】帮助学生养成总结每节课所学内容的习惯.

课堂预设：学生不一定能说清楚不足近似值与过剩近似值无限逼近的无理数指数幂的结果，可以让多人尝试表达；学生在用分数指数幂表示或指数幂计算中也会出现一些问题，比如不注意正负，忘记平方差、完全平方、立方和差公式等问题，需要学生板书呈现，一一指点.

【设计意图】就本节课来说，让学生感受指数的发展过程，理解分数指数幂的表示以及意义，通过训练掌握根式及指数幂的运算，在数学运算中体会数学之美.

第三课时　指数函数的概念

教学目标

通过具体实例了解指数函数的实际意义，理解指数函数的概念.

教学过程

课堂呈现：

问题1（由第5、6学习小组汇报）　就本单元的学习主线，我们前面学习了哪几部分内容？分别是什么？下面我们该研究什么了？

由第5小组成员总结前两节课的内容，列出当天我们应该进行的学习内容——指数函数的概念，最后基本敲定下面的知识框架：

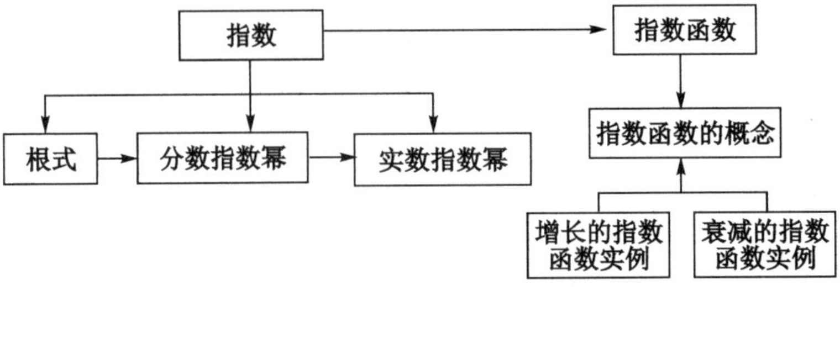

教师适当点评第5组发言.

问题2（由第1学习小组汇报）　说明“指数函数概念知识框架”.

由第1小组成员说明他们的知识框架结构.

教师适当点评结构的合理性.

问题3（由第2学习小组汇报）　教科书“问题1”中，A，B两地景区游客人次增长的规律各是什么？它们的增长有什么不同？你是怎么发现的？

由第2组代表回答“问题3”.

教师点评：肯定学生的观察与总结. 学生能从表格中解读出数据变化的规律这很不容易，A地的增长可以称为线性增长，B地的增长我们称为指数增长. 我们是怎么发现两地的增长不同的呢？直观地看是增长速度不一样，A地增长得慢，B地增长得快，这是增长速度问题. A地每年的增长量一样，B地一年比一年增长得快，那用什么来衡量呢？年增加量是对相邻两年的游客人次做减法得到的. A地增长量就是这样得到的，我们发现增长量一样. 我们能否通过对B地景区每年的游客人次做其他运算发现游客人次的变化规律呢？从2002年起，将B地景区每年的游客人次除以上一年的游客人次，可以得到：

$$\frac{2002\text{年游客人次}}{2001\text{年游客人次}}=\frac{309}{278}\approx 1.11,$$

$$\frac{2003\text{年游客人次}}{2002\text{年游客人次}}=\frac{344}{309}\approx 1.11,$$

……

$$\frac{2015\text{年游客人次}}{2014\text{年游客人次}}=\frac{1\,244}{1\,118}\approx 1.11.$$

结果表明：B地景区的游客人次的年增长率都约为$1.11-1=0.11$，是一个常数. 这是在表格中看不到的，也是不动手运算得不到的. 像这样，增长率为常数的变化方式，我们称为指数增长. 因此，B地景区的游客人次近似于指数增长. 显然，从2001年开始，B地景区游客人次的变化规律可以近似描述为：1年后，游客人次是2001年的1.11^1倍；2年后，游客人次是2001年的1.11^2倍；3年后，游客人次是2001年1.11^3倍；……x年后，游客人次是2001

年的 1.11^x 倍．如果设经过 x 年后的游客人次为2001年 y 倍，那么 $y=1.11^x\left(x\in[0,+\infty)\right)$．这是一个函数，其中指数 x 是自变量．

【设计意图】帮助学生从实例中抽象出指数函数概念，这个过程比较难，所以将问题分解，并在每个环节进行了引导．

问题4（由第3学习小组汇报） 举出你身边的指数增长的实例．

由第3小组成员商量举例，如GDP平均增长问题，细胞分裂问题，对折纸层数问题……

教师规范学生的举例，在学生说不完整或说不清楚时帮助他们．学生的认知有局限性，教师也可以举一些实例启迪他们．

【设计意图】让学生体会从具体实例抽象出概念、学习概念后又在生活中找实例来加强认识（从抽象再到具体）的过程．

问题5（由第4学习小组汇报） 教科书“问题2”中生物体内碳14含量与死亡年数之间有怎样的关系？你们是怎么发现的？

由第4小组展示结果．设死亡生物体内碳14含量的年衰减率为 p，如果把刚死亡的生物体内碳14含量看成1个单位，那么死亡1年后，生物体内碳14含量为 $(1-p)^1$；死亡2年后，生物体内碳14含量为 $(1-p)^2$；死亡3年后，生物体内碳14含量为 $(1-p)^3$；……

设生物死亡年数为 x，死亡生物体内碳14含量为 y，那么 $y=(1-p)^x$．

即 $y=\left(\left(\frac{1}{2}\right)^{\frac{1}{5\,730}}\right)^x\left(x\in[0,+\infty)\right)$．这也是一个函数，指数 x 是自变量．像这样，衰减率为常数的变化方式，我们称为指数衰减．

教师点评第4小组学生的发言，并给予高度肯定，另外，与学生们一起研究 p 值的来由．$(1-p)^{5\,730}=\frac{1}{2}$，则 $1-p=\left(\frac{1}{2}\right)^{\frac{1}{5\,730}}$，所以 $p=1-\left(\frac{1}{2}\right)^{\frac{1}{5\,730}}$．

【设计意图】有增长的实例就有衰减的实例，让学生对指数函数有全面的认识，也对指数函数的分类做好铺垫．

问题6（由第1学习小组汇报）　举出你身边的指数衰减的实例.

由第1小组成员商量举例，如漂洗衣服剩余污渍含量，……

教师规范学生的举例，在学生说不完整或说不清楚时帮助他们. 学生的认知有局限性，教师也可以举一些实例启迪他们.

问题7（由第5学习小组汇报）　教科书“问题1”中B地的增长问题、“问题2”中碳14的衰减问题，两者有什么共同的特点？给我们什么启发？

由第5小组的成员回答“问题7”，教科书“问题1”中的两个问题的共同特点是，增长率、衰减率分别为固定常数. 如果用字母 a 代替 $y=1.11^x\left(x\in[0,+\infty)\right)$ 和 $y=\left(\left(\frac{1}{2}\right)^{\frac{1}{5\,730}}\right)^x\left(x\in[0,+\infty)\right)$ 两式中的底数 1.11 和 $\left(\frac{1}{2}\right)^{\frac{1}{5\,730}}$，那么可以表示为 $y=a^x\left(a>0，且 a\neq 1\right)$（$x\in\mathbf{R}$）的样子，从而抽象出指数函数的概念.

教师肯定学生的表达，进而强调指数函数的一般形式以及其中参数的范围，并与幂函数做对比，让学生准确认识两种函数.

问题8（由第6学习小组汇报）　讲解教科书中的例1、例2.

由第6小组成员汇报学习成果.

教师点评学生例题讲解情况. 提示例1为用待定系数法求底数，在确定为指数函数后，只要确定底数就可以了，只需要一个等量关系就可以确定函数. 例2是教科书中“问题1”的延续，体现了数学的应用价值. 在我们认识到它是哪种函数后，就可以用这个函数的特点来解决问题，而且这个问题还需要分情况解决，特别符合实际.

将“练习”中的第1，2，3题作为随堂检测题，可让学生完成后当堂交回.

学生总结这节课所学.

【设计意图】帮助学生养成总结每节课所学的习惯.

课堂预设：学生应该能说出“问题1”中的两地景区游客人次增长的不同，但不一定能表达准确. 更难的是，他们想不到要通过作商来观察它的增长率，所以需要教师的引导. “问题2”中学生能体会它是衰减的函数，但是衰减率怎么得来，对他们是难点，需要教师带领他们得到.

【设计意图】本节教材编排得非常好，所以尽量按照教材顺序辅助学生逐步抽象出指数函数的概念. 因为教材中的例子来源于实际，所以数字并没有那么好运算，例子甚至不好理解，如碳14的衰减率，所以才增加了让学生举例这个环节. 让学生从身边找一些容易理解的例子，综合起来帮助他们理解指数函数，这也是一个检验环节. 学生能举出例子，说明他们对指数函数的理解是到位的；学生举不出例子，听同学或老师的例子也会对他们理解指数函数有帮助的. 教材针对“问题1”给出的解决方式很特别，用两种增长方式的对比来认识指数增长，通过作差求增长量、作商求增长率来对比增长方式的不同，开拓了学生的思维，让他们体会到通过运算探索规律这种常见的方式，给他们以启迪. 例2又将“问题1”做了延续，更具实效性，让数学生活化.

第四课时　指数函数的图象和性质

教学目标

1. 能用描点法或借助信息技术画出具体指数函数的图象，探索并理解指数函数的单调性与特殊点.

2. 结合指数函数概念、图象与性质的研究，进一步体会研究具体函数的一般思路和方法，提升数学抽象、直观想象素养.

教学过程

课堂呈现：

问题1（由第1学习小组汇报）　就本单元的学习主线，我们前面学习了哪几部分内容？分别是什么？下面我们该研究什么了？

由第1小组成员总结前三节课的内容，列出今天我们应该学习的内容——指数函数的图象和性质.

教师适当点评第1小组发言.

问题2（由第2学习小组汇报）　指数函数的图象与性质的知识框架.

由第2小组成员说出他们的知识结构框架（如下页所示）.

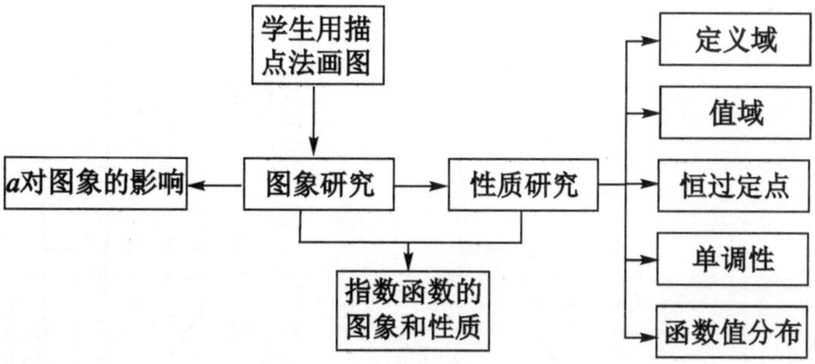

教师适当点评结构的合理性，敲定结构.

问题3（由第3学习小组汇报）　请用描点法画出函数 $y=2^x$，$y=\left(\frac{1}{2}\right)^x$，$y=3^x$，$y=\left(\frac{1}{3}\right)^x$ 的图象，并总结图象特点，用多媒体画图演示验证结论.

由第3小组成员投影图象，总结对称以及 a 对图象形状的影响，并用几何画板演示图象的变化过程，验证他们的结论.

教师适当点评第3小组成员的发言，指出画图中出现的问题，规范学生描述图象特点的语言.

【设计意图】用描点法作图，既能让学生不忘基本的作图方法，也能让学生在描点时发现点与点之间的关系，进而得出曲线的对称关系. 信息技术的应用让学生验证了自己的结论，也更加规范了图象的形状.

问题4（由第4学习小组汇报）　根据已有的图象探究指数函数的性质，包括定义域、值域、恒过定点、单调性、渐近线以及函数值的分布.

【设计意图】培养学生由图象获得函数性质的能力，一般情况下我们会研究函数的什么性质，从左右看定义域，从上下看值域，从无限靠近看渐近线，等等.

由第4小组成员汇报指数函数的性质并完成下页表格的填写.

分类		$a>1$	$0<a<1$
图象		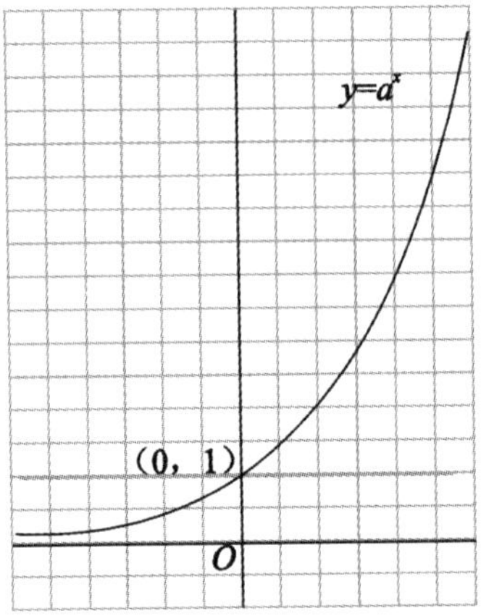	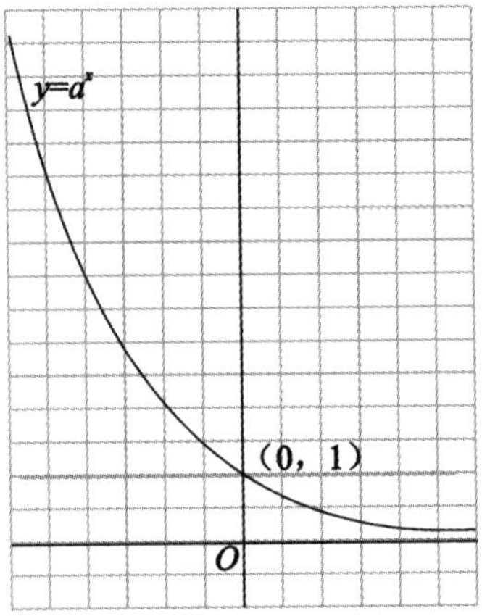
定义域			
值域			
性质	恒过定点		
	渐近线		
	单调性		

教师适当点评第4小组成员的发言．强调渐近线．

问题5（由第5学习小组汇报）　研究例3、例4并讲解，同时普及半衰期与倍增期的知识．

由第5小组成员讲解例3、例4：例3是指数函数单调性的应用，例4是函数图象的应用．讲解如何从图象上看出结果，纠正同学对半衰期的误解．

教师适当点评第5组成员的发言．

问题6（由第6学习小组汇报）　画出函数 $y=2^{x-1}$，$y=\left(\frac{1}{2}\right)^{x+2}$，$y=2^x+1$，$y=2^x-2$，$y=2^{|x|}$，$y=\left(\frac{1}{2}\right)^{|x-2|}$ 的图象，总结图象变换规律．

由第6学习小组汇报成果，用多媒体演示验证他们所作图象的准确性，改正错误图象，同时总结图象变换规律（平移规律，翻折规律，作图时应注意的细节）.

教师点评学生汇报的成果，补充图象变换规律的不足之处，规范语言，再次强调细节.

【设计意图】作图是研究函数性质的前提，所以先让学生学会简单的图象变换，会平移，会伸缩，会翻折，这样就能将一类函数与其他类函数复合的情况分析清楚.

问题7（全体学生完成）　完成下题、教材中的“练习”，以及教材习题4.2的第2，4题，并作为当堂检测交回.

如图5.4–1，判断a_1，a_2，a_3，a_4的大小.

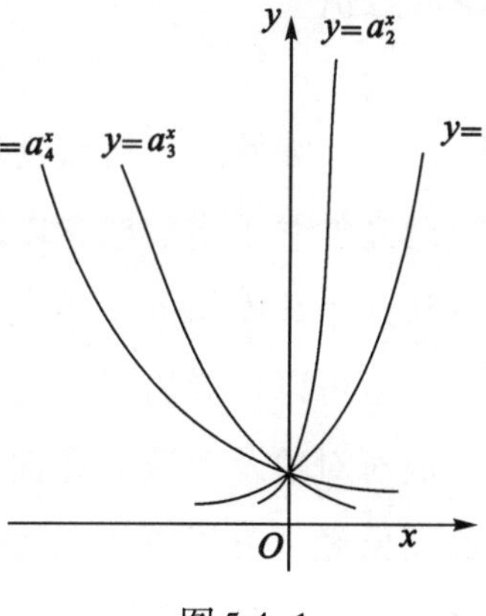

图5.4–1

学生做课堂小结.

【设计意图】帮助学生养成总结每节课所学的习惯.

教师布置作业：完成教科书习题4.2的第1，5，6，8题.

课堂预设：这节课让学生画出函数的图象，对比函数的图象，得到以a为底与以$\frac{1}{a}$为底的指数函数的图象的对称性. 学生应该在描点时就能发现，通过函数图象得出其性质也容易，但函数图象恒过定点的结论却不容易得出. 在完成“问题6”画出函数图象的环节，问题百出.

【设计意图】就整节课来说，为了方便学生自主学习，在用描点法画图过程中的取点环节，就能发现函数的对称性，四图齐现就能得到a对函数图象的影响．设置“问题6”，一方面是为了得到图象变换的规律，另一方面是为了呈现指数函数的复合函数的图象，为指数复合函数的性质的研究做好了铺垫．但在画图时会问题百出，所以让学生先画图再拿几何画板验证，以规范作图．要想更深入地研究函数性质，可以再加一个课时（可以包括指数函数的深入应用，以及指数函数与二次函数的复合函数的性质的研究以及其在实际问题中的应用）．

第五节“对数与对数函数”单元教学解读与设计

一、教学设计基本要素分析

（一）学情分析

对数是一个全新的概念，要探究并发现对数及其运算性质，对于学生而言，有一定的难度．但前面已经学习了指数概念以及指数幂的运算，而对数与指数是可以相互转化的，从这个角度切入，学生的学习兴趣会比较高．学生可以进行简单的对数运算，也可以推导出对数的运算性质．在教师合理的引导下，学生可以自主地完成对对数及对数运算性质的发现、推导、证明及应用．而对于对数函数，前面已经学习了指数函数的概念与性质，通过前面的学习，学生学习对数函数的概念及性质还是比较轻松的．通过类比和深入研究两大函数，学生会提高学好数学的信心．

（二）教材分析

新教材“对数”及“对数函数”这两节，主要包括对数的概念、对数与指数之间的转化关系、一些常用对数、对数的运算性质、对数的初步应用、对数函数的概念及对数函数的图象及性质等内容．

本单元是在研究函数的概念和性质、幂函数、指数函数的基础上，进一步研究对数及对数函数的概念、图象和性质，并通过指数函数和对数函数探究反函数．对数的发明缩短了天文学中对球面三角的计算时间，使人类研究科学和了解自然更加便捷．对数函数作为基本初等函数之一，在高中数学的导数部分还会涉及．另外，如果将来研究地震震级、声音分贝、信息熵等，对数都是给出这些定义的基础．教学对数函数的思想方法与教学其他内容也有着紧密的联系．对数函数作为重要的函数模型有着广泛的应用，也是分析和解决大量数学问题和实际问题的重要工具．

（三）教学分析

前面关于函数的概念和性质、幂函数、指数函数的学习，为本单元对数与对数函数的学习做了充分的铺垫，同时也为后续对函数的继续深入研究打下了基础．因此要在研究对数函数的过程中体会研究具体函数的一般思路和方法，提升数学抽象、直观想象素养．体会从特殊到一般、从具体到抽象在解决数学问题中的一般性和有效性．发展学生观察、类比、概括的数学能力，提升学生数学抽象、直观想象、逻辑推理的数学核心素养．由生活情景提出问题，学习运用函数理解和处理问题的方法，引导学生用数学的眼光观察世界，用数学的思维思考世界．

二、单元课时教学设计

第一课时　对数的概念

教学目标

（1）通过指数幂运算，理解对数的概念，了解对数与指数之间的关系．体会指数与对数之间相互转化的过程，培养等价转化的数学思想．

（2）掌握对数与指数之间相互转化的过程，在理解对数概念的基础上，学会应用对数概念解决指数式转化为对数式、对数式转化为指数式的问题．

（3）熟练掌握对数的概念，运用对数的概念解决求真数、底数以及对数式值的问题．提升数学抽象能力、计算能力，以及抽象思维能力．

教学过程

问题1　在教科书4.2.1的“问题1”中，通过指数幂运算，我们能通过 $y=1.11^x$ 求出经过 x 年后B地景区的游客人次为2001年的倍数 y．反之如果要求经过多少年游客人次是2001年的2倍，3倍，4倍，…，那么该如何计算呢？

师生活动：

（1）学生根据题意列出表达式：$2=1.11^x$，$3=1.11^x$，$4=1.11^x$.

（2）教师引导学生思考如何求解表达式中的未知数，为后面的学习做好铺垫，启发学生思考并产生学习兴趣，培养学生的探究意识.

【设计意图】学生通过思考产生疑问，带着问题学习可以更顺利地理解所学的内容. 提高学生发现问题、解决问题的能力.

追问1　上述问题的特点是什么？

学生回答：上述问题为已知底数和幂的值，求指数.

追问2　怎样求指数呢？一般地，在$a^x=N\left(a>0，且 a\neq 1\right)$中，已知$a$，$N$，求$x$.

【设计意图】让学生思考如何求指数的问题，从而顺利地引入对数的概念. 在学习的过程中，有意识地使对数和指数的概念形成对比. 同时，这也是一个从具体到抽象的过程，对培养学生抽象素养起着重要的作用.

问题2　请同学们阅读教科书第122页并思考指数式与对数式之间的关系.

师生活动：学生自主学习，形成对对数概念的认识.

【设计意图】学生通过自主学习，形成认识，教师再进行引导，激发学生学习的主体意识.

问题3　从运算的角度来看，对于乘方运算x^n，设其结果是a，即$x^n=a$. 已知n，a，求x；在$a^x=N\left(a>0,且a\neq 1\right)$中，已知$N$，$a$，求$x$.

师生活动：教师指明，通过上述问题引入符号$\log_a N$. 相应地，把a叫做对数的底数，N叫做真数. 阐述对数运算是乘方运算的一种逆运算；$\log_a N$是一个确定的数，是表示数的一种方式；$\log_a N$是$a^x=N$中表示x的那个数，即指数.

【设计意图】帮助学生理解对数的概念. 一般地，如果$a^x=N\left(a>0,且a\neq 1\right)$，那么数$x$叫做以$a$为底$N$的对数，记作$\log_a N$，其中$a$叫做对数的底数，$N$叫做真数. 当$a>0$，且$a\neq 1$时，我们把$a^x=N$称作指数式，

把 $\log_a N=x$ 称作对数式.

问题4　根据对数定义，思考指数式与对数式之间的关系.

师生活动：

（1）学生思考，交流，发言.

（2）教师进行总结：对数式和指数式是表示 a，x，N 三者之间同一关系的两种形式，可相互转化. 当 $a>0$，且 $a\neq 1$ 时，$a^x=N \Leftrightarrow x=\log_a N$. 让学生了解指数与对数的关系，明确对数式与指数式的区别，a，x 和 N 位置的不同以及它们的含义、互化，体现了等价转化的数学思想.

（3）巩固练习：把下列对数式化为指数式，指数式化为对数式：

①$5^4=625$；② $2^{-6}=\frac{1}{64}$；③ $\left(\frac{1}{3}\right)^m=5.73$；④$\log_{\frac{1}{2}}16=-4$.

【设计意图】体会指数式和对数式的关系，理解“指对互化”思想，加深对对数概念的认识.

问题5　将指数式 $10^{-2}=0.01$ 化为对数式.

师生活动：我们通常将以10为底的对数叫做常用对数，并把 $\log_{10}N$ 记作 $\lg N$. 在科技、经济以及社会生活中经常使用以无理数 e=2.718 28…为底数的对数，以e为底的对数称为自然对数，并把 $\log_e N$ 记为 $\ln N$.

追问　说出下列各式的意义，并将其转化为指数式.

①$\lg 100=2$；②$\ln 100=4.605$.

【设计意图】介绍常用对数和自然对数，检验学生对特殊对数的理解情况，为解题以及介绍对数换底公式做铺垫.

问题6　对数式 $\log_a N=x$ 中，a，x，N 相应的取值范围是什么？任何实数都有对数吗？

师生活动：学生回答：$a\in(0,1)\cup(1,+\infty),x\in \mathbf{R}$，$N\in(0,\ +\infty)$.

【设计意图】正确理解对数定义中底数的限制，为以后对数函数定义域的确定做准备，同时注意对数的书写格式，避免因书写不规范而产生错误.

追问　负数和零为什么没有对数？

【设计意图】体会对数与指数之间的关系.

问题7 $a^0=1$，$a^1=a(a>0$，且$a\neq1)$. 把它们化为对数式会得到什么呢？

学生回答：$\log_a 1=0$，$\log_a a=1$.

【设计意图】理解和掌握对数的性质，培养学生的类比、分析、归纳能力.

问题8 求下列各式中x的值.

①$\log_{64}x=-\dfrac{2}{3}$；②$\log_x 8=6$；③$\lg100=x$；④$-\ln e^2=x$.

师生活动：学生练习并在黑板上展示结果. 若学生无思路，教师指导考虑“对化指”. 教师规范解题过程. 总结应用“指对互化”解决对数中未知数的问题（“知二求一”）：首先将对数式化为指数式，再求解x的值.

【设计意图】指导学生在互化时要注意参数的取值范围，培养学生严谨的思维品质.

【归纳总结】（1）对数的定义及其记法；

（2）对数式和指数式的关系；

（3）对数的性质；

（4）自然对数和常用对数的概念.

第二课时 对数的运算

教学目标

1. 通过对数与指数间的关系，利用指数幂运算的性质推出相应的对数运算的性质，落实类比转化思想.

2. 理解记忆并能正确书写对数运算性质，能灵活应用对数运算性质进行化简求值.

3. 会根据对数的定义，推导出对数换底公式；会将对数换底公式迁移运用到实际问题中，使运算更简便，使对数运算更熟练；提高计算、推导和证明的能力，发展数学运算素养.

教学过程

问题1　大家还记得之前学过的指数幂运算的性质吗？

师生活动：

（1）学生独立回顾指数幂运算性质，默写在草稿纸上并在课堂上回答老师提问.

（2）教师与学生一起回顾. 教师板书，并指明：我们知道了对数可以看做是指数运算的逆运算，那么是否可以利用指数幂运算性质得出相应的对数运算性质呢？为此，我们需要进一步探讨，这就是我们这节课要学习的一个内容.

【设计意图】师生一起回顾已学知识，了解本课时所学内容以及探讨方向.

问题2　我们学习了$a^m a^n = a^{m+n}$，那么指数$m+n$能运用对数来表示吗？

师生活动：

（1）教师引导并带领学生利用对数与指数的关系$a^x = N \Leftrightarrow \log_a N = x$进行转化计算.

设$M = a^m$，$N = a^n$.

因为$a^m a^n = a^{m+n}$，所以$MN = a^{m+n}$.

根据对数与指数间的关系可得$\log_a M = m$，$\log_a N = n$.

$\log_a(MN) = m + n$.

这样，就得到了对数的一个运算性质：$\log_a(MN) = \log_a M + \log_a N$.（积的对数 = 对数的和）

（2）学生在熟悉指数幂乘法运算性质的基础上，紧跟老师的思维和推导节奏，理解转化关系的灵活性和巧妙性.

【设计意图】教师演示转化、类比过程，学生能够理解其中的道理，培养学生逻辑推理和数学运算能力.

问题3　请大家仿照老师刚刚演示的推导过程，由$a^m \div a^n = a^{m-n}$和$(a^m)^n = a^{mn}$推出对数运算的其他性质.

（1）知道$a^m \div a^n = a^{m-n}$，用对数式表示$m - n$.

（2）知道$\left(a^{m}\right)^{n}=a^{mn}$，用对数式表示$mn$.

师生活动：

（1）教师布置任务，让学生自己动手，尝试推导对数运算的其他性质．教师可巡堂指导，并请先完成的学生到黑板上展示．

（2）学生仿照问题2推导对数运算性质的过程，分析问题3中的（1）和（2），进行类比，独立写出$m-n$和mn的对数式表示，即对数的另外两个运算性质．

【设计意图】教师与学生充分互动，展现学生的主体性，培养学生的独立思考能力和动手能力，使之思维更清晰，更容易理解和记忆该性质．

解：（1）设$M=a^{m}$，$N=a^{n}$.

因为$\frac{a^{m}}{a^{n}}=a^{m-n}$，所以$\frac{M}{N}=a^{m-n}$.

根据对数与指数间的关系可得

$\log_{a}M=m$，$\log_{a}N=n$，$\log_{a}\frac{M}{N}=m-n$.

这样，就得到了对数的一个运算性质：$\log_{a}\frac{M}{N}=\log_{a}M-\log_{a}N$.（商的对数 = 对数的差）

（2）设$M=a^{m}$，则$M^{n}=\left(a^{m}\right)^{n}=a^{mn}$.

根据对数与指数间的关系可得$\log_{a}M=m$，$\log_{a}M^{n}=mn$，$\log_{a}M^{n}=mn=n\log_{a}M$.

这样，就得到了对数的一个运算性质：$\log_{a}M^{n}=n\log_{a}M$.（一个数的n次方的对数 = 这个数对数的n倍）

追问　你知道使用对数运算性质时a,M,N需要满足怎样的条件吗？

师生活动：

（1）学生思考回答．

（2）教师点评并给出准确条件：$a>0$，且$a\neq1,M>0,N>0$.

练习1.

（1）求下列各式的值．

①$\lg\sqrt[5]{100}$；②$\log_2(4^7\times 2^5)$；③$\log_3 5-\log_3 15$；④$\lg 5+\lg 2$．

（2）用$\ln x$，$\ln y$，$\ln z$表示$\ln\dfrac{x^2\sqrt{y}}{\sqrt[3]{z}}$．

【设计意图】使学生掌握并可以灵活选择对数运算性质进行计算．

问题4　你可以利用计算工具直接算出$\ln 2$，$\ln 3$的近似值吗？

师生活动：

（1）学生使用课前准备好的计算工具，可以直接计算出$\ln 2$，$\ln 3$的近似值（计算工具上有ln按键，故可直接进行计算）．

（2）追问①　那可以直接计算出$\log_2 3$的值吗？

学生进行回答．

追问②　那么你可以根据对数的定义，利用$\ln 2$，$\ln 3$的值求出$\log_2 3$的值吗？

教师提示：对数定义：$a^x=N\Leftrightarrow \log_a N=x$．

解：设$\ln 2=a$，$\ln 3=b$，$\log_2 3=x$．

根据对数定义有$e^a=2$，$e^b=3$，$2^x=3$．

代入整理，得$(e^a)^x=e^b$．

则有$ax=b\Leftrightarrow x=\dfrac{b}{a}$，即$\log_2 3=\dfrac{\ln 3}{\ln 2}$．

追问③　那么，在此基础上，你可以根据对数定义，利用$\log_c a$，$\log_c b$表示$\log_a b\left(a>0,\ b>0, c>0, 且 a\neq 1,\ c\neq 1\right)$吗？

教师提示：类比追问②．

解：设$\log_a b=x$，则$a^x=b$．

于是$\log_c a^x=\log_c b$（等式两边同时取以c为底的对数）．

根据性质3可得$\log_a b=\dfrac{\log_c b}{\log_c a}$．

教师指明，该公式即为对数换底公式．

追问④　除了利用对数的定义进行换底公式的推导，你还有其他方法吗？

【设计意图】从借助计算工具到利用对数定义进行推导，让学生体会从特殊到一般的推导过程．培养学生的发散思维能力，加强他们对该公式的理解．

练习2.

（1）教科书P125例5.

（2）化简下列各式：

①$\log_2 3 \times \log_3 4 \times \log_4 5 \times \log_5 2$；

②$2\left(\log_8 3 + \log_3 4\right)\left(\log_9 2 + \log_3 2\right)$.

【设计意图】让学生体会对数换底公式的运用在计算中的简便性．

【拓展性质】

（1）$\log_a\left(\frac{1}{N}\right) = -\log_a N$；　　（2）$a^{\log_a b} = b$；（3）$\log_a \sqrt[n]{M} = \frac{1}{n}\log_a M$；

（4）$\log_a a^k = k$；　　（5）$\log_a b \cdot \log_b a = 1$.

问题5　你可以利用对数定义、性质和换底公式证明以上的拓展性质吗？

师生活动：

（1）教师提出问题，分配任务到小组．

（2）学生在小组内进行讨论、合作交流，促进对知识的理解和应用．

【设计意图】学生在小组内进行讨论，产生的思维碰撞，能够激发学习兴趣，提高发散思维能力，形成合作交流态势，达到集思广益的效果．

【归纳总结】（1）对数的运算性质和对数换底公式的推导和应用；（2）对数运算性质的综合应用，掌握变形技巧；（3）对数形式和指数形式比较．

第三课时　对数函数的概念

教学目标

1．理解对数函数的定义，会求对数函数的定义域．

2．了解对数函数与指数函数之间的联系，培养观察问题、分析问题和归纳问题的思维能力以及数学交流能力，渗透类比等基本数学思想方法．

3. 在学习对数函数过程中，学会认识事物的特殊性与一般性之间的关系. 培养数学应用的意识，感受数学、理解数学、探索数学，提高学习数学的兴趣，了解对数函数在生产实际中的简单应用.

教学过程

1. 课前预习，温故知新

学生自主研读教材，能够回答以下问题：

（1）什么是对数函数？

（2）判断一个函数是对数函数的依据是什么？

（3）在前面，我们是根据什么思路研究指数函数的性质的？这种方法在研究对数函数时是否还适用？

（4）在前面，我们是如何画指数函数的图象的？说明步骤.

（5）利用上述步骤，画出下列函数的图象：$y=\log_2 x$，$y=\log_{\frac{1}{2}} x$.

（6）观察上面两个函数的图象，它们各有什么特点？再画几个类似的函数图象，看是否也有类似的特点.

（7）根据上述几个函数图象的特点，是否能归纳出对数函数的性质？

（8）把函数$y=\log_2 x$和$y=\log_{\frac{1}{2}} x$的图象放在同一个平面直角坐标系中，你能发现这两个图象的关系吗？

（9）画出函数$y=2^x$与函数$y=\log_2 x$的图象，观察两个解析式与两个图象各有什么特点.

2. 创设情境，探究模型

2021年7月，根据我国国家药监局官网公示，复星凯特CAR-T细胞治疗产品益基利仑赛注射液（又称阿基仑赛注射液，代号：FKC876）已正式获批，也就是说，CAR-T细胞治疗产品已经正式在我国上市了. 这是一种新型的癌症治疗手段，而且从2012年开始，这一项技术就吸引着所有人的关注，各种临床数据也在不断更新，这项技术也确实是战功赫赫. 但根据网传的一张药品销售订单显示，复星凯特的CAR-T治疗药物阿基仑赛注射液，零售价为120万元/袋（约68 mL）. 而放射性治疗作为癌症治疗的手段之一，已经比较成熟．广泛用于医疗诊断、治疗的放射性物质会发生衰变．我们从研究放射性物质的衰变入手，串联幂函数、指数函数、对数函数三大函数．

（1）若现有A，B，C三种放射性物质的质量均为1，试分别比较经过1年、2年、3年…之后，三种物质剩余质量的大小．

建立函数$y = x$，$y = x^2$，$y = x^3$…抽象出幂函数$y = x^a$的一般形式．

（2）某种放射性物质不断变化为其他物质，如果经过x年，该物质剩余的质量为y，如何描述两个变量间的关系？

建立函数$y = 0.84^x$，$y = 0.78^x$，…抽象出指数函数$y = a^x$（$a > 0$，且$a \neq 1$）的一般形式．

（3）某种放射性物质不断变化为其他物质，知道了该物质的剩余质量y，怎样求出所经过的时间x呢？

由引入中的放射性物质，经过的时间x（单位：年）与物质剩余的质量y的关系式为$y = 0.84^x$，改写成对数式为$x = \log_{0.84} y$．对于每一个给定的y值，都有唯一确定的x与之对应，把y看作是自变量，x就是y的函数，这样就得到了一个新函数．习惯上，仍用x表示自变量，用y表示它的函数．这样，上面的新函数就可以写成$y = \log_{0.84} x$．

问题1　你能类比指数函数的概念，给出对数函数的概念吗？

学生：一般地，函数$y = \log_a x$（$a > 0$，且$a \neq 1$）叫做对数函数，其中，x是自变量，定义域为$(0, +\infty)$．

引导学生发现概念中的两个核心问题，并让学生给出解答．

学生回答：（1）根据对数式与指数式的关系，知$y = \log_a x$可以化为$a^y = x$．由指数的概念，要使$a^y = x$有意义，必须规定$a > 0$，且$a \neq 1$．（2）因为$y = \log_a x$可以化为$a^y = x$，不管y取什么值，由指数函数的性质得$a^y > 0$，知$x \in (0, +\infty)$．

问题2　判断一个函数是对数函数的依据是什么？

学生观察对数函数的一般形式，类比指数函数的特征给出回答，教师加以补充及总结，并通过例题强化概念．

判断一个函数是对数函数的依据：（1）形如$y=\log_a x$；（2）底数满足$a>0$，且$a\neq 1$；（3）真数是x，而不是含x的函数；（4）定义域为$(0,+\infty)$.

3. 概念应用，加深理解

例1. 下列函数解析式中，是对数函数的有（　　）.

（1）$y=\log_x 2$；

（2）$y=\log_a x(a\in \mathbf{R})$；

（3）$y=\ln x$；

（4）$y=\log_x(x+2)$；

（5）$y=\log_2(x+1)$.

A. 1个　　B. 2个　　C. 3个　　D. 4个

例2. 函数$y=\log_{(2x-1)}\sqrt{3x-2}$的定义域是________.

教师及时引导学生归纳求函数定义域时应该从以下几个方面考虑：（1）分母不能为0；（2）偶次根号下非负；（3）0的0次幂没有意义；（4）若函数解析式中含有对数式，底数大于零不等于1，真数大于0. 并指出求定义域的本质是解不等式或不等式组.

变式：函数$f(x)=\dfrac{1}{\ln(x+1)}+\sqrt{9-x^2}$的定义域为________.

例3. 对数函数的图象经过点$M(16, 4)$，则此函数的解析式为______.

教师及时引导学生回忆已知函数形式求函数解析式的方法：待定系数法.

课堂预设：学生展示探究过程和结论，教师进行补充，及时肯定与评价，使学生体会学习的成就感，继而引导其他同学对问题进行思考.

【设计意图】掌握对数函数的概念，尤其是自变量的取值范围. 推导过程与练习过程也就是学生理解概念的过程，体现了逻辑推理素养.

4. 归纳总结，融会贯通

对数函数的概念.

第四、五课时　对数函数的图象和性质

教学目标

1. 掌握对数函数的图象和性质，能利用对数函数的图象和性质来解决简单问题，培养实际应用函数的能力.

2. 经过探究对数函数的图象和性质、对数函数与指数函数图象之间的联系，掌握对数函数内部的联系. 培养观察问题、分析问题和归纳问题的能力以及交流能力. 渗透类比等数学思想方法.

3. 在对数函数的学习过程中，体验数学的科学价值并养成勇于探索的良好习惯，培养数学抽象、数学建模的核心素养.

教学过程

1. 引导回顾，确定思路

问题　要研究一个函数的性质，我们已经有了哪些经验?

课堂预设：引导学生回顾幂函数、指数函数等基本初等函数的研究过程，确定要通过作出对数函数的图象来研究其性质的研究方法，同时要注意分类讨论思想的应用.

研究函数性质的一般思路：

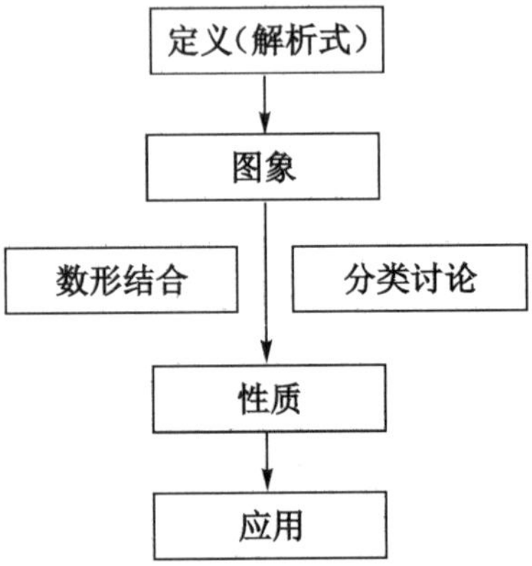

2. 探究图象，归纳性质

活动1：作出函数$y = \log_2 x$的图象.

课堂预设：有的学生采用描点法，有的学生采用计算工具（图形计算器、几何画板）直接作图.

【设计意图】引导全体学生回顾用描点法作图的基本方法和步骤，肯定学生采用信息技术工具作图、研究.

活动2：在同一个直角坐标系中作出函数$y=\log_{\frac{1}{2}}x$的图象，你有什么发现？

课堂预设：有的学生采用描点法或计算工具作图，并观察两个函数图象的对称关系；有的学生先利用换底公式，得到$y=\log_{\frac{1}{2}}x=-\log_2 x$，然后比较两个函数$y=-\log_2 x$与$y=\log_2 x$关于$x$轴对称的性质再来作图.

【设计意图】让学习活动的发生更符合学生的认知规律. 动手和观察能力较强的学生可以先观察图象获得“函数$y=\log_{\frac{1}{2}}x$与$y=\log_2 x$的图象关于x轴对称”的结论，然后利用这个结论，通过思考体会到可以用已知函数图象和对称性来作新函数的图象. 逻辑思维能力较强的学生可以利用换底公式，得到$y=\log_{\frac{1}{2}}x=-\log_2 x$，通过点的对称性来推理获得函数图象的对称性，再作图. 殊途同归，目的是让学生学会用联系的观点看问题，通过逻辑推理获得数学结论. 这样思考，便于将对数函数$y=\log_a x$的图象分为$a>1$和$0<a<1$两类来归纳，学生在指数函数中有过类似的研究，所以比较容易理解.

活动3：类似地，你还能作出哪些对数函数的图象？试着观察归纳它们的性质.

课堂预设：（1）学生小组合作大量举例，改变对数函数$y=\log_a x$中底数a（$a>0$，且$a\neq 1$）的值，在此环节，少部分小组会继续采用描点法（包括采用对称性）作图进行观察，较多小组会考虑采用计算工具作图来进行观察.

（2）观察、归纳：观察作出的函数图象，进行文字语言的描述后再将图象特征转化为函数特征，完成表格.

问题　在同一个直角坐标系中观察这些图象的位置、公共点和变化趋势，它们有哪些共性？由此你能概括出对数函数$y=\log_a x$（$a>0$，且$a\neq 1$）的值域和性质吗？

【设计意图】鼓励学生分析不同作图方式的效率，鼓励学生采用计算工具作图来观察图象变化规律，而且这样探究a的取值更便捷，作函数的图象也更容易. 利用信息技术能便捷地作出大量图象，易于进行归纳，体验将文字语言转化为数学语言的一般过程.

小结：利用描点法、对称关系的推理及信息技术工具，我们都可以作出对数函数的图象（如图5.5-1），从而归纳出对数函数的性质（如表5.5-1）.

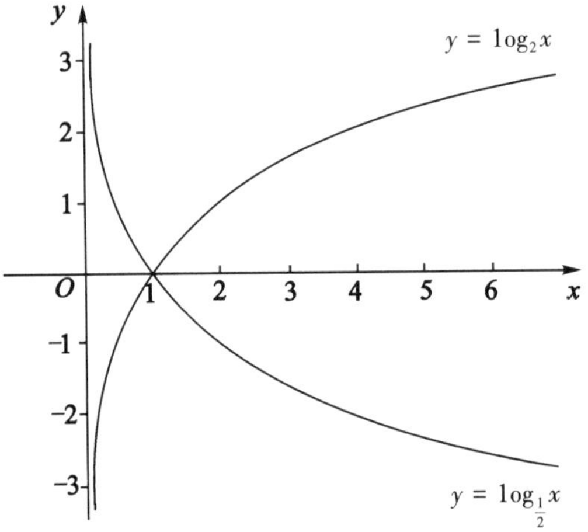

图5.5-1　对数函数的图象

表5.5-1　对数函数的性质

对数函数的图象特征		对数函数的相关性质	
$a > 1$	$0 < a < 1$	$a > 1$	$0 < a < 1$
图象都在y轴右侧		函数定义域为$(0, +\infty)$	
图象关于原点和y轴不对称		非奇非偶函数	
向y轴正负方向无限延伸		函数的值域为$\mathbf{R}$，渐近线为y轴	
图象都过定点（1，0）		$\log_a 1 = 0$	
自左向右看，图象逐渐上升	自左向右看，图象逐渐下降	增函数	减函数
$x = 1$的右边图象都在x轴上方	$x = 1$的左边图象都在x轴上方	当$x > 1$时，$y > 0$	当$0 < x < 1$时，$y > 0$
$x = 1$的左边图象都在x轴下方	$x = 1$的右边图象都在x轴下方	当$0 < x < 1$时，$y < 0$	当$x > 1$时，$y < 0$

3. 特例探究，概念形成

上一节课，在放射性物质衰变的例子中，我们将指数函数$y = 0.84^x$等价转化为对数式$x = \log_{0.84}y$，这是一个对数函数，且与对数函数$y = \log_{0.84}x$为同一个函数. 不难发现，交换了x与y的位置后，$y = 0.84^x$和$y = \log_{0.84}x$这两个函数的定义域和值域正好互换，这样的两个函数互为反函数.

一般地，指数函数$y = a^x$（$a > 0$，且$a \neq 1$）与对数函数$y = \log_a x$（$a > 0$，且$a \neq 1$）互为反函数，它们的定义域与值域正好互换.

练习：写出$y = \log_2 x$的反函数，说明理由. 你能举出更多的例子吗？

【设计意图】用实例加深学生对反函数的理解，明确同底的指数函数与对数函数互为反函数，为下面作图研究性质做出铺垫.

活动：画出两组反函数的图象，并观察它们之间的对称关系.

【设计意图】用实例加深学生对反函数的理解，明确同底的指数函数与对数函数互为反函数，且它们的图象关于直线$y = x$对称. 利用同底的指数函数与对数函数之间的对称关系作图，加深知识之间的内在联系，加强利用逻辑推理的方法来获取数学结论，是对对数函数性质的进一步理解与补充.

4. 知识应用，巩固深化

题型一　与对数函数有关的大小比较

例1. 比较三个数$a = \ln\dfrac{2}{3}$，$b = -\log_3\dfrac{3}{2}$，$c = \left(\dfrac{2}{3}\right)^{\frac{1}{3}}$，下列大小顺序正确的是（　　）.

A. $c > a > b$　　　　B. $c > b > a$

C. $b > a > c$　　　　D. $a > b > c$

【设计意图】（1）利用对数函数的单调性比较同底对数的大小，加深对对数函数性质的理解；（2）对数与整数比较大小或不同底对数比较大小，需要化为同底对数或者借助中间量来比较大小，渗透了化归与转化的数学思想，同时也是对对数函数的图象与性质的灵活掌握.

变式：比较三个数$a=\left(\frac{1}{5}\right)^{\frac{1}{5}}$，$b=3^{\log_3 2018}$，$c=(-10)^{\frac{1}{3}}$，下列大小顺序正确的是（　　）.

A．$a>b>c$　　　　B．$b>c>a$

C．$b>a>c$　　　　D．$a>c>b$

题型二　与对数函数有关的值域问题

例2．已知函数$f(x)=\log_{\frac{1}{2}}x$，$x\in\left[\frac{1}{4},\frac{\sqrt{2}}{2}\right]$，则$f(x)$的值域为________.

【设计意图】（1）利用函数的单调性和图象是求函数值域的常用方法；（2）解最值问题，一定要注意转化思想的应用．求与对数函数有关的函数的最大值、最小值问题，一般要转化为求二次函数的最值问题.

题型三　与对数函数有关的单调性问题

例3．函数$f(x)=\log_{0.6}(6x-x^2)$的单调增区间为__________.

【设计意图】明确复合函数的单调性，按照“同增异减”的原则判断.

变式：函数$f(x)=\lg(x^2-2x-8)$的单调递增区间为__________.

题型四 函数特殊点问题

例4．函数$y=\log_a(x+2)+1(a>0$，且$a\neq 1)$的图象过定点________.

【设计意图】明确对数恒等式$\log_a 1=0(a>0$，且$a\neq 1)$.

5．总结提升，融会贯通

思考：（1）对数函数有哪些性质？结合图象说明.

（2）我们可以通过哪些方式来探究对数函数的图象及性质？

（3）在探究对数函数的图象及性质的过程中，我们应用了哪些数学思想与方法？你还想探究关于对数函数的哪些问题？

【设计意图】（1）梳理本节课对于对数函数图象及性质的认知；（2）进行探究过程的反思和数学思想方法、核心素养的渗透，鼓励学生进一步观察、归纳、类比、拓展.

教学反思

对于一线教师来说，单元教学设计是将经验转化为理论的机会. 用理论来指导教学，从整体上把握教学，使知识不再分裂开来. 有效的单元教学设计，有助于实现单元教学目标. 教学目标是教学设计的灵魂，它的制定需要从全局的角度出发，并根据此制定课时教学目标，从而对每节课有更为全面的认识，有助于整体把握课程内容. 单元教学设计的过程，也是进一步解读教材的过程，使教师对知识之间的连接性有个整体的认识. 单元教学设计有助于提升教师的教学素养，培养教师自我反思以及团队合作的能力.

对于学生来说，单元教学设计的实施，可以使他们在头脑中构建更加清晰明了的知识框架，可以帮助他们从整体出发，站在更高的位置对所学知识进行综合分析. 有利于他们掌握重点、难点，从整体的角度进行学习. 可以帮助他们减轻记忆压力，有利于激发他们对数学学习的兴趣，提高他们的数学核心素养.

第六节　“数学建模”单元教学解读与设计

一、教学设计基本要素分析

（一）学情分析

学生经历了函数的概念与性质、指数函数和对数函数、函数模型的应用等学习之后，已经认识到函数模型是刻画变化过程、解决实际问题的一大“利器”. 从学生心理发展规律看，高一学生已经适应高中阶段的数学学习特点，正处于抽象逻辑思维发展的关键期，辩证思维的初步发展期，为了促进学生的思维发展，需要为他们提供更加抽象、严谨且系统的数学学习内容. 具体而言，高中阶段不仅要给学生提供语言表达更加抽象的概念，更具一般性、联系性、综合性的数学内容，而且要加强数学与现实的联系. 不仅在数学概念原理中要加强现实背景，而且要设置专门的数学应用内容，为学生提供一个现实的出口，使学生经历完整系统的从知识到应用的学习过程，这样才能满足学生数学思维发展的需求. 在此基础上，开展数学建模单元的学习将会帮助学生更好地认识函数的概念、了解常见函数的不同性质，提升自身的实践能力与创新精神等.

（二）教材分析

本单元是在学生学习了函数概念与性质、指数函数与对数函数基础之上开展教学的，是对函数板块内容的延伸与拓展. 数学建模是高中数学六大核心素养之一，是对现实问题进行数学抽象，用数学语言表达问题、用数学方法构建模型解决问题的素养. 培养数学建模核心素养，能为学生形成积极主动的、多样的学习方式进一步创造有利的条件，激发学生的数学学习兴趣，鼓励学生在学习过程中，养成独立思考、积极探索的习惯. 根据《普通高中数学课程标准（2017年版）》对数学建模活动的定位与要求，本单元以“建模实例+课题研究”的形式，设置了“建立函数模型解决实际问题”的数学建模活动，使学生经历在实际情境中从数学的视角发现问题、提出问题、分析问题、构建模型、求解结论、验证结果并改进模型、最终解决实际问题的完整过程.

（三）教学分析

1. 数学建模活动的一个实例

本单元第一课时内容是数学建模活动的实例展示. 茶水水温问题是一个比较新颖的生活问题，该课题对培养学生分析和解决问题、动手实践构造模型等能力很有好处. 选题意义在于：通过实例数据建立某种茶水水温关于时间的函数模型，将该茶水温度的实测过程转变为时间估计的问题，使得学生不用时刻测试水温，只需根据所获得的函数模型，通过简单计算就可以知道刚泡好的该茶水大约需要放置多长时间即能达到最佳饮用口感. 在教学时，应引导学生提出通过建立该茶水温度随时间变化的函数模型来解决实际问题，并留足时间讨论如何建立函数模型、如何进行数据分析与模型检验.

2. 数学建模活动的选题与实践要求

本单元第二课时内容是数学建模活动的选题与实践要求. 解决完茶水水

温问题后，学生已感受到了在实际情境中从数学的视角发现问题、提出问题、分析问题、构建模型、求解结论、验证结果并改进模型、最终解决实际问题的完整过程，将会主动地探索、发现生活中待解决的实际问题，提出丰富的选题．在教学中，教师应尊重学生的想法，并协助学生分析选题是否具备可操作性、收集数据建立模型的难点等，并提出建模活动的要求：组建合作团队、开展研究活动、撰写研究报告．

3．撰写研究报告、交流汇报

本单元第三课时内容是数学建模活动研究报告的展示与交流．学生开展团队协作，基于选定课题开展数学建模活动，经历发现与提出问题、收集数据、选择函数模型、求函数解析式，验证结果并改进模型、最终解决实际问题的完整过程后，将成果以研究报告形式进行总结与展示．在教学中，教师应引导学生具体、条理地进行展示，并积极进行点评，鼓励学生继续用数学的眼光观察世界、探索世界．

二、单元课时教学设计

第一课时　数学建模实例教学

教学目标

1．了解用数学建模解决实际问题的过程，能够利用散点图分析数据，并选择符合变化规律的基本初等函数建立函数模型，求函数解析式与检验模型．

2．小组协作，经历“选题—开题—做题—结题”完整过程，提升数学建模等核心素养，进一步感受运用函数概念建立函数模型的过程与方法，能对给定的函数模型进行简单的分析与评价．

3．感受“生活中处处有数学”，认识数学建模在解决各种问题中的作用，加深对数学内容的理解；增强小组协作能力，学会交流与合作；提升应用能力，增强创新意识和科学精神．

教学过程

1．创造情景，引入课题

师：在上一节函数模型的应用中，我们利用所建立的函数模型解决了人口增长问题、生物死亡时间问题、投资收益问题，那么你能否结合所学知识总结建立函数模型解决实际问题的步骤．

【设计意图】复习引入，利用上节课内容的回顾引发学生对建立函数模型解决数学问题的思考，为本节课数学建模活动的开展奠定基础．

生：建立函数模型，首先要对实际问题中的变化过程进行分析，分析出其中的常量、变量及相关关系；明确变化的趋势，确定变化类型；通过运算、推理、求解函数模型，最后利用模型解决实际问题．

师：众所周知，我国茶文化博大精深，茶水的口感与茶叶类型和水的温度有关．经验表明，用85 ℃的水泡制，再等到茶水降到60 ℃时饮用，可以产生最佳口感．那么，在25 ℃的室温下，刚泡好的茶水大约需要放置多长时间才能达到最佳口感？你认为解决茶水水温问题，需要探究哪些量的变化．

【设计意图】渗透思政元素，通过茶水水温问题引导学生认识到“生活中处处有数学”．

生：为解决茶水温度随着时间变化的问题，我们需要建立茶水温度随时间变化的函数模型，求解模型后可得出结论．

备注：为顺利开展本次数学建模实例教学，教师需课前安排学生组成小组，并分工协作准备茶叶、秒表与温度计．

2．问题驱动，探究新知

师：建立茶水温度随时间变化的模型，我们需要收集一些茶水温度随时间变化的数据，准备好用85 ℃的水泡制的茶水，了解温度的变化规律，应如何收集数据？

【设计意图】关注教学过程中学生的参与程度，通过收集数据锻炼学生的动手操作能力与小组协作能力．

生：小组协作，分别负责计时、测量茶水温度以及记录数据．从茶水泡好开始，每隔一分钟测量一次茶水温度并进行记录.

备注：在测量温度的过程中，教师要高度关注学生的安全，尤其是预防高温烫伤、温度计错误使用，本环节预计5分钟~7分钟.

师：各小组展示所收集的数据，发现数据之间存在差异，如何解释？这些差异会对数学建模可操作性造成影响吗？

【设计意图】引导学生认识茶水温度问题中茶叶类型、容器等因素会导致收集的数据不完全相同，不会对数学建模本身的可操作性造成影响.

生：各小组原始数据不完全一样，这是由茶叶类型的差异、装茶水的容器不同导致散热速度不同等因素造成的.

师：收集数据后，如何分析数据建立温度随时间变化的函数模型呢？可以建立怎样的函数模型呢？

【设计意图】引导学生利用数据，作出散点图，结合变量的变化趋势，选择符合规律的函数模型.

生：为分析数据，我们可以选择作散点图的方式，观察温度随时间的变化规律. 结合小组收集的数据，发现作的散点图是递减的趋势，也就是茶水温度会随着时间降低，可以考虑用单调递减的一次函数、二次函数、指数函数、对数函数等进行拟合.

师：结合散点图，除了发现水温随时间递减，你还能发现什么结论？

【设计意图】引导学生结合散点图发现茶水温度随时间递减的趋势越来越缓，直至几乎没有变化，符合“茶水温度降到室温就不再继续下降”的事实.

生：通过对散点图的再次分析，可以看出茶水温度随时间递减的趋势越来越缓，直至几乎没有变化. 所以排除一次函数、二次函数与对数函数，选择指数函数建立模型.

备注：分析数据环节是实例教学的关键环节，因为这是建立函数模型的基础. 学生通过观察发现，散点图的分布呈现递减趋势，可能会提出来各种递减函数模型，教师应引导学生发现递减速度越来越慢，直至几乎不变，结合几类基本初等函数的变化特征，引导学生做出选择.（有条件的学校可以指

导学生利用信息技术手段将几种函数模型一一建立，再做比较）

3. 深入探究，加深理解

师：给出两种指数函数模型，独立思考选择模型并给出理由.

$y = k \cdot a^x(k \in \mathbf{R}, 0 < a < 1, x \geqslant 0)$.

$y = k \cdot a^x + 25(k \in \mathbf{R}, 0 < a < 1, x \geqslant 0)$.

【设计意图】给出两种指数函数模型，让学生进行评价分析，进而加强学生对指数函数模型的认识，更加明确数学知识与实际生活的联系.

生：结合“茶水水温最终会降到与室温一致”的事实，选择模型2.

师：如何结合收集的数据求解模型？如何求解k，a？

生：当$x = 0$时，$y = 85$，所以$k = 60$，代入一组数据即可计算出a.

师：代入哪组数据呢？仅依靠一组数据计算得到的a是否准确？

生：不准确，可以考虑将每组数据计算得到的a取平均值作为最终结果.

【设计意图】引导学生利用数据求解模型，并认识到为保证结果的准确性，应取数据结果的平均值.

备注：教学中可指出，像本题这种采用平均值计算a来求解函数解析式的方法，在实际问题中是常用的，这比仅用一组数据计算得到的a与真实值的吻合度更高.

师：各小组求解模型后，如何进行模型的检验呢？

【设计意图】引导学生掌握检验模型的基本方法：对比函数图象与散点图.

生：作出函数图象，并和散点图对比，发现散点大致分布在函数图象的周围，说明建立的模型准确性较高.

小组协作，建立与检验模型（本环节预计10分钟~15分钟），展示交流.

备注：检验模型，除了教材上提供的方法，有条件的学校可以指导学生利用信息技术工具选择拟合功能建立模型，并利用相关系数等检验吻合程度.

4. 师生交流，深化反思

师：建立函数模型后，如何求解问题：在25 ℃的室温下，刚泡好的茶水大约需要放置多长时间才能达到最佳口感？

【设计意图】引导学生明确数学建模的目的是解决实际问题．

生：在解析式中，令 $y = 60$，求解 x，即可得到结论．

师：通过茶水水温实例教学，你对数学建模有什么新的认识？你能否总结出通过数学建模解决实际问题的过程？

【设计意图】借助实例教学引导学生认识数学建模的重要性与意义，同时了解通过数学建模解决实际问题的过程．

生：通过本节课，感受到了数学建模十分有趣，它是利用数学知识解决实际问题的桥梁．建立函数模型解决实际问题的主要过程分为：观察实际情境—发现与提出问题—收集数据—选择函数模型—求解函数模型—检验函数模型—解决实际问题．

课堂小结，布置作业

通过这节课的学习，我们感受到生活中处处是数学，并对建立函数模型解决实际问题的过程有了更加系统的认识．请同学们做生活的有心人，在生活实际中发现问题，并小组合作，尝试建立函数模型解决问题．

教学反思

1．整体把握教材，立足于数学建模核心素养“落地”

数学建模是应用数学方法解决实际问题的基本手段，也是推动数学发展的动力．通过本单元的学习，学生能有意识地用数学语言表达现实世界、感悟数学与现实的关联，学会用数学模型解决实际问题；认识数学建模在解决自然科学、社会科学等诸多领域中问题的作用，加深对数学知识的理解；学会交流与合作；提升应用能力，增强创新意识和用科学意识．

2．关注学生的主动参与和知识的发生发展过程

在本单元学习中，学生要经历建模活动的全过程，整理资料，撰写研究报告或小论文，并进行报告交流．高中数学建模活动通常以小组为单位进行，这有利于培养学生的集体意识和分工协作精神；活动题目大多来自工程实际和社会生活，没有固定的范围，这有利于提高学生的文献检索能力和自学能

力；活动所要解决的问题除了应用数学知识外，通常还要用到其他相关专业知识，这有利于发展学生不同学科知识的交叉融合能力；活动最终提交的作品一般是研究报告或小论文，这有利于提高学生写作与文字表述的能力．总之，高中数学建模活动能够增强学生的创新意识和用科学意识，提高学生的数学综合素养．

3．实例建模重点环节教学建议

（1）在数据收集环节，由于工具缺乏等原因，收集数据将成为难点，但这个环节不能少，也不能由教师代办，可以组织学生因地制宜，以小组合作的形式参与全部流程、分工完成．为了能更精准地收集到需要的数据，有条件的学校应鼓励学生利用计算机数据采集器、湿度传感器等信息技术工具进行数据采集．由于实验环境、容器形状、茶叶类型等因素影响，实验中收集到的数据可能与教科书中的不一致，小组收集到的数据也可能互相不一致．

（2）分析数据是建立函数模型的基础，这是实例教学的关键环节．通过观察发现，散点图的分布情况呈递减状态．学生可能会提出各种递减函数作为备择模型．教师应引导学生注意到茶水温度降至室温就不能再降的这一重要事实，再结合几类基本初等函数的变化特征，指导学生做出选择．需要注意的是，实验所得的数据不一定具有很强的规律性．函数模型的选择也是多种多样的，并不局限于指数型函数．所选择的函数一般也只能大致反映茶水温度变化的局部规律．因此建立模型后需要对模型进行检验．

（3）建立模型与检验模型是实例教学的重点．除了教科书提供的方法外，有条件的学校还可以指导学生利用信息技术工具选择拟合功能建立模型，并利用相关系数等检验吻合程度，帮助学生建立合适的函数关系式，然后利用待定参数值验证模型并解决实际问题．教学中还应注意到，在本问题中这种采用平均值作为衰减比例来建立函数值关系式的方法在解决实际问题中是常用的．

第六章　三角函数

第一节　主题单元解读与设计

一、单元主要内容

三角函数是数学中重要的数学模型之一，是研究度量几何的基础，在研究三角形和圆等几何形状的性质时有重要作用，同时它也是研究自然界周期变化规律最强有力的数学工具，与其他学科联系紧密，所以教学中要注重该函数模型的实际应用.

常见的三角函数包括正弦函数、余弦函数和正切函数. 它的认知基础主要是几何中圆的性质、相似形的有关知识，内容包括：角与弧度、三角函数的概念和性质、同角三角函数的基本关系式、三角恒等变换、三角函数应用. 研究方法主要是代数变形和图象分析. 因此，三角函数的研究已经初步把几何与代数联系起来了. 本章所介绍的知识，既是解决生产实际问题的工具，又是学习后续内容和高等数学的基础. 在数学分析中，三角函数也被定义为无穷级数或特定微分方程的解，允许它们的取值扩展到任意实数值，甚至是复数值. 三角函数一般用于计算三角形中未知长度的边和未知的角度，在导航、工程学以及物理学等方面都有广泛的用途.

现实世界中普遍存在着周而复始的现象，对这些现象中变量关系和规律的抽象，就形成本章的研究对象——三角函数，因此，本章学习可以有力地促进学生数学抽象素养的发展. 本章学习的认知基础主要是几何中圆的性质、相似形的有关知识，以及前面建立的函数一般概念幂函数、指数函数、对数函数的研究经验．单位圆是研究三角函数的重要工具，借助它的直观，可以使学生更好地理解三角函数的概念和性质，从而发展学生的直观想象素养．三角恒等变换与学生熟悉的代数恒等变形有较大的不同，可用的公式多、变化灵活，可以有效促进学生的数学运算、逻辑推理等素养的发展．三角函数作为描述周期现象的重要数学模型，与其他学科（特别是物理、地理）有紧密联系，因此，本章的学习对发展学生的数学建模素养大有裨益．

1．为了加强三角函数学习的目的性，本章采用月相变化图为章头图，在章引言中列举了一些现实世界中具有周期性变化的现象，然后明确“这些现象都可以用三角函数刻画”．这样的安排使得三角函数的作用体现得更加清楚，也能使学生更加明确学习三角函数的意义．

2．在本章开始，教科书首先从借助角的大小变化刻画圆周运动出发，结合体操中的转体、齿轮旋转等实际问题引出角的概念的推广问题；然后借助具体例子，将初中学过的角的概念推广到任意角，在此基础上引出象限角的概念、终边相同的角的表示（可以看成象限角的性质），对于弧度制，教科书首先通过类比长度、质量等的不同度量制，引出弧度制，给出1弧度的定义，然后探究得到弧度数的绝对值公式，并得出弧度与角度的换算方法．任意角和弧度制的引入，建立了角的集合与实数集的一一对应关系，为学习任意角的三角函数奠定了基础．

3．任意角的三角函数可以有不同的定义方法，而且各种定义都有自己的特点．利用单位圆上点的坐标定义任意角的正弦函数、余弦函数．第一，圆周运动是典型的周期性变化现象，而单位圆上点的圆周运动又不失一般性，这个过程可以理解为一个数学抽象过程；第二，这个定义清楚地表明了正弦函数、余弦函数中从自变量到函数值之间的对应关系，也表明了这两个函数之间的关系；第三，如果α是弧度数，即$\angle xOP=\alpha\ \text{rad}$，那么正弦函数、余弦函数就是关于任意实数$\alpha$的函数，这时的自变量和函数值都是实数，这就与函数的一般概念完全一致．事实上，在弧度制（这是一种用半径来度量角的方法）下，角度和长度的单位是统一的，正是这种单位的统一，使得我们可以这样来描述这两个函数的对应关系.

基于上述理由，利用单位圆定义三角函数可以更好地反映三角函数的本质，也正是三角函数的这种形式决定了它们在数学（特别是应用数学）中的重要性. 事实上，后续的内容，特别是在微积分中，最常用的是弧度制以及弧度制下的三角函数. 另外，这样的定义使得三角函数所反映的数与形的关系更加直接，数形结合更加紧密，这就为后续内容的学习带来方便，也使三角函数更加好用了. 例如，从定义可以方便地推导同角三角函数的关系式、诱导公式、和（差）角公式，而且为公式的记忆提供了图形支持；单位圆为讨论三角函数的性质提供了很好的直观载体，我们可以借助单位圆，直接从定义出发讨论三角函数的性质；等等.

4. 对称性是圆的重要性质，诱导公式与圆的对称性有密切联系. 教科书借助单位圆，先引导学生讨论了$\pi \pm \alpha$，$-\alpha$，$\frac{\pi}{2} \pm \alpha$这些角的终边与角α的终边之间的对称关系，然后根据三角函数定义导出所有诱导公式. 这样，既能很好地反映诱导公式的本质（圆的对称性的代数表示），又能使它们成为一个有机的整体. 另外，为了使学生尽快熟悉并形成使用弧度制的习惯，在诱导公式中全部采用了弧度制.

5. 正弦函数、余弦函数按照“从函数的定义到画函数图象，再到讨论函数性质，最后到函数模型应用”的顺序展开，这一顺序与研究其他函数的顺序一致. 另外，把周期性作为第一条性质，目的是体现它的重要性. 对于正切函数，先利用诱导公式、单位圆讨论性质，然后再利用性质画图象，这样做的目的是使学生体会到可以从不同角度讨论函数性质.

6. 三角恒等变换过去是单独的一章内容，现在是整个三角函数体系中的一个重要环节，三角恒等变换中的和、差角公式体现了圆的旋转对称性. 这一内容展开的顺序是，首先利用圆的旋转对称性质推导两角差的余弦公式，然后导出两角和与差的正弦、余弦、正切公式，进而导出二倍角的正弦、余弦、正切公式.

7. 对函数$y = A\sin(\omega x + \varphi)$的研究较以往有了实质性变化. 为了使学生

了解参数A，ω，φ的实际意义，教科书安排了实际问题情境，通过数学建模得到了三角函数模型$y=A\sin(\omega x+\varphi)$，然后再对它的图象与性质展开研究．由于涉及的参数有三个，因此本章引导学生结合参数的实际意义，先讨论某个参数对图象的影响（其余参数相对固定），再综合考虑三个参数的影响．这样的安排，既分散了难点，又形成清晰的思路：先将复杂问题分解为简单问题并“各个击破”，然后整合为解决整个问题的思想方法．这样能培养学生有条理地思考的习惯，从而提升学生的逻辑思维能力．

8．“三角函数的应用”主要以举例的方式说明三角函数模型的应用方法．安排本节内容的目的是要让学生感受到三角函数在解决具有周期变化规律的问题中的作用，体验三角函数与日常生活和其他学科的联系，使学生体会到三角函数的价值和作用，增强应用意识．在安排这部分内容时，特别注意了数学应用过程的完整性，加强了对问题情境和解题思路的分析，以及解题后的反思这两个环节．这样做可以保持学生在数学应用中的数学思维水平，提高学生对相应的思想方法的认知层次，培养学生良好的解题习惯．

二、单元教学分析与建议

（一）单元划分

三角函数单元划分结构框架如下：

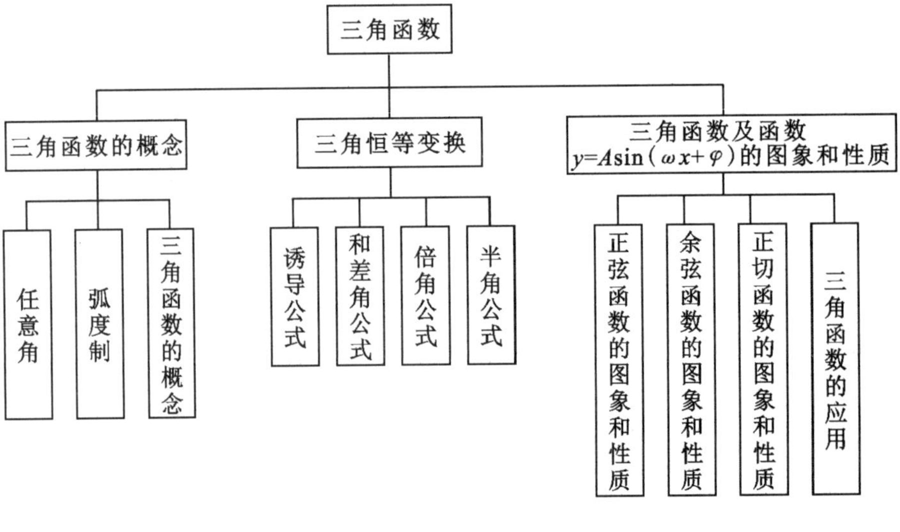

对单元划分的几点说明：

第一，“三角函数的概念”单元是由“5.1任意角和弧度制”和“5.2三角函数的概念”两节组成．任意角的概念和弧度制的引入要讲“必要性”，其背景是周期性现象，可以围绕匀速圆周运动的刻画来展开．实际上，引入任意角概念和弧度制也是刻画周期性现象的一环．在三角函数的概念的教学中要让学生充分认识单位圆的重要性，从内容到方法都应强调单位圆的“脚手架”作用，将单位圆作为研究三角函数的一个工具，让学生养成使用习惯．

第二，“三角恒等变换”单元是由“5.3诱导公式”和“5.5三角恒等变换”两节组成．诱导公式与两角和与差的三角公式是特殊与一般的关系．无论从几何的角度，还是代数的角度都能看到它们是统一的整体，都是圆的对称性的代数表示．两部分内容既有联系，又有区别．差角余弦公式中含有两个任意角，将其中一个替换为特殊角，即可推导出部分诱导公式，因此$C_{(\alpha-\beta)}$是更上位的公式；二者均为三角恒等变换的重要变形依据，它们均可以经由圆的对称性质推导得到．所以把这两节内容合成一个单元研究，更具一般性的意义．

第三，“三角函数及函数$y=A\sin(\omega x+\varphi)$的图象与性质”单元是由“5.4三角函数的图象与性质”“5.6函数$y=A\sin(\omega x+\varphi)$”“5.7三角函数的应用”这三节组成的．三角函数的概念、图象与性质的研究是基于单位圆这一理想化背景下的，用三角函数的知识解决实际问题，首先需要“拆除”单位圆这个“脚手架”，将理想化的结果还原到现实中去，这就要从实际问题出发，利用正弦函数建立数学模型$y=A\sin(\omega x+\varphi)$，研究清楚它的性质，然后用于解决实际问题，这是一个完整的建立函数模型解决实际问题的过程．

（二）教学建议

1．把握内容的主要变化

对本单元教学提出以下几点建议：

（1）弧度制：强调引入弧度制的必要性，加强了用初中已学过的弧长与半径的关系解释弧度制定义的合理性；

（2）三角函数的定义：直接从建立周期现象的数学模型出发，利用单位圆上点的坐标定义三角函数，然后再建立与锐角三角函数的联系；

（3）正弦线、余弦线和正切线：根据课程标准的设置，删除了正弦线、余弦线和正切线；

（4）诱导公式：从单位圆关于原点、坐标轴、直线$y=x$等的对称性出发探究诱导公式，即通过把圆的对称性“代数化”，获得诱导公式；

（5）正弦函数的图象：体现函数图象与三角函数定义之间内在的逻辑联系——图象是函数的一种表示法，先根据定义画出任意一点，掌握了任意一点的作法原理后，通过选择具体的、足够多的点进行描点，最后借助技术描任意多的点，连点成线画出三角函数的图象，这里加强了信息技术的应用；

（6）三角恒等变换：一以贯之地强调单位圆的作用，两角差的余弦公式可以利用圆的旋转对称性进行推导；

（7）函数$y=A\sin(\omega x+\varphi)$：通过实际意义和图象变换相结合，研究参数$A$，$\omega$，$\varphi$对函数$y=A\sin(\omega x+\varphi)$图象的影响；

（8）三角函数的应用：体现三角函数应用的层次性，将三角函数应用的问题大致分成三类：第一类是匀速圆周运动的问题，如筒车匀速圆周运动的问题；第二类是对弹簧振子、交变电流等物理学中的周期性现象的刻画；第三类是现实生活中仅在一定范围内呈现出近似于周期变化的问题，如温度随时间呈周期性变化的问题，港口海水深度随时间呈周期性变化的问题.

2. 发挥单位圆的作用，注重数学的整体性

前面已经指出，单位圆是研究三角函数的工具，在本单元教学中，要自始至终注重发挥单位圆的“脚手架”作用，在加强整体性的同时增强教学效果，降低学习难度，提高教学质量. 例如：

（1）利用单位圆直观感受1弧度的大小；

（2）借助单位圆定义三角函数；

（3）利用单位圆研究三角函数的基本性质；

（4）利用圆的对称性研究诱导公式；

（5）利用圆的旋转对称性推导和差角公式；等等.

3. 在一般观念指导下展开研究

一般观念在本单元的指导作用具体体现在以下5个方面：

（1）以函数的一般概念与性质为线索；

（2）类比指数函数、对数函数展开研究；

（3）注重三角函数的特殊性——周期性；

（4）加强几何直观（利用定义，把圆的对称性“翻译”为三角函数的关系式）；

（5）相同背景条件下的几个对象之间一定有内在联系，发现联系和转化方法是数学研究的基本任务，等等.

4. 加强三角函数的应用

三角函数的应用非常广泛，例如单摆运动、弹簧振子的振动、圆周运动、交变电流、音乐、潮汐、波浪、四季变化、生物钟等，教学中要加强三角函数与其他学科的联系. 对于函数$y=A\sin(\omega x+\varphi)$要给予特别关注，要注意利用真实的背景材料，让学生在实际应用中加深对周期性的认识，把握A，ω，φ的实际意义.

5. 加强信息技术的应用

本单元教学必须借助信息技术，例如：

（1）终边相同的角的概念的认识；

（2）弧度制的认识，弧度与角度的互化，非特殊角的三角函数值的计算；

（3）任意角的三角函数的定义；

（4）画三角函数的图象，用三角函数的图象研究三角函数的性质；

（5）画函数$y=A\sin(\omega x+\varphi)$的图象，探索$A$，$\omega$，$\varphi$对函数$y=A\sin(\omega x+\varphi)$的图象的影响；

（6）根据实际数据拟合函数图象；等等.

6. 提高对三角恒等变换公式的认识水平

要加强从三角函数性质的角度认识三角恒等变换的思想，这些公式是圆的旋转对称性的解析表示，它们都可以借助单位圆做出几何解释.

本单元是必修课程函数主题的“收官”单元，具有综合性，可以系统应用各种方法对三角函数展开研究，在基本初等函数的研究中具有代表性. 在新人教A版教材（2019年版）中，根据三角函数的内容特点，以圆周运动为主要背景，借助单位圆这一强有力的“脚手架”，建立三角函数的概念；用几何直观和代数运算的方法研究三角函数的周期性、奇偶性、单调性和最大（小）值等问题；以“三角函数的性质是圆的几何性质（主要是对称性）的直接反映”为指导，利用圆的几何性质得出三角函数之间的各种恒等关系；利用三角函数刻画一般周期性现象的规律，构建数学模型解决实际问题. 这样的内容处理体现了数学的整体性、逻辑的连贯性、思想的一致性、方法的普适性和思维的系统性，实现了人教A版一以贯之的教材编写思想：构建系列化数学活动，引导学生通过对现实问题的数学抽象获得数学研究对象，构建研究数学对象的基本路径，发现值得研究的数学问题，探寻解决问题的数学方法，获得有价值的数学结论，建立数学模型解决现实问题；充分发挥“一般观念”对数学创新活动的引导作用，使学生掌握抽象数学对象、发现和提出数学问题的方法，以实现从“知其然”到“知其所以然”再到“何由以知其所以然”的跨越，把数学基本思想、基本活动经验落实在基础知识、基本技能的教学过程中，使数学学科核心素养真正落地.

第二节 “三角函数的概念”单元教学解读与设计

一、教学设计基本要素分析

（一）学情分析

在初中阶段，学生学的角的大小是以角度来度量，角的范围也仅局限于0°~360°. 并且仅学习了直角三角形中的锐角三角函数. 通过高中数学必修一前几章的学习，学生已基本了解了研究函数的基本路径，在此基础上开始学习具有周期性变化规律的三角函数.

新教材注重三角函数内容的整体性体现及其内容之间的有机连接. 角与弧度是建立三角函数概念的必要条件，是由初中学习的直角三角形中的锐角三角函数过渡到任意角的三角函数的预备知识. 三角函数是以角的大小为自变量，其对应任意角终边与单位圆交点坐标或其比值为因变量的函数.

（二）教学分析

一般地，概念的形成应按“事实—概念”的路径，即学生要经历“背景—研究对象—对应关系的本质—定义”的过程. 本单元的研究路径是：明确研究对象—对应关系的特点分析—定义—性质. 根据三角函数的内容特点，以圆周运动为主要背景，借助单位圆这一强有力的“脚手架”建立三角函数的概念，学生在经历这个过程而形成三角函数概念的同时，“顺便”就可得到值域、函数值的符号、诱导公式以及同角三角函数之间的基本关系等性质.

二、单元课时教学设计

第一课时　三角函数的概念

教学目标

1. 知道三角函数是刻画现实世界中周期性变化规律的数学工具.

2. 经历“周期现象—圆周运动—单位圆上点的旋转运动”的抽象过程，能抽象研究问题，通过分析单位圆上点在旋转运动中涉及的量及其相互关系，获得对应关系并抽象出三角函数概念.

3. 能应用定义解决简单问题.

教学过程

1. 创设情境，明确背景

引导语：现实世界中存在着各式各样“周而复始”变化的现象，圆周运动就是这类现象的代表. 如图6.2–1所示，$\odot O$上的点P以A为起点做逆时针方向的旋转. 在把角的范围推广到任意角后，我们可以借助角α的大小变化刻画点P的位置变化. 根据弧度制的定义，角α的大小与$\odot O$的半径无关，因此，不失一般性，我们可以先研究单位圆上点的运动. 现在的任务是：

如图6.2–1所示，单位圆⊙O上的点P以A为起点做逆时针方向旋转，建立一个函数模型，刻画点P的位置变化情况.

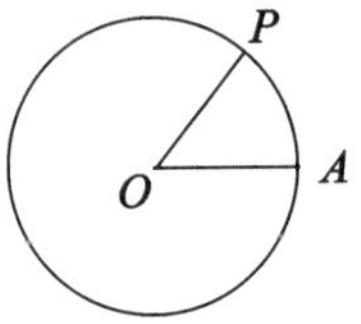

图6.2–1

问题　根据已有的研究函数的经验，你认为我们可以按怎样的路径研究上述问题呢?

师生活动：学生在独立思考的基础上进行交流，通过讨论后得出研究路径是“明确研究背景—对应关系的特点分析—下定义—研究性质”.

【设计意图】明确研究的内容、过程和基本方法，为具体研究指明方向.

2. 分析具体事例，归纳共同特征

引导语：下面我们利用直角坐标系来研究上述问题. 如图6.2–2所示，以单位圆的圆心O为原点，以射线OA为x轴的非负半轴，建立平面直角坐标系. 点A的坐标为（1，0)，点P的坐标为（x，y). 射线OA从x轴的非负半轴开始，绕点O按逆时针方向旋转角α，终止位置为OP.

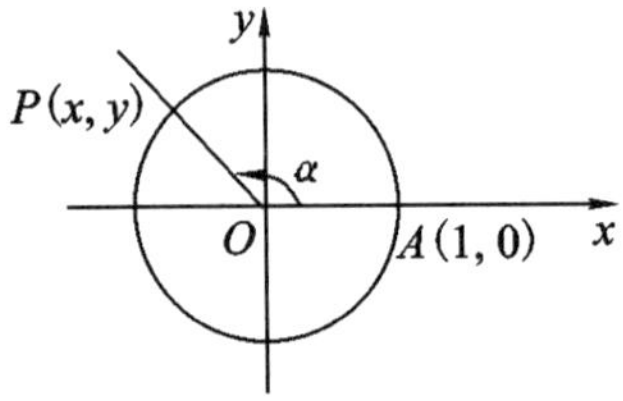

图6.2–2

问题　当$\alpha=\frac{\pi}{6}$时，点P的坐标是什么? 当$\alpha=\frac{\pi}{2}$或$\alpha=\frac{2\pi}{3}$时，点P的坐标又是什么? 它们是唯一确定的吗?

一般地，任意给定一个角α，它的终边OP与单位圆交点P的坐标能唯一确定吗?

师生活动：在学生求出当$\alpha=\frac{\pi}{6}$时点P的坐标后追问以下问题.

追问：（1）求点P的坐标要用到什么知识？（直角三角形的性质）

（2）求点P的坐标的步骤是什么？点P的坐标唯一确定吗？$\Big[$画出角$\alpha=\frac{\pi}{6}$时的终边OP，过点P作x轴的垂线交x轴于点M，在$\text{Rt}\triangle OMP$中，利用直角三角形的性质可得到点P的坐标是$\left(\frac{\sqrt{3}}{2},\frac{1}{2}\right)\Big]$.

（3）如何利用上述经验求当$\alpha=\frac{2\pi}{3}$时点P的坐标？$\Big($可以发现，$\angle MOP=\frac{2\pi}{3}$，而点$P$在第二象限，可得点$P$的坐标是$\left(-\frac{1}{2},\ \frac{\sqrt{3}}{2}\right)\Big)$

（4）利用信息技术，任意画一个角α，观察它的终边OP与单位圆交点P的坐标，你有什么发现？你能用函数的语言刻画这种对应关系吗？

对于$\mathbf{R}$中的任意一个角α，它的终边OP与单位圆交点为P（x，y），无论是横坐标x还是纵坐标y，都是唯一确定的．这里有两个对应关系：

f：实数α（弧度）对应于点P的纵坐标y，

g：实数α（弧度）对应于点P的横坐标x.

根据上述分析，f：$\mathbf{R}\to[-1,1]$和g：$\mathbf{R}\to[-1,1]$都是从集合$\mathbf{R}$到集合$[-1,1]$的函数.

【设计意图】以函数的对应关系为定向，从特殊到一般，使学生确认相应的对应关系满足函数的定义，角的终边与单位圆交点的横、纵坐标都是圆心角α（弧度）的函数，为给出三角函数的定义做好准备.

3．任意角的三角函数的定义与辨析

问题　请同学们先阅读教科书第178~179页，再回答如下问题：

（1）正弦函数、余弦函数和正切函数的对应关系各是什么？

（2）符号$\sin\alpha$、$\cos\alpha$和$\tan\alpha$分别表示什么？在你以往的学习中有类似的引入特定符号表示一种量的经历吗？

（3）为什么说当$\alpha\neq\frac{\pi}{2}+k\pi$（$k\in\mathbf{Z}$）时，$\tan\alpha$的值是唯一确定的？

（4）为什么说正弦函数、余弦函数的定义域是**R**？而正切函数的定义域是$\left\{x\in\mathbf{R}\middle|x\neq\frac{\pi}{2}+k\pi,(k\in\mathbf{Z})\right\}$？

师生活动：学生独立阅读教科书，再举手回答上述问题.

【设计意图】在问题引导下，通过阅读教科书、辨析关键词等，使学生明确三角函数的“三要素”；引导学生类比已有知识（引入符号$\log_a b$表示$a^x=b$中的x），理解三角函数符号的意义.

4. 任意角三角函数与锐角三角函数的联系

问题　在初中我们学了锐角三角函数，知道它们都是以锐角为自变量，以比值为函数值的函数. 设$x\in\left(0,\ \frac{\pi}{2}\right)$，把按锐角三角函数定义求得的锐角$x$的正弦记为$y_1$，并把按本节三角函数定义求得的$x$的正弦记为$z_1$. y_1与z_1相等吗？对于余弦、正切也有相同的结论吗？

师生活动：教师引导学生作出Rt$\triangle ABC$，其中$\angle A=x$，$\angle C=90^\circ$，再将它放入直角坐标系中，使点A与原点重合，AC在x轴的正半轴上，得出$y_1=z_1$的结论.

【设计意图】建立锐角三角函数与任意角三角函数的联系，使学生体会两个定义的和谐性.

5. 任意角三角函数概念的理解

例1. 利用三角函数的定义，求$\frac{5\pi}{3}$的正弦、余弦和正切值.

师生活动：先由学生发言，再总结出从定义出发求三角函数值的基本步骤，并得出答案.

【设计意图】通过概念的简单应用，明确用定义求三角函数值的基本步骤，进一步理解定义的内涵.

练习：在例1之后进行课堂练习

（1）利用三角函数定义，求π，$\frac{3\pi}{2}$的三个三角函数值.

（2）说出几个使$\cos\alpha=1$的α的值.

师生活动：由学生逐题给出答案，并要求学生说出解答步骤，最后可以总结为“画终边，找交点坐标，算比值（对正切函数）”.

【设计意图】检验学生对定义的理解情况.

例2．如图6.2–3，设α是一个任意角，它的终边上任意一点P（不与原点O重合）的坐标为$\left(x, y\right)$，点P与原点的距离为r．求证：$\sin\alpha=\frac{y}{r}$，$\cos\alpha=\frac{x}{r}$，$\tan\alpha=\frac{y}{x}$.

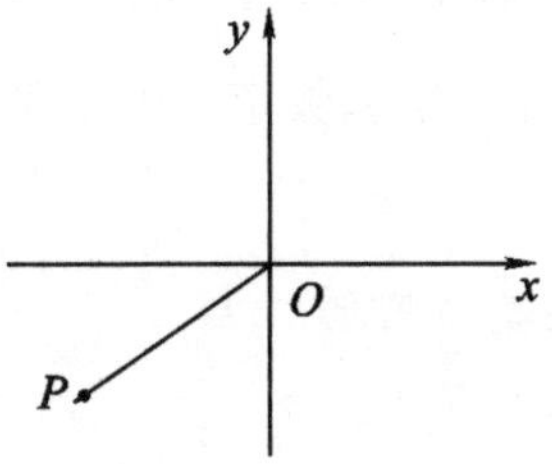

图6.2–3

师生活动：给出问题后，教师可以引导学生思考如下问题，再让学生给出证明：

（1）你能根据三角函数的定义作图表示出$\sin\alpha$，$\cos\alpha$吗？

（2）在你所作出的图形中，$\frac{y}{r}, \frac{x}{r}, \frac{y}{x}$各表示什么，你能找到它们与任意角$\alpha$的三角函数的关系吗？

【设计意图】通过问题引导，使学生找到相应的相似三角形，并利用它们的相似关系，根据三角函数的定义得到答案.

追问　例2实际上给出了任意角的三角函数的另外一种定义，而且这种定义与已有的定义是等价的．你能用严格的数学语言叙述一下这种定义吗？

师生活动：可以由几个学生分别给出定义的表述，在交流的基础上得出准确的定义.

【设计意图】加深学生对三角函数定义的理解.

练习：在例2之后进行课堂练习.

（3）已知点P在半径为2的圆上按顺时针方向做匀速圆周运动，角速度为1 rad/s. 求2 s时点P所在的位置.

师生活动：由学生独立完成后，让学生代表展示作业.

【设计意图】三角函数是刻画匀速圆周运动的数学模型，通过练习使学生从另一个角度理解三角函数的定义.

6. 目标检测设计

（1）利用三角函数定义，求$\frac{7}{6}\pi$的三个三角函数值.

（2）已知角θ的终边过点$P\left(-12,5\right)$，求角θ的三角函数值.

【设计意图】考查学生对三角函数定义的理解情况.

第二课时　三角函数的基本性质

教学目标

1. 能根据定义得出三角函数在各象限取值的符号规律.

2. 能根据定义，结合终边相同的角的表示，得出公式一，并能据此描述三角函数周而复始的取值规律，求某些角（特殊角）的三角函数值.

3. 能利用定义以及单位圆上点的横、纵坐标之间的关系，发现并证明“同角三角函数的基本关系”，并能用于三角恒等变换.

教学过程

引导语：前面学习了三角函数的定义，根据已有的学习函数的经验，你认为接下来应研究三角函数的哪些问题？

师生活动：先由学生发言. 一般而言，学生会直接把问题指向“图象与性质”. 教师可以在肯定学生想法的基础上，指出三角函数的特殊性：

因为单位圆上点的坐标或坐标比值就是三角函数，而单位圆具有对称性，这种对称性反映到三角函数的取值规律上，就会呈现出比幂函数、指数函数和对数函数等更丰富的性质. 例如，我们可以从定义出发，结合单位圆的性质直接得到一些三角函数的性质.

【设计意图】明确研究的问题和思考方向. 一般地，学生不习惯于借助单位圆的性质研究三角函数的性质，所以需要教师的讲解和引导.

问题1　由三角函数的定义以及任意角α的终边与单位圆交点所在的象限，你能发现正弦函数、余弦函数和正切函数的值的符号有什么规律吗？如何用集合语言表示这种规律？

师生活动：由学生独立完成．用集合语言表示的结果是

当$\alpha \in \{\beta | 2k\pi < \beta < 2k\pi + \pi,\ k \in \mathbf{Z}\}$时，$\sin\alpha > 0$；

当$\alpha \in \{\beta | 2k\pi + \pi < \beta < 2k\pi + 2\pi,\ k \in \mathbf{Z}\}$时，$\sin\alpha < 0$；

当$\alpha \in \{\beta | \beta = k\pi,\ k \in \mathbf{Z}\}$时，$\sin\alpha = 0$．

其他两个函数也有类似结果．

【设计意图】在直角坐标系中标出三角函数值的符号规律不难，可由学生独立完成．用集合语言表示，可以复习象限角、终边相同的角的集合表示等．

例．求证：角θ为第三象限角的充要条件是

$$\begin{cases}\sin\theta < 0, & ① \\ \tan\theta > 0. & ②\end{cases}$$

师生活动：先引导学生明确问题的条件和结论，再由学生独立完成证明．

【设计意图】通过联系相关知识，培养学生的推理论证能力．

问题2　联系三角函数的定义、象限角以及终边相同的角的表示方法，你有什么发现？

师生活动：学生在问题引导下自主探究，发现诱导公式一．

追问　（1）观察诱导公式一，对三角函数的取值规律你有什么进一步的发现？它反映了圆的什么特性？

（2）你认为诱导公式一有什么作用？

【设计意图】引导学生通过建立相关知识的联系发现诱导公式一及其体现的三角函数周期性取值的规律，这是“单位圆上的点绕圆周旋转整数周仍然回到原来位置”的特征的反映．利用公式一可以把求任意角的三角函数值，转化为求$0\sim2\pi$角的三角函数值．同时，由公式一可以发现，只要讨论清楚三角函数在区间$[0,2\pi]$上的性质，那么三角函数在其整个定义域上的性质就清楚了．在此过程中，可以培养学生用联系的观点看待问题，发展直观想象等

素养.

问题3 诱导公式一表明，终边相同的角的同一三角函数的值相等. 因为三个三角函数的值都是由角的终边与单位圆的交点坐标所唯一确定的，所以它们之间一定有内在联系. 那么，终边相同的角的三个三角函数之间有什么关系呢？

师生活动：教师引导学生讨论，利用公式一，可以把问题转化为“同一个角的三个三角函数之间的关系”. 然后让学生自主探究，得出“同角三角函数的基本关系”.

【设计意图】“终边相同的角的三个三角函数的值都由单位圆上同一点的坐标所唯一确定，它们之间一定有内在联系”是发现问题的关键思想.由“终边相同的角的同一三角函数的值相等”引出“终边相同的角的不同三角函数之间有什么关系”的问题，再转化为“同一个角的三个三角函数之间关系”的研究，可以培养学生发现和提出问题的能力. 借助单位圆上点的坐标的意义，由三角函数定义可以直接得出“同角三角函数的基本关系”.

问题4 总结上述研究过程，你能说说我们是从哪些角度入手发现三角函数性质的？你认为还可以从哪些方面入手研究三角函数的性质？

师生活动：先由学生独立思考、交流、讨论，再由教师帮助学生总结.

【设计意图】引导学生归纳三角函数性质的表现方式，培养学生“数学的眼光”. 从三角函数的定义出发，借助单位圆，从三角函数值的符号规律、终边相同的角的三角函数的关系入手，发现诱导公式一和同角三角函数的基本关系. 自然而然地，我们还可以研究“终边不同的角的三角函数有什么关系”，结合圆的对称性，容易把研究方向指向“终边具有轴对称关系”“终边具有中心对称关系”或“终边具有某种特殊对称关系（如关于直线 $y=x$ 对称）”的角的三角函数的关系，这就是下一单元要研究的诱导公式二~五. 这是三角函数“与众不同”的性质.

第三课时　三角函数概念和基本性质的简单应用

教学目标

通过三角函数概念和基本性质的实际应用，加强对三角函数概念和基本性质的理解，发展数学运算素养.

教学过程

引导语：前面学习了三角函数的定义，由定义，结合单位圆的性质，我们发现了三角函数一些“与众不同”的性质. 下面我们利用这些知识解决一些问题.

1. 例题教学

例1. 确定下列三角函数值的符号，然后用计算器验证：

（1）$\cos 250°$；（2）$\sin\left(-\frac{\pi}{4}\right)$；（3）$\tan(-672°)$；（4）$\tan 3\pi$.

例2. 求下列三角函数值：

（1）$\sin 1\,480°10'$（精确到0.001）；（2）$\cos\frac{9\pi}{4}$；（3）$\tan\left(-\frac{11\pi}{6}\right)$.

例3. 已知$\sin\alpha=-\frac{3}{5}$，求$\cos\alpha$，$\tan\alpha$的值.

例4. 求证：$\frac{\cos x}{1-\sin x}=\frac{1+\sin x}{\cos x}$.

师生活动：以上都是教科书中的例题，难度不大，可以由学生独立完成，并作课堂展示. 教师可以鼓励学生采用不同的变形方法得出答案. 在用计算器验证时，提醒学生注意角度制的设置.

对于例3，在学生给出答案后，应该要求学生总结解题步骤，明确这类题目应该先根据条件判断角所在的象限，确定各三角函数值的符号，再利用基本关系求解. 在此基础上，可以让学生归纳用同角三角函数的基本关系求值的问题类型.

例4实际上是$\sin^2x+\cos^2x=1$的变形，采用分析法、综合法都可以证明，还可以从不同方向进行推导. 可以要求学生至少给出两种证明方法.

【设计意图】提高对三角函数基本性质的理解水平. 通过灵活运用性质的

训练，提升数学运算素养.

2. 课堂练习

（1）教科书第184页练习第1，2题；

（2）教科书第184页习题5.2第1，2，4（1）（2）题.

师生活动：上述题日都比较简单，学生解答完成后，公布答案自我检查即可.

【设计意图】检验学生对定义的理解情况，通过应用三角函数的基本性质解决一些简单问题，进一步理解这些性质.

3. 目标检测设计

（1）已知$\alpha=\frac{5\pi}{4}$，求α的终边与单位圆交点的横坐标，并求$\tan\alpha$的值.

【设计意图】考查三角函数的定义.

（2）求下列三角函数值：

$\cos\left(-\frac{23\pi}{6}\right)$；$\tan\frac{25\pi}{6}$.

【设计意图】考查诱导公式一、特殊角的三角函数值.

（3）角α的终边与单位圆的交点是Q，点Q的纵坐标是$\frac{1}{2}$，说出几个满足条件的角α.

【设计意图】考查正弦函数的定义、诱导公式一.

（4）点$P(3a,4a)$在角α终边上，说出$\sin\alpha$，$\cos\alpha$和$\tan\alpha$分别是多少.

【设计意图】考查三角函数的定义，感受数学推理的严密性.

（5）给出下列关系式：①$\sin\theta>0$，②$\sin\theta<0$，③$\cos\theta>0$，④$\cos\theta<0$，⑤$\tan\theta>0$，⑥$\tan\theta<0$.选择恰当的关系式序号填空：

角θ为第二象限角的充要条件是__________；

角θ为第三象限角的充要条件是__________.

【设计意图】考查三角函数值的符号规律.

（6）求证：$\tan 2\alpha-\sin 2\alpha=\tan 2\alpha\sin 2\alpha$.

【设计意图】考查同角三角函数的基本关系、代数变形能力.

4. 单元小结

教师引导学生回顾本单元学习内容，并完成下面各题：

(1) 概述本单元知识发生发展过程的基本脉络.

(2) 任意角三角函数的现实背景是什么？

(3) 叙述任意角三角函数的定义过程，说明任意角三角函数与锐角三角函数的区别与联系.

(4) 我们是如何发现诱导公式一和同角三角函数的基本关系的？在发现这些关系的过程中，有哪些值得总结的思想方法或有益经验？

师生活动：提出问题后，先让学生思考并作适当交流，再让学生发言，教师帮助完善.

【设计意图】(1) 基本脉络是“现实背景—获得研究对象—分析对应关系的本质—下定义—研究性质”，通过不断重复这一过程，使学生逐步掌握研究一个数学对象的基本框架.

(2) 明确三角函数的现实背景，可以使学生明白这类函数区别于其他基本初等函数的主要特征，为三角函数的应用奠定基础.

(3) 定义过程包括背景的简化、本质化，借助单位圆进行对应关系的分析，确认弧度制下角的集合 **R** 到区间 $[-1,1]$（角的终边与单位圆交点的横、纵坐标的取值范围）的对应关系是函数关系，引进符号表示函数 $\sin\alpha$、$\cos\alpha$ 的值，进而引进函数 $\tan\alpha$，完善函数的定义域，等等.

强调任意角三角函数与锐角三角函数的区别，主要是它们的研究背景（要解决的现实问题）不同，是两类完全不同的函数；建立它们的联系，可以把锐角三角函数纳入任意角三角函数的系统中（对角的取值范围作出限制即可），从而形成清晰的、可辨别的三角函数认知结构，有利于三角函数的应用.

(4) 对“如何发现性质”的反思，可以培养数学基本思想，积累基本活动经验，发展发现和提出问题的能力，这是落实数学学科核心素养的重要环节．

教学反思

本单元的教学设计是以一般观念为指导，以“问题串”的形式，呈现具体的问题情境，引导学生思考问题、解决问题、发现问题、提出问题等一系列思维连续活动，通过构建系列化教学活动，引领学生积极参与课堂学习，实现知识的构建与能力的提升．通过对现实问题的数学抽象获得数学研究对象，构建研究数学对象的基本路径，发现值得研究的数学问题，探寻解决问题的数学方法，获得有价值的数学结论，建立数学模型解决现实问题，充分发挥一般观念对数学创新活动的引导作用，使学生掌握抽象数学对象发现和提出数学问题的方法，以实现从“知其然”，到“知其所以然”，再到“何由知其所以然”的跨越．有些问题的铺设不一定是必须得到一个确切的答案，也可以是一种指引，引导学生积极探究或深层次的思考，为后续学习做铺垫．

教学中我觉得应关注如下几点：

①从定义出发；

②发挥单位圆的作用，从中体会“三角函数的性质是圆的几何性质的解析表示”的观点；

③三角函数与其他基本初等函数的最大不同点是它的周期性，由此并结合定义可以得到诱导公式一；三角函数是“一个背景定义三个函数”，因此可以预见它们一定有内在联系，而且可以相互转化，这是发现同角三角函数基本关系的指路明灯，其中蕴含的思想具有可迁移性，有利于提升核心素养．

另外，教学中有些内容应恰当地使用信息技术，用多媒体进行直观展示以提高教学效果．如为了加强学生对单位圆上点的坐标随角（圆心角）的变化而变化的直观感受，可以利用信息技术工具建立任意角、角的终边与单位圆的交点、角的旋转量、交点坐标等之间的关联．在教学中，可以动态改变角α的终边OP（P为终边与单位圆的交点）的位置，引导学生观察OP位置的变化所引起的点P坐标的变化规律，感受三角函数的本质，同时感受终边相同的角具有相同的三角函数值，以及各三角函数在各象限中符号的变化情况．

第三节　“三角恒等变换”单元教学解读与设计

一、教学设计基本要素分析

（一）学情分析

在本章前几节课中，我们已经引入了弧度制，为学习诱导公式做好了充分的准备，并且借助单位圆得到了三角函数的定义，按照研究问题的一般路径，该研究三角函数的性质了.实际上，三角函数的性质就是圆的几何性质的解析表达，圆的对称性又是圆最重要的性质. 对于诱导公式这部分内容，就单个知识点而言，比较好理解. 但是公式比较多，学生应用和记忆时会出现困难. 学生在理解“诱导公式是三角函数的性质”上可能有困难，而且学生在理解诱导公式时，总是有思维定式，以为α是锐角，于是导致解题时，通过角所在象限判断诱导公式的符号出错.

旋转对称性是圆最重要的特性，而三角恒等变换公式是圆的旋转对称性的解析表示，理解这个思路是学生所面临的一个困难. 我们说发现问题要比解决问题更难，学生如何在单位圆中利用圆的旋转对称性，自己提出问题，得出两角差的余弦公式也是另一问题，同时三角恒等变换公式的正用、逆用、变形用，学生在使用中仍有问题. 最后学生在综合利用三角函数的公式去解决综合类型的题目时，需要体会其内涵，弄清本质，才能更好地提高核心素养.

(二)教学分析

1. 在学习过程中引导学生从整体上把握三角函数

为了体现整体思想，教科书按照课程标准的要求安排内容，并注重体现内容之间的有机衔接. 教科书按照“事实（周期性现象）—角与弧度—数学对象（三角函数的定义）—图象与性质（周期性、单调性、奇偶性、最大值与最小值等）—三角恒等变换—联系—应用”的结构来展开.

诱导公式的学习为本单元的学习埋下了伏笔. 本单元的学习始于对诱导公式特征的观察，及所刻画的圆的性质具有特殊性的分析，在此基础上，自然而然提出：一般化之后，可以研究什么问题?

2. 突出数学思想方法，提升学生数学核心素养

类比、联系、特殊化、推广、化归等是数学研究的常用方法. 本单元努力引导学生学习这些方法. 在两角差的余弦公式这一关键性问题的解决中体现了数形结合思想的应用；由两角差的余弦公式推导出两角和与差的三角函数的其他公式，由和（差）公式推导出二倍角的正弦、余弦和正切公式的过程中，体现了化归思想；在应用公式进行恒等变换的过程中，渗透了观察、类比、推广、特殊化、化归等思考方法；研究函数的线索展开，体现了从简单到复杂、由特殊到一般的思考方法.

3. 课堂上，通过设计一系列问题串、探究式学习、小组合作等形式，使得以公式$C_{(\alpha-\beta)}$为核心，将所有公式系统化. 从单元整体的角度看，诱导公式与两角差公式之间的特殊与一般的关系. 6个诱导公式都可以看成公式$C_{(\alpha-\beta)}$中当α或β取特殊值时的情况，即诱导公式反映的是圆的特殊对称性.

和角、差角、倍角的三角函数之间存在紧密的联系，因此不必孤立地去一一推导这些公式，只要推导出一个公式作为基础，再利用这种联系性，用逻辑推理的方法就可以得到其他公式.

从单元设计的角度看，深入挖掘公式之间的联系，适时地设计问题引导学生分析已有公式之间的内在联系. 在完成推导之后，进一步设计问题，引导学生画出这些公式之间的关系图，将隐性的线索显性化，提升学生的逻辑思维能力，帮助学生真正理解公式之间的关系，并利用这种关系记忆、推导.

二、单元课时设计

第一课时　两角差的余弦公式

教学目标

1. 经历推导两角差的余弦公式的过程，发展学生的逻辑推理素养.

2. 掌握公式$C_{(\alpha-\beta)}$，初步体会公式$C_{(\alpha-\beta)}$的意义，发展学生逻辑推理、数学运算素养.

教学过程

1．整体感知

引导语：本节我们主要的研究内容是三角恒等变换，即在不改变含有三角函数的式子的值的前提下，对式子进行变形．三角恒等变换在求值、化简、证明中有着十分广泛的应用．之前我们学习过的同角三角函数的关系和诱导公式，都是三角恒等变换的重要工具．今天我们在此基础上学习新的恒等变换公式．

问题1　我们之前学习过诱导公式，它们的共同点是，等号左侧都是一个终边落在坐标轴上的特殊角与一个任意角的和或差，现在，我们希望将它们一般化，得到新的公式．你认为新公式应具备怎样的特点？

预设的师生活动：学生思考并回答，教师进行引导并排除不合理的回答．

预设答案：新公式应该含有两个任意角的和或差．

【设计意图】对诱导公式进行梳理归纳，引出任意两个角的和与差，为后续的学习和研究指明方向．同时，指明了诱导公式与即将研究的和角、差角公式之间是特殊与一般的关系．

问题2　之前我们利用圆的对称性证明了诱导公式，你还记得当时我们证明诱导公式的思路和步骤吗？

预设的师生活动：学生回顾并回答，教师可酌情引导学生复习回顾．

预设答案：第一步，从“形”的角度出发，找到相互对称的两个角的终边关系；第二步，从“数”的角度考虑，写出单位圆上相互对称的点的坐标；第三步，“数形”融合，将前两步的结果整合，得出结论．

【设计意图】回顾诱导公式的证明思路，可供随后探究差角的余弦公式时参考借鉴．

2．新知探究

问题1　先前我们在单位圆中利用圆的对称性推导出诱导公式，下面我们继续借助单位圆，采用同样的思路研究含有两个任意角α，β的三角恒等变形公式．首先，我们考虑两个任意角终边不重合时的情形．如果已知任意角

α，β的正弦、余弦，那么$\cos(\alpha-\beta)$与它们有什么关系呢？

【设计意图】这个问题直接指向本课时的核心内容，但学生暂时难以解答，故通过以下追问引导学生逐步接近答案.

追问1　首先我们从“形”的角度出发，你认为该问题涉及的基本角有哪些？请你将它们连同单位圆一起画在坐标系中，将重要的点标注出来，并观察图形，你能发现哪些可能有用的等量关系？

预设答案：如图6.3-1，基本角为α，β，$\alpha-\beta$，重要的点包括三个角的终边与单位圆的交点（依次记为P_1，A_1，P），始边与单位圆的交点为A. 可能有用的等量关系是$P_1A_1=PA$.

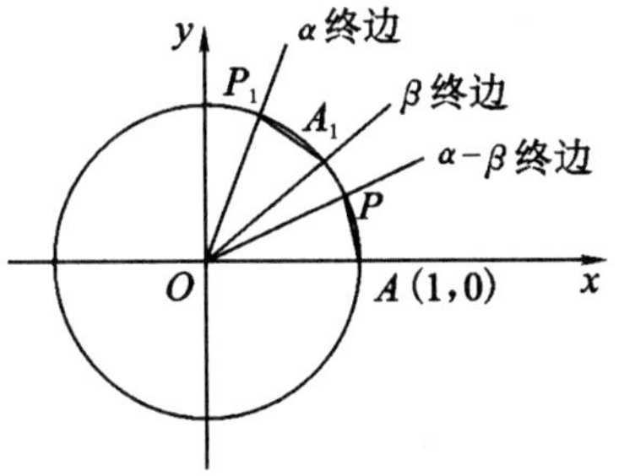

图6.3-1

师生活动：学生按照要求作图，并寻找等量关系，若寻找时遇到困难，教师演示动态几何图形，帮助并引导学生发现$P_1A_1=PA$，或找多名同学展示他们作出的图形，让学生们根据多幅图形寻找共同规律. 此外，学生可能在此环节得到其他“没用”的等量关系，教师亦可收集起来，与学生们探讨其是否“有用”，最终将其他“没用”的等量关系剔除掉.

【设计意图】引导学生发现推导出公式$C_{(\alpha-\beta)}$的关键步骤：$P_1A_1=PA$.

追问2　你能证明这个等量关系吗？

预设的师生活动：教师演示动态图形，验证猜想的正确性不会随着角α，β终边位置的改变而改变. 学生通过思考或交流，完成证明. 如果必要的话，教师可以简单介绍圆的各种对称性（包括圆的旋转对称性在内）作为提示.

预设答案：可以借助圆的旋转对称性证明$\overset{\frown}{A_1P_1}=\overset{\frown}{AP}$，进而得到$A_1P_1=AP$；可以借助圆的旋转对称性证明$\triangle OAP\cong\triangle OA_1P_1$，进而得到$AP=A_1P_1$；或者直接利用圆的旋转对称性证明线段$A_1P_1$的端点在旋转后分别与点$A,P$重合，从而得到$AP=A_1P_1$.

【设计意图】引导学生借助圆的旋转对称性完成关键步骤$AP=A_1P_1$的证明.

追问3　接下来，我们从“数”的角度考虑，你能写出刚刚得到的几何等量关系式中出现过的点的坐标吗?

预设的师生活动：学生按照要求写出坐标，教师演示动态图形，指出各点的坐标不会随着α，β终边位置的变化而变化.

预设答案：$P_1(\cos\alpha,\ \sin\alpha)$，$A_1(\cos\beta,\ \sin\beta)$，$P\left(\cos(\alpha-\beta),\ \sin(\alpha-\beta)\right)$，$A(1,\ 0)$.

【设计意图】参照先前发现并证明诱导公式的思路，按部就班地进行操作. 同时也在为将来学习平面解析几何提供预备性体验.

追问4　已知平面直角坐标系上任意两点$P_1\left(x_1,y_1\right)$，$P_2\left(x_2,y_2\right)$，则点P_1，P_2之间的距离公式为$P_1P_2=\sqrt{\left(x_2-x_1\right)^2+\left(y_2-y_1\right)^2}$. 借助以上“两点间的距离公式”，融合以上“形”与“数”的探究，你能得到什么结论?

预设的师生活动：教师可运用勾股定理对距离公式进行简单的推导. 学生综合各方面信息进行演算，教师可指派若干学生对其结果进行交流展示.

预设答案：根据两点间距离公式，结合$P_1A_1=PA$，有

$$\sqrt{\left(\cos\alpha-\cos\beta\right)^2+\left(\sin\alpha-\sin\beta\right)^2}=\sqrt{\left[\cos\left(a-\beta\right)-1\right]^2+\left[\sin\left(\alpha-\beta\right)-0\right]^2},$$

整理得$\cos\left(\alpha-\beta\right)=\cos\alpha\cos\beta+\sin\alpha\sin\beta$.　(*)

【设计意图】通过一系列追问作为引导，彻底完成问题3的解答.

问题2　如果两个任意角终边重合，上述结论成立吗?

预设答案：当角α，β终边重合时，$\cos\alpha=\cos\beta$，$\sin\alpha=\sin\beta$，此时等式（*）左侧$=\cos 2k\pi=1$，右侧$=\sin^2\alpha+\cos^2\alpha=1$，左右两侧的值相等，因

此上述结论仍然成立.

【设计意图】完成公式另一种情况的论证. 在这个过程中，也体现了分类与整合的数学思想，有利于培养学生严谨的思维习惯.

教师讲解：综合问题3与问题4的结果，可知$\cos(\alpha-\beta)=\cos\alpha\cos\beta+\sin\alpha\sin\beta$对任意角$\alpha$，$\beta$均成立. 此公式给出了任意角$\alpha$，$\beta$的正弦、余弦与其差角$\alpha-\beta$的余弦之间的关系，称为差角的余弦公式，简记作$C_{(\alpha-\beta)}$.

例1. 利用公式$C_{(\alpha-\beta)}$证明：

（1）$\cos(\pi-x)=-\cos x$；　（2）$\cos\left(\dfrac{\pi}{2}-x\right)=\sin x$；

（3）$\cos(-x)=\cos x$；　（4）$\cos(\pi+x)=-\cos x$.

预设的师生活动：可以叫四位同学在黑板上做，然后教师点评.

预设答案：

证明：（1）将公式$C_{(\alpha-\beta)}$中的α，β分别替换为π，x，

得$\cos(\pi-x)=\cos\pi\cos x+\sin\pi\sin x=-\cos x$；

（2）将公式$C_{(\alpha-\beta)}$中的α，β分别替换为$\dfrac{\pi}{2}$，x，

得$\cos\left(\dfrac{\pi}{2}-x\right)=\cos\dfrac{\pi}{2}\cos x+\sin\dfrac{\pi}{2}\sin x=\sin x$；

（3）将公式$C_{(\alpha-\beta)}$中的α，β分别替换为0，x，

得$\cos(-x)=\cos(0-x)=\cos 0\cos x+\sin 0\sin x=\cos x$；

（4）将公式$C_{(\alpha-\beta)}$中的α，β分别替换为π，$-x$，

得$\cos(\pi+x)=\cos[\pi-(-x)]=\cos\pi\cos(-x)+\sin\pi\sin(-x)=-\cos x$.

【设计意图】（1）（2）为公式$C_{(\alpha-\beta)}$的直接套用，可加强学生对公式的熟悉程度；（3）只需将$-x$看作$0-x$即可；（4）需将公式$C_{(\alpha-\beta)}$中的α，β分别替换为π，$-x$，这为下一课时中的公式$C_{(\alpha+\beta)}$的证明做好铺垫. 以上诱导公式虽在之前已经证明，但在此由公式$C_{(\alpha-\beta)}$为出发点再次进行推证原因有二：一是新证法更加简捷明了，二是凸显出公式$C_{(\alpha-\beta)}$的重要意义.

问题3　结合例1可见，两角差的余弦公式中，含有两个任意角，这与我们之前学习的诱导公式（含有一个任意角和一个特殊角）相比，具有更高的自由度．由此你能解读诱导公式与公式$C_{(\alpha-\beta)}$之间的关系吗？试一试．

预设的师生活动：学生思考并交流后，交流展示，教师对学生们的回答进行梳理总结，最终形成比较完备的答案．

预设答案：

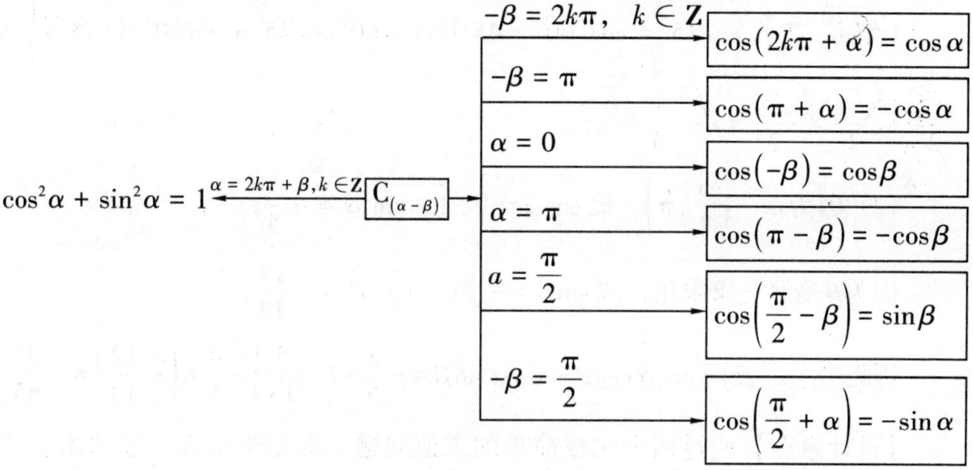

【设计意图】对诱导公式和差角公式的关系进行梳理，帮助学生厘清两者之间的关系，培养学生辩证分析问题的能力．

例2．利用公式$C_{(\alpha-\beta)}$答题：

（1）计算$\cos 15^\circ$的值；

（2）已知$\sin\alpha=\frac{4}{5}$，$\alpha\in\left(\frac{\pi}{2},\pi\right)$，$\cos\beta=-\frac{5}{13}$，$\beta$是第三象限角，求$\cos(\alpha-\beta)$的值．

追问　（1）中的角度并不是差的形式，你打算如何利用$C_{(\alpha-\beta)}$完成计算？（2）中$\cos\alpha\sin\beta$并没有直接给出，我们如何利用公式$C_{(\alpha-\beta)}$求得$\cos(\alpha-\beta)$的值？

预设答案：对于（1），我们可以把15°化成我们熟悉的$30^\circ,45^\circ,60^\circ$等特

殊角之中某两个角的差的形式，再利用公式$C_{(\alpha-\beta)}$求解；对于（2）题，可以借助同角三角函数关系求出$\cos\alpha$，$\sin\beta$，进而利用公式$C_{\alpha-\beta}$求解$\cos(\alpha-\beta)$.

解：（1）（解法一）$\cos 15^\circ=\cos(45^\circ-30^\circ)=\cos 45^\circ\cos 30^\circ+\sin 45^\circ\times\sin 30^\circ=\frac{\sqrt{2}}{2}\times\frac{\sqrt{3}}{2}+\frac{\sqrt{2}}{2}\times\frac{1}{2}=\frac{\sqrt{6}+\sqrt{2}}{4}$；

（解法二）$\cos 15^\circ=\cos(60^\circ-45^\circ)=\cos 60^\circ\cos 45^\circ+\sin 60^\circ\sin 45^\circ=\frac{1}{2}\times\frac{\sqrt{2}}{2}+\frac{\sqrt{3}}{2}\times\frac{\sqrt{2}}{2}=\frac{\sqrt{2}+\sqrt{6}}{4}$；

（2）因为$\alpha\in\left(\frac{\pi}{2},\pi\right)$，故$\cos\alpha=-\sqrt{1-\sin^2\alpha}=-\frac{3}{5}$，

因为β是第三象限角，故$\sin\beta=-\sqrt{1-\cos^2\beta}=-\frac{12}{13}$，

因此$\cos(\alpha-\beta)=\cos\alpha\cos\beta+\sin\alpha\sin\beta=-\frac{3}{5}\times\left(-\frac{5}{13}\right)+\frac{4}{5}\times\left(-\frac{12}{13}\right)=-\frac{33}{65}$.

【设计意图】通过两个比较简单的求值问题，促使学生进一步熟悉公式$C_{(\alpha-\beta)}$，能利用公式$C_{(\alpha-\beta)}$解决简单的三角恒等变换问题.

3. 归纳小结

问题　请你回顾本节课的内容，思考以下问题：

本课时出现过的那些性质、公式、定理，它们之间具有怎样的推出关系？叙述公式$C_{(\alpha-\beta)}$，你在使用公式解决问题时有哪些心得体会？此外你还有哪些感悟？

预设的师生活动：学生进行归纳、思考并回答.

预设答案：$\left.\begin{array}{r}\text{圆的旋转对称性}\\ \text{勾股定理}\Rightarrow\text{两点间的距离公式}\end{array}\right\}\Rightarrow C_{(\alpha-\beta)}\Rightarrow$诱导公式.

利用$C_{(\alpha-\beta)}$时，由于α，β均为任意角，故可以代换成任意值，包括零、特殊角、负角等. $\cos(\alpha-\beta)$需要$\sin\alpha$，$\cos\alpha$，$\sin\beta$，$\cos\beta$四个值齐备时方可算出，缺一不可，若有所缺，往往可以借助同角三角函数关系算出所缺的

数值. 公式$C_{(\alpha-\beta)}$中含有两个任意角，是诱导公式更上位的公式，可以推导出诱导公式；先从“形”的角度出发，再从“数”的角度考虑，最后融合“数”与“形”，似乎是一种探究数形关系的有效策略.

【设计意图】回顾反思，在头脑中形成思维网络.

4. 作业布置

教科书习题5.5第1，2，3题.

5. 目标检测设计

（1）已知$\sin\theta=\frac{15}{17}$，θ是第二象限角，求$\cos\left(\theta-\frac{\pi}{3}\right)$的值.

（2）已知$\frac{\pi}{2}<\alpha<\pi<\beta<\frac{3\pi}{2}$，且$\sin\alpha=\frac{2}{3}$，$\cos\beta=-\frac{3}{4}$，求$\cos(\alpha-\beta)$的值.

预设答案：（1）$\frac{15\sqrt{3}-8}{34}$；（2）$\frac{3\sqrt{5}-2\sqrt{7}}{12}$.

【设计意图】通过两个比较简单的求值问题，促使学生巩固同角三角函数关系及公式$C_{(\alpha-\beta)}$，提升数学运算素养. 可对学生是否达到目标“能否运用公式$C_{(\alpha-\beta)}$解决简单的三角恒等变换问题”提供评测依据.

第二课时　两角和与差的正弦、余弦、正切公式

教学目标

1. 经历借助$C_{(\alpha-\beta)}$公式推导$C_{(\alpha+\beta)}$，$S_{(\alpha\pm\beta)}$，$T_{(\alpha\pm\beta)}$公式的过程，进一步体会公式$C_{(\alpha-\beta)}$的意义，发展学生逻辑推理素养.

2. 掌握$C_{(\alpha+\beta)}$，$S_{(\alpha\pm\beta)}$，$T_{(\alpha\pm\beta)}$等公式，发展学生逻辑推理、数学运算素养.

教学过程

1. 整体感知

引导语：前一节课我们根据三角函数的定义及圆的旋转对称性，借助两

点间距离的坐标公式推导出了公式$C_{(\alpha-\beta)}$，这节课我们将继续探究如何用任意角α，β的三角函数表示$\cos(\alpha+\beta)$，$\sin(\alpha\pm\beta)$，$\tan(\alpha\pm\beta)$.

2. 新知探究

问题1　你能依据$\alpha+\beta$与$\alpha-\beta$之间的联系，利用公式$C_{(\alpha\ \ \beta)}$，推导出两角和的余弦公式吗？

预设的师生活动：学生讲解其证明思路及具体证明过程，教师进行适当点拨.

预设答案：$\cos(\alpha+\beta)=\cos\alpha\cos\beta-\sin\alpha\sin\beta$（简记为$C_{(\alpha+\beta)}$）.

【设计意图】引导学生对解决目标与已学公式对比分析，寻找差异，获得新知.

问题2　我们已经得到了两角和与差的余弦公式，那么怎样利用已推出的公式得到正弦公式呢？以前学过的哪个公式可以实现正弦、余弦的转化呢？请你试一试.

预设的师生活动：学生思考之后按自己的想法完成证明. 教师巡视，对感到困难的学生进行引导，收集学生们的不同证法，并找相应的学生展示其证法.

预设答案：利用诱导公式五、六可以实现正弦与余弦的转化. 证明如下：

$$\because\ \sin(\alpha-\beta)=\cos\left[\frac{\pi}{2}-(\alpha-\beta)\right]=\cos\left[\left(\frac{\pi}{2}-\alpha\right)+\beta\right]$$

$$=\cos\left(\frac{\pi}{2}-a\right)\cos\beta-\sin\left(\frac{\pi}{2}-\alpha\right)\sin\beta$$

$$=\sin\alpha\cos\beta-\cos\alpha\sin\beta,$$

$\therefore\ \sin(\alpha-\beta)=\sin\alpha\cos\beta-\cos\alpha\sin\beta$（简记为$S_{(\alpha-\beta)}$）.

以上只是其中一种证法.

【设计意图】引导学生根据目前的公式与新目标之间的差异，制订方案，完成新公式的推导.

问题3　你能根据正切函数与正弦函数、余弦函数的关系，从$S_{(\alpha\pm\beta)}$，

$C_{(\alpha\pm\beta)}$出发，推导出用任意角α，β的正切表示$\tan(\alpha+\beta)$，$\tan(\alpha-\beta)$的公式吗？

预设的师生活动：学生思考之后按自己的想法完成证明并展示．

预设答案：证明顺序有两种，即先证和角正切公式，或先证差角正切公式；先证的公式直接由相应角的正弦与余弦相除即可，后证的公式除相除之外，还可以借助先证出的公式证明．如先证和角正切：

$$\tan(\alpha+\beta)=\frac{\sin(\alpha+\beta)}{\cos(\alpha+\beta)}=\frac{\sin\alpha\cos\beta+\cos\alpha\sin\beta}{\cos\alpha\cos\beta-\sin\alpha\sin\beta}$$

$$=\frac{\dfrac{\sin\alpha\cos\beta}{\cos\alpha\cos\beta}+\dfrac{\cos\alpha\sin\beta}{\cos\alpha\cos\beta}}{\dfrac{\cos\alpha\cos\beta}{\cos\alpha\cos\beta}-\dfrac{\sin\alpha\sin\beta}{\cos\alpha\cos\beta}}=\frac{\tan\alpha+\tan\beta}{1-\tan\alpha\tan\beta},$$

$\tan(\alpha+\beta)=\dfrac{\tan\alpha+\tan\beta}{1-\tan\alpha\tan\beta}$（简记作$T_{\alpha+\beta}$）．

随后将β替换为$-\beta$，即可得到$\tan(\alpha-\beta)=\dfrac{\tan\alpha+\tan(-\beta)}{1-\tan\alpha\tan(-\beta)}=\dfrac{\tan\alpha-\tan\beta}{1+\tan\alpha\tan\beta}$（简记作$T_{\alpha-\beta}$）．

公式$S_{(\alpha+\beta)}$，$C_{(\alpha+\beta)}$，$T_{(\alpha+\beta)}$给出了任意角α，β的三角函数值与其和角的三角函数值之间的关系．为方便起见，我们把这三个公式都叫做和角公式．类似地，$S_{(\alpha-\beta)}$，$C_{(\alpha-\beta)}$，$T_{(\alpha-\beta)}$都叫做差角公式．

【设计意图】通过已推导出的公式获得更多的公式，在此过程中，学会用联系的思维方式，提升学生分析问题、解决问题的能力，发展逻辑推理素养．

例1．已知$\sin\alpha=-\dfrac{3}{5}$，α是第四象限角，求$\sin\left(\dfrac{\pi}{4}-\alpha\right)$，$\cos\left(\dfrac{\pi}{4}+\alpha\right)$，$\tan\left(\alpha-\dfrac{\pi}{4}\right)$的值．

追问1　题目中给出了几个条件？你能否由这些条件出发得到新的条件？为了得到题目要求出的三个数值，我们需要借助什么工具？需要哪些数据？

这些数据是否已经出现在已知条件中或可由已知条件推出？

预设答案：两个条件，即角α的正弦值与角α终边所在的象限. 可以根据这些条件算出α的余弦值与正切值. 为了求出所求数据，需借助和角公式与差角公式. 需要的数据是α的正弦值、余弦值、正切值，以及$\frac{\pi}{4}$的正弦值、余弦值、正切值. 这些数据均可从条件中轻易推出.

解：由$\sin\alpha=-\frac{3}{5}$，α是第四象限角，得$\cos\alpha=\sqrt{1-\sin^2\alpha}=\sqrt{1-\left(-\frac{3}{5}\right)^2}=\frac{4}{5}$，

所以$\tan\alpha=\frac{\sin\alpha}{\cos\alpha}=\frac{-\frac{3}{5}}{\frac{4}{5}}=-\frac{3}{4}$.

于是有$\sin\left(\frac{\pi}{4}-\alpha\right)=\sin\frac{\pi}{4}\cos\alpha-\cos\frac{\pi}{4}\sin\alpha=\frac{\sqrt{2}}{2}\times\frac{4}{5}-\frac{\sqrt{2}}{2}\times\left(-\frac{3}{5}\right)=\frac{7\sqrt{2}}{10}$；

$\cos\left(\frac{\pi}{4}+\alpha\right)=\cos\frac{\pi}{4}\cos\alpha-\sin\frac{\pi}{4}\sin\alpha=\frac{\sqrt{2}}{2}\times\frac{4}{5}-\frac{\sqrt{2}}{2}\times\left(-\frac{3}{5}\right)=\frac{7\sqrt{2}}{10}$；

$\tan\left(\alpha-\frac{\pi}{4}\right)=\frac{\tan\alpha-\tan\frac{\pi}{4}}{1+\tan\alpha\tan\frac{\pi}{4}}=\frac{\tan\alpha-1}{1+\tan\alpha}=\frac{-\frac{3}{4}-1}{1+\left(-\frac{3}{4}\right)}=-7$.

【设计意图】本题目条件简单，问题明确，可加强学生对新学公式的认知程度. 另外，本题目有利于培养学生分析问题和解决问题的良好思维习惯，即先认真分析条件，适度拓展条件，再明确任务，了解前进的方向，联想解决问题需要的工具（公式、定理等）、数据，再将这些所需的条件与已知条件及拓展条件相联系，逐步拉近已知条件与待求结论的距离.

追问2　如果去掉“α是第四象限角”这个条件，则答案如何？

预设答案：正确答案是，当α是第三象限角时，所求的三个三角函数值依次是$-\frac{\sqrt{2}}{10}$，$-\frac{\sqrt{2}}{10}$，$-\frac{1}{7}$；当α是第四象限角时，所求的三个三角函数值依次是$\frac{7\sqrt{2}}{10}$，$\frac{7\sqrt{2}}{10}$，-7. 但有些学生可能会错误表达为$\sin\left(\frac{\pi}{4}-\alpha\right)$的值为$-\frac{\sqrt{2}}{10}$

或$\frac{7\sqrt{2}}{10}$，$\cos\left(\frac{\pi}{4}+\alpha\right)$的值为$-\frac{\sqrt{2}}{10}$或$\frac{7\sqrt{2}}{10}$，$\tan\left(\alpha-\frac{\pi}{4}\right)$的值为$-\frac{1}{7}$或$-7$. 这种错误的表述方式增加了搭配的可能性，解答的准确性大幅下降，教师若发现学生存在这样的表达方式，应及时指出.

【设计意图】对题目作简单的变式，一方面可以让学生巩固相关公式，重视分类与整合的数学思想，另一方面为培养学生表述问题的准确性提供了机会，同时也对追问3做了铺垫.

追问3　观察追问2两种情况下的答案，你有什么发现？在本题条件下有$\sin\left(\frac{\pi}{4}-\alpha\right)=\cos\left(\frac{\pi}{4}+\alpha\right)$. 那么对于任意角$\alpha$，此等式成立吗？若成立，你会用几种方法予以证明？

预设答案：等式对任意角α都成立. 证明方法有多种，如等号左右两侧分别用$S_{(\alpha-\beta)}$，$C_{(\alpha+\beta)}$展开后比较；将$\frac{\pi}{4}-\alpha$或者$\frac{\pi}{4}+\alpha$换元，然后借助诱导公式即可证明.

【设计意图】通过延伸问题，培养学生“观察现象—提出问题—解决问题”的科学思维品质，鼓励学生多观察、多思考、多提问. 激发学生的发散性思维，一题多解.

例2. 利用和（差）角公式计算下列各式的值：

（1）$\sin 72^\circ\cos 42^\circ-\cos 72^\circ\sin 42^\circ$；

（2）$\cos 20^\circ\cos 70^\circ-\sin 20^\circ\sin 70^\circ$；

（3）$\sin 66^\circ\sin 54^\circ-\sin 36^\circ\sin 24^\circ$；

（4）$\frac{1+\tan 15^\circ}{1-\tan 15^\circ}$.

追问　以上4个算式有什么结构特征？你是否在某些公式中见到过这样的结构特征？

预设答案：前3个算式中都含有四个三角函数值，其中两个的乘积与另外两个的乘积作差，在正弦、余弦的和角与差角公式的等号右侧有过类似的结构特征；第4个算式中仅含正切值，为分式形式，且分母中有常数1，与和角正切公式结构相似.

【设计意图】引导学生发现题目的结构特征，并联想相关公式，为解决问题提供了方向与线索.

解：(1) 由公式$S_{(\alpha-\beta)}$，得$\sin 72^\circ\cos 42^\circ-\cos 72^\circ\sin 42^\circ=\sin(72^\circ-42^\circ)=\sin 30^\circ=\frac{1}{2}$.

(2) 由公式$C_{(\alpha+\beta)}$，得$\cos 20^\circ\cos 70^\circ-\sin 20^\circ\sin 70^\circ=\cos(20^\circ+70^\circ)=\cos 90^\circ=0$.

(3)(方法一) $\sin 66^\circ\sin 54^\circ-\sin 36^\circ\sin 24^\circ=\cos 24^\circ\cos 36^\circ-\sin 36^\circ\sin 24^\circ$，

由公式$C_{(\alpha+\beta)}$，原式$=\cos(36^\circ+24^\circ)=\cos 60^\circ=\frac{1}{2}$；

(方法二) $\sin 66^\circ\sin 54^\circ-\sin 36^\circ\sin 24^\circ=\sin 66^\circ\cos 36^\circ-\cos 66^\circ\sin 36^\circ$，

由公式$S_{(\alpha-\beta)}$，原式$=\sin(66^\circ-36^\circ)=\sin 30^\circ=\frac{1}{2}$.

(4) 由公式$T_{(\alpha+\beta)}$及$\tan 45^\circ=1$，得$\frac{1+\tan 15^\circ}{1-\tan 15^\circ}=\frac{\tan 45^\circ+\tan 15^\circ}{1-\tan 45^\circ\tan 15^\circ}=\tan(45^\circ+15^\circ)=\tan 60^\circ=\sqrt{3}$.

【设计意图】本题目主要考查公式的逆用，即从公式的右侧出发，变形到左侧的恒等变换方式．适度训练之后，学生对公式会有更全面、更深刻的理解．本题目中的(1)(2)是简单的公式反用，(3)的灵活度上了一个台阶，学生需要借助诱导公式，变更函数名称，以凑成公式右侧的形式，再加以解决.解答(4)时，需要以退为进，逆向化归，将1代换成$\tan 45^\circ$，这个变形技巧在例1中出现过，已经做了铺垫.

3. 归纳小结

问题　这两节课中出现了很多性质和公式，它们之间具有怎样的推出关系？你能画一个结构图来反映这种情况吗？你在使用这些公式解决问题时有哪些心得体会？

预设的师生活动：学生归纳、思考并回答.

预设答案：

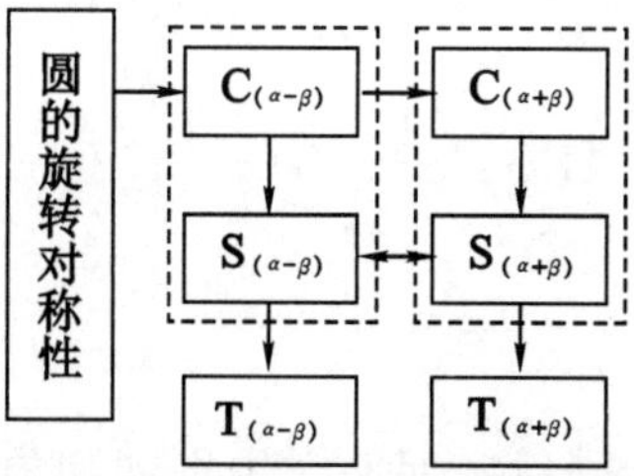

公式中的α，β均为任意角，故可以代换成任意值，包括零、特殊角，甚至可以是两个任意角的和或差；公式$S_{(\alpha\pm\beta)}$，$C_{(\alpha\pm\beta)}$均需要$\sin\alpha$，$\cos\alpha$，$\sin\beta$，$\cos\beta$四个值齐备时方可使用，缺一不可，必要时需要从公式的右侧变形化简成左侧的形式；公式$T_{(\alpha\pm\beta)}$中，若α，β之中有一个是$\frac{\pi}{4}$，则公式的结构会更简洁.

【设计意图】回顾反思，在头脑中形成思维网络.

4. 作业布置

教科书习题5.5第4，5，6，13题.

5. 目标检测设计

（1）①已知$\cos\theta=-\frac{3}{5}$，$\theta\in\left(\frac{\pi}{2},\ \pi\right)$，求$\sin\left(\theta+\frac{\pi}{3}\right)$的值；

②已知$\sin\theta=-\frac{12}{13}$，且$\theta$是第三象限角，求$\cos\left(\frac{\pi}{6}+\theta\right)$的值；

③已知$\tan\alpha=3$，求$\tan\left(\alpha+\frac{\pi}{4}\right)$的值.

（2）求下列各式的值：

①$\sin 72^\circ\cos 18^\circ+\cos 72^\circ\sin 18^\circ$；　　②$\cos 72^\circ\cos 12^\circ+\sin 72^\circ\sin 12^\circ$；

③$\frac{\tan 12^\circ+\tan 33^\circ}{1-\tan 12^\circ\tan 33^\circ}$；　　④$\cos 74^\circ\sin 14^\circ-\sin 74^\circ\cos 14^\circ$；

⑤$\sin 34^\circ\sin 26^\circ-\cos 34^\circ\cos 26^\circ$；　　⑥$\sin 20^\circ\cos 110^\circ+\cos 160^\circ\sin 70^\circ$.

（3）已知$\sin(\alpha-\beta)\cos\alpha-\cos(\beta-\alpha)\sin\alpha=\frac{3}{5}$，且$\beta$是第三象限角，求$\sin\left(\beta+\frac{5\pi}{4}\right)$的值.

预设答案：(1) ① $\frac{4-3\sqrt{3}}{10}$；② $\frac{12-5\sqrt{3}}{26}$；③ -2.

(2) ①1；② $\frac{1}{2}$；③1；④ $-\frac{\sqrt{3}}{2}$；⑤ $-\frac{1}{2}$；⑥ -1.

(3) $\frac{7\sqrt{2}}{10}$.

【设计意图】通过若干题目，促使学生巩固和角公式与差角公式，并能从正用或者逆用两个方向着手运用公式解决问题，提升学生逻辑推理与数学运算素养.

第三课时　二倍角的正弦、余弦、正切公式

教学目标

1. 经历从和角公式推导二倍角公式的过程，体会公式 $C_{(\alpha-\beta)}$ 的意义，发展学生逻辑推理素养.

2. 掌握公式 $S_{2\alpha}$，$C_{2\alpha}$，$T_{2\alpha}$ 及其变形，发展学生逻辑推理、数学运算素养.

教学过程

1. 整体感知

引导语：以公式 $C_{(\alpha-\beta)}$ 为基础，我们已经得到六个和（差）角公式，下面将以和（差）角公式为基础来推导倍角公式.

2. 新知探究

问题 1　你能利用 $S_{(\alpha\pm\beta)}$，$C_{(\alpha\pm\beta)}$，$T_{(\alpha\pm\beta)}$ 推导出 $\sin 2\alpha$，$\cos 2\alpha$，$\tan 2\alpha$ 的公式吗？你能用不同的方法推出这些公式吗？

预设的师生活动：学生独立进行推导，教师巡视并收集学生的不同证法，或请学生将不同的证法列举在黑板上.

预设答案：这里不同的证法主要体现在两个方面：一是推导的依据具有多样性，例如可以将 $S_{(\alpha+\beta)}$ 中的 β 替换为 α 推得 $S_{2\alpha}$，也可以将 $S_{(\alpha-\beta)}$ 中的 β 替换为 $-\alpha$ 推得 $S_{2\alpha}$. 而推导公式 $T_{2\alpha}$ 时，可以从 $T_{(\alpha+\beta)}$ 出发，也可以由 $S_{2\alpha}$，$C_{2\alpha}$ 合

作推出；二是推导的顺序具有多样性，学生可以自行设计三个二倍角公式的证明顺序，由于推导其中最后一个公式时可以借助已推出的两个公式，因此不同的顺序可能会导致最后一步有所差异.

$$\sin 2\alpha = 2\sin\alpha\cos\alpha,\quad \cos 2\alpha = \cos^2\alpha - \sin^2\alpha,\quad \tan 2\alpha = \frac{2\tan\alpha}{1-\tan^2\alpha}.$$

这三个公式分别简记为$S_{2\alpha}$，$C_{2\alpha}$，$T_{2\alpha}$.

【设计意图】给学生一定的自由度，由学生自己制订计划，并完成二倍角公式的证明.

追问　如果要求二倍角的余弦公式$(C_{2\alpha})$中仅含α的正弦或余弦，那么你能得到怎样的结论？

预设的师生活动：学生独立进行推导.

预设答案：$\cos 2\alpha = 1 - 2\sin^2\alpha$，$\cos 2\alpha = 2\cos^2\alpha - 1$.

【设计意图】引导学生发现公式$C_{2\alpha}$的两种变形形式，为下一课时半角公式做好铺垫.

说明：以上五个公式都叫做二倍角公式，或倍角公式. 倍角公式给出了任意角α的三角函数与2α的三角函数之间的关系. 这里的“倍角”专指“二倍角”，遇到“三倍角”等名词时，“三”字等不可省去.

问题2　从和角公式、差角公式、倍角公式的推导过程可以发现，这些公式之间存在紧密的逻辑联系，你能设计一张结构图描述它们之间的推出关系吗？

预设的师生活动：学生进行归纳整理，作出结构图，然后小组交流，最后教师挑选一到两组学生面向全班交流展示.

预设答案：

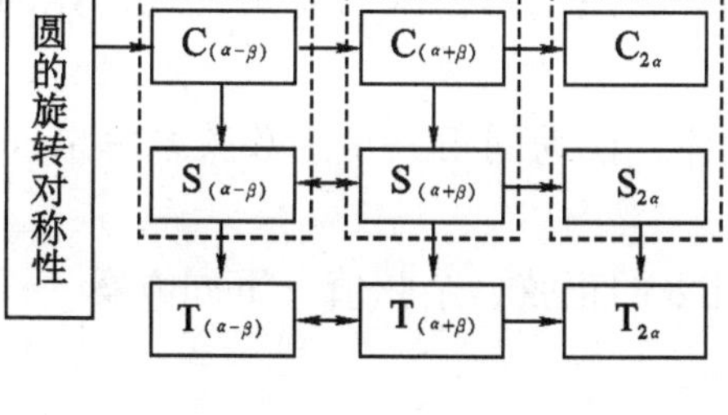

以上关系仅供参考，其中公式的分布及箭头流向的方式并不唯一，也不必完全画出，但所有公式中，起点一定是$C_{(\alpha-\beta)}$.

【设计意图】培养学生总结反思的学习习惯，促使学生对3个课时推导出的所有公式进行简单回顾梳理，并感悟公式$C_{(\alpha-\beta)}$作为所有公式推导的起源具有特殊意义.

例1.（1）已知$\sin 2\alpha=\dfrac{5}{13}$，$\dfrac{\pi}{4}<\alpha<\dfrac{\pi}{2}$，求$\sin 4\alpha$，$\cos 4\alpha$，$\tan 4\alpha$的值.

（2）已知锐角α满足$\sin\left(\dfrac{\pi}{6}-\alpha\right)=\dfrac{1}{3}$，求$\sin\left(\dfrac{\pi}{3}-2\alpha\right)$的值.

（3）在$\triangle ABC$中，$\cos A=\dfrac{4}{5}$，$\tan B=2$，求$\tan(2A+2B)$的值.

追问1　在（1）题中，已知条件给出了2α的正弦值. 我们应该把2α看作一个整体还是将它看作α的二倍？待求的是4α的三角函数值，二者之间有什么关系？

预设答案：把2α看作一个整体. 待求角是已知角的二倍.

【设计意图】向学生渗透分析问题的常规方法，即分析化简已知条件，明确待求目标，寻找办法拉近二者之间的距离. 顺带指出，“倍”是描述两个数量之间关系的，2α是α的二倍，4α是2α的二倍，$\dfrac{\alpha}{2}$是$\dfrac{\alpha}{4}$的二倍，这里蕴含着换元思想.

追问2　在（2）题中，注意题目中的已知角与待求角，你能制订出多少种不同的方案解决此问题？哪一种方法最便捷？

预设答案：方案一，直接把$\sin\left(\dfrac{\pi}{6}-\alpha\right)$展开，结合同角三角函数关系解出$\alpha$的正弦、余弦值，再用倍角公式与差角公式计算$\sin\left(\dfrac{\pi}{3}-2\alpha\right)$；方案二，视$\left(\dfrac{\pi}{6}-\alpha\right)$为一个整体，借助同角三角函数关系解出$\cos\left(\dfrac{\pi}{6}-\alpha\right)$，再由关系$\alpha=\dfrac{\pi}{3}-\left(\dfrac{\pi}{3}-\alpha\right)$算出$\alpha$的正弦、余弦值，下同方案一；方案三，注意到$\dfrac{\pi}{3}-$

$2\alpha=2\left(\frac{\pi}{6}-\alpha\right)$，视$\left(\frac{\pi}{6}-\alpha\right)$为一个整体，借助同角三角函数关系解出$\cos\left(\frac{\pi}{6}-\alpha\right)$，再用二倍角公式直接求解.

【设计意图】引导学生分析解题的一般方法，先确认条件及目标，再制订解题方案，最后经过可行性分析，选择最优方案实施. 同时再次突显出分析角差异及换元思想在三角恒等变形中的重要性.

追问3　在（3）题中，$2A+2B$与A，B之间能构成怎样的关系？你能想到几种不同的求解顺序？

预设答案：$2A+2B$可以看作A，B的二倍角的和，也可以看作A，B的和的二倍角. 有两种求解顺序，即先计算二倍角再计算和角，或先计算和角再计算二倍角.

【设计意图】（3）题具有一定的综合性，也是和角公式与倍角公式的综合应用问题. 由于对$2A+2B$与A，B之间关系的看法不同会产生不同的解题思路. 不过，它们都是对倍角、和角关系的联合运用，本质上没有区别. 此外，在三角形的背景下研究问题，常常伴随着一些隐含条件，如$0<A<\pi$，$A+B+C=\pi$等. 凭借本题目，教师可抓住机会提醒学生对此类信息多加关注.

预设答案：

解：（1）由$\frac{\pi}{4}<\alpha<\frac{\pi}{2}$，得$\frac{\pi}{2}<2\alpha<\pi$.

又$\sin 2\alpha=\frac{5}{13}$，所以$\cos 2\alpha=-\sqrt{1-\left(\frac{5}{13}\right)^2}=-\frac{12}{13}$.

于是$\sin 4\alpha=\sin[2\times(2\alpha)]=2\sin 2\alpha\cos 2\alpha=2\times\frac{5}{13}\times\left(-\frac{12}{13}\right)=-\frac{120}{169}$；

$\cos 4\alpha=\cos[2\times(2\alpha)]=1-2\sin^2 2\alpha=1-2\times\left(\frac{5}{13}\right)^2=\frac{119}{169}$；

$\tan 4\alpha=\frac{\sin 4\alpha}{\cos 4\alpha}=-\frac{120}{169}\times\frac{169}{119}=-\frac{120}{119}$.

（2）由$\alpha\in\left(0,\frac{\pi}{2}\right)$，可知$\frac{\pi}{6}-\alpha\in\left(-\frac{\pi}{3},\frac{\pi}{6}\right)$.

故$\cos\left(\dfrac{\pi}{6}-\alpha\right)=\sqrt{1-\sin^2\left(\dfrac{\pi}{6}-\alpha\right)}=\dfrac{2\sqrt{2}}{3}$.

于是$\sin\left(\dfrac{\pi}{3}-2\alpha\right)=\sin 2\left(\dfrac{\pi}{6}-\alpha\right)=2\sin\left(\dfrac{\pi}{6}-\alpha\right)\cos\left(\dfrac{\pi}{6}-\alpha\right)=\dfrac{4\sqrt{2}}{9}$.

(3) 解法1：在$\triangle ABC$中，由$\cos A=\dfrac{4}{5}$知，$0<A<\dfrac{\pi}{2}$；由$\sin^2 A+\cos^2 A=1$，得$\sin A=\sqrt{1-\cos^2 A}=\sqrt{1-\left(\dfrac{4}{5}\right)^2}=\dfrac{3}{5}$.

所以$\tan A=\dfrac{\sin A}{\cos A}=\dfrac{3}{5}\times\dfrac{5}{4}=\dfrac{3}{4}$，$\tan 2A=\dfrac{2\tan A}{1-\tan^2 A}=\dfrac{2\times\dfrac{3}{4}}{1-\left(\dfrac{3}{4}\right)^2}=\dfrac{24}{7}$.

又$\tan B=2$，所以$\tan 2B=\dfrac{2\tan B}{1-\tan^2 B}=\dfrac{2\times 2}{1-2^2}=-\dfrac{4}{3}$.

于是$\tan(2A+2B)=\dfrac{\tan 2A+\tan 2B}{1-\tan 2A\tan 2B}=\dfrac{\dfrac{24}{7}-\dfrac{4}{3}}{1-\dfrac{24}{7}\times\left(-\dfrac{4}{3}\right)}=\dfrac{44}{117}$.

解法2：在$\triangle ABC$中，由$\cos A=\dfrac{4}{5}$知，$0<A<\dfrac{\pi}{2}$；由$\sin^2 A+\cos^2 A=1$，得$\sin A=\sqrt{1-\cos^2 A}=\sqrt{1-\left(\dfrac{4}{5}\right)^2}=\dfrac{3}{5}$.

所以$\tan A=\dfrac{\sin A}{\cos A}=\dfrac{3}{5}\times\dfrac{5}{4}=\dfrac{3}{4}$.

又$\tan B=2$，所以$\tan(A+B)=\dfrac{\tan A+\tan B}{1-\tan A\tan B}=\dfrac{\dfrac{3}{4}+2}{1-\dfrac{3}{4}\times 2}=-\dfrac{11}{2}$.

所以$\tan(2A+2B)=\tan[2(A+B)]=\dfrac{2\tan(A+B)}{1-\tan^2(A+B)}=\dfrac{2\times\left(-\dfrac{11}{2}\right)}{1-\left(-\dfrac{11}{2}\right)^2}=\dfrac{44}{117}$.

例2. 求证：（1）$\frac{1+\sin 2\theta-\cos 2\theta}{1+\sin 2\theta+\cos 2\theta}=\tan\theta$；.

（2）$3+\cos 4\alpha-4\cos 2\alpha=8\sin^4\alpha$；

（3）$\frac{\tan\alpha\tan 2\alpha}{\tan 2\alpha-\tan\alpha}+\sqrt{3}\ (\sin^2\alpha-\cos^2\alpha)=2\sin\left(2\alpha-\frac{\pi}{3}\right)$.

追问　以上各个等式的等号左右两侧差异很明显，而且都是左侧相对复杂，右侧相对简单. 因此我们需要借助三角恒等变换的公式对每个等式的左侧进行化简变形，使之最终变为等号右侧的形式. 你能发现每个等式等号两侧最明显的差异是什么吗？你打算如何利用你发现的差异指导我们后续进行恒等变换？

预设答案：（1）题的两侧有以下差异：第一，角不同，左侧是二倍角，右侧是单倍角；第二，结构不同，左侧是比的形式，右侧不是. 因此打算借助二倍角公式把左边的2α化为α，由于右侧的比值只有一项，因此需要想办法把左边的分子与分母的项数尽可能变少.（2）题的两侧最明显的差异是角不同，左侧包括$4\alpha, 2\alpha$，而右侧仅含有α，因此打算利用二倍角公式将左侧的4α变为2α，再将2α变为α.（3）题的两侧差异有三处：第一，角不同，左侧所含角为α，2α，等号右侧所含角为2α；第二，函数名称不同，左侧第一项为正切，其他各项均为正弦、余弦；第三，结构不同，左侧为两项之和，右侧仅有一项，因此打算逆用二倍角公式将第二项变为含有2α的形式，将第一项的正切利用同角三角函数关系转化为正弦、余弦，最后逆用和角公式或差角公式将两项合并成一项，从等号的右侧推断，最可能的情形就是提取2之后，剩下的部分组成2α与$\frac{\pi}{3}$两角差的正弦形式.

【设计意图】引导学生分析三角恒等变换的证明思路，一般需从对比等式两侧的差异入手，在发现它们的差异之后，再选择相关公式，将复杂的一侧向简单的一侧化简变形，最终证明等式成立，若两侧均比较复杂，则考虑两侧同时化简.

预设答案：

证明：(1) 左侧$=\dfrac{1+2\sin\theta\cos\theta-(1-2\sin^2\theta)}{1+2\sin\theta\cos\theta+2\cos^2\theta-1}=\dfrac{2\sin\theta(\sin\theta+\cos\theta)}{2\cos\theta(\sin\theta+\cos\theta)}=$ $\tan\theta=$右侧.

(2) 左侧 $=3+2\cos^2 2\alpha-1-4\cos 2\alpha=2(\cos^2 2\alpha-2\cos 2\alpha+1)=2(\cos 2\alpha-1)^2=2(-2\sin^2\alpha)^2=8\sin^4\alpha=$右侧.

(3) 左侧 $=\dfrac{\dfrac{\sin\alpha}{\cos\alpha}\cdot\dfrac{\sin 2\alpha}{\cos 2\alpha}}{\dfrac{\sin 2\alpha}{\cos 2\alpha}-\dfrac{\sin\alpha}{\cos\alpha}}-\sqrt{3}\cos 2\alpha=\dfrac{\sin\alpha\sin 2\alpha}{\sin 2\alpha\cos\alpha-\cos 2\alpha\sin\alpha}-\sqrt{3}\cos 2\alpha=\dfrac{\sin\alpha\sin 2\alpha}{\sin(2\alpha-\alpha)}-\sqrt{3}\cos 2\alpha=\sin 2\alpha-\sqrt{3}\cos 2\alpha=2\left(\sin 2\alpha\times\dfrac{1}{2}-\cos 2\alpha\times\dfrac{\sqrt{3}}{2}\right)=2\left(\sin 2\alpha\cos\dfrac{\pi}{3}-\cos 2a\sin\dfrac{\pi}{3}\right)=2\sin\left(2\alpha-\dfrac{\pi}{3}\right)=$右侧.

问题3　在例2(1)中，我们对等号左侧化简变形时，分子和分母中均含有$\cos 2\theta$，但是却采用了不同的形式进行了变形，分子中利用了公式$\cos 2\theta=1-2\sin^2\theta$，而分母中则利用了公式$\cos 2\theta=2\cos^2\theta-1$. 你能结合这个题目谈一谈二倍角的余弦公式的三种不同形式的特点与适用场合吗？

预设的师生活动：学生回顾反思，教师对学生的回答进行梳理总结.

预设答案：$\cos 2\alpha=\cos^2\alpha-\sin^2\alpha$的特征是齐次，在需要分解因式的场合有可能采用此形式；$\cos 2\alpha=2\cos^2\alpha-1$的特征是含有$\cos\alpha$不含$\sin\alpha$，还包括$-1$，在我们需要仅含$\cos\alpha$的场合或需要抵消1的时候可以采用此形式；类似地，$\cos 2\alpha=1-2\sin^2\alpha$的特征是含有$\sin\alpha$但不包含$\cos\alpha$，且含有1，在我们需要仅含$\sin\alpha$的场合或需要抵消$-1$时，可采用此形式.

【设计意图】引导学生归纳反思，为使用二倍角余弦公式的不同形式时作出最佳选择打好基础.

问题4　结合例1与例2的求解过程，请你思考，利用三角恒等变形公式解决求值、化简及证明问题时，已知条件与待求式子之间，或待证等式的左右两边，通常会有各种各样的差异，我们应该重点关注其中哪些方面的差异？

师生活动：学生独立思考之后小组交流，教师进行梳理总结.

预设答案：角的差异，三角函数名称的差异，结构差异等.

【设计意图】向学生渗透三角恒等变换的特点，引导学生从角度差异、三角函数名称差异及结构差异等方面着手分析问题，把握变形方向，为学生接下来要大量面对的三角恒等变换问题提供分析策略和指导方向.

3. 归纳小结

问题　回顾本节课，你能正确写出二倍角公式吗？你在认识和使用这些公式时有哪些心得体会？

预设的师生活动：学生归纳、思考并回答.

预设答案：公式中的二倍角和单倍角分别用2α与α表示，但是使用公式时，它们也可以是4α与2α，$\frac{\pi}{3}-2\alpha$与$\frac{\pi}{6}-\alpha$等，形式非常灵活；余弦二倍角公式有三种形式：$\cos 2\alpha=\cos^2\alpha-\sin^2\alpha=2\cos^2\alpha-1=1-2\sin^2\alpha$，在使用它们的时候，需要结合题目特征进行选择，例如，有时候因为只想出现$\sin\alpha$而选择最后一种形式，有时候为了和1正负抵消而选择第二种形式，等等；我们在解决三角恒等变换问题的时候，往往要从角度差异、函数名称差异、代数式结构差异等方面对已知条件和待求结论进行对比，然后再根据这些差异选择适当的公式进行变形求解.

【设计意图】回顾反思，使学生在头脑中形成思维网络.

4. 作业布置

教科书习题5.5第7，8题.

5. 目标检测设计

（1）已知$\cos\frac{\alpha}{8}=-\frac{4}{5}$，$8\pi<\alpha<12\pi$，求$\sin\frac{\alpha}{4}$，$\cos\frac{\alpha}{4}$，$\tan\frac{\alpha}{4}$的值.

（2）求下列各式的值：

① $\sin 15^\circ\cos 15^\circ$；　　② $\cos^2\frac{\pi}{8}-\sin^2\frac{\pi}{8}$；

③ $\frac{\tan 22.5^\circ}{1-\tan^2 22.5^\circ}$；　　④ $2\cos^2 22.5^\circ-1$.

（3）证明：① $\cos 4\alpha + 4\cos 2\alpha + 3 = 8\cos^4 a$；

② $\dfrac{1+\sin 2\alpha}{2\cos^2\alpha + \sin 2\alpha} = \dfrac{1}{2}\tan\alpha + \dfrac{1}{2}$.

预设答案：（1）$\sin\dfrac{\alpha}{4} = \dfrac{24}{25}$，$\cos\dfrac{\alpha}{4} = \dfrac{7}{25}$，$\tan\dfrac{\alpha}{4} = \dfrac{24}{7}$.

（2）① $\dfrac{1}{4}$；② $\dfrac{\sqrt{2}}{2}$；

③原式 $= \dfrac{1}{2}\cdot\dfrac{2\tan 22.5^\circ}{1-\tan^2 22.5^\circ} = \dfrac{1}{2}\tan 45^\circ = \dfrac{1}{2}$；

④原式 $= \cos 45^\circ = \dfrac{\sqrt{2}}{2}$.

（3）略.

【设计意图】通过若干题目，促使学生巩固二倍角公式，并能正用或者逆用公式解决简单的求值或证明问题，提升学生的逻辑推理与数学运算素养.通过计算、证明等不同类型的题目设置，对学生分析和解决三角恒等变换问题有很好的促进作用.

教学反思

1. 整体把握教材

在整体教学观下将教学诸要素有序规划，以优化教学设计. 单元教学设计具有使局部范围内的知识系统化的优点，因此有利于学生构建条理清楚、层次分明的整体认知结构. 本单元是从圆的对称性的角度，从圆的特殊对称性出发，用类比的方法推导出五组诱导公式，而圆的旋转对称性是圆特有的一个性质，利用此性质推导出两角差的余弦公式，进而推导出其他的公式.数学研究遵循由特殊到一般的思路，也从整体上把握了教材.

2. 注重数学思想和数学方法的形成

《普通高中数学课程标准（2017年版）》指出：数学学科核心素养是“四基”的继承和发展，“四基”是发展学生数学学科核心素养的有效载体.数学思想方法包含“基本思想”和“基本技能”中蕴含的思想方法，因此，数学思想方法是“四基”的重要组成部分，是发展学生数学学科核心素养的有效载体.

从数学思想方法看，本单元的重点是数学抽象思想、数形结合思想以及类比、转化化归的思想. 教学中应当充分利用章引言提供的情境，引导学生从“刻画一类周期现象的重要数学模型”的角度来认识三角函数，使学生从学习之初就建立起从数学模型的角度看三角函数的意识. 在此基础上，要充分注重运用三角函数模型解决实际问题的教学，使学生经历运用三角函数模型描述周期现象、解决实际问题的全过程.

前面已经指出，本章讨论的内容都可以用单位圆作为直观工具. 因此，为了更好地体现数形结合思想，教学中要充分发挥单位圆的作用，并且要注意逐渐使学生形成用单位圆讨论三角函数问题的意识和习惯，引导学生自主地用单位圆探索三角函数的有关性质，提高分析问题和解决问题的能力.

3. 关注学生的主动参与和知识的发生发展过程

课堂教学是教与学的双边活动. 教学就是教给学生借助已有知识去获取新知的能力，并使学习成为一种思考的过程. 因此，只有让学生积极主动参与到课堂互动中，才能使他们主动得到发展. 比如课堂上学生自己画图去推导诱导公式，并讲给大家.

第四节　“三角函数及函数 $y = A\sin(\omega x + \varphi)$ 的图象及性质”单元教学解读与设计

一、教学设计基本要素分析

（一）学情分析

从知识层面来看，学生之前拥有丰富的绘制函数图象的经验，但是利用定义的几何意义绘制函数图象还是第一次，因此在思维习惯上存在障碍. 教学时要给予充分的引导，特别强调要准确绘制函数的图象这一要求，让学生感受到这种做法的困难，然后从三角函数的定义上分析点的坐标的几何意义，让学生真正理解. 学生通过正、余弦函数图象与性质及五点作图法的学习，对高中常用的数学思想方法和研究问题的方法会有初步的了解，并且会逐步适应高中的学习方式和教师的教学方式. 他们参与小组探究学习，独立思考，探究未知内容，学习欲望强烈. 关于函数图象的变换，已经接触过函数图象的平移，有“左加右减”“上加下减”这样的关于图象平移的认识，但对于本节内容学生要理解并掌握三个参数对函数图象的影响，还要研究三个参数对函数图象的综合影响，且方法不唯一，知识密度较大，理解掌握起来难度较大.

从能力层面来看，通过几年的学习实践，学生具有了一定的想象能力和研究问题的能力，但是在分析问题方面的能力还有所欠缺，再加上“三角函数”这一部分内容相对繁杂、灵活多变、技巧性强，故我们在教学中要注重引导、启发，注重数形结合思想的渗透.

（二）教学分析

本单元教学要结合学生的实际情况，精选例题，深挖教材，进行变式训练，让学生养成独立自主的学习习惯. 通过设计一个个有梯度的问题，组织学生分组交流和合作探究，让学生在小组交流、合作探究中取长补短，形成合作意识.

二、单元课时设计

第一课时　参数A，ω，φ对函数$y=A\sin(\omega x+\varphi)$图象的影响

教学目标

1. 了解函数$y=A\sin(\omega x+\varphi)$的现实背景，经历匀速圆周运动的数学建模过程，进一步体会三角函数与现实世界的密切联系，发展数学建模素养.

2. 掌握参数A，ω，φ各自对函数$y=A\sin(\omega x+\varphi)$图象的影响，理解这些参数在圆周运动中的实际意义，初步掌握这个函数的性质.

3. 理解从正弦曲线到函数$y=A\sin(\omega x+\varphi)$图象的变换过程，能用“五点（作图）法”画出函数$y=A\sin(\omega x+\varphi)$的图象.

教学过程

引导语：单位圆 O 上的动点以 $A(1,0)$ 为起点，做逆时针方向的匀速圆周运动，旋转角 α 后到达 P 点，那么 P 点的位置 (x,y) 可由三角函数 $x=\cos\alpha$，$y=\sin\alpha$ 确定. 在物理中，人们往往更关注动点 P 的位置与运动时间 t 之间的关系，例如，点 P 的纵坐标 y 与运动时间 t 之间的关系. 如果已知动点以 A 为起点，以单位角速度 $\omega=1$ 按逆时针方向运动，经过时间 t 到达点 P，角 α 与 t 之间有什么关系？点 P 的纵坐标 y 是时间 t 的函数吗？

预设的答案：$\angle AOP=\alpha=1\cdot t$，再根据三角函数的定义可得 $y=\sin t$.

教师：可见，单位圆上的点 P 以 A 为起点，以单位角速度按逆时针方向运动，其运动规律可用三角函数刻画. 那么，对于一个一般的圆周运动可以用怎样的数学模型刻画呢？这是我们即将研究的内容. 先看一个实际问题.

【设计意图】承上启下，让学生感受到之前只是研究了一个特殊的问题，需要进一步研究一般的匀速圆周运动，从而明确目标，激发兴趣.

1. 创设问题情境，提出研究问题

筒车是我国古代发明的一种灌溉工具，它省时又省力，环保又经济，至今还在农业生产中得到使用（图 6.4–1）. 明朝科学家徐光启在《农政全书》中用图画描绘了筒车的工作原理（用信息技术呈现筒车运动的实际情境）（图 6.4–2）.

图 6.4–1

图 6.4–2

问题　假定在水流量稳定的情况下，筒车上的每一个盛水筒都做匀速圆周运动. 你能用一个合适的函数模型来刻画盛水筒（视为质点）距离水面的相对高度与时间的关系吗？

师生活动：教师利用多媒体展示筒车运动的真实情境，学生观察、思考、交流，教师鼓励学生自主探究. 当学生遇到困难时，教师可以提出问题2，采用追问的方式进行引导，让学生在抽象简化的基础上再进行思考分析；若学生能自主地从数学的角度进行分析，则鼓励他们进行展示交流.

【设计意图】通过筒车模型引入，体现数学的实用价值，使学生经历发现问题、提出问题的过程，并尝试分析问题和解决问题.

2. 抽象简化问题，建立函数模型

问题 筒车运动模型中，盛水筒的运动周而复始，具有周期性，可以考虑用三角函数模型去刻画它的运动规律. 如果将筒车抽象为圆，盛水筒抽象为圆上的点（图6.4-3），经过时间t后，盛水筒距离水面的高度H与哪些量有关？它们之间有怎样的关系呢？

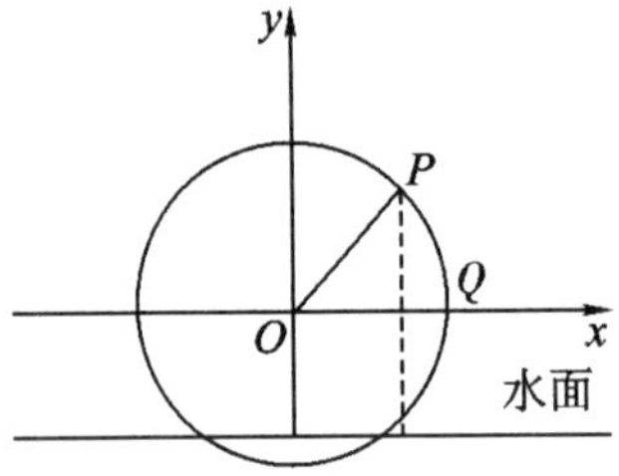

图6.4-3

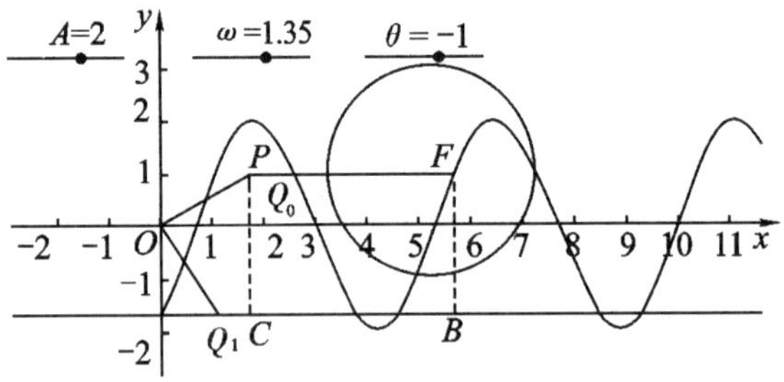

图6.4-4

师生活动：教师适时引导，并借助信息技术用几何形式动态呈现点P的运动状态；然后由学生经过讨论，分析出问题中与变量t和H相关的量：筒车转轮的中心O到水面的距离h，筒车的半径r，筒车转动的角速度w，盛水筒的初始位置Q_1及其对应的初始角（图6.4-4）；再引导学生寻求变量r与H之间的等量关系.

学生建立适当的直角坐标系，并通过自主探究获得函数关系，教师将结果统一引导到函数$H=r\sin(\omega t+\theta)+h$上.

【设计意图】结合筒车问题，建立三角函数的数学模型，表示其上质点的匀速圆周运动，引出本单元的核心内容；让学生经历数学建模的全过程，引导学生学会用数学的眼光观察世界，用数学的语言描述世界.

3. 明确函数$y = A\sin(\omega x + \varphi)$的研究思路

引导语：通过筒车运动的研究，我们得到了形如$y = A\sin(\omega x + \varphi)$的函数，只要清楚函数$y = A\sin(\omega x + \varphi)$的性质，就可以把握盛水筒的运动规律．这个函数由参数A，ω，φ确定．因此，只要了解这些参数的意义，知道它们的变化对函数图象的影响，就能把握这个函数的性质．

问题　从解析式看，函数$y = \sin x$就是函数$y = A\sin(\omega x + \varphi)$在$A = 1$，$\omega = 1$，$\varphi = 0$时的特殊情形．能否借助我们熟悉的函数$y = \sin x$的图象与性质来研究参数$A$，$\omega$，$\varphi$对函数$y = A\sin(\omega x + \varphi)$的影响呢？函数$y = A\sin(\omega x + \varphi)$中含有三个不同的参数，你认为应按怎样的思路进行研究？

师生活动：教师引导学生从正弦函数出发研究各参数对函数$y = A\sin(\omega x + \varphi)$图象的影响，并鼓励学生从整体上把握研究的策略：从局部到整体，从具体到抽象．可以允许学生有不同的选择．一般情况下，由于学生对平移变换有一定的认识，可以建议他们从φ对函数$y = A\sin(\omega x + \varphi)$图象的影响开始研究，再依次研究$\omega$，$A$对函数$y = A\sin(\omega x + \varphi)$图象的影响．

【设计意图】引导学生思考研究问题的一般思路和方法，有助于他们主动学习，学会学习．

4. 探究参数φ对函数$y = \sin(x + \varphi)$图象的影响

问题　不妨先从研究参数φ对函数$y = \sin(x + \varphi)$的图象的影响开始，即探究函数$y = \sin x$与$y = \sin(x + \varphi)$之间图象的关系．请大家设计好研究的思路，借助信息技术进行分组实验探究．

师生活动：教师可以与学生一起借助信息技术完成以下操作过程（图6.4-5）：

（1）在直角坐标系中，画出单位圆（圆心在原点），取点$Q_0(1,0)$，新建参数φ，将点Q_0绕圆心旋转弧度φ到点Q_1．

（2）在横轴上取点x，以点Q_1为起点，将点Q_1绕圆心O旋转x弧度运动到点P．

（3）以x为横坐标，以y为纵坐标，画点F，运动点P，作出点F的轨迹.

（4）自由改变参数φ的值，进行观察分析.

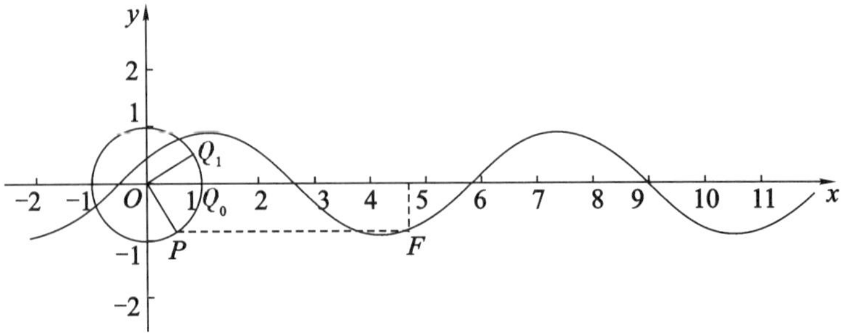

图6.4−5

追问　（1）当$\varphi=0$时，点P的纵坐标是什么？点F的轨迹对应的函数解析式是什么？

（2）当$\varphi=\frac{\pi}{6}$时，点P的纵坐标是什么？点F的轨迹对应的函数解析式是什么？

（3）$\varphi=\frac{\pi}{6}$时的函数$y=\sin\left(x+\frac{\pi}{6}\right)$的图象与$\varphi=0$时的函数$y=\sin x$的图象之间具有怎样的关系？你能结合点$P$的运动规律解释图象间的关系吗？

（4）说一说你的发现，并给出合理的解释.

（5）通过实验结果，你能归纳出φ对函数$y=\sin(x+\varphi)$的图象的影响的一般化结论吗？

师生活动：教师结合追问的问题，引导学生进一步探究. 在单位圆上，设两个动点分别以Q_0（此时$\varphi=0$），Q_1（此时$\varphi=\frac{\pi}{6}$）为起点，同时以单位角速度开始运动，分析它们到达同一位置P所需的时间关系. 如果以Q_0为起点的动点到达圆周上点P的时间为x s，那么以Q_1为起点的动点到达点P的时间是$\left(x-\frac{\pi}{6}\right)$s. 这个规律反映在函数图象上就是：如果$F(x,y)$是函数$y=\sin x$图象上的点，那么$G\left(x-\frac{\pi}{6},y\right)$就是函数$y=\sin\left(x+\frac{\pi}{6}\right)$图象上的点. 即函数

$y=\sin\left(x+\dfrac{\pi}{6}\right)$的图象可以看作是函数$y=\sin x$的图象上的所有点向左平移$\dfrac{\pi}{6}$个单位长度后得到的（图6.4–6）.

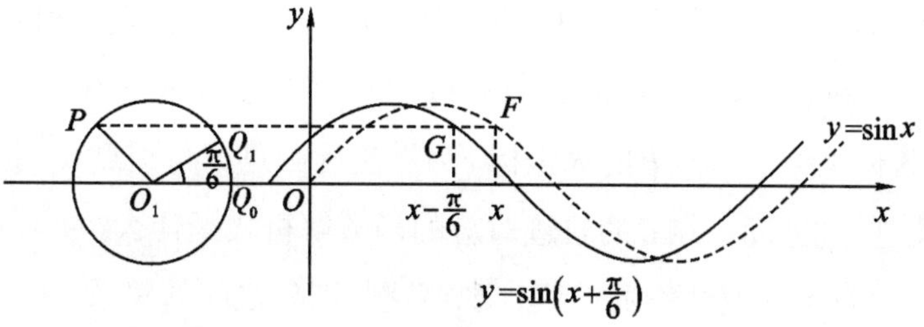

图6.4–6

学生经过具体实验分析后，进行归纳概括，得出一般性的结论：函数$y=\sin(x+\varphi)$的图象可看作是正弦曲线向左$(\varphi>0)$或向右$(\varphi<0)$平移$|\varphi|$个单位长度得到的.

【设计意图】本环节是这一部分的重点，借助信息技术鼓励学生进行小组合作实验，探究参数φ对函数$y=\sin(x+\varphi)$的影响. 教师通过追问引导学生在观察发现的基础上进行理性的思考，提升直观想象能力和逻辑推理能力.

5. 探究参数$\omega(\omega>0)$对函数$y=\sin(\omega x+\varphi)$图象的影响

问题　类比参数φ对函数$y=\sin(\omega x+\varphi)$的图象影响的研究过程，你能自主研究参数$\omega(\omega>0)$的变化对函数$y=\sin(\omega x+\varphi)$的图象的影响吗？请设计好你的研究思路，再借助信息技术进行实验探究，获得一般性的结论，并试着从圆周运动的实际意义和函数图象上点的坐标变化两个角度解释你的结论.

师生活动：教师引导学生对研究方案进行组内交流讨论，并适当指导学生进行实验探究，如下面的研究过程.

（1）确定方案：固定φ的值$\left(\text{不妨设}\varphi=\dfrac{\pi}{6}\right)$，改变参数$\omega(\omega>0)$，观察分析函数$y=\sin(\omega x+\varphi)$的图象与函数$y=\sin\left(x+\dfrac{\pi}{6}\right)$的图象之间的关系.

（2）提供或与学生共同制作实验平台：

画一个单位圆O（不妨设圆心为原点），设φ的初始值为$\frac{\pi}{6}$，其对应的起点为Q_1.

新建参数ω代表角速度，在横轴上取点x，设变量x代表时间，将质点以Q_2为起点、绕圆心O旋转ωx弧度到达点P.（追问：点P的纵坐标y是什么？）

以ωx为横坐标，以点P的纵坐标y为纵坐标画点，得到点G，运动点P作出点G的轨迹.（追问：点G的轨迹对应的函数解析式是什么？）

学生可以自由地改变参数的值，观察这些图象之间的关系.

（3）在学生自主实验的基础上，教师继续进行以下追问.

追问　①当$\omega=1$时，点G的轨迹对应的函数解析式是什么？当$\omega=2$时，点G的轨迹对应的函数解析式又是什么？

$\left(\text{学生结合匀速圆周运动的意义以及三角函数定义，易得两个函数分别为}y=\sin\left(x+\frac{\pi}{6}\right)\text{与}y=\sin\left(2x+\frac{\pi}{6}\right)\right)$

②函数$y=\sin\left(2x+\frac{\pi}{6}\right)$的图象与函数$y=\sin\left(x+\frac{\pi}{6}\right)$的图象之间存在怎样的变换关系？

③你能从质点的匀速圆周运动规律和函数图象上点的坐标变化的角度进行合理的解释吗？

（从匀速圆周运动的变化规律看，在单位圆上，两个动点都以Q为起点，以$\omega=1$和$\omega=2$的不同角速度绕单位圆进行运动，到达同一位置P时，$\omega=2$时的运动时间始终是$\omega=1$时运动时间的$\frac{1}{2}$. 对应地，设$G(x,y)$是函数$y=\sin\left(x+\frac{\pi}{6}\right)$图象上的一点，那么$K\left(\frac{1}{2}x,y\right)$就是函数$y=\sin\left(2x+\frac{\pi}{6}\right)$图象上的相应点，即函数$y=\sin\left(2x+\frac{\pi}{6}\right)$的图象是由函数$y=\sin\left(x+\frac{\pi}{6}\right)$图象上的所

有点的横坐标缩短为原来的$\frac{1}{2}$（纵坐标不变）得到的$\Big)$

④如果ω的值取$\frac{1}{2}$，3，$\frac{1}{3}$，说一说你发现的结论，并给出合理的解释.

⑤通过实验，你能给出$\omega(\omega>0)$的变化对函数$y=\sin\left(\omega x+\frac{\pi}{6}\right)$图象影响的一般化结论吗？$\Big($函数$y=\sin(\omega x+\varphi)$的周期是$\frac{2\pi}{\omega}$，把$y=\sin(x+\varphi)$图象上所有点的横坐标缩短（当$\omega>1$时）或伸长（当$0<\omega<1$时）到原来的$\frac{1}{\omega}$倍（纵坐标不变），就得到$y=\sin(\omega x+\varphi)$的图象$\Big)$

【设计意图】这一环节是本单元的难点所在．通过前面对参数的研究，学生已经有了一定的实践经验和理论基础，这里是借助信息技术让学生就参数的变化对函数$y=\sin(x+\varphi)$图象的影响进行实验探究．通过本环节，让学生理解具体的匀速圆周运动规律与三角函数解析式及其图象之间的本质联系；并通过对观察到的现象进行理性的思考，用数学的语言准确地描述数学对象，进一步提升学生的直观想象和逻辑推理素养.

6．探究参数A对函数$y=A\sin(\omega x+\varphi)$图象的影响

问题　如果改变参数A的值，那么函数$y=A\sin(\omega x+\varphi)$的图象会有什么变化？试借助信息技术进行实验，分析函数$y=A\sin(\omega x+\varphi)$的图象与函数$y=\sin(\omega x+\varphi)$的图象之间的关系，并说明理由.

师生活动：通过前面的研究，学生应该有足够的能力解决此问题，本环节应由学生自主探索、合作交流，最后在教师的引导下形成一般性的结论．比如从函数$y=2\sin\left(2x+\frac{\pi}{6}\right)$与函数$y=\sin\left(2x+\frac{\pi}{6}\right)$的解析式的角度看，如教科书图5.6-6所示，易得若$K(x,y)$是函数$y=\sin\left(2x+\frac{\pi}{6}\right)$图象上的一点，那么$N(x,2y)$就是函数$y=2\sin\left(2x+\frac{\pi}{6}\right)$图象上的相应点.借助信息技术可以直观地观察图象的变换关系，最后得出结论：函数$y=A\sin(\omega x+\varphi)$的图象，

可以看作是把函数$y=\sin(\omega x+\varphi)$图象上所有点的纵坐标伸长（$A>1$）或缩短（$0<A<1$）到原来的A倍（横坐标不变）而得到.

【设计意图】探究参数A的变化对函数$y=A\sin(\omega x+\varphi)$的图象的影响.

7. 目标检测设计

选择题：已知函数$y=3\sin x$的图象为C.

（1）为了得到函数$y=3\sin\left(x+\frac{\pi}{5}\right)$的图象，只要把$C$上所有的点（　　）

A. 向右平行移动$\frac{\pi}{5}$个单位长度

B. 向左平行移动$\frac{\pi}{5}$个单位长度

C. 向右平行移动$\frac{2\pi}{5}$个单位长度

D. 向左平行移动$\frac{2\pi}{5}$个单位长度

（2）为了得到函数$y=3\sin\left(2x+\frac{\pi}{5}\right)$的图象，只要把函数$y=3\sin\left(x+\frac{\pi}{5}\right)$的图象上所有的点（　　）

A. 横坐标伸长到原来的2倍，纵坐标不变

B. 横坐标缩短到原来的$\frac{1}{2}$，纵坐标不变

C. 纵坐标伸长到原来的2倍，横坐标不变

D. 纵坐标缩短到原来的$\frac{1}{2}$，横坐标不变

（3）为了得到函数$y=4\sin\left(x+\frac{\pi}{5}\right)$的图象，只要把函数$y=3\sin\left(x+\frac{\pi}{5}\right)$的图象上所有的点（　　）

A. 横坐标伸长到原来的$\frac{4}{3}$倍，纵坐标不变

B. 横坐标缩短到原来的$\frac{3}{4}$，纵坐标不变

C. 纵坐标伸长到原来的$\frac{4}{3}$倍，横坐标不变

D. 纵坐标缩短到原来的$\frac{3}{4}$，横坐标不变

【设计意图】考查学生关于参数A，ω，φ对函数$y = A\sin(\omega x + \varphi)$图象影响的掌握.

教学反思

设计教学目标时，要注意灵活而富有弹性、适合学生特点、符合学情等. 教学目标要有一定的层次，即要由简至难，由低级到高级，由表及里. 教学目标应将课程目标、单元目标和课时目标有机地结合起来，通过逐层具体化来完成.

如筒车运动模型的背景比较复杂，综合性强，需要有较强的数学建模能力，教师可以借助信息技术呈现筒车运动的现实情境，将实际问题抽象为数学问题，即通过几何图形将匀速圆周运动这一物理模型进行数学化，这是本节的教学要设法破解的难点所在. 教学生学会解决此类问题应该怎样思考，引导学生分析其中的变量和常量，寻找函数关系，从而突破数学建模这一难点.

再比如研究参数A，ω，φ对函数$y = A\sin(\omega x + \varphi)$图象的影响时，参数多，解析式、图象中的各要素之间的关系比较复杂，相互关联比较隐蔽，准确作图也比较困难，这是本单元教学的一个难点. 为了使学生了解参数A，ω，φ的实际意义，教科书先安排了实际问题情境，通过数学建模得到三角函数模型$y = A\sin(\omega x + \varphi)$，然后再对它的图象性质展开研究. 由于涉及的参数有3个，因此教学时可以引导学生结合参数的实际意义，先讨论某个参数对图象的影响（其余参数相对固定），再综合考虑三个参数对图象的影响.

第二课时　函数$y=A\sin(\omega x+\varphi)$的图象、性质及应用

教学目标

1. 理解从正弦曲线到函数$y=A\sin(\omega x+\varphi)$图象的变换过程，能用五点作图法画出函数$y=A\sin(\omega x+\varphi)$的图象；

2. 会用函数$y=A\sin(\omega x+\varphi)$的图象与性质解决简单的数学问题和实际问题.

教学过程

1. 总结从正弦曲线出发，如何通过图象变换得到函数$y=A\sin(\omega x+\varphi)$的图象

问题　之前分别研究了参数A，ω，φ对函数$y=A\sin(\omega x+\varphi)$图象的影响，根据这些研究结果，正弦曲线可以通过怎样的图象变换过程得到函数$y=2\sin\left(2x+\frac{\pi}{6}\right)$的图象？说明其变换过程，并借助信息技术进行验证.

师生活动：教师呈现教科书第236页的图表，让学生完成填空，学生可以选择不同的过程进行相应的变换，如：

$$y=\sin x\rightarrow y=\sin\left(x+\frac{\pi}{6}\right)\rightarrow y=\sin\left(2x+\frac{\pi}{6}\right)\rightarrow y=2\sin\left(2x+\frac{\pi}{6}\right);$$

$$y=\sin x\rightarrow y=\sin 2x\rightarrow y=\sin\left(2x+\frac{\pi}{6}\right)\rightarrow y=2\sin\left(2x+\frac{\pi}{6}\right);$$

$$y=\sin x\rightarrow y=\sin 2x\rightarrow y=2\sin 2x\rightarrow y=2\sin\left(2x+\frac{\pi}{6}\right).$$

注意引导学生对比，不同的过程可能有不同的变换方法.

追问　更一般地，你能总结一下从正弦函数图象出发，通过图象变换得到函数$y=A\sin(\omega x+\varphi)(A>0,\omega>0)$图象的过程与方法吗？

【设计意图】引导学生从局部的讨论过渡到整体的思考，从特殊的例子中归纳概括一般性的结论，得到从正弦函数的图象出发，通过图象变换得到函数$y=A\sin(\omega x+\varphi)$图象的过程与方法.

2. 画出函数$y = A\sin(\omega x + \varphi)$的图象

引导语：函数$y = A\sin(\omega x + \varphi)$是刻画匀速圆周运动的重要数学模型，把握了参数$A$，$\omega$，$\varphi$对函数$y = A\sin(\omega x + \varphi)$图象的影响，就能把握函数$y = A\sin(\omega x + \varphi)$的性质，进一步把握现实世界中圆周运动的规律.

画出函数$y = 2\sin\left(3x - \frac{\pi}{6}\right)$的简图.

师生活动：学生讨论交流，学生的回答可能会出现两种情况：

（1）图象变换的方法.

将正弦曲线上所有的点向右平移$\frac{\pi}{6}$个单位长度，得到函数$y = \sin\left(x - \frac{\pi}{6}\right)$的图象，再将得到的函数图象上所有点的横坐标缩短为原来的$\frac{1}{3}$（纵坐标不变），得到函数$y = \sin\left(3x - \frac{\pi}{6}\right)$的图象，然后将所得图象上所有点的纵坐标伸长为原来的2倍（横坐标不变），得到函数$y = 2\sin\left(3x - \frac{\pi}{6}\right)$的图象.

（2）五点作图法.

类比正弦曲线的“五点法”，根据本函数的周期性和单调性，描出图象的几个关键点：最高点，最低点，零点.

对于第（1）种情况，教师应鼓励学生采取不同的变换方法；对于第（2）种情况，教师应引导学生类比正弦曲线的“五点法”，抓住这个函数图象的关键点. 此外，对于本例，教师还可以用信息技术引导学生结合筒车运动举例子，解释该函数的实际意义，并借助信息技术直观呈现.

【设计意图】对所学知识的复习巩固和运用.

3. 函数模型$y = A\sin(\omega x + \varphi)$的实际应用

例 摩天轮是一种大型转轮状的机械建筑设施，游客坐在摩天轮的座舱里慢慢地往上转，可以从高处俯瞰四周景色. 如图6.4–7所示，某摩天轮最高点距离

图6.4–7

地面高度为120 m，转盘直径为110 m，设置有48个座舱，开启后按逆时针方向匀速旋转，游客在座舱转到离地面最近的位置进舱，转一周大约需要30 min.

（1）游客甲坐上摩天轮的座舱，开始转动t min后离地面的高度为H m，求在转动一周的过程中，H关于t的函数解析式；

（2）求游客甲在开始转动5 min后离地面的高度；

（3）若甲、乙两人分别坐在两个相邻的座舱里，在运行一周的过程中，求两人距离地面的高度差h（单位：m）关于t的函数解析式，并求高度差的最大值（精确到0.1）.

师生活动：教师借助信息技术呈现摩天轮转动的直观影象，再提出问题，由学生思考分析，教师适当点拨，提醒学生注意坐标系的选择，以及现实问题中量的单位.

【设计意图】本例与教科书5.6.1节开篇的筒车问题相呼应，让学生进一步体会圆周运动与三角函数模型之间的内在联系，感受数学建模思想. 本例体现了数学的综合运用和实际应用，也是对学习效果的一次检测.

4. 课堂练习

用“五点法”作出函数$y=\frac{2}{3}\sin\left(\frac{1}{2}x+\frac{\pi}{4}\right)$在一个周期上的简图，并说出函数$y=\frac{2}{3}\sin\left(\frac{1}{2}x+\frac{\pi}{4}\right)$的图象与正弦曲线有什么关系.

【设计意图】巩固学生对参数A，ω，φ对函数$y=A\sin(\omega x+\varphi)$图象的影响、图象的变换以及“五点作图法”的掌握.

5. 单元小结

师生活动：教师引导学生回顾本单元的学习内容，并回答以下问题:

（1）概述本单元知识的基本脉络.

（2）如何认识函数$y=A\sin(\omega x+\varphi)$的实际背景和研究意义?

（3）如何理解函数$y=A\sin(\omega x+\varphi)$中参数$A$，$\omega$，$\varphi$的物理意义？说明各参数对函数$y=A\sin(\omega x+\varphi)$图象的影响.

（4）如何由正弦曲线通过图象变换得到函数$y=A\sin(\omega x+\varphi)$的图象？

（5）在研究函数$y=A\sin(\omega x+\varphi)$图象的过程中，哪些思想方法值得总结？

（6）通过本单元的学习，谈谈你对数学建模过程与方法的认识．

【设计意图】梳理本单元的核心知识和研究过程，以及体现的数学思想方法，加深学生对本单元内容的整体认识，进一步体会研究数学对象的思路和方法，以及数学建模的过程与方法．

6．目标检测设计

（1）画出下列函数在长度为一个周期的闭区间上的简图，并用信息技术检验：

①$y=\frac{1}{2}\sin x$；　　②$y=\sin 3x$；

③$y=\sin\left(x+\frac{\pi}{3}\right)$；　　④$y=2\sin\left(2x+\frac{\pi}{4}\right)$．

【设计意图】考查学生用“五点法”画函数$y=A\sin(\omega x+\varphi)$的图象．

（2）函数$y=A\sin(\omega x+\varphi)(A>0,0<\varphi<\pi)$在一个周期内的图象如图6.4-8所示，写出此函数的解析式．

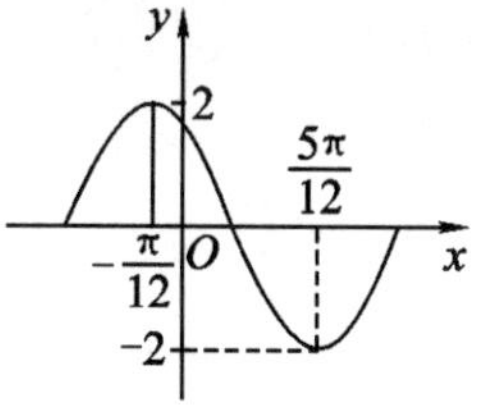

图6.4-8

【设计意图】考查学生对参数A，ω，φ对函数$y=A\sin(\omega x+\varphi)$图象影响的掌握．

（3）有一个人坐在匀速旋转的摩天轮的座椅上，请用一个函数模型来刻画此人距离地面的高度h与时间t之间的变化规律．

【设计意图】考查学生对用三角函数模型描述圆周运动的理解．

7. 作业布置

教科书习题5.6第1，2，3，4，5，7题.

教学反思

让学生经历从正弦曲线出发，经过平移变换、周期变换、振幅变换三种图象变换得到函数$y=A\sin(\omega x+\varphi)$的图象的过程，并且体会当变换顺序不同时，平移变换的量不同，从而进一步明确，（横向）平移变换、周期变换是针对自变量x的变换. 在变换的过程中，要让学生学会解释函数解析式的变化与相应函数图象变换之间的内在联系，进而把握图象变换的本质.

第七章　平面向量与复数

第一节　主题单元解读与设计

一、单元主要内容

现代数学强调用代数的方法研究几何问题，其本质是利用几何图形建立直观，通过代数运算刻画规律. 由此可见，把几何图形和代数运算有机地结合起来是非常重要的. 基于此，《普通高中数学课程标准（2017年版）》首次设置了“几何与代数”内容主线，其中必修内容包括平面向量及其应用、复数和立体几何初步，目的是为线性代数的学习建立几何直观，让学生知道如何用代数运算解决几何问题. 数与形的结合需要“桥梁”连接，向量正是“集数与形于一身的数学研究工具”，因此作为“几何与代数”主题内容的开篇，同时向量也是复数的几何意义之一，所以将复数安排在本主题第二章学习. 通过这两章的学习，运用向量与复数的知识与方法将代数、几何、三角融合在一起，会使得解决问题的思路更加开阔. 本单元主要介绍平面向量与复数这两部分内容.

向量是近代数学中重要和基本的概念之一，向量理论具有深刻的数学内涵、丰富的物理背景. 向量既是代数研究对象，也是几何研究对象，是沟通几何与代数的桥梁. 向量是描述直线、曲线、平面、曲面以及高维空间数学问题的基本工具，是进一步学习和研究其他数学领域问题的基础，在解决实际问题中发挥着重要作用. 向量能够进入数学领域并得到发展，源于对复数的几何表示. 复数来源于方程的解，有着真实的数学背景；同时复数的表达广泛应用于电磁学、流体力学、信号分析等领域，有着深厚的物理背景. 复数的几何表示（包括平面向量）使得“虚幻”的复数有了实际背景，由于复数与平面向量一一对应，使得复数的加减乘除运算有了清晰的几何意义.

平面向量对学生来说是一个新量，他们在小学与高中阶段已经研究过两个全新的概念——数量与集合，平面向量的研究路径与它们的研究路径一样；从小学到初中阶段的平面基本图形以及相关内容的判定定理、性质定理为用向量研究问题做了铺垫；实数的运算及运算律、多项式的运算及运算律、平面直角坐标系的知识也为向量的运算与坐标表示奠定了基础. 平面向量是一个重要的数学工具，为高中阶段后续将代数问题几何化研究复数、将几何问题代数化研究立体几何、学习解析几何奠定了基础.

复数是中学阶段最后一次数系扩充.从小学到初中，数系已由自然数集扩充到实数集，学生积累了很多数系扩充的研究方法、思路、原则，为复数研究做好了铺垫；复数是“二维数”，使数的研究从数轴扩充到二维复平面，此时学生已具备向量知识，借助平面向量探究复数的几何意义，从几何角度进一步认识复数，同时建立复数与平面向量及三角函数之间的联系.

二、单元课程标准和教材解读

（一）课程标准解读

平面向量作为代数对象，是指它作为一个运算对象. 复数也是一类有广泛应用的运算对象. 基于此，教材内容安排都是按代数对象的研究路径展开的：背景引入—运算对象的概念与表示、几何意义—运算对象的基本性质—运算对象的运算及其几何意义、运算律—联系与应用.

1. 平面向量及其应用课程标准解读

本单元的学习，可以帮助学生理解平面向量的几何意义和代数意义；掌握平面向量的概念、运算、基本定理以及应用；用向量语言、方法表述和解决现实生活中的问题. 内容包括：向量概念、向量运算、向量基本定理及坐标表示、向量应用.

背景：位移、速度、力、功.

概念：平面向量的定义、几何表示.

平面向量的基本性质：特殊向量（零向量、单位向量）、向量间的特殊关系（如相等向量、相反向量、共线向量、向量的夹角）.

平面向量运算的定义、运算律及几何意义：向量加、减运算法则、运算律及几何意义，数乘运算的定义、运算律及几何意义；向量数量积的概念及运算律.

平面向量的基本定理及坐标表示：平面向量基本定理、平面向量坐标表示、平面向量坐标运算.

联系与应用：与复数的联系，在物理学、数学中的应用.

（1）从几何意义来看，平面向量是描述平面几何图形的工具，应让学生通过几何表示建立向量与几何图形组成要素之间的联系，建立向量的模、向量间的关系（相等向量、共线向量、夹角）与几何图形组成要素之间的相互关系（大小关系、位置关系）的联系，进而理解向量是一个怎样的工具，并掌握向量的语言及方法. 基于以上考虑，向量的自由性是以上研究的基础，相等向量与共线向量也是平面向量概念学习的重点.

（2）从代数意义来看，平面向量是一种量，类比数量的研究路径及研究内容，得出向量的运算法则，通过向量运算刻画几何对象，通过向量运算结果解释几何问题. 由此可见，向量线性运算的法则、定义及几何意义，向量数量积的概念及运算律是平面向量的教学重点，而对向量线性运算的法则、定义的理解，向量数量积的概念及运算律的理解，向量数量积的应用则是教学的难点.

（3）向量的工具性主要体现在用向量表示几何中的基本要素，并通过平面向量基本定理及坐标表示将几何问题转化为代数问题，通过代数运算结果解释几何问题. 由此可见，平面向量基本定理、平面向量坐标表示及平面向量运算的坐标表示是平面向量的教学重点，而平面向量基本定理唯一性的证明是教学难点.

2. 复数课程标准解读

本单元的学习，可以帮助学生通过方程求解，理解引入复数的必要性，了解数系的扩充，掌握复数的表示、运算及其几何意义. 内容包括：复数的概念、复数的运算、*复数的三角表示.

背景：解方程的历史.

概念：复数的定义、表示和分类.

复数的基本性质：复数的几何意义，复数间的特殊关系.

复数运算的定义、运算律及几何意义；复数代数形式运算的定义、运算律及加减运算的几何意义；复数三角形式的相关概念、运算定义及乘除运算的几何意义.

联系与应用：复数与平面向量及三角函数的联系，在几何中的应用.

（1）由自然数集扩充到有理数集，再扩充到实数集，都是为了满足实际应用的需要. 复数的引入不同于前面数系的扩充过程，它是为了方程求解的需要，是数学史上数学家研究方程过程中的真实经历，在引入过程中可以体验数学家的理性思维与科学的严谨性，体会数学文化.

（2）由自然数到有理数，再到实数，一直都是“一维数”，其几何意义是由数轴上的点表示的，但复数是“二维数”，这在研究经验上是一个大跨越，因此复数的概念、代数形式是教学重点，复数的扩充过程是教学难点. 复数的几何意义通过类比实数引入，其几何意义有助于更好地理解复数运算、引入三角表示，建立复数与向量、三角函数之间的联系，因此复数的几何意义也是教学重点，复数的向量表示是教学难点.

（3）引入一个新的代数对象，就要研究它的运算. 由初中经验可知，由自然数集扩充到有理数集，再扩充到实数集，数系扩充后的运算法则与运算律要保持与原数系协调一致，所以复数代数形式的加、减、乘、除的运算规则应与实数协调一致，复数加、减运算的几何意义是教学重点，复数乘法、除法的运算法则是教学难点.

（4）复数的三角表示是复数的一种重要表示形式，它沟通了复数与三角函数．可以补充复数乘、除运算的几何意义，使复数运算系统更加完整．基于此，复数的三角表示、复数乘除运算的三角表示及几何意义是教学重点，复数的三角表示是教学难点．

（二）教材解读

1．丰富的实际背景和数学文化

教科书通过章引言、节引言、“阅读与思考”等提供了丰富的实际背景、数学史资料，体现了数学与生活、其他学科领域的联系以及本单元所学内容的重要价值．

平面向量部分：教科书以丰富的物理背景引入向量内容，由位移、力等引入向量的概念．由位移的合成、力的合成引入向量加法的三角形法则与平行四边形法则．由物理中功的计算公式引入向量的数量积．由力的分解引出平面向量基本定理．借助以上背景引入教学内容符合学生认知规律，结合“最近发展区”原则，有助于学生形成概念、理解概念．通过“阅读与思考”，让学生了解了向量的发展过程以及其在科学领域的应用．

复数部分：教科书中数系的扩充是以数学史上真实的数学研究过程引入的，结合解方程，使学生初步体会复数的来龙去脉，通过“阅读与思考”“探究与发现”提供的资料，从不同角度让学生体会复数的研究价值，从而加深对引入复数的必要性和重要性的理解．

2．思考与探究

教科书通过设置“思考”与“探究”栏目，引导学生进行数学思考，以便他们发现问题、分析问题、解决问题．“思考”是让学生在已有认知的基础上深入研究，“探究”是对知识在新领域或方向上的研究，两者纵横交错，以提问的形式引导、启发学生，促进学生思考，提升学生的数学思维能力．

3．典型例题、练习与习题

本单元教科书中的例题、练习题与习题主要涉及数学应用与数学运算两大类．

教科书中的“平面向量及其应用”分为两大部分：①6.1~6.3系统认识平

面向量，例题、练习题与习题主要分为向量应用与向量运算．首先，向量应用类型题虽然6.4已经系统安排，但在6.1~6.3的教学中也渗透了相关平面向量运算的简单应用，其目的主要是让学生从几何角度感受平面向量，理解向量是刻画几何要素的工具，体会研究向量运算的意义，积累运用向量解决问题的经验，培养学生运用所学知识解决问题的能力．其次，向量运算类型题主要涉及代数运算，其目的是从代数角度感受平面向量，加强训练，巩固并掌握向量运算，提升学生的数学运算素养．②6.4中的例题、练习题与习题将向量应用与向量运算融为一体，综合考查学生的数学建模、逻辑推理、数学运算素养．

复数是一个代数对象，所以多数例题、练习题与习题主要以数学运算为主．通过例题、练习题与习题让学生巩固概念、熟练掌握运算过程，体会将复数代数形式与三角形式互化的方法，感受复数、平面向量以及三角函数之间的联系，培养学生的数学运算素养．少数例题、练习题与习题考查复数的几何意义，一部分体现了复数在几何中的应用，一部分将代数问题转化为几何问题，让学生体会转化的思想、数形结合的思想，提升学生的直观想象素养．

三、单元教学分析与建议

（一）单元划分

平面向量与复数虽然是数学的两个分支，但是它们之间存在着密切的联系，在“几何与代数”主题中都实现了数与形的融合．向量通过运算将几何问题代数化，复数及其运算的几何意义实现了代数问题几何化，并将向量、三角函数联系在一起．教学中需把握单元教学整体性，注意知识间的内在联系．

本单元教学流程框架：

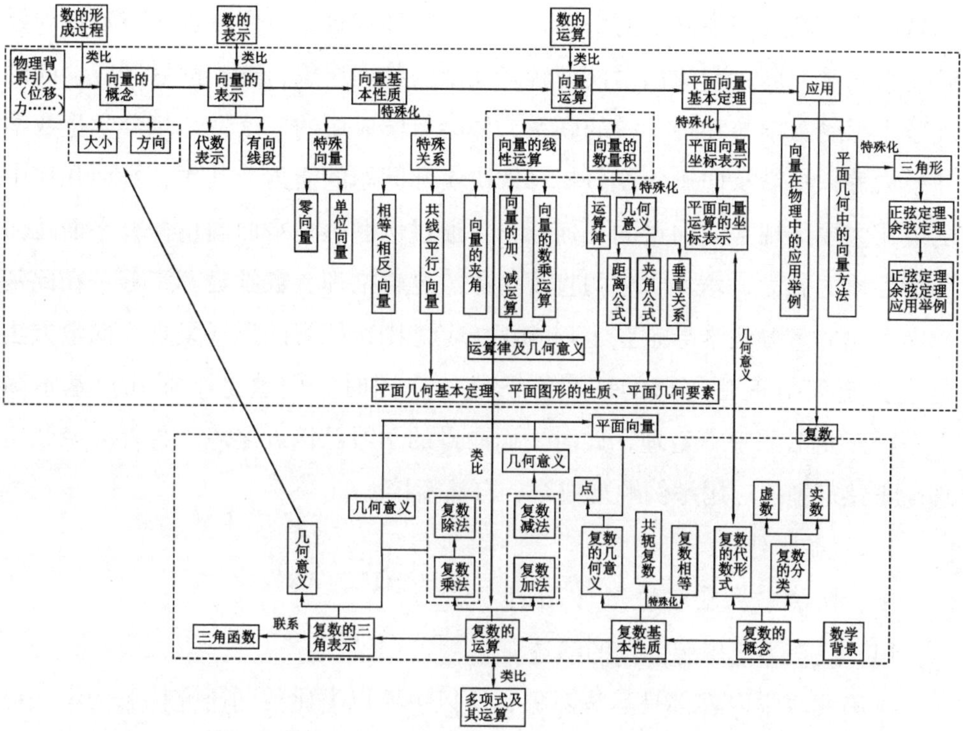

本模块对三部分内容进行了调整：

（1）教科书中平面向量的章引言与“6.1平面向量的概念”相结合作为平面向量的第一课，因为本节课是平面向量的起始课，所以学习章引言是有必要的. 通过章引言的学习，让学生知道平面向量在数学领域的地位及作用，同时引导学生类比集合的研究路径猜想向量的研究路径，并给予肯定，帮助学生初步形成一个整体认识，知道本单元学什么、为什么学、怎么学.

（2）将相反向量与向量的夹角调整到平面向量概念的巩固与拓展部分，作为平面向量概念的第二课. 相反向量与向量的夹角都涉及向量间的关系，通过相反向量可以从反面认识相等向量，通过向量的夹角可以让学生初步感受向量的自由性，并与平面几何中的角建立联系，让学生初步体会平面向量的几何背景.

（3）“6.4平面向量的应用”这一节，调换平面向量在物理中的应用举例与在平面几何中的应用的教学顺序，调整原因如下：首先，依据向量背景的出现顺序．教科书中向量的引入首先来自物理背景，应用时也先将物理问题转化为向量问题，利用数学模型解释反映的物理现象，这样前后呼应，同时让学生感受数学与物理学科的联系，体会数学应用的广泛性，培养学生数学建模素养，提高从向量角度分析和解决实际问题的能力．其次，平面几何中的应用主要体现平面向量的几何背景，通过例题感受平面向量探究平面几何图形性质的魅力，培养学生的直观想象、逻辑推理、数学运算素养．在此基础上，用向量方法推导余弦定理和正弦定理则以练习的形式呈现．向量方法是余弦定理与正弦定理的证明方法之一，同时它们也是平面几何基本图形——三角形的基本定理，此时平面向量的学习已接近尾声，再补充余弦定理与正弦定理的应用举例顺理成章，自然衔接．

（二）教学建议

1．教学中注重渗透数学思想方法

（1）注重类比思想方法的渗透

本单元教学内容都是运算对象，所以主要以类比数的研究体系为主，可类比研究路径、研究内容以及研究方法．比如平面向量和复数的开篇都是类比数的研究路径提炼出新量的研究路径，在此基础上进行一系列研究；类比数的特殊数量探究向量的零向量和单位向量；类比数的减法与加法的联系，将向量减法转化为加法运算；类比多项式及其运算与向量及其运算探究复数的运算等．但要注意类比的同时，也要关注类比对象的不同点，以避免导致负迁移，比如：向量与数量不同，除了大小还有方向；向量的运算与数量运算定义关键点不同，定义向量运算法则的关键是定义“方向的运算”．在教学中通过类比探究可以发展学生的逻辑推理素养．

（2）注重数形结合思想方法的渗透

平面向量集数与形于一身，是沟通几何与代数的桥梁，同时也是复数的几何意义所在．基于此，本单元教学应重视运用数形结合思想方法．在向量运算几何意义的教学中，向量运算及其运算律与几何性质存在逻辑关系，可以运用几何性质证明向量运算律等问题．如：向量加法交换律以平行四边形性质为逻辑基础，是“平行四边形的两组对边分别平行且相等”的向量表达式；数乘向量分配律以相似三角形定理为逻辑基础；用向量研究几何图形的度量特征、表示几何中的定性问题主要依靠向量数量积，探究过程渗透数形结合的思想，让学生初步建立向量与几何的联系，体会向量是描述和研究几何图形的基本工具．复数从几何意义出发，利用点在坐标系中的对称性这一特殊关系，将复数特殊化，从几何角度解释共轭复数；结合复数的三角表示，建立复数的乘法运算与辐角的旋转变化以及模的伸缩变化之间的关系等．在研究以上内容的过程中真正实现了课程标准要求的数与形的融合．通过以上探究可以发展学生的逻辑推理、直观想象素养．

（3）注重由一般到特殊的方法

本单元教学中多处运用从一般到特殊的方法研究基本性质、几何意义，如向量线性运算的几何意义从向量的特殊关系入手，分别观察共线向量与非共线向量的加法有什么几何特征；由向量间的特殊关系（平行、垂直），使向量$\boldsymbol{a}$在向量$\boldsymbol{b}$方向上的投影向量具有特殊性，进而得出向量数量积的几何意义；平面向量基本定理将基底特殊化为正交分解，从而引入向量坐标表示，将向量运算完全转化为代数运算；共轭复数也是通过复平面内点的特殊关系——关于x轴对称得出的；等等．通过以上探究，可以发展学生的逻辑推理素养．

2．在教学中注重与信息技术整合

本单元内容涉及几何与代数，平面向量通过几何表示建立几何直观，复数的几何表示使它有了实际的模型，教学时可以借助信息技术帮助学生直观认识．如经历相等向量→平行向量→共线向量，体会向量的“自由性”．可以借助信息技术，通过向量的平移让学生直观认识相等向量与表示向量的有向线段的起点无关；可借助信息技术通过基底不变，改变向量$\boldsymbol{a}$的大小和方向来动态展示平面向量基本定理；借助信息技术工具改变向量$\boldsymbol{a}$，$\boldsymbol{b}$，$\boldsymbol{c}$的位置，动态地帮助学生理解向量加法的结合律；可借助信息技术手段，让学生观察并思考复数对应的向量$\overrightarrow{OZ}$，在复平面内其他象限或在实轴、虚轴上，是否也有与第一象限已知的结果，从而最终得出复数的三角表示.

第二节　“平面向量的概念”单元教学解读与设计

一、教学设计基本要素分析

（一）学情分析

虽然平面向量对于学生来说是新知，但是在此之前他们已经具备许多学习向量的认知基础：（1）已经学习了位移、速度及力，了解了矢量的相关知识；（2）已经学习了数及数的运算、代数式的运算以及运算律；（3）已经学习了集合，积累了研究一个新量的路径及方法. 在这个基础上研究向量，由旧知探求新知，符合认知发展规律.

向量理论具有丰富的物理背景，教科书对位移、速度、力等物理量加以抽象，得出这个新的量. 在此之前，学生已经经历过数学抽象的过程，积累了一些探求新知的经验，如学习了集合、函数等，这些都在为向量的研究做铺垫、打基础.

（二）教材分析

向量是近代数学中重要和基本的概念之一，具有物理背景和几何背景. 向量是沟通几何与代数的桥梁，在数学和物理学科中具有广泛的应用.“平面向量及其应用”是必修课程与选择性必修课程中“几何与代数”主题的开篇，被安排在必修第二册主要有以下几个原因：（1）安排在学生学习矢量之后学习；（2）从初中到高中，学生经历了由直观形象思维到抽象逻辑思维的过度，在此基础上进一步研究向量，已有了一定的经验积累；（3）为在解三角形中的应用，用向量方法证明正弦定理、余弦定理，后续学习复数的几何意义及其运算，学习空间向量、用向量方法解决平面解析几何中的直线与方程等有关问题奠定了基础.

本节从多角度展开对向量的研究，①教科书从丰富的物理背景（位移、速度、力等）引入向量，类比位移、力等理解向量的概念. ②教科书利用有向线段给出了向量的几何表示，使向量具有了明确的几何背景，便于学生通过图示直观理解平面向量、相等向量与共线向量的概念，为后续根据向量运算的几何意义理解向量运算做了铺垫，让学生初步体会到向量也是几何研究对象．③教科书类比数探究平面向量概念及其表示方法，形成向量研究的基本方法，为后续探究向量运算做了铺垫，并初步体会到向量也是代数研究对象．从多角度研究能让学生初步感受到向量是沟通几何与代数的桥梁．

（三）教学分析

教学时要整体把握教材，类比数量探究向量，注重起始课的引领作用，发展核心素养．基于核心素养，首先要注重章引言教学，带领学生阅读并解读章引言，引导学生将集合类比数的研究方法迁移到向量研究中，类比集合的研究路径得出向量学习的基本方法，让学生对本章内容有一个大致的认识；其次要注重创设情境和问题设计，通过创设情境激发学生的学习兴趣，进而使他们在自主探究的活动中归纳总结，通过问题设计深挖概念，促进学生对数学本质的理解；最后，教学时要注重师生互动，以学生学为主，教师教为辅，通过创设情境和问题设计让学生实际操作、小组讨论，给学生充足的时间思考问题，让学生亲身体验数学知识形成的过程．

二、单元课时教学设计

第一课时　平面向量的概念及相关概念

教学目标

1．能够从位移、力、速度等物理量的共性中抽象出向量的概念；能够借助位移、力、速度等物理量的表示，类比数量的几何表示，解释向量的几何表示．

2．能够类比特殊数量0和1，从向量的模出发，解释零向量和单位向量；能借助向量的几何表示和平面直线的位置关系，对比数量，从向量的方向出发，解释平行向量、相等向量、共线向量．

3．能够用向量表示实际问题中的位移；能借助平面几何中的性质定理和判定定理，在平面图形中找见相等向量、共线向量．

4. 能够说出研究新量的基本路径，能够总结研究新量的数学方法.

教学过程

1. 创设问题情境，引入向量

问题　我校本周五下午将举行取物赛跑活动，规则是从图7.2–1中的点A出发，由点A到点B取物，再由点B到点C，C为终点，现要做一个宣传海报，并配图展示比赛规则，下面以小组为单位设计一下规则展示图.

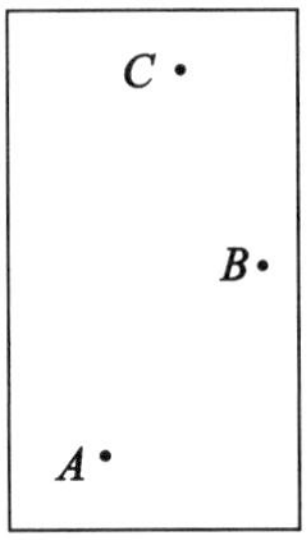

图7.2–1

师生活动：学生以小组为单位动手操作，教师将学生做出的几种有代表性的图片展示如下（图7.2–2），由学生评价讨论，选出最合适的宣传图.主要让学生体会到用有方向的线段说明距离和方向更为合适，建立学习向量的认知基础.

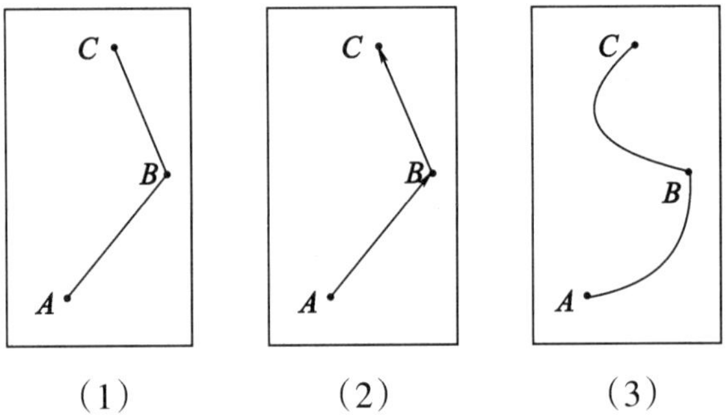

图7.2–2

【设计意图】通过创设情境、实际操作，让学生自己总结出用带箭头的线段来解决既要表示大小又要表示方向的问题.

2. 阅读章引言，构建知识框架

问题　阅读教科书第六章章引言，思考以下问题：

(1) 向量和第一段文字中哪些量比较像，为什么？

(2) 结合第三段文字，回顾集合的研究内容、过程及方法，猜一猜本章我们将研究向量的哪些内容？可采用哪些方法？本章的第一节我们应该研究什么内容？

(3) 本单元内容学完，结合你的亲身体验、开篇第二段以及本节的“阅读与思考”谈一下：为什么要引入向量？

师生活动：教师与学生共同阅读章引言，对于问题（1）学生根据提问指出位移、力、速度、加速度，并说出它们的共性，引入向量；问题（2）以小组讨论的形式进行，结合已有经验，将集合研究路径（集合的概念→集合的表示→集合自身性质→集合间的关系→集合的运算）迁移到向量，由已知探求未知，猜想学什么、怎么学．教师对学生的回答进行适当补充，总结出研究路径，并将学生引入本单元第一节课的学习中．

【设计意图】由实际背景到物理背景，归纳共性，让学生初步认识向量；在集合研究的基础上，让学生自主探究本章内容，自主构建知识框架，对本章形成一个大概的认识．

3．借助物理背景，形成向量的概念

问题　一支笔、一棵树、一头牛……，去掉它们的后缀名词剩下的都是“1”，反映它们多少（大小）的“1”，这就是它们的共同属性——只有大小，称其为数量．位移、力、速度也有它们不受背景限制的共同属性，这就是我们要研究的向量．找出它们的共同属性，类比数量，尝试描述向量的概念，并指出向量与数量的异同点，举出实例说明．

师生活动：在前面活动的基础上，学生找出位移、力、速度的共同属性：大小和方向，并描述向量的概念．师生共同阅读教材，学习向量的概念．学生尝试举出生活中的实例．

【设计意图】让学生感受抽象的过程，培养他们的数学抽象素养；类比探究，提升他们的逻辑推理素养；对比分析异同点，有利于他们进一步类比探究．

4．类比实数表示方法，探究向量的几何表示

问题　对照研究路径，类比研究向量的表示方法．向量的表示要集大小和方向于一身，请同学们通过小组讨论回顾实数有哪些表示方法，根据以下要求猜想向量的表示方法．

（1）结合向量的物理背景，参照物理量的表示方法；

（2）结合向量与数量的异同点思考．

师生活动：学生小组回顾实数的字母表示与几何表示，讨论向量的表示

方法，得出一定结论后，教师带领学生阅读对有向线段的描述，学习有向线段的概念，了解有向线段的三要素，并通过有向线段的三要素解释向量的长度和方向，这也为后续研究埋下了伏笔. 最后教师板书向量的表示方法并强调书写的规范性，阐明向量字母表示的印刷体与手写体的区别.

【设计意图】对于新量的探究，需要教师引导学生进行。通过提出要求为学生指明研究方向，类比猜想让学生明确数量与向量也有共同特性，提升学生的逻辑推理素养，为后续研究做铺垫.

5. 对比数量与向量的共性，探求特殊向量

问题　在数量的产生与发展过程中，贡献最大的就是“0”和“1”，它们是加法逆运算和乘法逆运算的基础. 阅读教科书，找出特殊向量，说明给它们下定义的依据.

师生活动：学生在教科书中找出零向量与单位向量的定义并学习，明确它们是由向量的长度确定的，引入向量的模，并以长度为数量让学生知道模可以比较大小. 教师引导学生根据向量的概念抓住数量与向量的异同点，明确向量是由大小和方向共同决定的，得出向量不能比较大小. 同时为根据方向研究向量关系埋下伏笔.

【设计意图】类比0和1，让学生了解到它们是向量运算的基础，为后续研究向量运算做铺垫. 这里可以让学生直接阅读教科书，不用猜想，找出它们定义的共性，引入模更合理一些.

例. 在图7.2–3中，分别用向量表示A地至B，C两地的位移，并根据图中的比例尺，求出A地至B，C两地的实际距离（精确到1 km）.

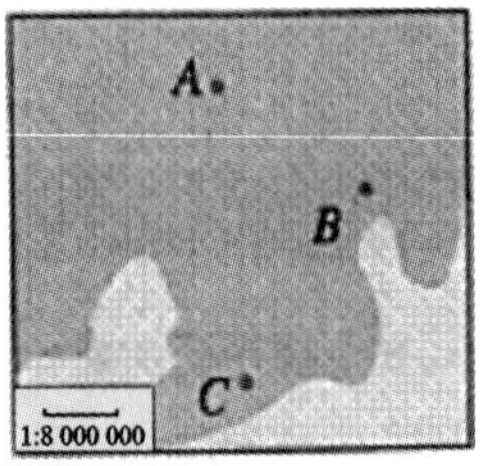

图7.2–3

师生活动：学生作图，并计算结果. 在位移学习的基础上，学生比较容易完成. 在这里教师可以补充单位向量的模为1的应用.

【设计意图】从向量的角度认识位移，以正确理解向量概念及其几何表示，明确两点间的距离就是相应有向线段的长度，也是相应向量的模，让学生用向量语言表达实际问题.

6. 对比数量与向量的不同点，探求向量间的特殊关系

引导语：类比数量的关系，我们可以通过比较大小分为相等和不相等，不相等的情况下也可以比较大小，那么向量也有相等关系吗？可以从哪些方面判断呢？还有其他关系吗？

问题1 已知小明、小亮、小静分别从A，B，C三点按要求出发，小明向右行走3 m，小亮向左行走3 m，小静向右行走3 m，请在如图7.2-4所示的坐标纸（规定小方格的边长代表1 m）中，用向量$\overrightarrow{AD}$，$\overrightarrow{BE}$，$\overrightarrow{CF}$分别表示小明、小亮、小静的位移，并思考以下问题：

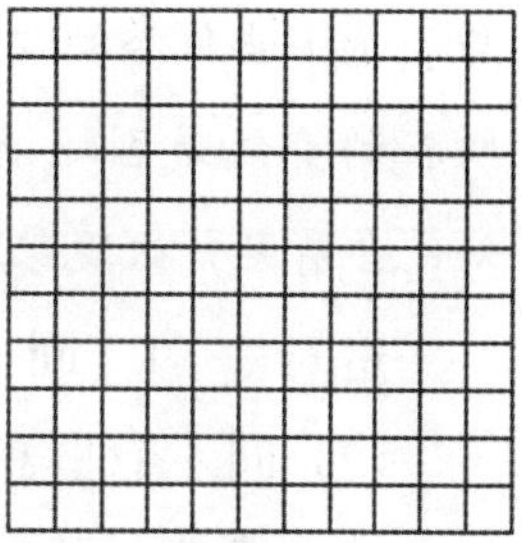

图7.2-4

（1）观察在坐标纸上作出的三个向量，从向量的基本要素出发分析一下它们的异同点；

（2）特别关注表示小明和小静位移的向量，它们有什么特殊性？

（3）对比观察同组其他成员在坐标纸上画出的向量，分析它们的异同点.

师生活动：教师给每个同学发一张坐标纸，学生在坐标纸上分别作出三个向量，坐标纸上三点A，B，C的位置不同，每组至少有两种情况，完成后组内学生互相检查作图是否准确，观察自己和同学作出的向量（图7.2-5），思考以上问题. 学生通过观察可以判断向量的模相等，小明和小静的位移$\overrightarrow{AD}$，$\overrightarrow{CF}$相同，与小亮的位移$\overrightarrow{BE}$方向相反. 教师在此基础上引导学生发现三个向量所在的直线是平行的，从而引出平行向量的概念. 学生阅读教材，学习平行向量的概念，教师解释规定；教师通过第二问引导学生从向量的两个基本要素出发，得出相等向量的定义并板书，用符号语言描述平行向量、相等向量.

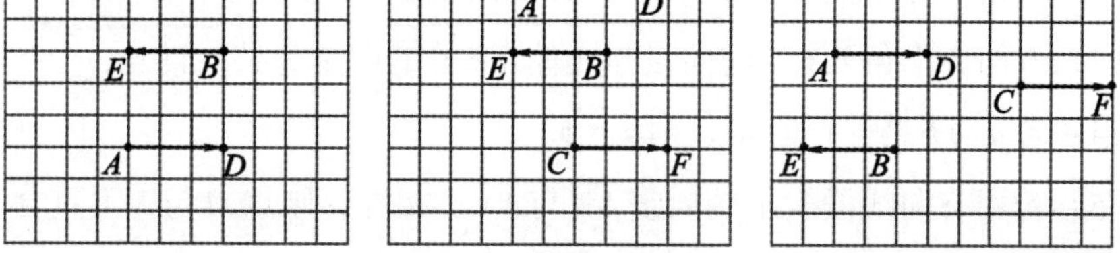

（1） （2） （3）

图7.2-5

【设计意图】借助实例，考查学生对平面向量概念的理解，熟悉平面向量的几何表示，引导学生从向量的大小和方向观察它们之间的关系，引导学生理解平行向量、相等向量的定义.

问题2　将同组的坐标纸拼在一起，大家会发现这个平面上有很多向量，与表示小明位移的向量相等的向量有几个，用小写字母$\boldsymbol{a}$重新标记一下，它们所在的直线是否还是平行关系？如果将这些向量平移至坐标纸左上角的点A处，会看到什么现象？结合有向线段的三要素说明这个现象.

追问　（1）同一条有向线段可以表示怎样一类向量？

（2）同一个非零向量可以用怎样一类有向线段表示？

师生活动：学生以组为单位将坐标纸拼图. 教师借助信息技术也展示提前做好的拼图，对向量用小写字母标记，播放动画平移向量，相等向量完全重合，说明向量是否相等与它们的始点无关，即所有方向相同、长度相同的有向线段都表示同一个向量或相等向量，无论是同向向量还是反向向量都可以平移到同一条直线上，引入共线向量的概念，说明它与平行向量是等价的. 教师讲解时尽量避免向量的“平行”“共线”与平面几何中直线的平行和线段共线相混淆，让学生明确平行向量与平行线、共线向量与共线线段的区别.

【设计意图】通过向量的平移让学生直观认识到相等的向量与表示向量的有向线段的起点无关.

7. 巩固概念

例1. 判断下列结论是否正确（正确的在括号内打“√”，错误的打“×”），并说明理由.

（1）若$\boldsymbol{a}$与$\boldsymbol{b}$都是单位向量，则$\boldsymbol{a}=\boldsymbol{b}$.（　　）

（2）直角坐标平面上的x轴、y轴都是向量.（　　）

（3）方向为南偏西60°的向量与北偏东60°的向量是共线向量.（　　）

（4）若$\boldsymbol{a}$与$\boldsymbol{b}$是平行向量，则$\boldsymbol{a}=\boldsymbol{b}$.（　　）

（5）若用有向线段表示的向量$\overrightarrow{AM}$与$\overrightarrow{AN}$不相等，则点M与N不重合.（　　）

（6）海拔、温度、角度都不是向量.（　　）

师生活动：学生独立思考、判断，教师根据学生给出的答案点评.

【设计意图】考查学生对向量概念的掌握，考查学生对相等向量、共线向量概念的掌握.

例 2. 如图 7.2-6，O 是 $\square ABCD$ 的对角线的交点，且 $\overrightarrow{OA}=\boldsymbol{a}$，$\overrightarrow{OB}=\boldsymbol{b}$，$\overrightarrow{AB}=\boldsymbol{c}$，分别写出 $\square ABCD$ 和折线 $MPQRST$ 中与 $\boldsymbol{a},\boldsymbol{b},\boldsymbol{c}$ 相等的向量.

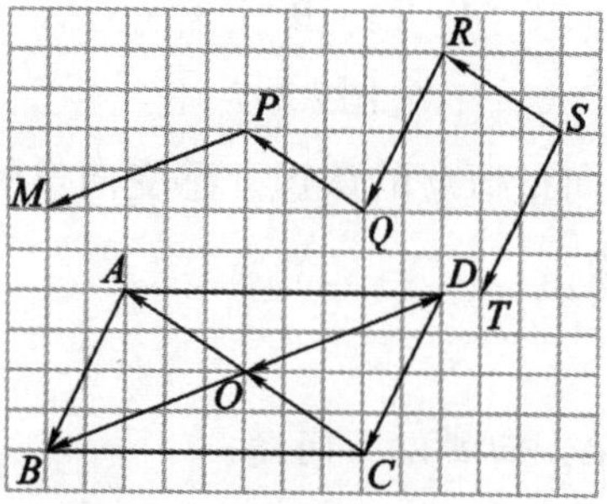

图 7.2-6

师生活动：学生独立思考，根据平面几何知识算出图中向量的模，找出平行直线，结合相等向量的概念，给出答案与 $\boldsymbol{a}$ 相等的向量有 $\overrightarrow{CO}$，$\overrightarrow{QP}$，$\overrightarrow{SR}$；与 $\boldsymbol{b}$ 相等的向量有 $\overrightarrow{PM}$，$\overrightarrow{DO}$；与 $\boldsymbol{c}$ 相等的向量有 $\overrightarrow{DC}$，$\overrightarrow{RQ}$，$\overrightarrow{ST}$.

【设计意图】考查学生对相等向量概念以及向量的符号表示和几何表示的掌握.

8. 课堂练习

（1）下列量中哪些是向量？

悬挂物受到的拉力，压强，摩擦力，频率，加速度.

（2）画两条有向线段，分别表示一个竖直向下、大小为 18 N 的力和一个水平向左、大小为 28 N 的力.（用 1 cm 的长度表示 10 N）

（3）指出图 7.2-7 中各向量的长度.（规定小方格的边长为 0.5）

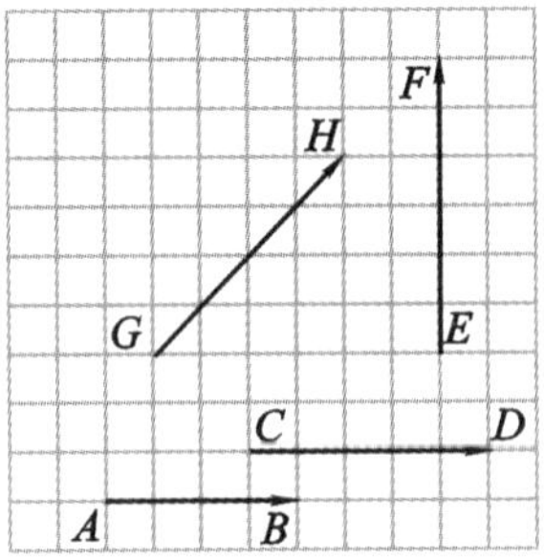

图 7.2–7

【设计意图】考查对向量概念的认识，感受向量的物理背景，体会向量的几何表示，会求向量的模.

9. 课堂小结

问题　回顾本节所学，回答以下问题：

（1）请你代表向量按以下形式进行自我介绍：我是谁？我来自哪里？你可以通过什么方式认出我？我有哪些性质？我和谁关系比较好？

（2）总结一下本节课用到了哪些思想方法？

师生活动：学生回顾本节内容，回答以上问题：

（1）我是向量，我来自位移、力、速度……你可以根据我的字母表示及有向线段认出我. 我是自由的，从长度角度来看我，有特殊的零向量与单位向量；从方向角度来看我，有共线向量；从长度和方向角度一起来看我，有相等向量. 我与平面几何关系较好，至于为什么？且听下回分解.

（2）本节课运用了类比的思想方法，从一般到特殊的思想方法.

【设计意图】考查学生对向量的认识，让学生学会用自己的语言描述向量，归纳总结出研究新量的思想方法.

10. 目标检测设计

在如图 7.2–8 所示的坐标纸（规定小方格的边长为1）中，用直尺和圆规画出下列向量：

（1）$\left|\overrightarrow{OA}\right| = 4$，点 A 在点 O 正南方向；

（2）$\left|\overrightarrow{OB}\right| = 2\sqrt{2}$，点 B 在点 O 北偏西 45° 方向；

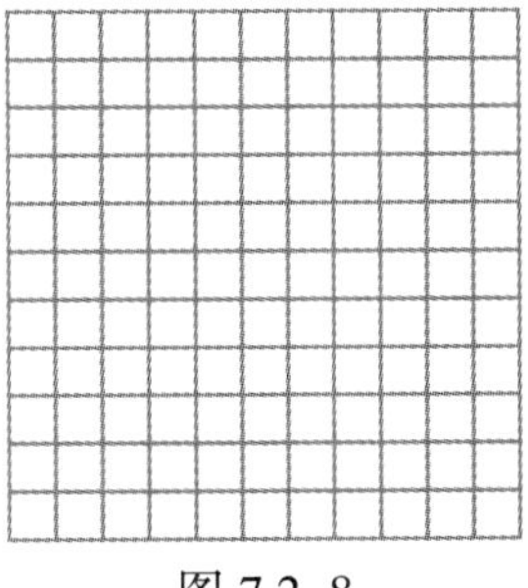

图 7.2–8

（3）$\left|\overrightarrow{OC}\right| = 2$，点 C 在点 O 南偏西 30° 方向.

【设计意图】考查学生对向量的模的认识，考查学生运用向量的几何表示解决实际问题的能力.

第二课时　平面向量概念的巩固与拓展

教学目标

1. 能借助正六边形的性质，加深对相等向量、共线向量的理解.

2. 能类比数量的相反数，解释相反向量；能借助相等向量和平面图形中角的概念，解释向量的夹角.

3. 能运用向量知识解释平面几何的性质，形成用向量语言表示几何关系的意识，理解向量是刻画平面图形的重要工具.

教学过程

1. 复习回顾

问题1　章引言中曾提到向量是几何研究对象，回顾上节课所学的向量的概念及相关知识，哪些方面能表现出平面向量是几何研究对象？

师生活动：学生在教师引导下联想向量的几何表示——有向线段，它是带有方向的线段，向量的模的几何意义就是线段的长度；平面图形又是由线段围成的图形，所以向量具有几何意义.

【设计意图】通过此问将向量与平面几何联系在一起，让学生理解向量是刻画平面图形的重要工具，为后续利用向量研究几何问题做铺垫.

2. 巩固概念

例. 如图 7.2-9，设 O 是正六边形 $ABCDEF$ 的中心.

（1）写出图中的共线向量；

（2）分别写出图中与 $\overrightarrow{OA},\overrightarrow{OB},\overrightarrow{OC}$ 相等的向量.

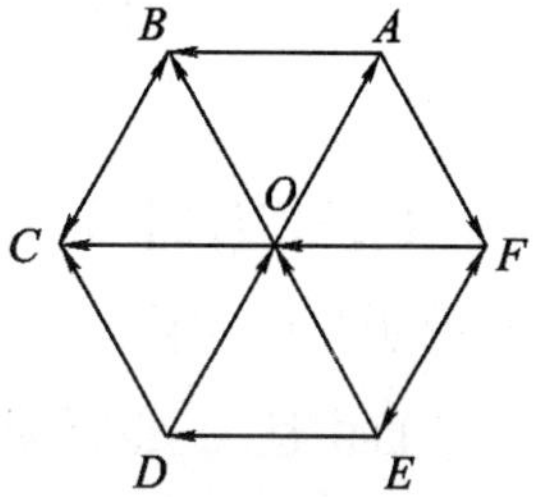

图 7.2-9

师生活动：（1）教师引导学生先回忆共线向量的定义，联系平面几何知识解释共线向量的特征——表示向量的有向线段在同一条直线上或所在直线平行，再让学生观察图形，结合正六边形的性质对图形进行分析．(2) 可在第 (1) 问的基础上进行探究，教师与学生一起回顾相等向量的概念、相等向量与共线向量的关系．明确相等向量是共线向量的特殊化，再结合正六边形的性质对图形进行分析．

【设计意图】结合正六边形的一些性质，让学生巩固相等向量和共线向量的概念，通过与初中学过的平面图形建立关系，感受平面向量的几何意义．

问题2　在例1中，向量$\overrightarrow{OA}$与$\overrightarrow{FE}$是否相等？说明理由并再找出几对具有这种关系的向量．

师生活动：学生在教师的引导下明确大小相等且方向相反的两个向量不相等，类比数量中的相反数给出相反向量的概念，教师板书并用有向线段将其表示出来．

【设计意图】“问题2”旨在让学生从反面认识相等向量的概念，并引入相反向量的概念．相反向量也是特殊的向量关系，同时是共线向量的特殊情况．用向量语言表述几何关系，让学生从中体会向量的几何背景．

3．拓展应用，引入向量的夹角

问题 (1) 从平面几何的角度来看，同一起点的两个向量，如例1中的$\overrightarrow{OB}$，$\overrightarrow{OC}$能组成什么图形？

(2) 从例1中的图形分析向量$\overrightarrow{OA}$与$\overrightarrow{OC}$相对于$\overrightarrow{OB}$有什么共性，向量$\overrightarrow{OF}$与$\overrightarrow{OC}$相对于$\overrightarrow{OB}$有什么不同？

师生活动：学生能够在教师的引导下发现两个非零向量可以构成平面图形——角，从而引入向量夹角的概念．教师在黑板上作图并给出定义，类比角的概念、对顶角的性质，结合向量的“自由性”，强调两个向量同起点，也可同终点．

【设计意图】向量的夹角与向量间的关系有关，与共线向量形成对比，使向量研究更完整．向量的夹角的概念要求向量同起点出发，这可以体现向量的“自由性”，也是研究向量夹角的关键点．再次建立向量与平面几何图形的联系，使学生理解向量的工具性．

追问　在例1中，向量$\overrightarrow{OB}$与$\overrightarrow{EF}$的夹角是多少？向量$\overrightarrow{OB}$与$\overrightarrow{BC}$的夹角是多少？

师生活动：教师引导学生利用相等向量的定义将两个向量平移至同起点，利用向量夹角的概念以及正六边形的图形特征回答追问．

【设计意图】巩固相等向量的概念、向量夹角的概念，通过平面图形的特征得出向量间的关系，体会向量的几何背景．

例．如图7.2–10，在四边形$ABCD$中，$\overrightarrow{AB}=\overrightarrow{DC}$，$\left|\overrightarrow{AD}\right|=\left|\overrightarrow{AB}\right|$，问：对角线$AC$，$BD$是什么关系？请说明理由．

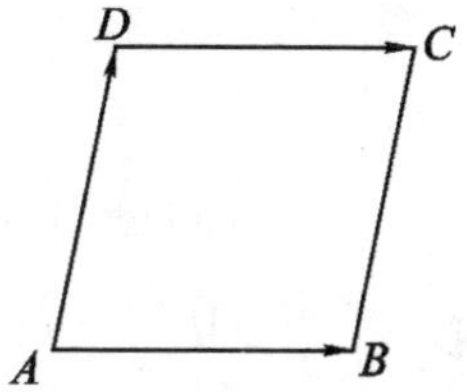
图7.2–10

追问：向量$\overrightarrow{AC}$与$\overrightarrow{BD}$的夹角是多少？

师生活动：教师引导学生根据向量关系，探究四边形对边的关系，确定四边形$ABCD$为菱形，根据菱形的性质，判断$AC\perp BD$，再利用两直线垂直的定义得出$\langle\overrightarrow{AC},\ \overrightarrow{BD}\rangle=90^\circ$．

变式：如图7.2–11，在$\triangle ABC$中，$\left|\overrightarrow{AC}\right|=\left|\overrightarrow{AB}\right|=2$，$\langle\overrightarrow{BA},\ \overrightarrow{BC}\rangle=60^\circ$，试判断$\triangle ABC$的形状并说明理由．求出向量$\overrightarrow{BC}$的模，向量$\overrightarrow{CA}$与向量$\overrightarrow{AB}$的夹角．

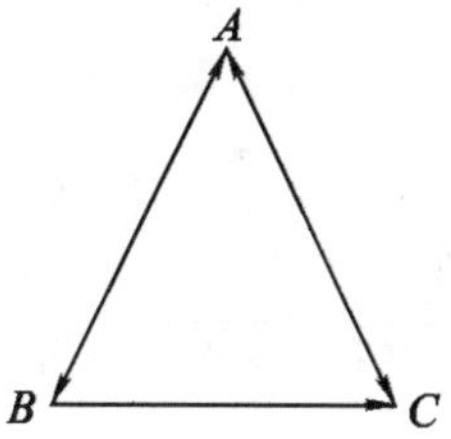
图7.2–11

师生活动：学生独立思考，根据$\left|\overrightarrow{AC}\right|=\left|\overrightarrow{AB}\right|$，得出$\triangle ABC$是等腰三角形，再结合$\langle\overrightarrow{BA},\ \overrightarrow{BC}\rangle=60^\circ$，得出$\triangle ABC$是等边三角形；利用等边三角形的定义，得出$BC=2$，从而得出$\left|\overrightarrow{BC}\right|=2$；判断所求夹角向量不是同起点向量，将向量平移至同起点，并利用互补角的关系得出向量$\overrightarrow{CA}$与向量$\overrightarrow{AB}$的夹角．

【设计意图】例2及其变式让学生进一步体验了用向量语言表示几何关系的方法，了解了向量的几何背景，感受了向量的几何表示的应用价值，同时为后续的向量学习做铺垫．

4．课堂练习

（1）指出图7.2–12中向量$\overrightarrow{GH}$与$\overrightarrow{CD}$的夹角是多少？向量$\overrightarrow{EF}$与$\overrightarrow{CD}$的夹角

是多少？（规定小正方形的边长为0.5）

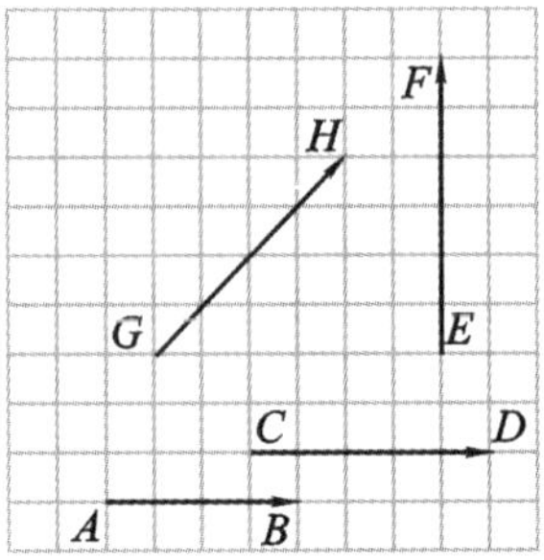

图7.2-12

（2）将向量用具有同一起点O的有向线段表示.

①当$\overrightarrow{OM}$与$\overrightarrow{ON}$是相等向量时，判断终点M与N的位置关系；

②当$\overrightarrow{OM}$与$\overrightarrow{ON}$是平行向量，且$|\overrightarrow{OM}|=2|\overrightarrow{ON}|=1$时，求向量$\overrightarrow{MN}$的长度，并判断$\overrightarrow{MN}$与$\overrightarrow{ON}$的方向之间的关系.

③从位移的角度分析，将向量$\overrightarrow{OM}$，$\overrightarrow{MN}$与$\overrightarrow{ON}$看成某质点的位移，那么向量$\overrightarrow{OM}$，$\overrightarrow{MN}$与$\overrightarrow{ON}$之间是什么关系？

师生活动：(1) 学生利用图形的几何关系平移相关向量，求出其夹角. (2) 学生通过作图回答：①终点M与N重合. ②当$\overrightarrow{OM}$与$\overrightarrow{ON}$方向相同时，$|\overrightarrow{MN}|=|\overrightarrow{OM}|-|\overrightarrow{ON}|=\frac{1}{2}$，且$\overrightarrow{MN}$与$\overrightarrow{ON}$方向相反；当$|\overrightarrow{OM}|$与$|\overrightarrow{ON}|$方向相反时，$|\overrightarrow{MN}|=|\overrightarrow{OM}|+|\overrightarrow{ON}|=\frac{3}{2}$，且$\overrightarrow{MN}$与$\overrightarrow{ON}$方向相同. ③学生在教师引导下回顾位移的知识，从物理知识出发，得出位移$\overrightarrow{ON}$是位移$\overrightarrow{OM}$与$\overrightarrow{MN}$的合成. 类比实数运算引导学生猜想向量运算，并要求学生预习教科书中“6.2.1 向量的加法运算”一节.

【设计意图】“课堂练习”意在巩固“6.1平面向量的概念”所学内容，练习②③意在引出向量运算，符合向量研究规律，为向量运算的学习做铺垫.

5. 阅读“阅读与思考”，归纳小结

问题　阅读教科书“阅读与思考”栏目中的《向量及向量符号的由来》，想一想：

（1）向量的长度与向量的夹角对应平面图形中哪些基本要素，体会第三段中介绍的向量及其理论是怎样形成与发展的.

（2）通过两节课的学习，你认为向量可以帮助我们解决哪些方面的问题？可以帮助我们研究数学哪些方面的问题？

（3）本单元内容学完，结合你的亲身体验、开篇第二段以及本节“阅读与思考”谈一下为什么要引入向量？（第一课时问题2（3））

师生活动：教师引导学生阅读教科书“阅读与思考”栏目的《向量及向量符号的由来》，回顾两节课的内容，引导学生发现向量的几何背景，初步了解向量的应用. 学生可能不会挖掘向量更广的应用，但可以通过这两节课的学习感受，总结出一些向量的应用. 教师可以引导和解释，在后续学习中让学生慢慢体会.

【设计意图】前后呼应，让学生总结一下对向量的认识，知道为什么学，初步体会用向量的语言表达几何关系.

6. 目标检测设计

如图7.2–13，在矩形$ABCD$中，$AB=2BC=2$，M，N分别为边AB，CD的中点，在以A,B,C,D,M,N为起点和终点的所有有向线段表示的向量中，相等的向量共有多少对？向量$\overrightarrow{MD}$与$\overrightarrow{NM}$的夹角是多少？向量$\overrightarrow{MD}$与$\overrightarrow{NC}$的夹角是多少？

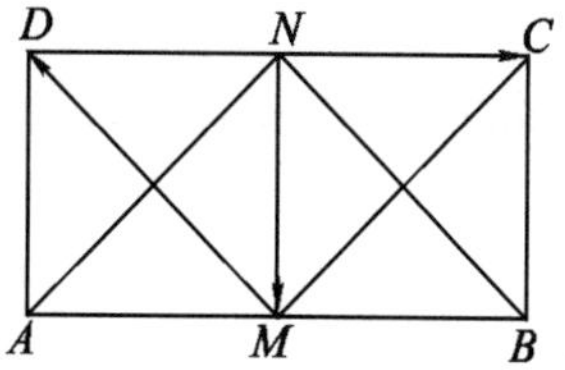

图7.2–13

【设计意图】考查学生对向量的概念与相关概念、向量的几何表示的掌握程度.

第三节 “平面向量的运算”单元教学解读与设计

一、教学设计基本要素分析

（一）学情分析

在学习“平面向量的运算”之前，学生已经从自身物理背景中的力、位移、速度等抽象出了数学中向量的概念，系统地建立了数的运算体系，这对学生学习“平面向量的运算”是有很大帮助的，明确了研究方法：借助向量的物理背景及类比数的运算展开向量运算的研究. 但是学生对运算的认知停留在“按规则操作”的层面，对于建立运算法则所要完成的“事情”、在这个过程中需要遵循的一般原则等理解并不深刻，这就会造成学生的被动学习.

另外，向量的线性运算是封闭的，运算结果是向量，含大小和方向两个要素，这是好理解的. 但是，在向量的加减中如何进行方向的加减，关于这一点，学生是没有经验的. 借助力的合成与位移的合成，通过作图的方式定义向量的线性运算，体现向量的几何性质，这些都是学生不习惯的. 向量的另一种运算——数量积运算是不封闭的，它的结果是一个实数，这是学生的以往经历中所没有的，数量积的运算性质非常丰富，“这些性质是如何想到的?”是学生困惑的问题.

尽管学生在平面几何中学过线段向投影面的正投影，但向量的投影变换需要考虑投影向量的方向，要在分类讨论的基础上进行抽象，这个过程需要学生具有较强的几何直观和归纳抽象能力，对数学抽象、逻辑推理素养的要求也较高.

（二）教材分析

与实数、集合等运算对象不同，向量是集数与形于一身的一个量，因此它的运算自然有代数和几何两种意义，运算的性质也要从代数、几何两个角度进行研究.向量来源于物理学，每一种运算都有明确的物理背景，因此在定义其运算时要强调其物理背景.

本单元主要学习平面向量的运算，包括：向量的加法，向量加法的三角形法则，向量加法的平行四边形法则，相反向量，向量的减法，向量的数乘，向量共线的充要条件，向量的夹角，向量的垂直，向量的数量积，投影和投影向量等.

建立向量运算体系，首先要遵循代数运算的一般套路，即背景—运算法则—运算律—应用，因此可以类比实数运算的研究过程展开向量运算的研究；其次，向量是几何对象，因此要从几何角度考虑运算法则和运算律的意义；最后，向量的概念源自物理学，每一种向量运算都有其相应的物理背景，这就能使向量运算的定义建立在明确的现实背景上，当然数学中的向量运算已经脱离了现实背景的束缚，是抽象的结果. 综合以上三个方面，形成如下基本路径：物理背景—运算法则及其几何意义—运算性质及其几何意义—联系与应用.

平面向量的运算体系为运用向量解决问题奠定了基础. 用向量方法证明余弦定理、正弦定理，下一章介绍复数及其运算也联系了平面向量及其运算. 在选择性必修课程中，类比平面向量的运算体系可以建立空间向量的运算体系，用空间向量解决立体几何问题，用向量解决平面解析几何中直线与方程的有关问题. 将平面向量、空间向量及其运算一般化可以得到高等数学中向量空间的概念.

因而本单元内容蕴含了数形结合、类比、归纳、抽象等数学思想方法，让学生掌握向量运算，有助于提升他们的逻辑推理、数学运算和直观想象核心素养.

（三）教学分析

《普通高中数学课程标准（2017年版）》中强调“几何与代数”是高中数学课程的主线之一，“平面向量及其应用”是必修课程与选修课程中“几何与代数”的开篇，说明了其既是代数研究对象，又是几何研究对象. 伴随着计算机和信息技术的迅猛发展，“运算”作为计算机和信息技术的基础受到空前的重视，而“向量”作为一个全新的运算对象，可以扩充学生对“运算”概念的理解，帮助学生整体提升数学运算素养.“平面向量的运算”这一节的学习，通过向量的物理背景和几何直观，可以帮助学生掌握平面向量加、减、数乘等线性运算及运算规则，理解其几何意义，理解平面向量共线的含义，理解平面向量的数量积的概念和物理意义，会计算平面向量的数量积，了解平面向量投影的概念及投影向量的意义，会用数量积判断两个向量的垂直关系.

1. 突出向量的物理背景，引导学生从几何、代数两个角度理解向量运算.

与实数、集合等运算对象不同，向量是集数与形于一身的一个量，因此它的运算自然有代数和几何两种意义，运算的性质也要从代数、几何两个角度进行研究；向量来源于物理，每一种运算都有明确的物理背景，因此在定义其运算时要强调其物理背景.

2. 注重类比数的运算研究向量的运算

向量的运算法则具有一定的物理背景. 在向量的线性运算中，类比数的加法，以位移的合成为背景引入向量加法的三角形法则，以力的合成为背景引入向量加法的平行四边形法则；类比数的减法，引入相反向量定义向量的减法；类比数的乘法，定义向量的数乘运算. 以物理学中力的做功为背景，引入向量的数量积. 向量的运算性质表现在代数和几何两个方面. 类比实数的运算律，可以获得向量的运算律. 线性运算的运算律有明确的几何意义，例如向量加法的交换律与平行四边形的性质、数乘向量的分配律与相似三角形的性质；数量积运算的运算律与勾股定理、余弦定理等.

二、单元课时教学设计

第一课时　向量的数量积（1）

教学目标

1. 通过物理中的力做功等实例，理解平面向量数量积的概念及其物理意义，会计算平面向量的数量积.

2. 通过几何直观，了解平面向量投影的概念以及投影向量的意义.

3. 会用数量积判断两个平面向量的垂直关系.

教学过程

1. 创设问题情境，引入向量数量积的概念

问题1　在前面我们学习了向量的哪些运算?

问题2　我们是如何引入向量的加法运算的？请谈一谈研究这种运算的一般方法.

预设答案：物理模型—概念—几何意义—性质—运算律—应用.

问题3　类比数的运算，出现了一个自然的问题：向量能否相乘？如果能，那么向量的乘法该怎样定义呢？

【设计意图】通过对向量研究方法及研究步骤的复习，体会研究向量运算的一般方法. 用具有较大的开放性和统摄性的问题开场，有利于帮助学生站在数学知识的整体高度认识问题、思考问题，并知道探究向量的运算从哪里开始，要到哪里去.

问题4　如图7.3–1，在物理课上我们学过功的概念：如果一个物体在力F的作用下产生位移s，且力F与位移s的夹角为θ，那么力F所做的功W是多少？

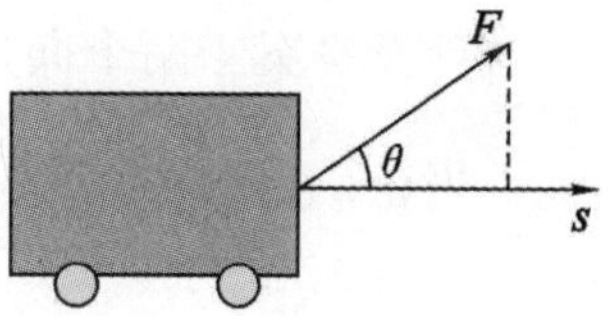

图7.3–1

预设答案：$W = |F||s|\cos\theta$.

问题5　去掉物理背景，功是一个标量，由力和位移两个向量来确定，这给了我们一个启示：能否把“功”看成两个向量“相乘”的结果呢？

师生活动：

（1）学生回忆物理中功的有关知识，然后观察、操作、思考.

（2）教师可借机启发：因为力做功的计算公式中涉及力与位移的夹角，所以我们先要定义向量的夹角概念.

如图7.3–2，已知两个非零向量$\boldsymbol{a},\boldsymbol{b}$，$O$是平面上的任意一点，作$\overrightarrow{OA} = \boldsymbol{a}$，$\overrightarrow{OB} = \boldsymbol{b}$，则$\angle AOB = \theta(0 \leqslant \theta \leqslant \pi)$叫做向量$\boldsymbol{a}$与$\boldsymbol{b}$的夹角. $\boldsymbol{a}$，$\boldsymbol{b}$的夹角记作$\langle \boldsymbol{a}, \boldsymbol{b} \rangle$.

显然，当$\theta = 0$时，$\boldsymbol{a}$与$\boldsymbol{b}$同向；当$\theta = \pi$时，$\boldsymbol{a}$与$\boldsymbol{b}$反向.

如果$\boldsymbol{a}$与$\boldsymbol{b}$的夹角是$\dfrac{\pi}{2}$，我们说$\boldsymbol{a}$与$\boldsymbol{b}$垂直，记作$\boldsymbol{a} \perp \boldsymbol{b}$.

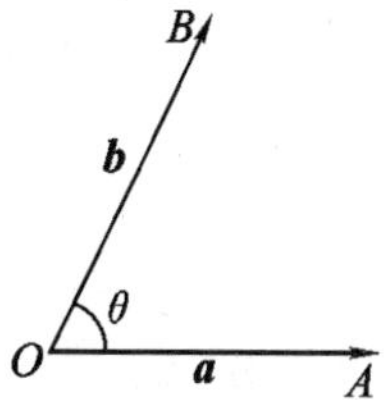

图7.3–2

（3）教师再次分析：将力与位移推广到一般向量，这样我们就得到了向量的“数量积”，教师给出向量数量积的概念.

已知两个非零向量$\boldsymbol{a}$与$\boldsymbol{b}$，它们的夹角为θ，我们把数量$|\boldsymbol{a}||\boldsymbol{b}|\cos\theta$叫做向量$\boldsymbol{a}$与$\boldsymbol{b}$的数量积（或内积（inner product）），记作$\boldsymbol{a}\cdot\boldsymbol{b}$，即

$$\boldsymbol{a}\cdot\boldsymbol{b}=|\boldsymbol{a}||\boldsymbol{b}|\cos\theta.$$

规定：零向量与任一向量的数量积为0.

（4）教师指出，对比向量的线性运算，向量线性运算的结果是一个向量，而两个向量的数量积是一个数量，这个数量的大小与两个向量的长度及其夹角有关.

问题6　两个向量的数量积是一个数量，何时其值为正？何时其值为零？何时其值为负？

预设答案：两个向量的数量积是一个数量，其符号由夹角θ决定.

当$0\leqslant\theta<\dfrac{\pi}{2}$时，$\cos\theta>0$，即$\boldsymbol{a}\cdot\boldsymbol{b}>0$；

当$\theta=\dfrac{\pi}{2}$时，$\cos\theta=0$，即$\boldsymbol{a}\cdot\boldsymbol{b}=0\Leftrightarrow\boldsymbol{a}\perp\boldsymbol{b}$；

当$\dfrac{\pi}{2}<\theta\leqslant\pi$时，$\cos\theta<0$，即$\boldsymbol{a}\cdot\boldsymbol{b}<0$.

问题7　你能用数量积的概念解决以下问题吗？

例1. 已知$|\boldsymbol{a}|=5$，$|\boldsymbol{b}|=4$，$\boldsymbol{a}$与$\boldsymbol{b}$的夹角$\theta=\dfrac{2\pi}{3}$，求$\boldsymbol{a}\cdot\boldsymbol{b}$.

解：$\boldsymbol{a}\cdot\boldsymbol{b}=|\boldsymbol{a}||\boldsymbol{b}|\cos\theta=5\times4\times\cos\dfrac{2\pi}{3}=5\times4\times\left(-\dfrac{1}{2}\right)=-10.$

例2. 设$|\boldsymbol{a}|=12$，$|\boldsymbol{b}|=9$，$\boldsymbol{a}\cdot\boldsymbol{b}=-54\sqrt{2}$，求$\boldsymbol{a}$与$\boldsymbol{b}$的夹角$\theta$.

解：由$\boldsymbol{a}\cdot\boldsymbol{b}=|\boldsymbol{a}||\boldsymbol{b}|\cos\theta$，得

$$\cos\theta=\frac{\boldsymbol{a}\cdot\boldsymbol{b}}{|\boldsymbol{a}||\boldsymbol{b}|}=\frac{-54\sqrt{2}}{12\times9}=-\frac{\sqrt{2}}{2}.$$

因为$\theta\in[0,\pi]$，所以$\theta=\dfrac{3\pi}{4}$.

【设计意图】启发学生由物理中功的概念抽象出向量的数量积的概念，同时联系物理学与数学，体会数学来源于生活并服务于生活的内涵. 通过例题的设置，巩固向量数量积的概念.

2. 引入投影概念，体会投影意义

定义：如图7.3-3，设 $\boldsymbol{a},\boldsymbol{b}$ 是两个非零向量，$\overrightarrow{AB}=\boldsymbol{a}$，$\overrightarrow{CD}=\boldsymbol{b}$，我们考虑如下的变换：过 $\overrightarrow{AB}$ 的起点 A 和终点 B，分别作 $\overrightarrow{CD}$ 所在直线的垂线，垂足分别为 A_1，B_1，得到 $\overrightarrow{A_1B_1}$，我们称上述变换为向量 $\boldsymbol{a}$ 向向量 $\boldsymbol{b}$ 投影（project），$\overrightarrow{A_1B_1}$ 叫做向量 $\boldsymbol{a}$ 在向量 $\boldsymbol{b}$ 上的投影向量.

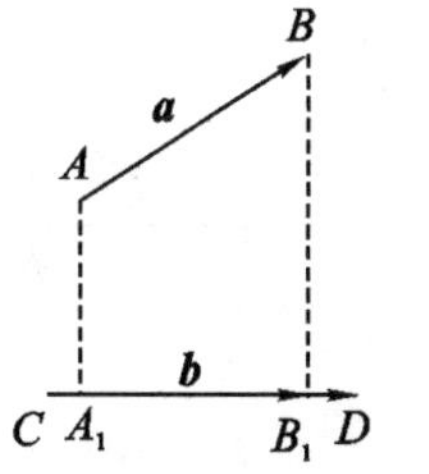

图7.3-3

问题　请说出向量 $\boldsymbol{a}$ 在向量 $\boldsymbol{b}$ 上的投影向量是什么，并通过图形加以直观解释.

教师引导：向量 $\boldsymbol{a}$ 在向量 $\boldsymbol{b}$ 上的投影向量是与向量 $\boldsymbol{b}$ 平行的向量. 如图7.3-4，我们在平面内任取一点 O，作 $\overrightarrow{OM}=\boldsymbol{a}$，$\overrightarrow{ON}=\boldsymbol{b}$，过点 M 作直线 ON 的垂线，垂足为 M_1，则 $\overrightarrow{OM_1}$ 就是向量 $\boldsymbol{a}$ 在向量 $\boldsymbol{b}$ 上的投影向量.

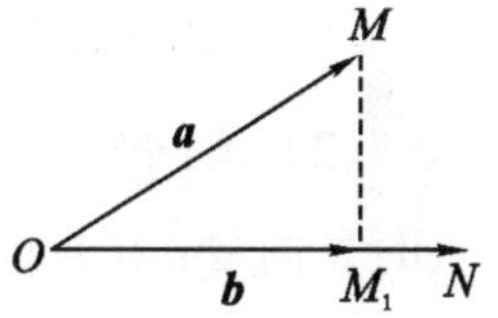

图7.3-4

探究：如图7.3-5，设与 $\boldsymbol{b}$ 方向相同的单位向量为 $\boldsymbol{e}$，$\boldsymbol{a}$ 与 $\boldsymbol{b}$ 的夹角为 θ，请你探究：$\overrightarrow{OM_1}$ 与 $\boldsymbol{e}$，$\boldsymbol{a}$，θ 之间有怎样的关系？

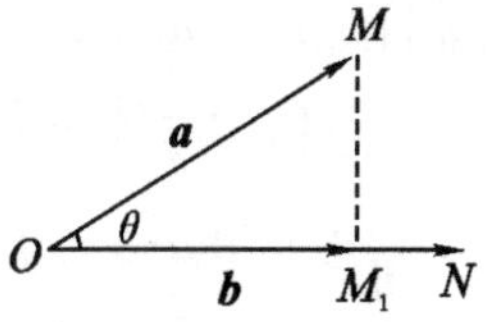

图7.3-5

师生活动：

（1）教师与学生一起探究：

由 $\overrightarrow{OM_1}$ 与 $\boldsymbol{e}$ 共线，于是 $\overrightarrow{OM_1}=\lambda\boldsymbol{e}$.

下面探究 λ 与 $\boldsymbol{a}$，θ 的关系，进而给出 $\overrightarrow{OM_1}$ 的明确表达式. 我们分 θ 为锐角、直角、钝角以及 $\theta=0,\theta=\pi$ 等情况进行讨论.

当 θ 为锐角（如图7.3-6（1））时，$\overrightarrow{OM_1}$ 与 $\boldsymbol{e}$ 方向相同，$\lambda=\left|\overrightarrow{OM_1}\right|=|\boldsymbol{a}|\cos\theta$，所以 $\overrightarrow{OM_1}=\left|\overrightarrow{OM_1}\right|\boldsymbol{e}=|\boldsymbol{a}|\cos\theta\,\boldsymbol{e}$；

当 θ 为直角（如图7.3-6（2））时，$\lambda=0$，所以 $\overrightarrow{OM_1}=\boldsymbol{0}=|\boldsymbol{a}|\cos\dfrac{\pi}{2}\boldsymbol{e}$；

当 θ 为钝角（如图7.3-6（3））时，$\overrightarrow{OM_1}$ 与 $\boldsymbol{e}$ 方向相反，所以 $\lambda=-\left|\overrightarrow{OM_1}\right|=-|\boldsymbol{a}|\cos\angle MOM_1=-|\boldsymbol{a}|\cos(\pi-\theta)=|\boldsymbol{a}|\cos\theta$，即 $\overrightarrow{OM_1}=|\boldsymbol{a}|\cos\theta\,\boldsymbol{e}$.

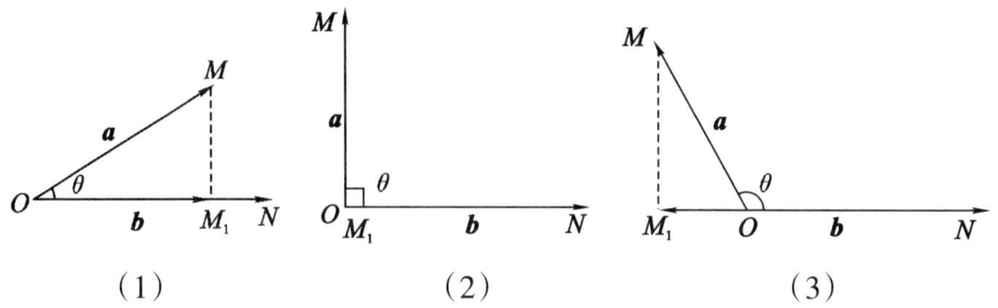

图7.3-6

当$\theta=0$时，$\lambda=|\boldsymbol{a}|$，所以$\overrightarrow{OM_1}=|\boldsymbol{a}|\boldsymbol{e}=|\boldsymbol{a}|\cos 0\,\boldsymbol{e}$；

当$\theta=\pi$时，$\lambda=-|\boldsymbol{a}|$，所以$\overrightarrow{OM_1}=-|\boldsymbol{a}|\boldsymbol{e}=|\boldsymbol{a}|\cos\pi\,\boldsymbol{e}$.

从上面的讨论可知，对于任意的$\theta\in[0,\pi]$，都有$\overrightarrow{OM_1}=|\boldsymbol{a}|\cos\theta\,\boldsymbol{e}$.

（2）追问1　从上面的探究我们看到，两个非零向量$\boldsymbol{a}$与$\boldsymbol{b}$相互平行或垂直时，向量$\boldsymbol{a}$在$\boldsymbol{b}$上的投影具有特殊性. 这时，它们的数量积又有怎样的特殊性？如果$\boldsymbol{a}\cdot\boldsymbol{b}=0$，是否有$\boldsymbol{a}=\boldsymbol{0}$，或$\boldsymbol{b}=\boldsymbol{0}$？

预设答案：①两个非零向量$\boldsymbol{a}$与$\boldsymbol{b}$相互平行. 当$\boldsymbol{a}$与$\boldsymbol{b}$同向时，$\boldsymbol{a}\cdot\boldsymbol{b}=|\boldsymbol{a}||\boldsymbol{b}|$；当$\boldsymbol{a}$与$\boldsymbol{b}$反向时，$\boldsymbol{a}\cdot\boldsymbol{b}=-|\boldsymbol{a}||\boldsymbol{b}|$.

②两个非零向量$\boldsymbol{a}$与$\boldsymbol{b}$相互垂直时，$\boldsymbol{a}\cdot\boldsymbol{b}=0$.

③如果$\boldsymbol{a}\cdot\boldsymbol{b}=0$，则$\boldsymbol{a}=\boldsymbol{0}$或$\boldsymbol{b}=\boldsymbol{0}$或$\cos\langle\boldsymbol{a},\boldsymbol{b}\rangle=0$$\left(\text{即}\theta=\dfrac{\pi}{2}\Leftrightarrow\boldsymbol{a}\perp\boldsymbol{b}\right)$.

（3）追问2　依据数量积的概念以及投影向量的概念，数量积的几何意义是什么？

教师与学生一起总结：从向量数量积的定义$\boldsymbol{a}\cdot\boldsymbol{b}=|\boldsymbol{a}||\boldsymbol{b}|\cos\theta$中可以看出，数量积的几何意义主要表现在两个向量的模和它们的夹角上. 在投影向量的背景下，数量积有更灵活的处理方法，几何意义也更丰富，如图7.3-7，数量积$\boldsymbol{a}\cdot\boldsymbol{b}$可以表示为$\boldsymbol{a}$的长度$|\boldsymbol{a}|$与$\boldsymbol{b}$在$\boldsymbol{a}$方向上的投影$|\boldsymbol{b}|\cos\theta$的乘积.

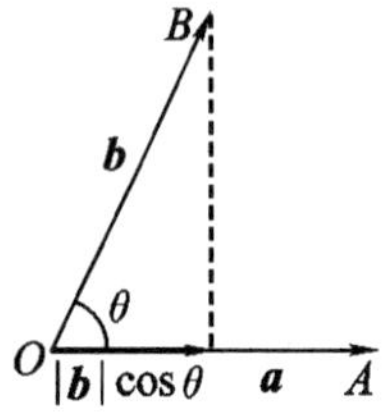

图7.3-7

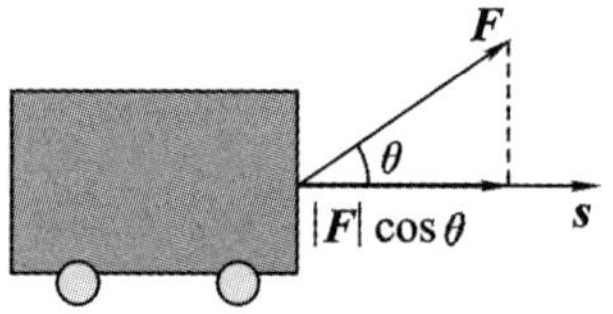

图7.3-8

因此，如图7.3-8，我们前面所研究的功可以表述为$\boldsymbol{F}$在位移$\boldsymbol{s}$方向上的分力$|\boldsymbol{F}|\cos\theta$与$|\boldsymbol{s}|$的乘积.

【设计意图】引入向量投影与投影向量的概念，并揭示了投影向量与向量数量积的联系.

3. 研究向量数量积的性质

问题　由向量数量积的定义，可以得到向量数量积有哪些性质？

师生活动：教师与学生一起总结.

设$\boldsymbol{a}$，$\boldsymbol{b}$是非零向量，它们的夹角是θ，$\boldsymbol{e}$是与$\boldsymbol{b}$方向相同的单位向量，则

（1）$\boldsymbol{a}\cdot\boldsymbol{e}=\boldsymbol{e}\cdot\boldsymbol{a}=|\boldsymbol{a}|\cos\theta$.

（2）$\boldsymbol{a}\perp\boldsymbol{b}\Leftrightarrow\boldsymbol{a}\cdot\boldsymbol{b}=0$.

（3）当$\boldsymbol{a}$与$\boldsymbol{b}$同向时，$\boldsymbol{a}\cdot\boldsymbol{b}=|\boldsymbol{a}||\boldsymbol{b}|$；当$\boldsymbol{a}$与$\boldsymbol{b}$反向时，$\boldsymbol{a}\cdot\boldsymbol{b}=-|\boldsymbol{a}||\boldsymbol{b}|$.

特别地，$\boldsymbol{a}\cdot\boldsymbol{a}=|\boldsymbol{a}|^2$或$|\boldsymbol{a}|=\sqrt{\boldsymbol{a}\cdot\boldsymbol{a}}$.

此外，由$|\cos\theta|\leqslant 1$还可以得到

（4）$|\boldsymbol{a}\cdot\boldsymbol{b}|\leqslant|\boldsymbol{a}||\boldsymbol{b}|$.

学生结合向量数量积的定义自己尝试推证上述性质，教师给予必要的补充和提示，并强调各性质的作用：

（1）$\boldsymbol{a}\cdot\boldsymbol{e}=\boldsymbol{e}\cdot\boldsymbol{a}=|\boldsymbol{a}|\cos\theta\rightarrow$投影向量.

（2）$\boldsymbol{a}\perp\boldsymbol{b}\Leftrightarrow\boldsymbol{a}\cdot\boldsymbol{b}=0\rightarrow$直线垂直的条件.

（3）当$\boldsymbol{a}$与$\boldsymbol{b}$同向时，$\boldsymbol{a}\cdot\boldsymbol{b}=|\boldsymbol{a}||\boldsymbol{b}|$；当$\boldsymbol{a}$与$\boldsymbol{b}$反向时，$\boldsymbol{a}\cdot\boldsymbol{b}=-|\boldsymbol{a}||\boldsymbol{b}|$.

特别地，$\boldsymbol{a}\cdot\boldsymbol{a}=|\boldsymbol{a}|^2$或$|\boldsymbol{a}|=\sqrt{\boldsymbol{a}\cdot\boldsymbol{a}}\rightarrow$求向量的长度.

（4）$|\boldsymbol{a}\cdot\boldsymbol{b}|\leqslant|\boldsymbol{a}||\boldsymbol{b}|$（由$|\cos\theta|\leqslant 1$可以得到）$\rightarrow$证明不等式.

学生在推导过程中理解并记忆这些性质.

【设计意图】结合向量数量积、投影的概念和几何意义，让学生自己尝试得到向量数量积的性质，培养学生独立思考的能力.

4. 课堂练习

教科书第20页练习.

【设计意图】学生独立尝试，巩固向量数量积的性质.

5. 小结提炼

问题　通过本节课的学习，你有哪些收获？试从知识、方法、数学思想、经验等方面谈谈.

师生活动：教师提出问题，学生相互讨论，最后学生陈述自己的观点.

【设计意图】对本节课作小结提炼，进一步理解平面向量数量积的概念.

第二课时　向量的数量积（2）

教学目标

理解平面向量数量积的运算律，会运用向量数量积的几何意义证明数量积的分配律，并能运用向量数量积的运算律进行数量积的运算.

教学过程

1. 复习引入

问题　向量$\boldsymbol{a}$与$\boldsymbol{b}$的数量积的含义是什么？向量的数量积具有哪些运算性质？

师生活动：(1) 学生独立思考并回答.

(2) 教师引导：与向量的线性运算一样，定义了向量的数量积后，就要研究数量积运算是否满足一些运算律.

【设计意图】引导学生复习向量数量积的概念，为后续学习运算律打下基础.

2. 创设问题情境，引入数量积的运算律

问题　类比数的乘法运算律，结合向量的线性运算的运算律，你能得到数量积运算的哪些运算律？你能证明吗？

由向量数量积的定义，可以发现下列运算律成立：

对于向量$\boldsymbol{a},\boldsymbol{b},\boldsymbol{c}$和实数$\lambda$，有

①$\boldsymbol{a}\cdot\boldsymbol{b}=\boldsymbol{b}\cdot\boldsymbol{a}$;

②$(\lambda\boldsymbol{a})\cdot\boldsymbol{b}=\lambda(\boldsymbol{a}\cdot\boldsymbol{b})=\boldsymbol{a}\cdot(\lambda\boldsymbol{b})$;

③$(\boldsymbol{a}+\boldsymbol{b})\cdot\boldsymbol{c}=\boldsymbol{a}\cdot\boldsymbol{c}+\boldsymbol{b}\cdot\boldsymbol{c}$.

师生活动：（1）学生独立证明①②；

（2）教师与学生一起利用向量数量积的几何意义证明分配律③.

追问1　请尝试画草图，作出$(\boldsymbol{a}+\boldsymbol{b})\cdot\boldsymbol{c}$即向量$\boldsymbol{a}+\boldsymbol{b}$在向量$\boldsymbol{c}$上的投影向量，作出$\boldsymbol{a}\cdot\boldsymbol{c}$即向量$\boldsymbol{a}$在向量$\boldsymbol{c}$上的投影向量，作出$\boldsymbol{b}\cdot\boldsymbol{c}$即向量$\boldsymbol{b}$在向量$\boldsymbol{c}$上的投影向量.

证明：如图7.3-9，任取一点O，作$\overrightarrow{OA}=\boldsymbol{a}$，$\overrightarrow{OB}=\boldsymbol{b}$，$\overrightarrow{OC}=\boldsymbol{c}$，$\overrightarrow{OD}=\boldsymbol{a}+\boldsymbol{b}$.

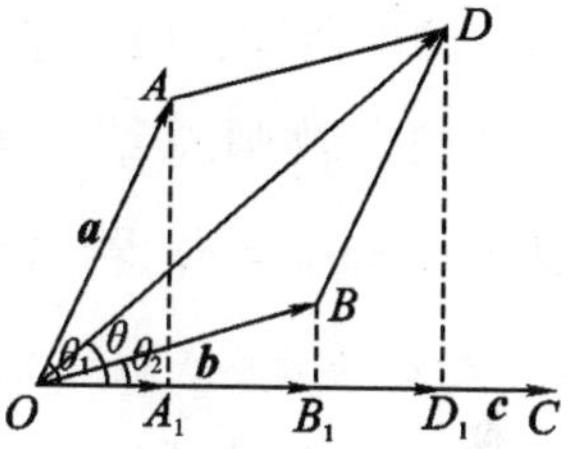

图7.3-9

设向量$\boldsymbol{a},\boldsymbol{b},\boldsymbol{a}+\boldsymbol{b}$与$\boldsymbol{c}$的夹角分别为$\theta_1$，$\theta_2$，$\theta$，它们在向量$\boldsymbol{c}$上的投影向量分别为$\overrightarrow{OA_1}$，$\overrightarrow{OB_1}$，$\overrightarrow{OD_1}$，与$\boldsymbol{c}$方向相同的单位向量为$\boldsymbol{e}$，则

$\overrightarrow{OA_1}=|\boldsymbol{a}|\cos\theta_1\boldsymbol{e},\overrightarrow{OB_1}=|\boldsymbol{b}|\cos\theta_2\boldsymbol{e}$,

$\overrightarrow{OD_1}=|\boldsymbol{a}+\boldsymbol{b}|\cos\theta\,\boldsymbol{e}$.

追问2　根据图形，要证明$(\boldsymbol{a}+\boldsymbol{b})\cdot\boldsymbol{c}=\boldsymbol{a}\cdot\boldsymbol{c}+\boldsymbol{b}\cdot\boldsymbol{c}$，只需要证明$\overrightarrow{OD_1}=\overrightarrow{OA_1}+\overrightarrow{OB_1}$，又因为$\overrightarrow{OD_1}=\overrightarrow{OB_1}+\overrightarrow{B_1D_1}$，因此只需要证明$\overrightarrow{OA_1}=\overrightarrow{B_1D_1}$即可，如何证明？

因为$\boldsymbol{a}=\overrightarrow{BD}$，所以$\overrightarrow{OA_1}=\overrightarrow{B_1D_1}$，于是$\overrightarrow{OD_1}=\overrightarrow{OB_1}+\overrightarrow{B_1D_1}=\overrightarrow{OB_1}+\overrightarrow{OA_1}$，

即$|\boldsymbol{a}+\boldsymbol{b}|\cos\theta\,\boldsymbol{e}=|\boldsymbol{a}|\cos\theta_1\boldsymbol{e}+|\boldsymbol{b}|\cos\theta_2\boldsymbol{e}$,

整理，得$\left(|\boldsymbol{a}+\boldsymbol{b}|\cos\theta-|\boldsymbol{a}|\cos\theta_1-|\boldsymbol{b}|\cos\theta_2\right)\boldsymbol{e}=0$,

所以$|\boldsymbol{a}+\boldsymbol{b}|\cos\theta-|\boldsymbol{a}|\cos\theta_1-|\boldsymbol{b}|\cos\theta_2=0$，即$|\boldsymbol{a}+\boldsymbol{b}|\cos\theta=|\boldsymbol{a}|\cos\theta_1+|\boldsymbol{b}|\cos\theta_2$. 所以$|\boldsymbol{a}+\boldsymbol{b}||\boldsymbol{c}|\cos\theta=|\boldsymbol{a}||\boldsymbol{c}|\cos\theta_1+|\boldsymbol{b}||\boldsymbol{c}|\cos\theta_2$.

因此$(\boldsymbol{a}+\boldsymbol{b})\cdot\boldsymbol{c}=\boldsymbol{a}\cdot\boldsymbol{c}+\boldsymbol{b}\cdot\boldsymbol{c}$.

所以向量的数量积运算满足分配律.

追问3　对于实数a，b，c，有$(a\cdot b)\cdot c=a\cdot(b\cdot c)$. 若$\boldsymbol{a}$，$\boldsymbol{b}$，$\boldsymbol{c}$是向量，则$(\boldsymbol{a}\cdot\boldsymbol{b})\cdot\boldsymbol{c}=\boldsymbol{a}\cdot(\boldsymbol{b}\cdot\boldsymbol{c})$一定成立吗？为什么？

师生活动：（1）学生思考后回答.

（2）教师总结：对于实数a，b，c，有$(a\cdot b)\cdot c=a\cdot(b\cdot c)$，但对于向量

$\boldsymbol{a}$，$\boldsymbol{b}$，$\boldsymbol{c}$，$(\boldsymbol{a}\cdot\boldsymbol{b})\cdot\boldsymbol{c}=\boldsymbol{a}\cdot(\boldsymbol{b}\cdot\boldsymbol{c})$不一定成立．这是因为$(\boldsymbol{a}\cdot\boldsymbol{b})\cdot\boldsymbol{c}$表示一个与$\boldsymbol{c}$共线的向量，而$\boldsymbol{a}\cdot(\boldsymbol{b}\cdot\boldsymbol{c})$表示一个与$\boldsymbol{a}$共线的向量，而$\boldsymbol{c}$与$\boldsymbol{a}$不一定共线，所以$(\boldsymbol{a}\cdot\boldsymbol{b})\cdot\boldsymbol{c}=\boldsymbol{a}\cdot(\boldsymbol{b}\cdot\boldsymbol{c})$不一定成立．

追问4　对于实数a，b，$c(b\neq 0)$，有$ab=bc\Rightarrow a=c$，若对于向量$\boldsymbol{a}$，$\boldsymbol{b}$，$\boldsymbol{c}(\boldsymbol{b}\neq\boldsymbol{0})$，则$\boldsymbol{a}\cdot\boldsymbol{b}=\boldsymbol{b}\cdot\boldsymbol{c}\Rightarrow\boldsymbol{a}=\boldsymbol{c}$一定成立吗？为什么？

师生活动：（1）学生思考后回答．

（2）教师总结：对于实数a，b，$c(b\neq 0)$，有$ab=bc\Rightarrow a=c$，若对于向量$\boldsymbol{a}$，$\boldsymbol{b}$，$\boldsymbol{c}(\boldsymbol{b}\neq\boldsymbol{0})$，则$\boldsymbol{a}\cdot\boldsymbol{b}=\boldsymbol{b}\cdot\boldsymbol{c}\Rightarrow\boldsymbol{a}=\boldsymbol{c}$不一定成立．如图7.3–10所示．

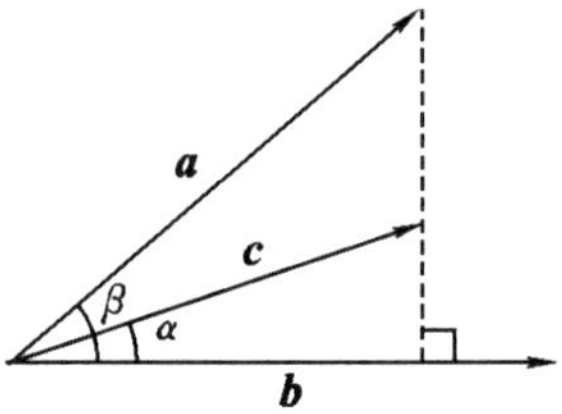

图7.3–10

$\boldsymbol{a}\cdot\boldsymbol{b}=|\boldsymbol{a}||\boldsymbol{b}|\cos\beta=|\boldsymbol{b}|\times|\boldsymbol{a}|\cos\beta$,

$\boldsymbol{b}\cdot\boldsymbol{c}=|\boldsymbol{b}||\boldsymbol{c}|\cos\alpha=|\boldsymbol{b}|\times|\boldsymbol{c}|\cos\alpha$,

又　$|\boldsymbol{a}|\cos\beta=|\boldsymbol{c}|\cos\alpha$，所以$\boldsymbol{a}\cdot\boldsymbol{b}=\boldsymbol{b}\cdot\boldsymbol{c}$．

但是很明显，从图中可以看出$\boldsymbol{a}\neq\boldsymbol{c}$．

追问5　类比实数乘法的运算性质，对于向量数量积运算，你能举出一些反例吗？

【设计意图】有了运算方法就有运算律，通过问题让学生理解平面向量数量积运算的运算律，并利用投影向量的性质证明数量积运算的分配律，后面三个追问是为了避免出现受乘法运算性质的“负迁移”的影响，引导学生通过作图、举反例来澄清认识，体会向量运算与实数运算的差异．

3．例题分析与知识巩固

例1．我们知道，对任意a，$b\in\mathbf{R}$，恒有

$(a+b)^2=a^2+2ab+b^2$，$(a+b)(a-b)=a^2-b^2$.

对任意向量$\boldsymbol{a}$，$\boldsymbol{b}$，是否也有下面类似的结论呢？

（1）$(\boldsymbol{a}+\boldsymbol{b})^2=\boldsymbol{a}^2+2\boldsymbol{a}\cdot\boldsymbol{b}+\boldsymbol{b}^2$;

（2）$(\boldsymbol{a}+\boldsymbol{b})\cdot(\boldsymbol{a}-\boldsymbol{b})=\boldsymbol{a}^2-\boldsymbol{b}^2$.

解：（1）$(\boldsymbol{a}+\boldsymbol{b})^2=(\boldsymbol{a}+\boldsymbol{b})\cdot(\boldsymbol{a}+\boldsymbol{b})=\boldsymbol{a}\cdot\boldsymbol{a}+\boldsymbol{a}\cdot\boldsymbol{b}+\boldsymbol{b}\cdot\boldsymbol{a}+\boldsymbol{b}\cdot\boldsymbol{b}=\boldsymbol{a}^2+2\boldsymbol{a}\cdot\boldsymbol{b}+\boldsymbol{b}^2$;

（2）$(\boldsymbol{a}+\boldsymbol{b})\cdot(\boldsymbol{a}-\boldsymbol{b})=\boldsymbol{a}\cdot\boldsymbol{a}-\boldsymbol{a}\cdot\boldsymbol{b}+\boldsymbol{b}\cdot\boldsymbol{a}-\boldsymbol{b}\cdot\boldsymbol{b}=\boldsymbol{a}^2-\boldsymbol{b}^2$.

因此，上述结论是成立的.

例2. 已知$|\boldsymbol{a}|=6$，$|\boldsymbol{b}|=4$，$\boldsymbol{a}$与$\boldsymbol{b}$的夹角为$60°$，求$(\boldsymbol{a}+2\boldsymbol{b})\cdot(\boldsymbol{a}-3\boldsymbol{b})$.

解：$(\boldsymbol{a}+2\boldsymbol{b})\cdot(\boldsymbol{a}-3\boldsymbol{b})$

$=\boldsymbol{a}\cdot\boldsymbol{a}-3\boldsymbol{a}\cdot\boldsymbol{b}+2\boldsymbol{b}\cdot\boldsymbol{a}-6\boldsymbol{b}\cdot\boldsymbol{b}$

$=|\boldsymbol{a}|^2-\boldsymbol{a}\cdot\boldsymbol{b}-6|\boldsymbol{b}|^2$

$=|\boldsymbol{a}|^2-|\boldsymbol{a}||\boldsymbol{b}|\cos\theta-6|\boldsymbol{b}|^2$

$=6^2-6\times4\times\cos60°-6\times4^2$

$=-72$.

例3. 已知$|\boldsymbol{a}|=3$，$|\boldsymbol{b}|=4$，且$\boldsymbol{a}$与$\boldsymbol{b}$不共线，当k为何值时，向量$\boldsymbol{a}+k\boldsymbol{b}$与$\boldsymbol{a}-k\boldsymbol{b}$互相垂直？

解：$\boldsymbol{a}+k\boldsymbol{b}$与$\boldsymbol{a}-k\boldsymbol{b}$互相垂直的充要条件是

$(\boldsymbol{a}+k\boldsymbol{b})\cdot(\boldsymbol{a}-k\boldsymbol{b})=0$，即$\boldsymbol{a}^2-k^2\boldsymbol{b}^2=0$.

因为$\boldsymbol{a}^2=3^2=9$，$\boldsymbol{b}^2=4^2=16$，所以$9-16k^2=0$. 解得$k=\pm\dfrac{3}{4}$.

也就是说，当$k=\pm\dfrac{3}{4}$时，向量$\boldsymbol{a}+k\boldsymbol{b}$与$\boldsymbol{a}-k\boldsymbol{b}$互相垂直.

【设计意图】通过例题，体会向量运算与实数运算的异同点，让学生熟悉向量数量积的运算.

4. 课堂练习

教科书第22页练习.

【设计意图】学生独立尝试，巩固向量数量积的运算律.

5. 小结提炼

问题　通过本节课的学习，你有哪些收获？试从知识、方法、数学思想、经验等方面谈谈.

师生活动：教师提出问题，学生相互讨论，最后学生陈述其观点.

【设计意图】对本节课作小结提炼，让学生进一步理解平面向量数量积的运算律.

第四节 “解三角形”单元教学解读与设计

一、教学设计基本要素分析

(一) 学情分析

学生在初中阶段学习了三角形全等的判定方法，从几何的角度对三角形的“唯一性”有了充分的认识，其中勾股定理、锐角三角函数的学习为本单元的学习夯实了基础. 学生又刚学习了平面向量，通过三角形法则、平行四边形法则以及线性运算对三角形的结构有了新的认识. 这些都构成了学生的最近发展区，同时也促成了其进一步研究三角形的倾向，希望寻求解决问题的一般方法. 因此，教师应引导学生通过微课的学习，增强对三角形边与角之间量化关系的解决能力.

(二) 教材分析

“解三角形”被安排在新人教版必修第二册“6.4.3余弦定理、正弦定理”一节. 从内容上看，主要包括余弦定理、正弦定理、正弦定理与余弦定理应用举例等三部分内容. 从顺序上来看，余弦定理在前，正弦定理在后. 在应用举例部分，通过这两个定理在测量距离、高度、角度等实际问题中的应用，让学生体会到不同类型的测量问题，它们的实质都是通过对实际问题进行数学模型构建，将实际问题转化成数学问题来解决.“余弦定理、正弦定理”一节是初中“解直角三角形”内容的延伸，是“平面向量”最后一节的最后一部分，凸显了其基础性、工具性、应用性.“解三角形”重在研究三角形中边、角之间的数量关系，从实际问题中构建数学模型，将实际测量、航海等问题转化为可解的三角形问题，逐渐提高学生运用数学知识分析和解决实际问题的能力.

正弦定理和余弦定理是解三角形的工具，最后的落脚点是解三角形的应用. 课程标准对解三角形的要求是通过探索三角形边和角的量化关系，掌握正弦定理和余弦定理；能够熟练用正弦定理和余弦定理解决简单的实际问题. 课程标准对正弦定理与余弦定理推理与证明的过程注重于用向量的方法来解决，同时也说明向量是解决数学问题的一个有效工具. 具体要求分析如下：

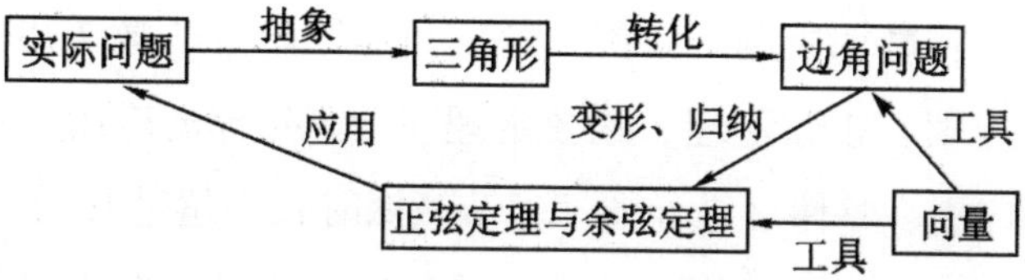

（三）教学分析

翻转课堂教学模式，改变了知识传授和知识内化的顺序，有利于学生发挥主观能动性，体现了一切为了学生的思想.《普通高中数学课程标准（2017 年版）》要求在“解三角形”的教学中，让学生通过对任意三角形中边角关系的探究，熟练掌握正弦定理、余弦定理及其简单应用，并能运用相关知识解决一些与测量、几何计算有关的实际问题. 这部分内容公式多，变换灵活，技巧性强，传统的“接受式”复习模式，即复习概念、公式，精讲例题，以教师讲解为主，学生自主复习、主动探究意识不强. 翻转课堂教学模式，以学生为中心，在自主先学、交流助学、以用促学、课后共学等流程中，引导学生主动建构知识体系，完成课前自学、课中内化、课后升华的知识探究过程.

教学中要整体把握教材，发展数学素养. 基于数学核心素养的教学，首先要改变教学设计的思路，在整体观下进行单元教学，引导学生宏观认识数学内容与方法；其次要重视情境创设与问题设计，促进学生对数学本质的理解. 在教学中，要保证学生的学习有更多的自主权与主动性，增加学生思考问题的时间与空间，改变传统的讲授式教学方法，采用翻转学习的形式进行单元教学. 在教学过程中，要把正弦定理与余弦定理同时呈现给学生，让学生明白在应用中两个定理处于同一地位，并无先后顺序之分，以弥补教材中余弦定理在前、正弦定理在后的缺陷.

二、单元课时教学设计

第一课时　微课学习

微课录制

微课在翻转教学中起着至关重要的作用，教师需要在充分考虑微课的形式与特点后，进行微课录制．讲授“解三角形”单元的微课共分为六节，包括总序、余弦定理、正弦定理、正弦定理与余弦定理的应用、正弦定理与余弦定理的实际应用、整体思维导图．每节微课时长不超过10分钟．

在总序中，以在河流两岸建一座桥梁的实际测量问题为起点，抽象出数学中的三角形问题．在解决过程中以学生的认知为基础，构造有特殊角的直角三角形，让学生体会构造出来的直角三角形不具有一般性，从而构造一般三角形，分析三角形元素，研究一般三角形边与角之间的定量关系．

在讲授余弦定理的微课中，以已知两边及夹角、已知三边如何解三角形为主提出问题，以向量为工具进行推理与证明，掌握余弦定理，思考余弦定理与勾股定理之间的关系．

在讲授正弦定理的微课中，从三角形面积公式入手，让学生经历定理的推理证明过程，并分析正弦定理可解决的问题，如何判定三角形解的个数，思考正弦定理与三角形全等之间的关系．

讲授正弦定理与余弦定理的应用的微课，从三角形的基本元素、判断三角形的形状、解决与三角形面积有关的问题三方面进行学习，熟练掌握正弦定理与余弦定理．

讲授正弦定理与余弦定理的实际应用的微课，对测量距离、高度、角度等三方面的实际问题进行研究，从实际问题中抽象概括出数学模型，通过对数学模型进行推理演算，得出数学模型的解，进而还原到实际问题的解决中．

本单元的思维导图微课，以三角形为主线，对三角形进行分类，梳理其边与角之间的关系，并归纳解三角形的思想方法．

观看微课视频，自主先学（第1课时）

作为翻转课堂教学的重要开端，课前，学生观看有关微视频，自主先学，实现知识传递. 教师通过学生独立内化中存在的问题，及时、准确了解学生的掌握情况，了解学生学习的“盲点区”“困惑区”，进行合理的教学设计，制定学生需要探究的学习任务单，帮助学生掌握知识. 经过师生交流、生生互动，教师以下列八个问题为驱动，推动学生课下自主探究.

1. 简述解三角形的核心问题（“知三求一”）；
2. 认识余弦定理及其基本应用；
3. 认识正弦定理及其基本应用；
4. 探究三角形解的个数；
5. 探究判断三角形形状的方法；
6. 探究三角形的面积问题；
7. 探究三角形中其他元素（例：中线、角平分线等）；
8. 探究正弦定理、余弦定理的实际应用.

学生以小组为单位领取展示问题，每个小组领取一个展示问题.小组内讨论，并在课堂上进行展示. 要求学生汇报、展示整个小组讨论的结果，对知识进行深度分析与理解.

释疑解惑，交流助学（第2~4课时）

课堂学习是翻转课堂教学模式的重要环节，适合释疑解惑、交流研讨、内化整合. 基于学生课前多次观看相关内容的微课，积极探讨问题，梳理知识、提炼方法，让学生掌握知识间的内在联系及解三角形的方法与技巧.

第二课时　正、余弦定理的认识及其基本应用

课堂呈现：

问题任务1（由第一学习小组汇报）　简述“解三角形的核心问题”.

学生依次解释了这个单元主要研究的三角形的元素，什么是解三角形问题和利用正、余弦定理求解三角形的问题.

根据三角形的特点以及初中阶段三角形全等的条件，知道构造一个三角形需要的条件，从而确定哪些三角形一定有解，哪些三角形可能有解，哪些三角形一定无解，如表7.4-1.

表7.4-1

边角组合	边边边（SSS）	边角边（SAS）	角边角（ASA）	角角边（AAS）	边边角（SSA）	角角角（AAA）
若 $\triangle ABC$ 的三个内角用A，B，C表示，对应边用a，b，c表示	已知a，b，c	已知a，C，b	已知A，c，B	已知A，B，a	已知a，b，A	已知A，B，C
三角形解的个数	1个	1个	1个	1个	0，1或2个	无数多个
如何利用正、余弦定理解三角形	先用余弦定理求出任意一个角，再用正弦定理或余弦定理求出第二个角，最后求出第三个角	先用余弦定理求出c，再用正弦定理或余弦定理求出角B，最后求出角A	先用$C=\pi-A-B$，求出角C，再利用正弦定理求出b和a	先用$C=\pi-A-B$，求出角C，再利用正弦定理求出b和c	需具体分析	不求解

教师在学生展示完后给予肯定评价并补充三角形的基本性质，如大边对大角，大角对大边；诱导公式；解题中的隐含条件，已知两个角可知第三个角等.

问题任务2（由第二学习小组汇报）　简述对“余弦定理”的理解.

学生简要解释利用平面向量推导出余弦定理以及其变化形式；用余弦定理说明锐角、钝角、直角三角形及其与勾股定理之间的关系；指明余弦定理可以解三角形中的两种问题，另一种是已知三边，一种是已知两边及其夹角，并以例题进行讲解.

题型一　已知三边解三角形

例1．在 $\triangle ABC$ 中，角 A，B，C 所对的边分别为 a，b，c，且 $a=7$，$b=5$，$c=3$，求 $\triangle ABC$ 的内角中最大的角.

题型二　已知两边及其夹角解三角形

例2. 在$\triangle ABC$中，$\cos\frac{C}{2}=\frac{\sqrt{5}}{5}$，$BC=1$，$AC=5$，则$AB=$　　(　　)

A. $4\sqrt{2}$　　B. $\sqrt{30}$　　C. $\sqrt{29}$　　D. $2\sqrt{5}$

老师总结归纳，对余弦定理进行补充、变形，对例题进行归纳简化，并且提出新的思考：对于已知两边非夹角求第三边的问题，其结果会有几种情况呢？依据是什么？

问题任务3（由第三学习小组汇报）　简述对“正弦定理”的理解.

学生总结对正弦定理的推导以及其各种变形和三角形的面积公式；提出三种推导正弦定理的方法（等面积法、外接圆法、平面向量法）；指明正弦定理可以解决已知两角一边和两边一角解三角形的问题，并以例题进行讲解.

题型一　已知两角一边解三角形

例1. 在$\triangle ABC$中，已知$a=6$，$A=60^\circ$，$B=75^\circ$，求边c的值.

题型二　已知两边一角解三角形

例2. 在$\triangle ABC$中，$A=\frac{\pi}{3}$，$a=\sqrt{3}$，$b=1$，求边c的值.

老师及时将正弦定理和余弦定理的主要形式以及解决解三角形问题的一般方法做出归纳，提出新的思考：对于已知三角形两边一角解三角形问题，如何选择使用正弦定理或是余弦定理呢？两者使用过程中会遇到什么情况？如何解决？

问题任务4（由第四学习小组汇报）　探究三角形解的个数.

学生经过探究将三角形解的情况分成两种情况，一种是有解，一种是无解，将有解的情况分成有一个解和两个解的情况，精心设计例题，并对例题进行归类总结.

例1. 在$\triangle ABC$中，若$a=8$，$b=10$，$A=45^\circ$，则满足条件的三角形有　　(　　)

A. 0个　　B. 1个　　C. 2个　　D. 无数个

例2. 在$\triangle ABC$中，满足$b=2a$，$A=30^\circ$的$\triangle ABC$的个数是　　(　　)

A. 0　　B. 1　　C. 2　　D. 3

例3. 在 $\triangle ABC$ 中，根据下列已知条件解三角形，其中有两解的是 ( )

A. $b=20, A=45^\circ, C=80^\circ$　　B. $a=30, c=28, B=60^\circ$

C. $a=14, b=16, A=45^\circ$　　D. $a=12, c=15, A=120^\circ$

学生归纳方法：三角形解的个数的探究（以已知 a，b 和 A 解三角形为例）：

（1）从正弦定理角度来看：

①若 $\sin B=\dfrac{b\sin A}{a}>1$，则满足条件的三角形的个数为0，即无解；

②若 $\sin B=\dfrac{b\sin A}{a}=1$，则满足条件的三角形的个数为1；

③若 $\sin B=\dfrac{b\sin A}{a}<1$，则满足条件的三角形的个数为1或2.

注意：对于③，由 $0<\sin B=\dfrac{b\sin A}{a}<1$ 可知，B 可能为锐角，也可能为钝角，此时应由“大边对大角”“三角形内角和等于180°”等进行讨论.

（2）从几何角度来看：分 A 为锐角、A 为钝角或直角两种情况进行探究，如表7.4-2所示：

表7.4-2

A 为锐角	图形	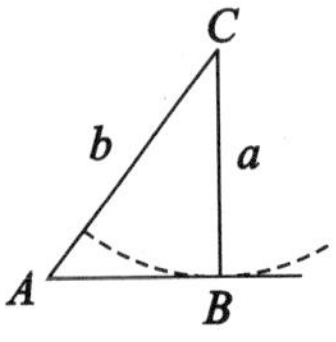 $a=b\sin A$	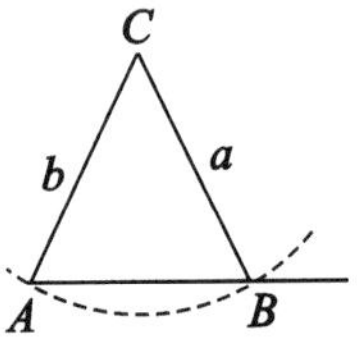 $a\geqslant b$	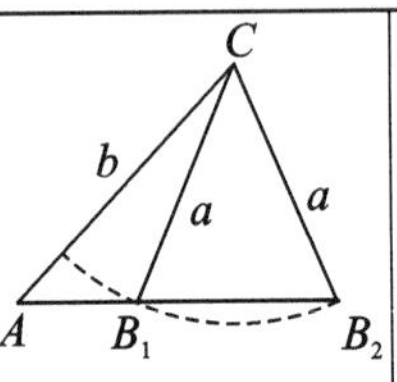 $b\sin A<a<b$	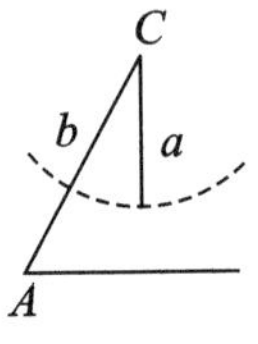 $a<b\sin A$
	解的个数	一解	一解	两解	无解
A 为钝角或直角	图形	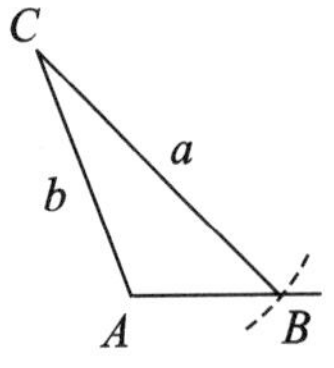 $a>b$	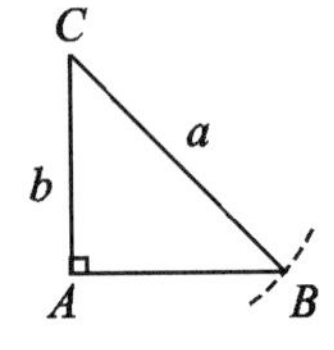 $a>b$	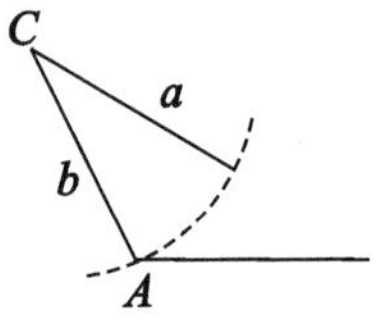 $a\leqslant b$	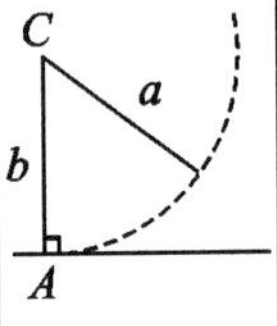 $a\leqslant b$
	解的个数	一解	一解	无解	无解

（3）从余弦定理角度来看：

根据$a^2 = b^2 + c^2 - 2bc\cos A$，得关于$c$的二次方程$c^2 - 2bc\cos A + b^2 - a^2 = 0$，由此二次方程解得的正数解的个数即为三角形解的个数．

老师充分肯定学生的充分“备课”以及探究精神，总结了本节课的知识结构：

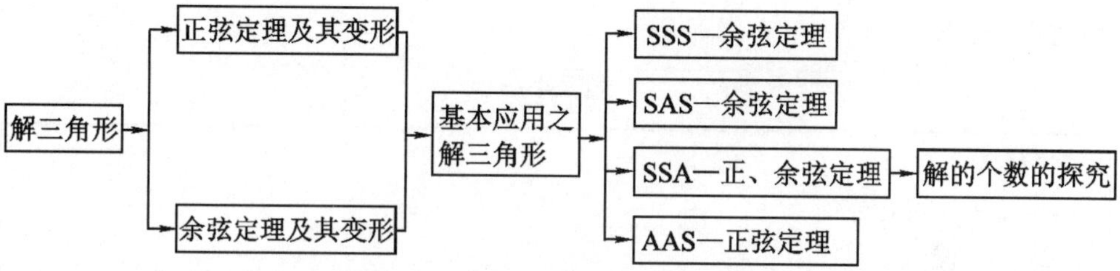

课堂预设：学生分组展示问题的探究过程和结论，教师进行补充，及时肯定与评价，使学生体会学习的成就感；引导其他同学对问题进行思考，尤其是对其他小组展示的部分．这一部分内容是正、余弦定理的基础内容，可为学生后面学习正、余弦定理的应用打下基础，应提醒学生引起重视．

【设计意图】单元教学课可以高屋建瓴，审视整章知识，形成内容框架，让学生充分体会知识的内在联系，整体感知解三角形的基本思路、过程和方法．通过练习，让学生体会如何建模，如何选择正弦定理、余弦定理．交流展示既展示“解题过程”，又展示“思维过程”，不仅能让学生充分体验成功解决问题的喜悦，而且还能让学生深刻、全面地了解数形结合、方程与函数、化归与转化等数学思想．

第三课时　正、余弦定理的几何应用

“以学定教”是翻转课堂的精髓．学生在预习的基础上，观看由“解三角形”单元中正弦定理与余弦定理应用的微课，独立内化，不但要复习正弦定理、余弦定理及其在解三角形中的常规应用，更要重视综合性问题，帮助学生提升综合应用能力．通过探究、讨论，使学生学会分析、归纳、总结，内化知识，拓展思维．

课堂呈现：

问题任务5（由第五学习小组汇报） 判断三角形形状的途径

学生首先总结了三角形类型及其边角特征，如表7.4-3；随后借助例题分析给出判定三角形形状的途径：(1) 化边为角，通过三角变换找出角之间的关系；(2) 化角为边，通过代数变形找出边之间的关系，正（余）弦定理是转化的桥梁.

表7.4-3

三角形形状（设c是最大边）	边的特征	角的特征
直角三角形	$a^2+b^2=c^2$	$C=\frac{\pi}{2}$，或$A+B=\frac{\pi}{2}$，或$A=\frac{\pi}{2}-B$ $\sin C=1$，或$\cos C=0$，或$\sin A=\cos B$
钝角三角形	$a^2+b^2<c^2$	$\frac{\pi}{2}<C<\pi$，或$0<A+B<\frac{\pi}{2}$，或$A<\frac{\pi}{2}-B<\frac{\pi}{2}$ $\cos C<0$，或$\sin A<\cos B$
锐角三角形	$a^2+b^2>c^2$	$0<C<\frac{\pi}{2}$，或$\begin{cases}0<A<\frac{\pi}{2},\\0<B<\frac{\pi}{2},\\\frac{\pi}{2}<A+B<\pi,\end{cases}$ 或$0<\frac{\pi}{2}-B<A<\frac{\pi}{2}$ $\cos C>0$，或$\sin A>\cos B$
等腰三角形	$a=b$	$A=B$，$\cos A=\cos B$

例1. 在$\triangle ABC$中，a，b，c分别为角A，B，C所对的边，若$a=2b\cos C$，则此三角形一定是 （　　）

A. 等腰直角三角形　　B. 直角三角形

C. 等腰三角形　　D. 等腰三角形或直角三角形

例2. 在$\triangle ABC$中，角A，B，C所对的边分别为a，b，c，若$\frac{c}{b}<\cos A$，则$\triangle ABC$为　　　　　　　　　　　　　　　　　　　　（　　）

A. 钝角三角形　　　　　　　　　B. 直角三角形

C. 锐角三角形　　　　　　　　　D. 等边三角形

老师赞扬学生总结全面并且讲解清晰，并提示解题过程中要注意细节. 如无论使用哪种方法，都不要随意约掉公因式，要移项提取公因式，否则会有漏掉一种形状的可能. 又如要注意挖掘隐含条件，重视角的范围对三角函数值的限制.

问题任务6（由第六学习小组汇报）　探究三角形的面积公式

学生首先归纳三角形面积公式的各种形式，通过例题分析给出与三角形面积有关问题的解题策略：（1）利用正弦定理、余弦定理解三角形，求出三角形的相关边、角之后，直接求三角形的面积；（2）把面积作为已知条件之一，与正弦定理、余弦定理结合求出三角形的其他量.

常用的三角形面积公式（在$\triangle ABC$中，内角A，B，C所对的边分别为a，b，c）：

（1）$S=\frac{1}{2}ah$（h表示边a上的高）；

（2）$S=\frac{1}{2}bc\sin A=\frac{1}{2}ac\sin B=\frac{1}{2}ab\sin C$；

（3）$S=\frac{1}{2}r(a+b+c)$（r为$\triangle ABC$的内切圆半径）.

例1. 在$\triangle ABC$中，$A=60^\circ$，$AC=4$，$BC=2\sqrt{3}$，则$\triangle ABC$的面积等于________.

例2. 在$\triangle ABC$中，a，b，c分别为内角A，B，C的对边，若$2\sin B=\sin A+\sin C$，$\cos B=\frac{3}{5}$，且$S_{\triangle ABC}=6$，则$b=$________.

教师强调数学公式是需要从左到右和从右到左两个方向的认知，并会使用；利用面积公式学会将两边之积作为整体去求解，这是数学运算过程中常用的方法.

问题任务7（由第七学习小组汇报） 探究正、余弦定理的几何应用（如中线、高、角平分线等）

学生通过图形借助多个三角形之间的关系建立等量关系式，综合应用正弦定理、余弦定理、三角形面积公式以及平面向量知识求解三角形中的其他元素问题.

例3. 如图7.4-1，在 $\triangle ABC$ 中，内角 A，B，C 的对边分别为 a，b，c，已知 $c=4$，$b=2$，$2c\cos C=b$，D，E 分别为线段 BC 上的点，且 $BD=CD$，$\angle BAE=\angle CAE$.

（1）求线段 AD 的长；

（2）求 $\triangle ADE$ 的面积.

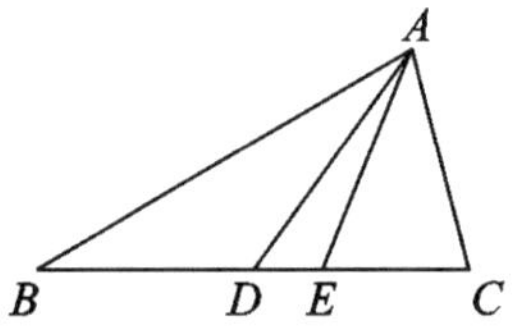

图7.4-1

教师及时总结中线 AD 的几何应用，一方面是学生总结的一般思路，即利用 $\triangle ADB$ 和 $\triangle ADC$ 的公共要素 AD 以及 $\angle BDA+\angle CDA=\pi$ 建立等量关系式；另一方面就是利用中线的向量表示直接求解.

课堂预设：先让学生自主发言，教师再总结提炼，实现正弦定理、余弦定理的再挖掘与再理解. 比如，从方程的角度理解正弦定理、余弦定理，至少要知道三个量可以求其他量；余弦定理是勾股定理的推广；正弦定理是“大边对大角”的代数表征；利用正弦定理、余弦定理进行边角互化；通过演绎推理获得一些常用的二级结论（比如 $a=2R\sin A$，$a^2+b^2<c^2\Leftrightarrow$钝角三角形等）；感受正弦定理、余弦定理优美的代数结构（对称美、和谐美、简洁美等）……并且还要注重对研究问题一般方法的总结：如何形成问题，如何生成命题，如何寻找方法，如何提出假设以及验证，等等，教学生思考.

【设计意图】本课时解决的几个问题任务符合学生认知、思维循序渐进的发展规律，注重方法提炼及思维能力训练，既强化了基础知识和基本技能，又考查了学生综合运用知识的能力．例题涵盖了正弦定理、余弦定理、三角变换、平面向量等基础知识．

第五节　“用向量法研究三角形的性质”单元教学解读与设计

一、教学设计基本要素分析

（一）学情分析

在学习平面几何的过程中，学生已经研究过三角形，知道了三角形的一些基本性质，但他们所掌握的知识有限，对三角形的认识还不够深入．例如他们对三角形的外心、中线、重心、角平分线、内心、高、垂心等只有初步的认识．

（二）教材分析

“用向量法研究三角形的性质”是人教A版新教材（2019年版）的一个“数学探究”活动专题，安排在《平面向量及其应用》一章之后．“用向量法研究三角形的性质”的本质为“几何问题代数化”，通过将几何元素关系翻译成向量进行运算，最后将运算结果翻译成几何结论．向量既是代数研究的对象，又是几何研究的对象，是把代数与几何很好地连接起来的纽带，蕴含着典型的数形结合思想方法：由形（三角形）到数（向量）—由数的运算（向量代数运算）到形的运算（向量几何运算），从而得到三角形新的性质．

研究三角形的性质一般是从公理（基本事实）或已有性质出发，通过演绎推理得到新的性质．向量法的介入，即通过向量运算发现和证明图形性质，开辟了一条新的运算推理之路．从联系性、整体性上提高了学生对数学的认识能力，培养了他们用向量知识处理问题的能力，提高了他们的应用意识和实践能力．使他们在数学探究的过程中，养成独立思考、交流合作的习惯，发挥探索精神，体验成功的乐趣．

（三）教学分析

鉴于本探究课题的特点，教科书建议“以独立探究和小组合作相结合的方式”开展活动.学生对于此类活动经验较少，将三角形的几何性质研究转化为对向量运算的研究难度较大，为避免学生走弯路，教师需在学生探究方案的确定、研究思路的确定上予以一定指导，突出研究问题的一般方法，而对于三角形性质的具体探究要尽可能让学生独立完成. 通过独立探究，学生对数学探究的体验才会深刻，形成的研究结果也才会更加丰富.

要求学生用向量方法研究三角形的性质，以独立思考与小组合作的形式展开研究. 学生通过探究，发现和提出三角形性质的猜想，并利用向量法进行推理证明，在此过程中积累数学活动经验，体验数学探究的过程和方法. 同时，注重发挥信息技术的作用，以增加学生发现三角形的性质的可能性，为提出三角形的性质提供方向.

二、单元课时设计

第一课时　用向量法研究三角形的性质（1）——用向量法证明已证结论

教学目标

会用向量方法解决简单的平面几何问题、力学问题以及其他实际问题，体会向量在解决数学和实际问题中的作用.

教学过程

教师引导，学生掌握用向量方法处理几何问题的基本程序.

第二课时　用向量法研究三角形的性质（2）——用向量方法证明未加证明的结论、你自己新发现的结论

教学目标

1. 通过探究三角形的性质，体验向量法在探索和证明几何图形性质中的作用；培养处理问题的能力，从数学的联系性、整体性上提高认知水平.

2. 通过对三角形性质的探究，积累数学活动经验；体验数学探究的过程和方法，培养有逻辑地表达和交流的能力，提升数学抽象、逻辑推理、数学运算等核心素养.

3. 通过小组合作探究三角形的性质，体验小组合作解决整体性数学问题的方法与步骤，培养合作学习的能力.

教学过程

1. 数学探究活动的展示与评价.（注：第一课时完成了对已学三角形性质的梳理，并尝试用向量法重新证明，学生已经掌握了用向量法研究几何性质的一般步骤，并给出向量法证明三条中线交于一点的示例. 布置利用向量法研究三角形新性质的作业，先独立研究，形成个人研究报告，再分小组进行探究）

2. 在完成“用向量法研究三角形的性质”第一课时的教学后，教师给出数学探究活动的任务：把眼光聚焦在三角形的边、外心、中线、重心、角平分线、内心、高、垂心等内容上，利用向量方法探索三角形更为丰富的性质，可以是学生已知但未证明的性质，也可以是未知的性质.

将全班分为五个研究小组，按知识框图进行小组分工，明确研究方向：

第一组：探究三角形“边角”要素之间的关系；

第二组：探究三角形“中线”的性质；

第三组：探究三角形“角平分线”的性质；

第四组：探究三角形“高”的性质；

第五组：探究三角形“中垂线”的性质.

首先，每个小组集体讨论探究方案，确定研究思路；其次，小组成员各自开展独立探究，并以专题作业的形式撰写个人研究报告；最后，小组成员利用课余或者数学选修课时间，将各自成果在小组内展示并进行交流、完善，形成一份小组研究报告.

在各小组探究活动进行的过程中，学生意外发现了“四心的向量表示”在形式上的相似性，在教师的提议下，由每组抽调人员，来探究三角形“四心”之间的关系，即由第六组来探究三角形“外心、内心、垂心、重心”之间的关系.

此次数学探究活动是一次“长作业”，历时一周多的时间，最后，各小组派代表从数学结论、发现过程、研究思路、完整证明等几个方面进行了课堂成果展示.

为使学生的研究成果得到更充分的展示，推举两位学生作主持，并邀请三位“专家”组成评委团. 每个小组派代表展示时，可根据研究内容，以不同形式进行成果展示. 要求：不仅要展示数学结论，还要展示发现的过程、研究思路、遇到的困难、解决策略等. 在每组展示完成后，小组成员接受评委团“专家”的提问，在场的学生也可举手提问. 在展示的过程中，其他学生有任何疑问或异议，均可举手提问或者反驳. 由于课堂时间有限，我们选取第二组、第六组的学生进行了课堂展示与答辩.

研究成果展示

1．个人研究概况

在个人研究阶段，归纳每位同学的个人研究报告，大致有以下几种研究思路：

（1）三角形是一个闭合回路，可以用向量加法刻画，而中线可以用边的对应向量表示，所以考虑将中线转化为边所在向量来研究；

（2）向量法的核心是运算，通过改变运算，研究中线对应向量与三角形的边对应向量之间的关系；

（3）中线将对边二等分，重心又是三等分点，所以考虑将研究线段长度，转化为研究向量的模，利用向量数量积运算研究；

（4）教科书第39页的例2给出的是用向量方法得出平行四边形对角线长与邻边长的等量关系，可以将其看成两个全等的三角形，对角线的一半即为中线，从而研究三角形的三边与中线长的关系.

2．小组研究报告

各小组在对成员成果进行充分讨论与整合后，形成小组研究报告.

小组报告一——三角形四心的坐标表示

（1）成员及其成果或贡献

组长：同学一 ——以主要研究思路为依据，参与研究过程，证明平面三角形内心的坐标表示.

组员：同学二——指导研究思路，提供研究方向，提出研究路径与主要方法，证明平面三角形外心的坐标表示；

同学三——以主要研究思路为依据，参与研究过程，证明平面三角形重心的坐标表示，进行汇报展示；

同学四——以主要研究思路为依据，参与研究过程，证明平面三角形垂心的坐标表示；

同学五——查找资料，提供技术支持，进行汇报展示；

同学六——整理研究思路、研究过程与成果，绘制思维导图，进行展示.

（2）研究三角形性质的主要视角

①基本方法：数形结合，向量运算；

②研究路径：类比，由特殊到一般再推广到特殊；

③主要视角：将几何问题转化为向量运算，通过运算得出结论.

（3）主要结论和猜想的论证与驳斥

①三角形重心的坐标表示.

如图7.5-1所示，在$\triangle ABC$中，D，E，F分别是边BC，CA，AB的中点. 分别过点A，B作BE，AD的平行线，交于点M，连接FM.

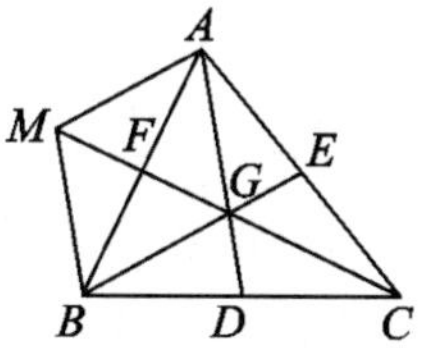

图7.5-1

易知G为$\triangle ABC$的重心，点M，F，G共线，四边形$AGBM$为平行四边形，则$\overrightarrow{GM}=\overrightarrow{CG}$，即$\overrightarrow{GA}+\overrightarrow{GB}+\overrightarrow{GC}=\mathbf{0}$.

对于平面内任意一点P，有$\overrightarrow{PA}-\overrightarrow{PG}+\overrightarrow{PB}-\overrightarrow{PG}+\overrightarrow{PC}-\overrightarrow{PG}=\mathbf{0}$，即$\overrightarrow{PA}+\overrightarrow{PB}+\overrightarrow{PC}=3\overrightarrow{PG}$.

设$A(x_1, y_1)$,$B(x_2, y_2)$,$C(x_3, y_3)$，O为坐标原点，

则$\overrightarrow{OG}=\frac{1}{3}(\overrightarrow{OA}+\overrightarrow{OB}+\overrightarrow{OC})$.

设点G的坐标为(x, y)，将其代入$\overrightarrow{OG}=\frac{1}{3}(\overrightarrow{OA}+\overrightarrow{OB}+\overrightarrow{OC})$，

得$x=\frac{x_1+x_2+x_3}{3}$，$y=\frac{y_1+y_3+y_3}{3}$.

所以点G的坐标为$\left(\frac{x_1+x_2+x_3}{3},\frac{y_1+y_2+y_3}{3}\right)$.

②三角形垂心的坐标表示.

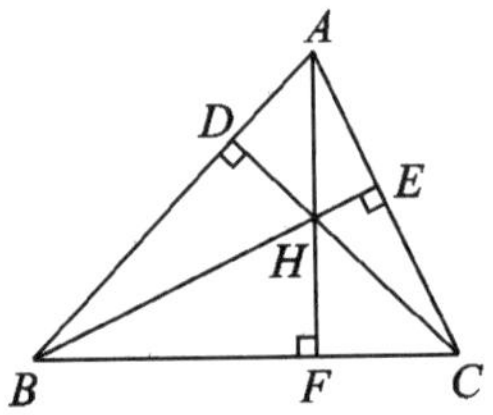

图7.5-2

如图7.5-2所示，在△ABC中，D，E，F分别是AB，AC，BC边上的高.设点$A(x_1, y_1)$，$B(x_2, y_2)$，$C(x_3, y_3)$.

根据点A，B的坐标得出直线AB的方程（后续证明中以$\overrightarrow{AB}=(x, kx+b)$表示）.

设点D的横坐标为x_4，则点D的坐标为(x_4, kx_4+b)，$\overrightarrow{CD}=(x_4-x_3, kx_4+b-y_3)$.

因为$\overrightarrow{CD}\perp\overrightarrow{AB}$，所以$\overrightarrow{CD}\cdot\overrightarrow{AB}=0$.

根据计算可得点D的坐标，同理可得点E的坐标，及直线BE的方程.

将直线CD，BE的方程联立，可得点H的坐标.

③三角形内心的坐标表示

已知点$A(x_1, y_1)$，$B(x_2, y_2)$，$C(x_3, y_3)$，且$BC=a$，$CA=b$，$AB=c$.

若点I满足$a\overrightarrow{IA}+b\overrightarrow{IB}+c\overrightarrow{IC}=\mathbf{0}$，由奔驰定理（已知点$P$为△$ABC$内一点，则有$S_{\triangle PBC}\cdot\overrightarrow{PA}+S_{\triangle PAC}\cdot\overrightarrow{PB}+S_{\triangle PAB}\cdot\overrightarrow{PC}=\mathbf{0}$）知，点$I$是三角形$ABC$的内心.

设点I的坐标为（x，y），将其代入$a\overrightarrow{IA}+b\overrightarrow{IB}+c\overrightarrow{IC}=\mathbf{0}$，

得$a(x_1-x)+b(x_2-x)+c(x_3-x)=0$，$a(y_1-y)+b(y_2-y)+c(y_3-y)=0$.

得$x=\dfrac{ax_1+bx_2+cx_3}{a+b+c}$，$y=\dfrac{ay_1+by_2+cy_3}{a+b+c}$.

则点I的坐标为$\left(\dfrac{ax_1+bx_2+cx_3}{a+b+c},\dfrac{ay_1+by_2+cy_3}{a+b+c}\right)$.

④三角形外心的坐标表示

已知三角形ABC，设点O为三角形ABC的外心，点H为三角形ABC的垂心.

由欧拉线定理（三角形的重心、垂心、外心共线，且外心到重心的距离等于垂心到重心距离的一半）得$\overrightarrow{OH}=\overrightarrow{OA}+\overrightarrow{OB}+\overrightarrow{OC}$.

因此可用垂心坐标表示外心坐标，从而求解外心坐标.

（4）所得结果及其分析

已知点$A(x_1,\ y_1)$，$B(x_2,\ y_2)$，$C(x_3,\ y_3)$，且$BC=a$，$CA=b$，$AB=c$，点G，H，I，O分别为$\triangle ABC$的重心、垂心、内心，外心.

$\triangle ABC$的重心坐标：$G\left(\dfrac{x_1+x_2+x_3}{3},\dfrac{y_1+y_2+y_3}{3}\right)$.

$\triangle ABC$的内心坐标：$I\left(\dfrac{ax_1+bx_2+cx_3}{a+b+c},\dfrac{ay_1+by_2+cy_3}{a+b+c}\right)$.

$\triangle ABC$的垂心坐标：求得三角形三边高所在直线的方程，联立求解.

$\triangle ABC$的外心坐标：由欧拉线定理推知$\overrightarrow{OH}=\overrightarrow{OA}+\overrightarrow{OB}+\overrightarrow{OC}$，从而用垂心坐标得到外心坐标.

分析：通过对三角形四心坐标表示的研究，得到了重心、内心坐标的表达式以及求解垂心坐标的思路，可由此推广至奔驰定理的证明，在研究外心时涉及欧拉线定理，从而进一步挖掘向量与三角形的关系.

（5）提出问题与困惑

在研究三角形外心时，可由欧拉线定理推知$\overrightarrow{OH}=\overrightarrow{OA}+\overrightarrow{OB}+\overrightarrow{OC}$，即可用垂心坐标表示外心坐标，从而求出外心的坐标表达式. 但如何得到欧拉线并由

欧拉线推知$\overrightarrow{OH}=\overrightarrow{OA}+\overrightarrow{OB}+\overrightarrow{OC}$？可以继续思考，或者给学生提供思路.

（6）其他小组展示带来的质疑或启示

用三角形的垂心坐标得到外心坐标.

如图 7.5-3 所示，已知 $\triangle ABC$，E 为 BC 的中点，O 为外心，G 为重心，$AG:EG-2:1$，$OE\perp BC$. 延长 OG 全点 H 使 $GH=2OG$，延长 AH 交 BC 于点 F，易知 $\triangle AGH\backsim\triangle EGO$，则 $AH\,/\!/\,OE$.

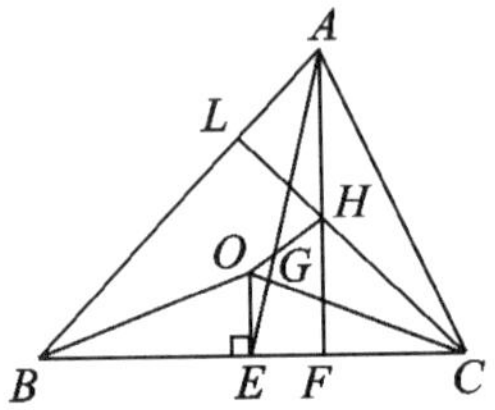

图 7.5-3

因为 $OE\perp BC$，所以 $AF\perp BC$，同理 $CL\perp AB$，则点 H 为 $\triangle ABC$ 的垂心.

因为 G 为 $\triangle ABC$ 的重心，所以 $\overrightarrow{GA}+\overrightarrow{GB}+\overrightarrow{GC}=\mathbf{0}$. 若 P 为平面内任意一点，则 $\overrightarrow{PA}-\overrightarrow{GP}+\overrightarrow{PB}-\overrightarrow{GP}+\overrightarrow{PC}-\overrightarrow{GP}=\mathbf{0}$，$\overrightarrow{PA}+\overrightarrow{PB}+\overrightarrow{PC}=3\overrightarrow{PG}$.

令 P 点为 O 点，则 $\overrightarrow{OA}+\overrightarrow{OB}+\overrightarrow{OC}=3\overrightarrow{OG}$. 因为 $\overrightarrow{OH}=3\overrightarrow{OG}$，所以 $\overrightarrow{OH}=\overrightarrow{OA}+\overrightarrow{OB}+\overrightarrow{OC}$.

设 $O(x,y)$，$A(x_1,y_1)$，$B(x_2,y_2)$，$C(x_3,y_3)$，$H(x_4,y_4)$，则 $\overrightarrow{OA}=(x_1-x,y_1-y)$，$\overrightarrow{OB}=(x_2-x,y_2-y)$，$\overrightarrow{OC}=(x_3-x,y_3-y)$，$\overrightarrow{OH}=(x_4-x,y_4-y)$，将其代入 $\overrightarrow{OH}=\overrightarrow{OA}+\overrightarrow{OB}+\overrightarrow{OC}$，

得 $x=\dfrac{x_1+x_2+x_3-x_4}{2}$，$y=\dfrac{y_1+y_2+y_3-y_4}{2}$.

所以点 O 的坐标为 $\left(\dfrac{x_1+x_2+x_3-x_4}{2},\dfrac{y_1+y_2+y_3-y_4}{2}\right)$.

小组报告二——奔驰定理及其延伸性质

四线的向量表示及拓展性质

（1）成员及其研究成果或贡献

同学一：表示出四心的闭合回路定理形式，证明了重心、外心、垂心三点共线及其连线的数量关系；

同学二：对角平分线和内心进行向量表示；

同学三：对高及垂心进行向量表示；

同学四：对中垂线进行向量表示；

同学五：证明$\overrightarrow{OH}=\overrightarrow{OA}+\overrightarrow{OB}+\overrightarrow{OC}$，对本小组的证明思路进行梳理.

（2）研究方法

数形结合，向量运算.

（3）主要结论和猜想的论证与驳斥

〈1〉思路：类比重心探究，将一点转化为重心，利用已知性质来探究.

求证奔驰定理.

提示：当点O在三角形ABC内部时，如图7.5–4. 延长OA至点R，OB至点M，OC至点N，使O为$\triangle RMN$的重心.

则有$\overrightarrow{OR}+\overrightarrow{OM}+\overrightarrow{ON}=\mathbf{0}$，$S_{\triangle ROM}=S_{\triangle MON}=S_{\triangle RON}=S$.

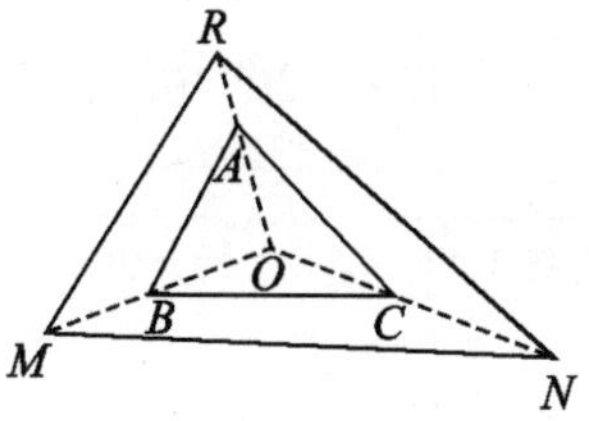

图7.5–4

设 $\overrightarrow{OR}=\theta\overrightarrow{OA}$，$\overrightarrow{OM}=\lambda\overrightarrow{OB}$，$\overrightarrow{ON}=\alpha\overrightarrow{OC}$，则

$$S_{\triangle AOB}=\frac{1}{2}\frac{\left|\overrightarrow{OR}\right|}{\theta}\cdot\frac{\left|\overrightarrow{OM}\right|}{\lambda}\cdot\sin\angle ROM=\frac{S}{\theta\lambda}.$$

同理$S_{\triangle AOC}=\dfrac{S}{\theta\alpha}$，$S_{\triangle BOC}=\dfrac{S}{\lambda\alpha}$，所以$\theta:\lambda:\alpha=S_{\triangle BOC}:S_{\triangle AOC}:S_{\triangle AOB}$.

因为$\overrightarrow{OR}+\overrightarrow{OM}+\overrightarrow{ON}=\theta\overrightarrow{OA}+\lambda\overrightarrow{OB}+\alpha\overrightarrow{OC}=\mathbf{0}$,

所以$S_{\triangle BOC}\cdot\overrightarrow{OA}+S_{\triangle AOC}\cdot\overrightarrow{OB}+S_{\triangle AOB}\cdot\overrightarrow{OC}=\mathbf{0}$.

同理可知，

当点O不在三角形内部时，$\pm S_{\triangle BOC}\cdot\overrightarrow{OA}\pm S_{\triangle AOC}\cdot\overrightarrow{OB}\pm S_{\triangle AOB}\cdot\overrightarrow{OC}=\mathbf{0}$,

且当相应的S含有$S_{\triangle ABC}$部分时，符号取正；当相应的S不含有$S_{\triangle ABC}$部分时，符号取负．

〈2〉根据三角形闭合回路表示方式，联系四心表示方式推出已知定理．

在$\triangle ABC$中，点O，H依次是$\triangle ABC$的外心和垂心．

猜想：$\overrightarrow{OH}=\overrightarrow{OA}+\overrightarrow{OB}+\overrightarrow{OC}$.

验证提示：如图7.5−5，因为H是$\triangle ABC$的垂心，所以$\overrightarrow{HA}\tan A+\overrightarrow{HB}\tan B+\overrightarrow{HC}\tan C=\mathbf{0}$.

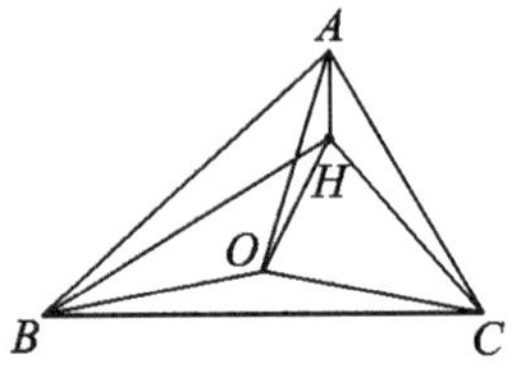

图7.5−5

所以$\overrightarrow{AH}=\dfrac{\tan B}{\tan A+\tan B+\tan C}\overrightarrow{AB}+\dfrac{\tan C}{\tan A+\tan B+\tan C}\overrightarrow{AC}$.

因为O为$\triangle ABC$的外心，所以$\sin 2C\cdot\overrightarrow{OC}+\sin 2B\cdot\overrightarrow{OB}+\sin 2A\cdot\overrightarrow{OA}=\mathbf{0}$.

所以$\overrightarrow{BO}=\dfrac{\sin 2A}{\sin 2A+\sin 2B+\sin 2C}\overrightarrow{BA}+\dfrac{\sin 2C}{\sin 2A+\sin 2B+\sin 2C}\overrightarrow{BC}$,

$\overrightarrow{CO}=\dfrac{\sin 2A}{\sin 2A+\sin 2B+\sin 2C}\overrightarrow{CA}+\dfrac{\sin 2B}{\sin 2A+\sin 2B+\sin 2C}\overrightarrow{CB}$.

所以 $\overrightarrow{OB}+\overrightarrow{OC}=\dfrac{\sin 2A}{\sin 2A+\sin 2B+\sin 2C}\overrightarrow{AB}-\dfrac{\sin 2C}{\sin 2A+\sin 2B+\sin 2C}\cdot\overrightarrow{BC}+\dfrac{\sin 2A}{\sin 2A+\sin 2B+\sin 2C}\overrightarrow{AC}+\dfrac{\sin 2B}{\sin 2A+\sin 2B+\sin 2C}\overrightarrow{BC}$

$=\dfrac{\sin 2A}{\sin 2A+\sin 2B+\sin 2C}(\overrightarrow{AB}+\overrightarrow{AC})+\dfrac{\sin 2B-\sin 2C}{\sin 2A+\sin 2B+\sin 2C}\overrightarrow{BC}$

$=\dfrac{\sin 2A}{\sin 2A+\sin 2B+\sin 2C}\overrightarrow{AB}+\dfrac{\sin 2A}{\sin 2A+\sin 2B+\sin 2C}\overrightarrow{AC}+\dfrac{\sin 2B-\sin 2C}{\sin 2A+\sin 2B+\sin 2C}\cdot(\overrightarrow{AC}-\overrightarrow{AB})$

$=\dfrac{\sin 2A+\sin 2C-\sin 2B}{\sin 2A+\sin 2B+\sin 2C}\overrightarrow{AB}+\dfrac{\sin 2A+\sin 2B-\sin 2C}{\sin 2A+\sin 2B+\sin 2C}\overrightarrow{AC}$

$=\dfrac{4\cos A\cos C\sin B}{4\sin C\sin A\sin B}\overrightarrow{AB}+\dfrac{4\cos A\cos B\sin C}{4\sin C\sin A\sin B}\overrightarrow{AC}$

$$= \frac{\tan B}{\tan A+\tan B+\tan C}\overrightarrow{AB}+\frac{\tan C}{\tan A+\tan B+\tan C}\overrightarrow{AC}.$$

所以$\overrightarrow{AH}=\overrightarrow{OB}+\overrightarrow{OC}$.

又因为$\overrightarrow{AH}=\overrightarrow{OH}-\overrightarrow{OA}$,

所以$\overrightarrow{OH}=\overrightarrow{OA}+\overrightarrow{OB}+\overrightarrow{OC}$.

（4）对结果价值的解读和分析

在$\triangle ABC$中，点O，I，H，依次是$\triangle ABC$的外心、内心、垂心.

〈1〉对三角形中任意一点的向量表示.

〈2〉延伸闭合回路定理，得

①$\sin C\,\overrightarrow{IC}+\sin B\,\overrightarrow{IB}+\sin A\,\overrightarrow{IA}=\mathbf{0}$.

②$\tan C\,\overrightarrow{HC}+\tan B\,\overrightarrow{HB}+\tan A\,\overrightarrow{HA}=\mathbf{0}$.

③$\sin 2C\,\overrightarrow{OC}+\sin 2B\,\overrightarrow{OB}+\sin 2A\,\overrightarrow{OA}=\mathbf{0}$.

〈3〉由四心的向量表示得：$\overrightarrow{AH}\cdot\overrightarrow{HD}=\overrightarrow{BH}\cdot\overrightarrow{HE}=\overrightarrow{CH}\cdot\overrightarrow{HF}$.

〈4〉①$\overrightarrow{OH}=\overrightarrow{OA}+\overrightarrow{OB}+\overrightarrow{OC}$.

②外心、重心、垂心三点共，即重心分外心与垂心连线的比为$1:2$.

（5）问题与困惑

在探究时发现，虽然垂心分高、重心分中线分出的两段都有特定的比例，但内心却没有发现这一性质.

小组报告三

（1）成员：同学一，同学二

（2）提出问题（以前学过的结论，想要将其一般化）

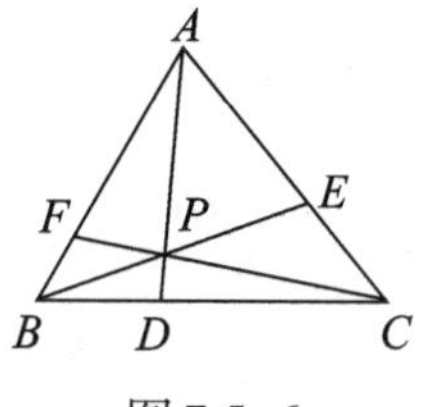

图7.5-6

如图7.5-6所示，在$\triangle ABC$中，已知$\frac{AF}{AB}=m$，$\frac{AE}{AC}=n$，BE与CF交于点

P，AP的延长线交BC于点D．求BD和DC的关系．

（3）发现问题、研究问题

三角形闭合回路→线性运算→各边中线交于一点→由特殊到一般→各顶点与三角形内任意一点的连线，其延长线分别把对边分成比例的关系．

（4）主要结论的论证

设$\overrightarrow{FP}=\lambda\overrightarrow{FC}$，$\overrightarrow{EP}=\mu\overrightarrow{EB}$，则$\overrightarrow{AP}=m\overrightarrow{AB}+\lambda\overrightarrow{FC}$，$\overrightarrow{AP}=n\overrightarrow{AC}+\mu\overrightarrow{EB}$，

即$m\overrightarrow{AB}+\lambda\overrightarrow{AC}-\lambda m\overrightarrow{AB}=n\overrightarrow{AC}+\mu\overrightarrow{AB}-\mu n\overrightarrow{AC}$，得$m-\lambda m=\mu$，$\lambda=n-\mu n$.

解得$\lambda=\dfrac{n-mn}{1-mn}$，$\mu=\dfrac{m-mn}{1-mn}$.

故$\overrightarrow{AP}=n\overrightarrow{AC}+\mu\overrightarrow{AB}-\mu n\overrightarrow{AC}=n\overrightarrow{AC}+\dfrac{m-mn}{1-mn}\overrightarrow{AB}-\dfrac{m-mn}{1-mn}n\overrightarrow{AC}$

$$=\frac{1-mn-m+mn}{1-mn}n\overrightarrow{AC}+\frac{m-mn}{1-mn}\overrightarrow{AB}=\frac{n-mn}{1-mn}\overrightarrow{AC}+\frac{m-mn}{1-mn}\overrightarrow{AB}.$$

令$\overrightarrow{AD}=x\overrightarrow{AP}$，$\overrightarrow{BD}=y\overrightarrow{BC}$，

即$\overrightarrow{AB}+y\overrightarrow{AC}-y\overrightarrow{AB}=x\dfrac{n-mn}{1-mn}\overrightarrow{AC}+x\dfrac{m-mn}{1-mn}\overrightarrow{AB}$，

即$1-y=x\dfrac{m-mn}{1-mn}$，$y=x\dfrac{n-mn}{1-mn}$.

解得$x=\dfrac{1-mn}{m+n-2mn}$，$y=\dfrac{n-mn}{m+n-2mn}$.

所以$1-y=\dfrac{m-mn}{m+n-2mn}$，故$BD:DC=y:(1-y)=\dfrac{n-mn}{m-mn}=\dfrac{n(1-m)}{m(1-n)}$.

（5）发现的新问题及结论

新问题：根据主要结论，认为AE，EC，CD，DB，BF和FA有一定关系．

论证：因为$AF=mAB$，$AE=nAC$，故$FB=(1-m)AB$，$EC=(1-n)AC$，$BD=\dfrac{n(1-m)}{m(1-n)+n(1-m)}BC$，$DC=\dfrac{m(1-n)}{m(1-n)+n(1-m)}BC$.

发现：$mAB\times(1-n)AC\times\dfrac{n(1-m)}{m(1-n)+n(1-m)}BC=nAC\times(1-m)AB\times\dfrac{m(1-n)}{m(1-n)+n(1-m)}BC$，

得 $AF \cdot EC \cdot BD = AE \cdot FB \cdot DC$.

（6）对结果价值的解读和分析

经查阅资料知，所证明的命题为塞瓦定理.

教学反思与点评

本课教学结合《普通高中数学课程标准（2017年版）》对于新课程的实施建议，并结合探究活动课的特点进行思考、准备. 探究活动要立足于“四基”，学生在学习了平面向量的基础知识，掌握了研究问题的基本方法的前提下，以探究三角形性质为载体. 聚焦向量法的基本思想，进一步感悟研究数学问题的基本方法，积累数学活动经验，促进核心素养的进一步提升.

重视综合实践活动，使之成为发展学生数学学科核心素养的重要载体. 新的课程标准有四条主线，其中一条就是数学建模与数学探究活动，这是高中数学课程的重要内容之一，属于综合实践活动内容. 数学探究活动强调的是发现和提出有意义的数学问题，猜测合理的数学结论，提出解决问题的思路与方法，通过自主探究、合作交流的形式完成对数学结论的论证. 所以，开展综合实践活动有利于学生全面发展，获得“四基”，提高“四能”，从而落实数学学科核心素养.

在重要知识点的交汇处选择数学探究的内容，数学探究活动在人教A版普通高中教科书（2019年版）中安排了专门的素材和课时. 这一内容的教学与概念课、定理课、习题课等都应该是不同的，往往在重要知识点的交汇处选择探究. 本课研究的是三角形的几何性质，三角形是最重要的平面基本图形，学生已掌握了它的一些性质，但还不全面，本课要求用向量法研究三角形的性质，一方面是进一步完善有关三角形性质的知识，另一方面是进一步理解向量法的基本思想，积累数学探究活动经验.

探究性问题往往是综合性、整体性的数学问题. 三角形性质就是整体性内容，用向量方法表示几何要素，再通过运算相互转化，牵涉的知识点比较多，在活动的设计上，可以根据三角形的边角要素，即中线、角平分线、高等之间的关系，引导学生去思考，将整体性的问题分流，不同任务分组研究，学生发现规律性的结论，最后集中反馈研究成果.

关注课堂教学方式的转变，教师要做学生自主积极发展的促进者．受传统教学的影响，学生认为数学作业就是做题，答案与方法基本是确定的．而探究活动却是完全开放的，学生对于探究形式的学习刚开始是不适应的，这是学习方式的重大转变，学生之前没有探究活动的经验积累，刚开始会表现得无所适从，教师要对每组的研究做好跟踪与关注，可以设计一些有操作性的问题与任务一步步引导学生．传统数学教学往往侧重于对结果的评价，但是我们认为，在探究过程中让学生体验如何去发现数学问题，和结果同等重要．

第六节　“复数”单元教学解读与设计

一、教学设计基本要素分析

（一）学情分析

学生在小学、初中阶段学习过整数、有理数、实数的概念和运算，一元一次方程和一元二次方程、平面直角坐标系，在高中阶段已经学习了平面向量、任意角的三角函数，在这些已有知识的基础上介绍复数的概念，是水到渠成的事情，符合学生的认知发展规律．《复数》一章安排在新教材的第二册，在学习完函数、平面向量、三角函数等重要内容之后，此阶段的学生已经有了一定的数学基础，掌握了高中数学中的一些基本理念和基本思想，对数学也有了一定的感悟能力，具有类比知识点的学习方法，同时，学生的思维活跃、积极性高，已初步形成对数学问题的合作探究能力，因此《复数》一章的学习对学生来说相对比较容易．

但复数学习又需要学生有比较扎实的数学基本功和数学推理能力，鉴于此，教学时应关注学生的薄弱环节，适度给学生以帮助和指导，帮助学生理解复数的几何意义．

（二）教材分析

在人教A版普通高中教科书数学必修第二册（2019年版）中，《复数》一章除了介绍关于复数的基本内容之外，相较其他章，没有给出太多复数实际应用的例子，更多的是在“阅读与思考”“探究与发现”中穿插了与复数相关的知识拓展，如“代数基本定理”“1的n次方根”，同时在第一节中的注释部分介绍了关于复数的数学史小知识．这些内容的安排是恰到好处的，让学生体会数学的发展历程和伟大数学家的智慧，对于拓展学生的数学视野和满足学生对复数知识的渴求具有重要意义．与此同时，“方程求解的发展历程”“数系的完善过程”等将会是一个较好的思政切入点．

此外，函数与方程思想、数形结合思想、化归与转化思想等的研究方法也是本章很注重的方面，如复数相等的充要条件，蕴含着方程的思想，而消元后，往往可以转化为函数求最值的问题；复数的几何意义，不但使我们加深了对复数相关概念的理解和认识，还为我们结合圆和直线等图形的性质更简洁地解决复杂问题，提供了有力的技术支撑；求复数对应点的轨迹，可以通过复数的代数形式和几何意义，将其转化为实数范围内平面几何问题来解决.复数问题实数化应是我们解决复数问题的指路明灯.

（三）教学分析

1．课程标准分析

复数是高中数学课程中的传统内容．对于复数，课程标准要求在问题情境中了解数系的扩充过程，体会实际需求与数学内部的矛盾（数的运算规则、方程理论）在数系扩充过程中的作用，感受人类理性思维的作用以及数与现实世界的联系；理解复数的基本概念以及复数相等的充要条件；了解复数的代数表示法及其几何意义；能进行复数代数形式的四则运算，了解复数代数形式的加、减运算的几何意义．

2．单元教学目标

本章学习的主要内容是复数的概念、复数的运算与*复数的三角表示．复数的引入是数系的又一次扩充，也是中学阶段数系的最后一次扩充．通过复数的学习，可以使学生对数的概念有一个更加完整的认识，可以使学生深刻体会人类理性思维在数系扩充中的作用，同时逐步培养学生的数学抽象、逻辑推理、直观想象和数学运算素养．复数与平面向量、平面解析几何、三角函数等都有密切的联系，也是进一步学习数学的基础．

（1）复数的概念：通过方程的解，认识复数，理解复数的代数表示及其几何意义，理解两个复数相等的含义.

（2）复数的运算：掌握复数代数形式的四则运算，了解复数加、减运算的几何意义.

（3）*复数的三角表示：通过复数的几何意义，了解复数的三角表示，了解复数的代数表示与三角表示之间的关系，了解复数乘、除运算的三角表示及其几何意义.

本单元通过类比、归纳的方式教学，强调学生能力的培养，是核心素养导向下的课堂教学. 在学习过程中，应充分发挥学生自主学习的能力，教师只需扮演好"引路人"的角色即可. 学生采取自主探究、小组合作的学习方式，成为课堂的主人. 学生通过自己搜索数系发展的历史，感受理性精神在数学发展史上的重要作用.

1. 学生在梳理数系发展的历史中感受理性精神

在数学史上，复数问题的出现始于古希腊时期人们求解一元二次方程的过程中，但人们一直不承认复数。1545年，意大利数学家卡尔丹在他的《重要的艺术》一书中，求解某些一元三次方程时再也无法回避虚数问题，这才迫使人们开始正视复数. 直到18世纪末韦塞尔给出复数的几何表示，人们这才开始逐渐接受复数. 学生在复数的学习中可以参考这些数学史实，自己查找资料，归纳实系数一元三次方程的求根公式，以及用求根公式和因式分解这两种方法，求解某些特殊的实系数一元三次方程，初步认识复数.

2. 学生在学习数系扩充过程中体会数系扩充的"规则"

在将实数系扩充到复数系的过程中，学生应了解数系扩充的"规则"既具有一般性，同时又具有一定的局限性. 一方面，在从自然数系逐步扩充到复数系的过程中，每次扩充数系时，新数系中的加法、乘法运算与原数系中的相应运算相容，并保持运算律，它们是数系扩充过程中的共性. 另一方面，上述数系扩充的"规则"有着一定的局限性. 一是，新数系中的加法、乘法运算各自都具有不同于原数系中相应运算的一些特征，并且每次扩充时的特征也不尽相同. 二是，按照从自然数系逐步扩充到复数系的"规则"，就无法继续扩充复数系了，要继续扩充复数系，必须对“规则”进行适当限制.

3. 学生在复数运算过程中不断提升自身的数学运算素养

本章中的运算主要包括复数代数形式的四则运算、复数三角形式与代数形式的互化以及复数三角形式的乘除运算等，学生在学习过程中应加强这些运算的训练，不断提升自身的数学运算素养.

4. 复数的学习应突出复数的表示和运算的几何意义，体现形与数的融合

突出复数的表示和运算的几何意义，即从几何的角度认识、理解复数及其运算，是贯穿本章的一条主线. 复数的代数表示、三角表示及其运算都具有明显的几何意义，学生在学习的过程中应注重数形结合思想的应用，有助于深刻地认识、理解复数的表示与运算，提升自身的直观想象素养.

5. 加强复数与相关知识的联系

“联系性”是本章的一条思想方法主线. 在本章中，复数与实数、多项式、平面向量、三角函数之间的联系贯穿始终. 学生在本章的学习过程中，应注意复数与实数的联系，复数及其代数形式的加法、减法、乘法运算与多项式及其加法、减法、乘法运算的联系，注意复数及其代数形式的加、减运算与平面向量及其加、减运算的联系，注意复数的三角形式及其乘、除运算与平面向量、三角函数的联系.

二、单元课时设计

第一课时　复数的概念（1）

教学目标

1. 通过研究方程的解，明确引入复数的必要性. 借助已有数集的扩充过程，以及扩充后需满足的“规则”，引入虚数单位及复数的代数形式，感受从实数系到复数系扩充过程中理性思维的作用，在这个过程中提升数学抽象和逻辑推理素养.

2. 通过对复数代数形式的分析，明晰复数代数形式的基本结构，会对复数进行分类，会用Venn图表示复数集、实数集、虚数集、纯虚数集之间的

关系，知道两个复数相等的含义，能利用复数概念和复数相等的含义解决相关的简单问题，在这个过程中提升逻辑推理和数学运算素养.

教学过程

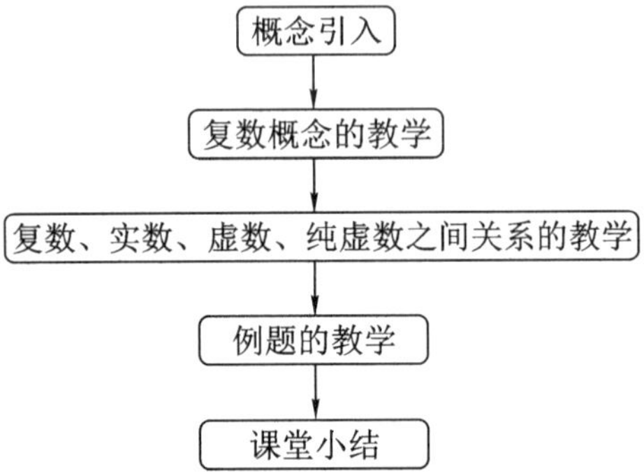

问题1　你还记得实数的发展历程吗？用图形表示其包含关系.

师生活动：

(1) 教师阐述义务教育阶段数系扩充的脉络（自然数系→整数系→有理数系→实数系）.

(2) 学生思考问题并回答，画出Venn图，引出本节内容.

【设计意图】设置问题，回顾旧知，激发学生学习兴趣，并引出新课.

问题2　为什么要将数系进行扩充？

师生活动：

(1) 师：数系每次扩充的基本原则：

第一，增加新元素；

第二，原有的运算性质仍然成立；

第三，新数系能解决旧数系中的矛盾.

(2) 学生思考并回答问题.

【设计意图】设置问题，回顾旧知，激发学生学习兴趣.

问题3　方程$x^2+1=0$有没有解？

师生活动：

(1) 生：方程无实数解；负实数不能开平方.

(2) 师：为了解决$x^2-2=0$这样的方程在有理数集中无解的问题，人们把有理数集扩充到了实数集．依照这种思想，为了解决$x^2+1=0$这样的方程在实数系中无解的问题，我们将数系进行扩充，使负实数也能开平方．引入一个新数i，使得$x=\mathrm{i}$是方程的解，即$\mathrm{i}^2=-1$．

【设计意图】让学生经历数系扩充的过程，体会新数i的作用．

问题4　实数系经过扩充后，得到的新数系由哪些数组成呢？

师生活动：

师：把新引进的数i添加到实数集中，我们希望数i和实数之间仍然能像实数那样进行加法和乘法运算，并希望加法和乘法满足交换律、结合律，以及乘法对加法满足分配律．依照以上设想，把实数b与i相乘，结果记作$b\mathrm{i}$；把实数a与$b\mathrm{i}$相加，结果记作$a+b\mathrm{i}$．

【设计意图】通过探究得出复数系，培养学生的探索精神．

问题5　以上这些数有什么特点呢？

师生活动：

（1）生：都可以写成$a+b\mathrm{i}(a,\ b\in\mathbf{R})$的形式．

（2）师：①复数的概念

i. 我们把形如$a+b\mathrm{i}(a,\ b\in\mathbf{R})$的数叫做复数，其中i叫做虚数单位，且$\mathrm{i}^2=-1$．

ii. 全体复数构成的集合$\mathbf{C}=\{a+b\mathrm{i}\mid a,\ b\in\mathbf{R}\}$叫做复数集．方程$x^2+1=0$在复数集$\mathbf{C}$中就有解$x=\mathrm{i}$．

②复数的代数形式

复数通常用字母z表示，即$z=a+b\mathrm{i}(a,\ b\in\mathbf{R})$，其中$a$，$b$分别叫做复数$z$的实部与虚部．

③复数的相等

在复数集$\mathbf{C}=\{a+b\mathrm{i}\mid a,\ b\in\mathbf{R}\}$中，任取两个数$a+b\mathrm{i}$，$c+d\mathrm{i}(a,\ b,\ c,\ d\in\mathbf{R})$，我们规定：$a+b\mathrm{i}$与$c+d\mathrm{i}$相等当且仅当$a=c$且$b=d$．

④复数的分类

对于复数$a+b\mathrm{i}(a,\ b\in\mathbf{R})$，当且仅当$b=0$时，它是实数；当且仅当$a=$

$b=0$时，它是实数0；当$b\neq 0$时，它叫做虚数；当$a=0$，$b\neq 0$时，它叫做纯虚数.

【设计意图】通过思考，培养学生探索新知的能力.

问题6 复数集、实数集、虚数集、纯虚数集之间的关系是怎样的？用Venn图表示.

师生活动：学生用Venn图表示复数集、实数集、虚数集、纯虚数集（如图7.6-1）.

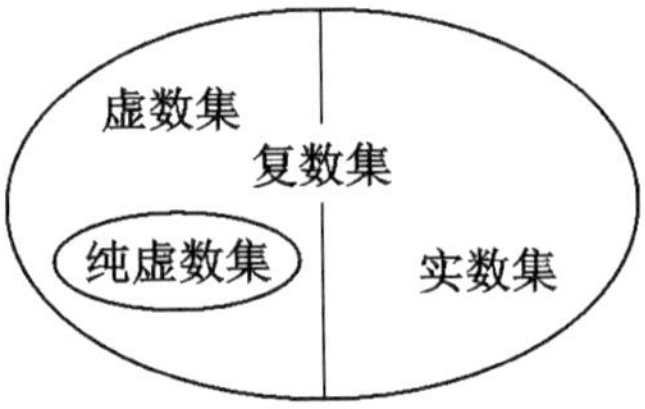

图7.6-1

【设计意图】帮助学生完善知识体系，深入理解数系.

小试牛刀

1. 判断正误，正确的在括号内打"√"，错误的在括号内打"×".

（1）若a,b为实数，则$z=a+b\mathrm{i}$为虚数. （　　）

（2）若$z=m+n\mathrm{i}(m,\ n\in\mathbf{R})$，则当且仅当$m=0,n\neq 0$时，$z$为纯虚数. （　　）

（3）$b\mathrm{i}$是纯虚数. （　　）

（4）如果两个复数的实部的差和虚部的差都等于0，那么这两个复数相等. （　　）

2. 判断以下复数哪些是虚数，哪些是纯虚数，并说出其实部和虚部.

（1）$3+2\mathrm{i}$；　　（2）$\dfrac{1}{2}-\sqrt{3}\,\mathrm{i}$；

（3）$-\sqrt{3}-\dfrac{1}{2}\mathrm{i}$；　　（4）$-0.2\mathrm{i}$.

生：1.（1）×；（2）√；（3）×；（4）√

2.（1）是虚数但不是纯虚数；实部是3，虚部是2.

（2）是虚数但不是纯虚数；实部是$\frac{1}{2}$，虚部是$-\sqrt{3}$.

（3）是虚数但不是纯虚数；实部是$-\sqrt{3}$，虚部是$-\frac{1}{2}$.

（4）是虚数也是纯虚数；实部是0，虚部是-0.2.

【设计意图】使学生巩固理解复数的概念. 利用例题和练习题，化抽象为具体，提高学生的抽象能力和逻辑思维能力.

例. 当实数m取什么值时，复数$z=m+1+(m-1)\mathrm{i}$是下列数？

（1）实数；（2）虚数；（3）纯虚数

解：（1）当$m-1=0$，即$m=1$时，复数z是实数.

（2）当$m-1\neq 0$，即$m\neq 1$时，复数z是虚数.

（3）当$m+1=0$，且$m-1\neq 0$，即$m=-1$时，复数z是纯虚数.

课堂小结：

1. 复数的概念；

2. 复数的代数形式；

3. 复数相等；

4. 复数的分类.

课后作业：

教科书习题 7.1第1~3题.

第二课时　复数的概念（2）

教学目标

1. 通过对复数$z=a+b\mathrm{i}$与有序实数对(a,b)的关系的分析，归纳出复数与复平面内的点的对应关系，理解复数的一种几何意义，在这个过程中提升数学抽象和逻辑推理素养.

2. 通过对平面向量与有序实数对的一一对应关系的分析，归纳出复数与平面向量的对应关系及复数的模. 理解复数的另一种几何意义与复数模的计算公式，在这个过程中提升数学抽象、逻辑推理和数学运算素养．

3．根据复数的代数形式，通过数形结合，多方位了解复数的几何意义，进一步掌握复数的有关内容，在这个过程中提升直观想象素养．

【重点】

复数的几何意义以及复数的模．

【难点】

复数的几何意义与向量表示．

【知识结构】

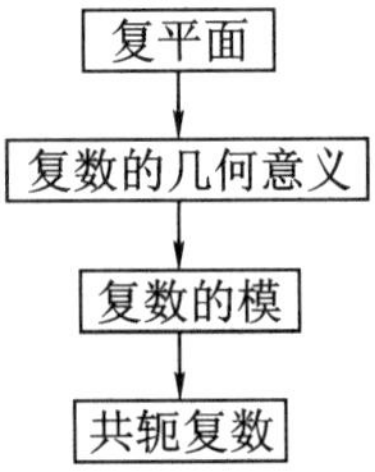

教学过程

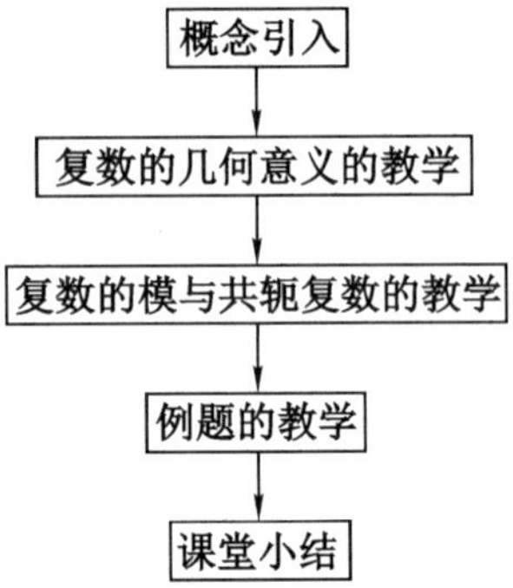

问题1　我们知道，实数与数轴上的点一一对应，因此实数可以用数轴上的点来表示．那么，复数有什么几何意义呢？

师生活动：

（1）师：根据复数相等的定义，任何一个复数$z=a+b\mathrm{i}$都可以由一个有序实数对(a,b)唯一确定，反之亦然．

（2）生：复数$z=a+b\mathrm{i}$与有序实数对(a,b)是一一对应的．

（3）师：①复平面展示（如图7.6-2）.

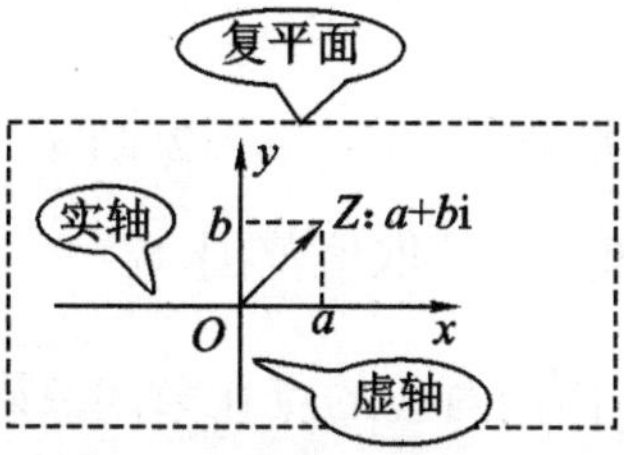

图7.6-2

显然，实轴上的点都表示实数；除了原点外，虚轴上的点都表示纯虚数.

②复数的几何意义

i. 复数$z=a+bi(a,\ b\in\mathbf{R})\xleftrightarrow{\text{一一对应}}$复平面内的点$Z(a,b)$；

ii. 复数$z=a+bi(a,\ b\in\mathbf{R})\xleftrightarrow{\text{一一对应}}$平面向量$\overrightarrow{OZ}$.

【设计意图】让学生通过思考、探究得出复数的几何意义，培养他们探索新知的能力.

问题2　实轴上的点都表示实数，虚轴上的点都表示纯虚数吗？

师生活动：

（1）生：实轴上的点都表示实数；除了原点外，虚轴上的点都表示纯虚数.

（2）师：原点对应的有序实数对为（0，0），所对应的复数是$z=0+0i=0$，表示的是实数.

【设计意图】设置问题引发学生思考.

问题3　复数与向量是一一对应的，向量的模可以刻画向量的大小，那么复数是用什么来刻画的？

（1）复数的模的定义

向量$\overrightarrow{OZ}$的模叫做复数$z=a+bi(a,\ b\in\mathbf{R})$的模，记作$|z|$或$|a+bi|$.

公式：$|z|=|a+bi|=\sqrt{a^2+b^2}$，其中$a$，$b\in\mathbf{R}$.

（2）共轭复数

$z=a+bi$与$\bar{z}=a-bi$互为共轭复数.

【设计意图】设置问题引发学生思考.

数学应用

例1. 在复平面内，复数$z=a^2-a-2+\left(a^2-3a-4\right)\mathrm{i}$（其中$a\in\mathbf{R}$）.对应的点在第四象限，求实数$a$的取值范围.

解：因为复数z在复平面内对应的点在第四象限，所以$\begin{cases}a^2-a-2>0,\\a^2-3a-4<0.\end{cases}$

解不等式组，得$2<a<4$，即a的取值范围是$(2,4)$.

【设计意图】利用例题，化抽象为具体，提高学生的抽象能力和逻辑思维能力.

变式1：已知复数$z=\left(m^2-5m+6\right)+(m-2)\mathrm{i}(m\in\mathbf{R})$. 若复数$z$在复平面内对应的点在第二象限，则实数$m$的取值范围为__________.

解：因为复数z在复平面内对应的点在第二象限，所以$\begin{cases}m^2-5m+6<0,\\m-2>0.\end{cases}$，解得$2<m<3$. 所以实数$m$的取值范围为（2，3）.

【设计意图】利用变式训练题，化抽象为具体，提高学生的抽象能力和逻辑思维能力.

变式2：设复数$z=\log_2(m^2-3m-3)+\mathrm{i}\log_2(m-2)$（$m\in\mathbf{R}$）对应的向量为$\overrightarrow{OZ}$.

（1）若$\overrightarrow{OZ}$的终点Z在虚轴上，求实数m的值；

（2）若$\overrightarrow{OZ}$的终点Z在第二象限内，求m的取值范围.

解：（1）因为$\overrightarrow{OZ}$的终点Z在虚轴上，所以$\log_2\left(m^2-3m-3\right)=0$，所以$m^2-3m-3=1$. 所以$m_1=4$或$m_2=-1$.

因为$m-2>0$，所以$m=4$.

（2）因为$\overrightarrow{OZ}$的终点Z在第二象限内，所以$\begin{cases}\log_2\left(m^2-3m-3\right)<0,\\\log_2(m-2)>0,\\m^2-3m-3>0,\\m-2>0,\end{cases}$

所以$m\in\left(\dfrac{3+\sqrt{21}}{2},\ 4\right)$.

例2. 已知复平面内O是原点，向量$\overrightarrow{OA}$，$\overrightarrow{OB}$对应的复数分别为$2-3\text{i}$，$-3+2\text{i}$，那么向量$\overrightarrow{BA}$对应的复数是____________.

解：向量$\overrightarrow{OA}$，$\overrightarrow{OB}$对应的复数分别为$2-3\text{i}$，$-3+2\text{i}$，根据复数的几何意义，可得向量$\overrightarrow{OA}=(2,\ -3)$，$\overrightarrow{OB}=(-3,\ 2)$. 所以$\overrightarrow{BA}=\overrightarrow{OA}-\overrightarrow{OB}=(5,\ -5)$，所以向量$\overrightarrow{BA}$对应的复数是$5-5\text{i}$.

【设计意图】利用例题和练习题，化抽象为具体，提高学生的抽象能力和逻辑思维能力.

变式3：如果z是$3+4\text{i}$的共轭复数，则z对应的向量$\overrightarrow{OA}$的模是_____.

解析：由题意知，$z=3-4\text{i}$，

所以复平面内复数z对应的向量$\overrightarrow{OA}$的坐标为$(3,-4)$，其模为$\sqrt{3^2+(-4)^2}=5$.

例3. 设$z\in\mathbf{C}$，在复平面内复数z对应的点为Z，那么满足下列条件的点Z的集合是什么图形？

（1）$|z|=1$；

（2）$1<|z|<2$.

解：（1）由$|z|=1$知，向量$\overrightarrow{OZ}$的模等于1，所以满足条件$|z|=1$的点Z的集合是以原点O为圆心，以1为半径的圆.

（2）不等式$1<|z|<2$可化为不等式组$\begin{cases}|z|<2,\\|z|>1,\end{cases}$则不等式$|z|>1$的解集是圆$|z|=1$外部所有的点组成的集合，不等式$|z|<2$的解集是圆$|z|=2$的内部所有的点组成的集合.

拓展训练：若复数$z=\cos\theta+\text{i}\sin\theta$（$\theta\in\mathbf{R}$，i是虚数单位），求$|z-2-2\text{i}|$的最小值.

解：由复数的几何意义可知，在复平面内复数$z=\cos\theta+\text{i}\sin\theta$对应的点

在单位圆上，而$|z-2-2\mathrm{i}|$表示该单位圆上的点到复数$2+2\mathrm{i}$对应的点Z的距离.

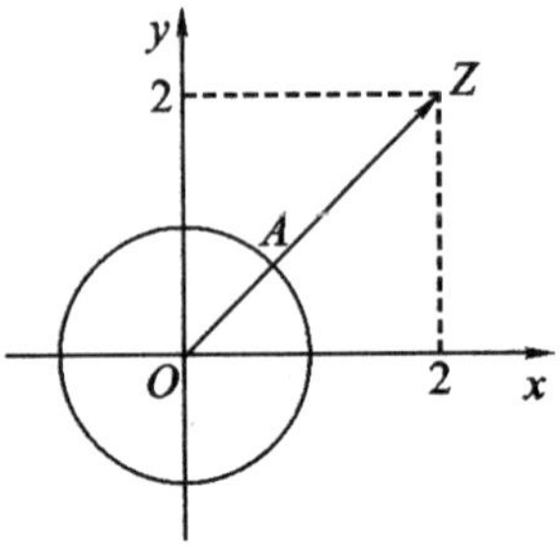

图7.6-3

如图7.6-3所示，可知$|z-2-2\mathrm{i}|$的最小值应为点A到Z的距离，而$OZ=\sqrt{2^2+2^2}=2\sqrt{2}$，圆的半径为1，故$|z-2-2\mathrm{i}|$的最小值为$2\sqrt{2}-1$.

【设计意图】及时练习，加深巩固理解.

课堂小结

1. 复平面；

2. 复数的几何意义；

3. 复数的模；

4. 共轭复数.

课后作业

教科书习题7.1第4~11题.

第八章　立体几何初步

第一节　主题单元解读与设计

一、单元主要内容

《普通高中数学课程标准（2017 年版）》指出，高中数学课程应以培养学生的数学素养为主旨，重视在数学学习过程中培养学生的数学素养，以达到数学教书育人的价值．教师在教学过程中必须重视学生的学习能力，培养学生发现问题、解决问题的能力，借助单元设计的创造，撬动课堂的转型，为学生未来的发展埋下一颗好种子，提升学生的学习能力，进而提升学生的数学素养与关键能力．

“身边的数学”是学生在学习过程中经常忽略掉的问题，只注重知识本身却忽略了知识与生活的联系、知识在生活中的应用．数学学科是基础性学科，在单元教学或主题教学实践中，将教学内容与实际生活联系在一起，注重学生获取知识的方式，加强小组的合作与交流，教学的目的是为了学生能够更好地理解与掌握知识，透过知识的本质联系生活实际，促进学生素养的形成与能力的提升．

以翻转式教学方式为载体，以“空间几何体”单元教学为例，以在河流两岸建一座桥梁为起点，从实际问题中抽象出空间几何体的概念，让学生从整体观察入手，直观感知几何体的构成元素之间的关系．

二、单元课程标准与教材解读

（一）课程标准解读

立体几何研究现实世界中物体的形状、大小与位置关系．在《高中数学课程标准（2017年版）》中将立体几何内容分为两部分．必修课程中的“立体几何初步”和选择性必修课程中的“空间向量与立体几何”．《立体几何初步》一章在教科书遵循从整体到局部、从具体到抽象的原则，帮助学生认识空间几何体的结构特征，掌握在平面上表示空间图形的方法和技能，了解一些简单几何体的表面积和体积的计算方法．以长方体为载体，帮助学生认识和理解空间点、直线和平面的位置关系，重点研究直线、平面之间的平行和垂直关系，并证明其中的一些命题．帮助学生运用直观感知、操作确认、推理论证、度量计算等方法，认识和探索空间图形的性质，建立空间观念，提升直观想象、逻辑推理和数学运算素养．

课程标准针对“立体几何初步”这部分内容，要求学生通过观察实物模型、空间几何体等，直观认识和理解空间图形的性质以及点、线、面的位置关系，并用数学语言进行表述．这种由一般到特殊，从具体到抽象的推理、归纳、抽象的过程更易于学生的理论创新．而以往的教材只注重通过知识的强化和变式应用来锻炼学生的逻辑推理能力，却忽略了知识的发现过程和呈现方式．新教材强调数学的本质，强调数学思维品质的培养．我们可以适当弱化演绎推理．

（二）教材解读

本章内容主要包括两部分，第一部分是基本立体图形，主要是对空间几何体的认识．教科书从对空间几何体的整体观察入手，通过认识柱、锥、台、球等基本立体图形的组成元素及其相互关系，帮助学生认识这些图形的几何结构特征，学习它们在平面上的直观图表示以及它们的表面积和体积的计算．第二部分是基本图形的位置关系，主要是对组成立体图形的几何元素之间的位置关系的认识．教科书从组成立体图形的基本元素——点、直线、平面出发，研究平面基本性质，认识空间点、直线、平面的位置关系，重点研究直线、平面的平行和垂直这两种特殊的位置关系.

本章第1节是“基本立体图形”，主要内容是认识柱、锥、台、球等简单几何体的结构特征. 教科书从日常生活中这些几何体的实物模型出发，让学生观察这些物体，引导他们思考空间几何体的分类方法，得到多面体、旋转体的概念；再进一步从围成物体的表面形状、位置关系等入手认识棱柱、棱锥、棱台等多面体，以及圆柱、圆锥、圆台、球等旋转体的结构特征，得到它们的相关概念，再进一步讨论由它们组合而成的物体.

学习了基本立体图形，接下来自然的问题就是将它们在平面上表示出来，这也就是本章第2节“立体图形的直观图”的内容. 教科书从观察矩形窗户的影子、矩形农田出发，利用平行投影，给出了平面图形直观图的斜二测画法. 在此基础上，介绍了几何体的直观图的画法. 需要注意的是，画旋转体的直观图时，对于圆的直观图的正等测画法，教科书没有要求，学生能用椭圆模板画出示意图即可.

本章第3节是“简单几何体的表面积与体积”，主要内容是简单几何体的表面积和体积的计算方法. 受学生所学基础知识的限制，本节中的大部分体积公式都是直接给出的，而没有给出推导过程，学生能应用即可. 另外，在本节除了课程标准要求的棱柱、棱锥、棱台、球的表面积和体积公式以外，为了加强知识之间的整体性和联系性，教科书还归纳了学生在义务教育阶段学习过的圆柱、圆锥的表面积和体积公式，并给出了圆台的表面积和体积公式，进而通过这些几何体的结构特征建立了它们的体积公式之间的联系.

在前3节通过直观感知、操作确认等认识基本立体图形（即认识它们的结构特征、直观表示、表面积和体积的计算）的基础上，按照从整体到局部、从具体到抽象的安排，教科书接下来对立体几何内容的学习进入“局部”“抽象”“思辨论证”的定性研究的阶段. 立体几何定性研究的重点是直线、平面之间的位置关系，在研究这些位置关系时，从复杂图形向简单图形、从立体图形向平面图形转化是考虑问题的一般思路. 在这一过程中，确定图形的组成要素和特殊的位置，则是考虑问题的出发点. 为此，教科书在接下来的3节内容中，首先研究了平面的概念和基本性质，由此出发，研究空间点、直线、平面的位置关系，并重点研究直线、平面之间平行和垂直关系的性质和判定方法，在此基础上，解决一些简单的推理论证和应用问题.

按照上述思路，本章第4节安排了“空间点、直线、平面之间的位置关系”. 首先是平面的概念和基本性质. 平面是立体几何中不加定义的概念，它的“平”和“无限延展”的基本特征是通过三个基本事实刻画的，这三个基本事实以及它们的三个推论又提供了确定一个平面的方法，因此这部分内容是后续研究直线和平面的位置关系的基础. 对于空间点、直线、平面的位置关系，教科书也是按照从整体到局部的思路来安排的，本节后半部分就是对这些位置关系的整体认识. 结合长方体，教科书重点呈现了直线、平面之间的位置关系，包括直线和直线的位置关系（相交直线、平行直线、异面直线），直线和平面的位置关系（直线在平面内、直线和平面相交、直线和平面平行），平面和平面的位置关系（两个平面平行、两个平面相交）. 按照一般到特殊的思路，在对空间点、直线、平面的位置关系整体认识的基础上，接下来教科书重点研究空间直线与平面间的平行、垂直关系，这也就是接下来教科书第5节、第6节的内容. 教科书第5节“空间直线、平面的平行”是按照位置关系展开的，即按照直线和直线平行、直线和平面平行、平面和平面平行展开研究，重点研究它们的判定和性质. 教科书第6节“空间直线、平面的垂直”也是按照这一思路，一脉相承地处理. 按照《普通高中数学课程标准（2017年版）》的要求，对于直线和平面平行、垂直的判定方法，在本章并不要求证明（将在选择性必修课程“空间向量与立体几何”中进行证明），因此教科书按照直观感知、操作确认的思路处理，让学生经历研究思路的引导，观察发现、操作确认这一研究判定定理的过程. 对于性质，则要在上述过程的基础上思辨论证，即对性质定理进行证明. 在学习直线、平面的平行、垂直判定和性质的基础上，教科书还安排了一些简单的几何命题以及应用问题，以要求学生应用这些判定和性质.

本章中，在对空间几何体的整体认识部分，简单几何体的结构特征是教学的重点. 在认识空间几何体时，需要具备数学抽象素养，需要从“感性具体”略去非数学特征到“理性具体”，再由“理性具体”把握其共同属性到

“理性一般”．在教学中，需要充分使用直观模型，在抽象过程中引导学生关注组成几何体的面的特征及其位置关系这一观察重点逐步深入，抽象出空间几何体的本质属性形成概念．

本章的四个基本事实是考虑立体几何问题的出发点，因此它们是本章教学的重点．在研究直线、平面的位置关系的过程中，重点是其特殊情况，即直线、平面的平行和垂直关系．对它们的研究又体现了由简单到复杂、由易到难的思想方法，同时也体现了在解决空间图形问题过程中，空间图形问题转化为平面图形问题的重要思想方法．因此，直线、平面平行和垂直的判定和性质也是本章的重点内容，它们也是解决立体几何问题的基本定理．

在解决空间图形的问题中，有时需要在较复杂的图形中分析直线、平面的位置关系，需要综合运用本章一些基本事实以及位置关系的判定和性质，这需要较高的直观想象和逻辑推理能力，这是本章教学的难点．这需要在教学相关定理时遵循直观感知、操作确认、思辨论证等研究空间图形的方法，引导学生体会研究空间图形的方法，关注基本图形，从基本图形再到复杂图形，逐步形成研究和解决空间图形问题的思路和方法．

教材编写从对空间几何体的整体观察入手，直观认识空间图形的结构特征、平面表示（直观图）以及表面积和体积的计算．在此基础上，抽象出组成几何体的基本元素——点、直线、平面，再以长方体为载体，直观认识这些组成元素的位置关系，并进一步研究直线、平面的平行和垂直关系，重点研究其判定和性质．这种处理，从整体到局部，在尽量符合数学逻辑严谨性要求的前提下考虑学生的认知规律，为学生提供了一个从感性到理性、循序渐进、逐步严格的学习过程，为从合情推理到逻辑推理的过渡创造了条件，体现了从具体到抽象的认知规律，有利于学生空间观念的养成．

三、单元教学分析与建议

（一）单元划分

本章教学约需19课时，具体分为三部分内容：

1. 基本立体图形

开始学习本章内容时，有意观察身边的物体，直接表述或抽象后表述它的几何特征，从而认识柱、锥、台、球及其简单组合体的结构特征．利用任何可以使用的材料制作模型，再根据模型绘制直观图，同学之间尽可能交换不同的模型，熟悉更多的具体的几何体及它们的直观图．

2. 基本图形位置关系

在教科书中，每一个具体的平行与垂直相关定理的学习，均让学生找出符合定理的具体的身边的例子．这是非常重要的学习内容，在学习中，应重视这个环节，尽力去寻找和发现身边的实例．

3. 立体几何学的发展

具体分配如下（仅供参考）：

8.1　基本立体图形	约2课时
8.2　立体图形的直观图	约2课时
8.3　简单几何体的表面积与体积	约2课时
8.4　空间点、直线、平面之间的位置关系	约2课时
8.5　空间直线、平面的平行	约3课时
8.6　空间直线、平面的垂直	约5课时
文献阅读与数学写作*几何学的发展	约1课时
小节	约2课时

（二）教学建议

《普通高中数学课程标准（2017年版）》指出，逻辑推理是指从一些事实和命题出发，依据规则推出其他命题的素养．主要包括两类：一类是从特殊到一般的推理，推理形式主要有归纳、类比；一类是从一般到特殊的推理，推理形式主要有演绎．本章是培养学生逻辑推理素养很好的载体，教科书在编写时也充分注意到了这一点．

在本章，教科书采用直观感知、操作确认、推理论证、度量计算等方法认识和探索空间图形的性质．例如，通过对实物、模型、图片等的操作和感知，引导学生归纳、概括，帮助学生认识空间几何体的结构特征；通过对图形的观察和实验，发现和提出描述空间直线与平面之间平行、垂直关系的命题，并逐步学会用准确的数学语言表述这些命题，引导学生直观感知命题的含义及其证明思路，并能证明其中一些命题. 这些过程，都蕴含着丰富的逻辑推理素养.

教科书对于逻辑推理的安排是循序渐进的. 首先，对于几何体的认识，在描述几何体的结构特征时，出现的直线与直线平行、直线与平面垂直、平面与平面平行等，更多地依赖于直观感知，不做严格的定义和推理论证的要求；接下来，在利用平面的基本性质作判断（包括三个推论的推导），在以长方体为主要载体，通过对图形进行观察、操作、实验，发现直线、平面之间的位置关系，发现直线、平面平行和垂直的判定方法和性质时，要适当地进行逻辑推理训练；在利用相关结论证明直线、平面之间平行、垂直的性质时，在利用基本事实、定义、判定定理、性质定理解决空间图形问题时，要求进行严格的证明. 这种处理，使得对于逻辑推理的要求逐步实现，降低了学生证明立体几何问题的难度，更有利于学生逻辑推理素养的培养.

对于指导学生学习本章内容，正确掌握几何语言是学好立体几何知识的必备条件. 图形是实物和模型抽象后的产物，也是形象、直观的语言；文字语言是对图形的描述、解释与讨论；符号语言则是对文字语言的简化. 显然，首先建立的是图形语言，然后引入文字语言和符号语言，最后形成三种数学语言的综合运用. 如果学生对三种语言的运用达到了融会贯通的程度，就基本掌握了描述几何对象的方法了.

在本章，三种语言的协同训练也是教科书编写的一个特点. 我们知道，由文字、符号语言想象出图形（物体）的能力是一种建构和认识（物体）表象的能力，是直观想象的重要组成部分，三种语言的综合运用和转化也是学生进行逻辑推理的基础. 另外，由于本章表示点、直线、平面的位置关系时引入了集合语言，学生会感到不适应，因此加强三种语言的协同训练，有意识地引导学生养成同时使用三种语言的习惯尤为必要.

在本章，教科书特别注意“实物模型—图形—文字—符号”这个抽象过程．无论是对空间几何体的认识，平面的三个基本事实的抽象，还是相关定义、判定和性质定理的得出，教科书都是首先强调实物原型的作用，让学生从实物原型中抽象出几何图形．其次，教科书重视图形语言的作用，对于图形的文字和符号描述，都是紧密结合图形，发挥图形直观的作用，在图形的基础上发展其他数学语言．

在本章，教科书除了重视“实物模型—图形—文字—符号”的转化过程外，也重视相反的教学过程，即“符号—文字—图形”的教学过程．让学生先理解符号或文字所表达的图形及关系，并把它们用图形直观表示出来，化“无形”为“有形”．本章特意安排了一些这样的练习、习题．教学中要重视这些方面的训练，使学生能较快掌握三种语言的运用和相互转化，从而更好地掌握所研究的几何图形，也为更好地发展逻辑推理素养打下基础．

第二节　基于翻转学习的“空间几何体”单元教学解读与设计

一、教学设计基本要素分析

空间几何体由空间物体抽象而来，从物体到几何体的抽象过程，需要解决看什么、怎么看、怎么表示等问题．在几何体中，面、棱和顶点是基本元素，这些基本元素的形状、位置关系就反映了几何体的结构特征．认识这些结构特征，需要从实物和模型出发，运用直观感知、操作确认、思辨论证、度量计算等方法，这些也是学习立体几何的基本方法．在认识几何体的过程中，我们有效地利用了从整体到局部、从局部再到整体的途径．学生将通过学习建立空间观念，提升直观想象、逻辑推理素养．

（一）学情分析

本节课所学习的各种几何体，学生在以前大多已经有所认识，但以往的认识往往停留在直观感知层面，只知道某种几何体是“这样的一个”，而不清楚是“怎样的一个”．本节课要从结构特征的角度对它们进行描述，这就需要从几何体的形成方式及面、棱、顶点、母线等要素及其位置关系等角度去把握几何体的结构特征，从而能说清楚各种几何体概念．这是一个“确定研究对象”的过程，也是我们学习立体几何的出发点．具体表现为：初、高中思维模式差别巨大，高中更注重过程学习；平面与空间的思维跨度大，如何进行空间问题的转化是一个难点；学生对所学的公理、定理只是表面上懂，而没有真正领会；没有良好的学习习惯，未形成良好的学习兴趣取向．

（二）教材分析

本节从对空间几何体的整体观察入手，直观认识空间图形的结构特征．是后续对空间图形的平面表示（直观图）以及表面积和体积的计算的基础．在此基础上，我们可以以几何体为载体抽象出组成几何体的基本元素——点、直线、平面，并直观认识这些组成元素的位置关系，然后进一步研究直线、平面的平行和垂直关系．所以本节是后续研究的基础，通过学习能够提升学生直观想象和数学抽象素养．

（三）教学分析

几何体是研究构成空间图形基本元素——点、线、面位置关系的载体，是建立空间观念的基础，通过本节的学习学生将逐步了解几何研究的方法：从整体到局部，从一般到特殊，直观感知、操作确认、推理论证、度量计算．这是学生提高直观想象、数学抽象、数学运算素养的有效载体．

二、单元课时教学设计

教学目标

1．了解多面体和旋转体的结构特征，理解棱柱、棱锥和棱台的结构特征．

2．了解旋转体的概念，掌握圆柱、圆锥、圆台、球的生成过程及其结构特征．

3．了解简单组合体的概念及其构成的基本形式．

4．经历从物体到几何体的抽象过程，体验研究几何的方法，提升直观想象和数学抽象素养．

教学过程

1. 章节起始

问题　本节课我们开始学习新一章的内容，请同学们自行阅读章引言，观察章前图，你们知道了什么？

学生活动：阅读章引言.

本章学习立体几何初步. 立体几何是研究立体图形的数学分支，立体图形是从现实世界中物体的形状、大小和位置关系抽象出来的.

本章从对空间几何体的整体观察入手，研究它们的结构特征，学习它们的表示方法，了解它们的表面积和体积的计算方法；借助长方体，从构成立体图形的基本元素——点、直线、平面入手，研究它们的性质以及相互之间的位置关系，特别是对直线、平面的平行与垂直关系展开研究，从而进一步认识空间几何体的性质.

立体图形是由现实物体抽象而成的，直观感知、操作确认、推理论证、度量计算，是认识立体图形的基本方法. 由整体到局部，再由局部到整体，是认识立体图形的有效途径. 学习本章内容要注意观察，并善于想象.

【设计意图】通过这个问题让学生了解立体几何研究什么，知道本章的主要内容有哪些，以及学习本章时应注意些什么，学习中的主要思想方法是什么.

2. 认识多面体和旋转体

引入：环顾四周，我们生活的空间是三维的，触摸到的物体几乎都和几何体相关. 在小学与初中阶段我们都接触过一些特殊的几何体，如正方体、长方体、圆柱体、球等.在生活中我们也常见到一些建筑物，它们实际上是由几种空间几何体组合在一起而形成的. 今天我们一起来研究其中一些基本的空间几何体.

问题　观察图8.2-1，图中的物体具有怎样的形状？如何描述它们的形状？在日常生活中我们把这些物体的形状叫做什么？

图 8.2–1

师生活动：引导学生观察物体的形状、大小，不考虑其他因素，抽象出空间几何体的概念.

【设计意图】让学生通过直观感知，整体观察形状、大小与位置，进而抽象出空间几何体的概念.

问题 2　如图 8.2–2，按照围成几何体的面的特点，图中几何体可以分为哪几类？各类几何体具有什么样的结构特征？

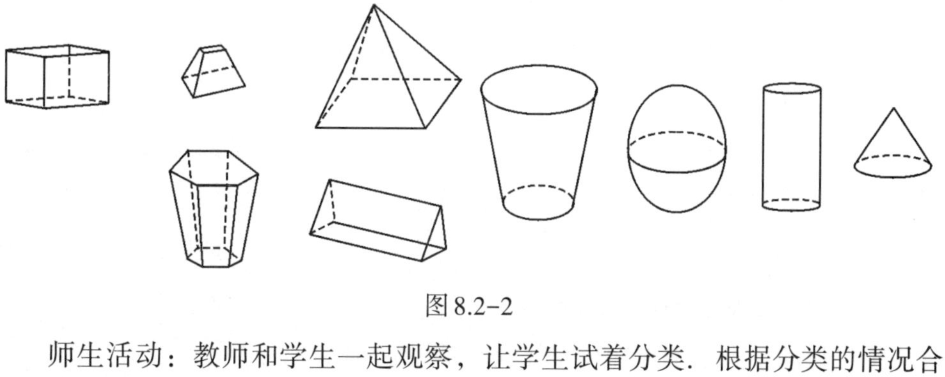

图 8.2–2

师生活动：教师和学生一起观察，让学生试着分类. 根据分类的情况合理引导学生观察围成几何体的面的特征.

从围成几何体的面的角度，可以将上述几何体分为两类：一类是围成它们的每个面都是平面图形，并且都是平面多边形；一类是围成它们的面不全是平面图形，有些是曲面.

多面体：由若干个平面多边形围成的几何体叫做多面体. 围成多面体的各个多边形叫做多面体的面；两个面的公共边叫多面体的棱；棱与棱的公共点叫做多面体的顶点.

旋转体：一条平面曲线（包括直线）绕它所在平面内的一条定直线旋转所形成的曲面叫做旋转面，封闭的旋转面围成的几何体叫做旋转体. 这条定直线叫做旋转体的轴.

【设计意图】引导学生从构成几何体的面出发对几何体进行分类，进而认识多面体和旋转体的组成元素及其结构特征.

追问　还有别的分类方法吗?

(有些同学可能会依据形状分，事实上也是可以的. 这就是我们接着要研究的柱、锥、台、球）

3. 认识棱柱

下面我们将从多面体和旋转体组成元素的形状、位置关系入手，进一步认识它们. 首先从多面体开始.

问题　观察实物模型，注意它们的每个面是什么样的多边形，不同的面之间有什么位置关系.

师生活动：教师通过实物观察和学生一起分析棱柱的几何结构特征. 学生通过直观感受、局部分析，归纳总结棱柱的概念.

棱柱的概念：

一般地，(1) 有两个面互相平行；(2) 其余各面都是四边形；(3) 每相邻两个四边形的公共边都互相平行. 具备这三个特征的多面体叫做棱柱.

追问1　定义中的条件可以减少或者合并吗？比如：把后两个条件合并为其余各面都是平行四边形怎么样?

师生活动：观察图8.2-3，试试看结果怎么样.

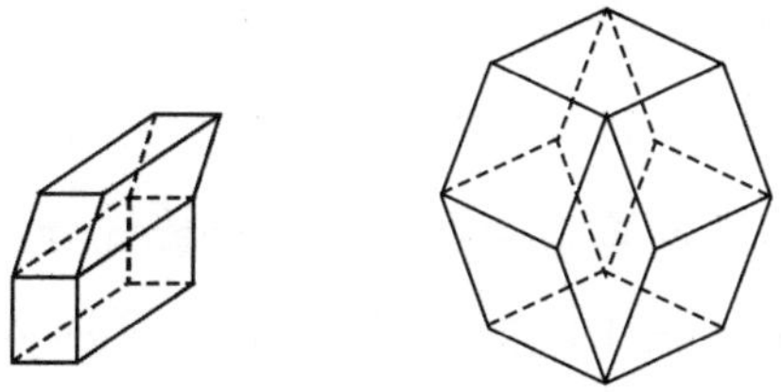

（1）　　　　（2）

图 8.2–3

【设计意图】要对概念进行批判性思考.

追问 2　类比一般多面体的面、棱、顶点，棱柱的面、棱、顶点有什么特点？它们之间有什么关系？

如图 8.2–4，共同定义棱柱中相关元素的名称和特征.

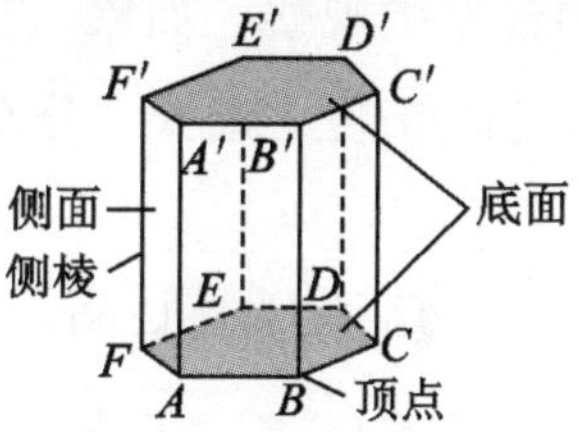

图 8.2–4

记作：棱柱 $ABCDEF\text{-}A'B'C'D'E'F'$.

在棱柱中，两个互相平行的面叫做棱柱的底面，它们是全等的多边形；其余各面叫做棱柱的侧面，它们都是平行四边形；相邻侧面的公共边叫做棱柱的侧棱；侧面与底面的公共顶点叫做棱柱的顶点.

【设计意图】认识棱柱的组成元素及其名称和特征.

追问 3　棱柱该如何表示呢？

棱柱用表示底面的各顶点字母来表示，如：棱柱 $ABC\text{-}A'B'C'$.

【设计意图】让学生学会像初中表示平面图形一样用顶点字母结合图形来表示棱柱.

追问 4　棱柱该如何分类呢？

师生活动：用几何画板演示，实物模型观察，分析棱柱的分类：

根据底面多边形的边数，可以将棱柱分为：三棱柱、四棱柱、五棱柱……

师生活动：动态实物模型观察棱柱直和斜，直观感受线面垂直.

根据棱柱的侧棱与底面垂直与否，可以将棱柱分为直棱柱、斜棱柱. 我们把侧棱垂直于底面的棱柱叫做直棱柱，侧棱不垂直于底面的棱柱叫做斜棱柱.

底面是正多边形的直棱柱叫做正棱柱. 底面是平行四边形的四棱柱叫做平行六面体（六个面都是平行四边形）.

【设计意图】引导学生从不同角度对棱柱进行分类. 通过直观感知棱柱的形状、大小，局部观察组成棱柱的元素及各个平面多边形的位置关系，确认棱柱的结构特征，并逐步抽象出棱柱的概念、表示及分类. 这个过程要充分调动学生的积极性，在实物模型中观察、抽象. 在抽象过程中要和学生一起探究定义中的3个条件是否可以修改或减少. 分类要让学生通过直观去总结发现.

追问5　大家可以回顾一下我们研究棱柱的过程吗?

师生总结：我们先观察棱柱的整体，它是一个多面体；然后研究组成它的元素（面和棱）的特征和元素（面和棱）之间的位置关系，进而总结得出棱柱的概念和结构特征；最后通过对棱柱的组成元素的分析得出棱柱的分类.

4. 认识棱锥和棱台

问题　类比棱柱的概念生成过程，大家可以通过观察分析、阅读教材给出棱锥和棱台的概念吗?

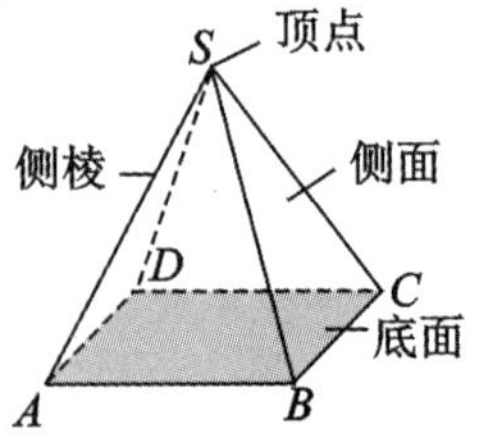

图8.2-5

学生活动：如图8.2-5，观察实物模型，阅读教科书，小组合作，最后展示结论.

棱锥的概念：

一般地，有一个面是多边形，其余各面都是有一个公共顶点的三角形，由这些面所围成的多面体叫做棱锥.

棱锥的底面：棱锥的多边形面；

棱锥的侧面：有公共顶点的各个三角形面；

棱锥的侧棱：相邻侧面的公共边；

棱锥的顶点：各侧面的公共顶点.

棱锥用表示顶点和底面各顶点的字母来表示，如：棱锥 $S\text{-}ABCD$.

棱锥根据底面多边形的边数可分为：三棱锥、四棱锥、五棱锥……

特别地，三棱锥又叫四面体. 底面是正多边形，并且顶点与底面中心的连线垂直于底面的棱锥叫做正棱锥.

棱台的概念：

如图8.2−6，用一个平行于棱锥底面的平面去截棱锥，我们把底面和截面之间那部分多面体叫做棱台.

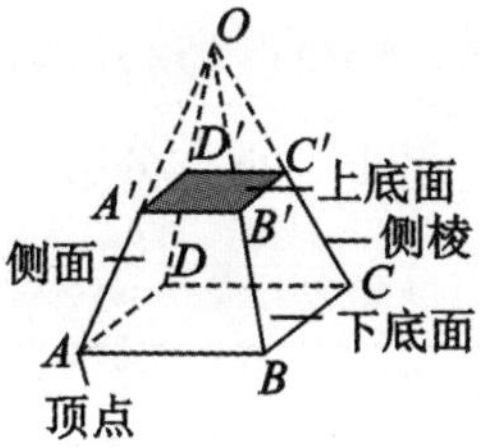

图8.2−6

记作：棱台 $ABCD\text{-}A'B'C'D'$.

在棱台中，原棱锥的底面和截面分别叫做棱台的下底面和上底面. 原棱锥的侧面和侧棱截得的梯形和线段分别叫做棱台的侧面和侧棱. 侧面和底面的交点叫做棱台的顶点.

【设计意图】通过棱柱学习研究问题的方法. 通过类比和探究，让学生通过自主合作探究得出棱锥和棱台的概念并展示.

追问1　在棱锥的概念中，如果把“其余各面都是有共同顶点的三角形”这个条件中的“有共同顶点”去掉，可以吗？

追问2　如果用不平行于底面的平面切棱锥会怎样？

多媒体演示斜切和平切，深化概念理解．

5．建立联系

问题　棱柱、棱锥和棱台都是多面体，它们在结构上有哪些相同点和不同点？三者的关系如何？当底面发生变化时，它们能否相互转化？

师生互动：多媒体演示动态变化（如图8.2–7）．

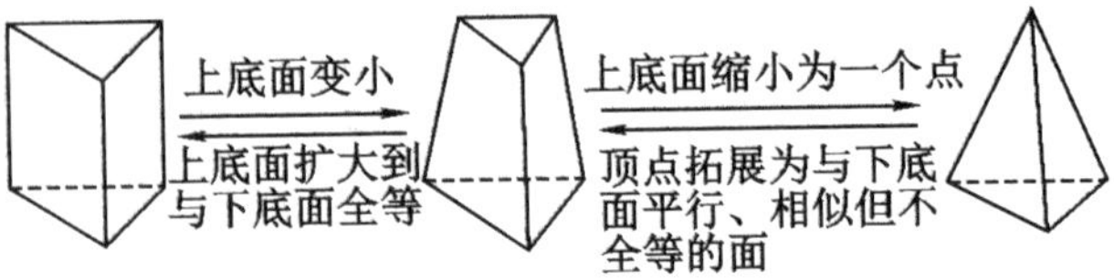

图8.2–7

【设计意图】从联系的观点去发现棱柱、棱锥和棱台的关系．内化并深入理解棱柱、棱锥和棱台的概念．

6．学以致用

例．将下列各类几何体之间的关系用Venn图表示出来：

多面体，长方体，棱柱，棱锥，棱台，直棱柱，四面体，平行六面体．

分析：我们可以从大类逐步到小类分解．

解：如图8.2–8所示．

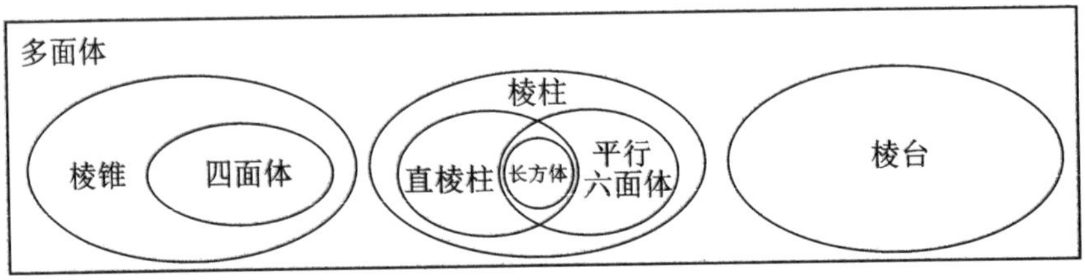

图8.2–8

7．课堂小结

师生活动：共同回顾本节课所学内容，了解研究立体几何的一般方法和思路．

8．布置作业

(1) 完成教科书第101，104页“练习”中的题目．

(2) 完成教科书习题8.1中的第1，2，6，7，10题．

第三节　一般观念引领下的“空间直线、平面的垂直”单元教学解读与设计

一、教学设计基本要素分析

一般观念，是对内容及其反映的数学思想和方法的进一步提炼和概括，是对数学对象的定义方式、几何性质指什么、代数性质指什么、函数性质指什么、概率性质指什么等问题的一般性回答，是研究数学对象的方法论，对学生学会用数学的方式对事物进行观察、思考、分析以及发现和提出数学问题等都具有指路明灯的作用．

（一）学情分析

上一节，学生已学习了空间中直线与直线、直线与平面、平面与平面的平行关系，具备了学习本节课所需的知识积累．对于解决问题的方法，也具备了“通过直观感知—操作认知—思辨论证”的经验．此时，学生的参与意识、自主探究能力都有所提高，对空间概念建立有一定基础．从内容上要继续加强一般观念的引领，如：“什么是空间直线、平面的垂直？”“空间直线、平面垂直时，其基本要素线、面之间有哪些确定不变的关系？”从研究方法上，类比空间直线、平面平行的研究方式、研究过程，逐步形成和完善认知结构．由此培养学生的几何直观能力、合情推理与逻辑推理能力以及运用图形语言进行交流的能力，体验和领悟转化的数学思想，如“高维度问题转化为低维度问题”“无限问题转化为有限问题”等．

（二）教材分析

《普通高中数学课程标准（2017年版）》将立体几何安排为两部分内容，第一部分是必修第二册第八章的“立体几何初步”，第二部分是选择性必修第一册中的“空间向量与立体几何”．“立体几何初步”又涵盖了“基本立体图形”和“基本图形位置关系”两部分内容．本单元教学设计针对第一部分“立体几何初步”中的第二部分的最后一个单元的内容．

“立体几何初步”引导学生以现实世界中的物体为对象，抽象并认识空间

几何体. 借助长方体，认识和理解空间点、线、面的位置关系，其中直线、平面间的平行和垂直是研究重点. 本设计是针对空间直线、平面垂直的单元教学设计，单元设计侧重的是本单元的核心知识，立足于单元知识点后的“一般观念”.

（三）教学分析

课程标准分析

按照《普通高中教学课程标准（2017年版）》的要求，“如果一个平面过另一个平面的垂线，那么这两个平面垂直”这一定理，在本章不要求证明，而是在选择性必修课程“空间向量与立体几何”中进行证明. 但在此处可以结合实践操作举出反例以及通过平面向量基本定理对此判定定理的正确性进行说明. 为此，可以在学生探索出判定定理的猜想后，通过追问提出对此定理进一步解释的问题，以使学生确认此定理的正确性. 结合判定定理的得出过程，可以让学生进一步体会直线与平面垂直向直线与直线垂直的转化，体会直观感知、操作确认、思辨论证等研究立体几何的一般过程，发展直观想象素养.

二、单元课时教学设计

第一课时　直线与直线垂直

任务一　异面直线所成的角的概念

问题1　空间中两条直线的位置关系有哪些?

追问1　平面内如何刻画一条直线相对于另一条直线倾斜的程度?

生：两条直线相交会产生四个角，两对对顶角，我认为用较小的角来刻画一条直线相对于另一条直线倾斜的程度比较合理.

追问2　空间中如何刻画两条异面直线的位置关系?

生：类比平面内两直线所成的角，通过异面直线所成的角来刻画两条异面直线的相对倾斜程度.

【设计意图】从学生的认知水平出发，引出思考. 本节的研究对象主要是异面直线，如何研究异面直线，可类比平面内的相交直线的相对倾斜程度，找到研究问题的切入点.

问题2　如何定义异面直线所成的角?

生：通过平移把异面直线转化成相交直线，利用相交直线所成的角来定义.

追问1　为什么要平移？平移会不会改变两条异面直线的相对倾斜程度？为什么？

生：平移后可将异面直线问题转化为平面内两条相交直线问题，平移不会改变两条异面直线的相对倾斜程度，因为基本事实4和等角定理保证了平移后的两直线相对倾斜程度不变.

【设计意图】通过问题设置，引导学生类比平面内两直线所成的角来定义异面直线所成的角，从而刻画两条异面直线的相对倾斜程度. 研究方法是平移，体现了数学中的转化思想，也体现了立体几何中将空间的高维度问题转化为平面内的低维度问题的基本思路. 基本事实4和等角定理为这一操作提供了理论依据，保证平移后两直线的相对倾斜程度不变.

追问2　请你试着说出两条异面直线所成角的定义.

追问3　平移时，点O的位置不同会不会对异面直线所成的角产生影响？为什么？

【设计意图】让学生体会点O的位置是任意的，对异面直线所成的角的大小没有影响，从而得出异面直线所成的角定义的合理性. 认清异面直线所成角的本质，从而在求两条异面直线所成角中能优化操作步骤.

追问4　点O选在哪里比较合适？

追问5　说一说空间两条直线所成角的范围.

【设计意图】深化理解定义，并在思考实际问题的过程中寻求最快捷的解题路径. 通过空间两条直线所成角的范围与平面内两条直线所成角的范围的一致性，进一步体会定义的合理性.

研究异面直线所成角的一般观念：

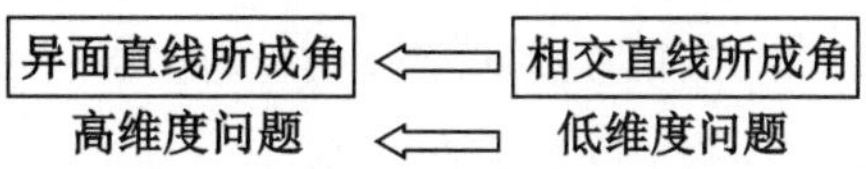

任务二　空间两直线垂直

问题3　观察由教室抽象出的立方体，结合空间异面直线所成角的定义，你认为空间两直线垂直如何定义？

追问　若空间两条直线互相垂直，这两条直线是异面直线吗？

【设计意图】通过思辨体会两条直线相交垂直与异面垂直共同构成了两条直线垂直的含义．对空间两直线垂直形成较为全面的认识．提升学生的逻辑推理和直观想象的核心素养．

研究空间中两条直线位置关系的一般观念：

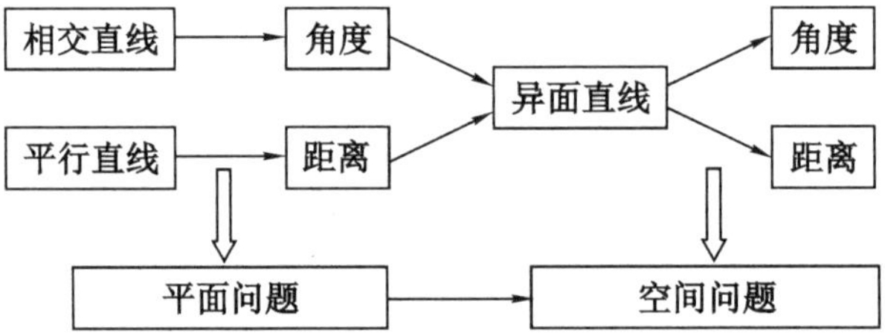

第二、三课时　直线与平面垂直

任务一　直线与平面垂直的定义

问题1　生活中，处处能见到直线与平面垂直的情况，比如，旗杆与地面的位置关系（图8.3–1），教室门轴与地面的位置关系．我们是怎样判断直线与平面垂直的？能否把直观感受数学化？能否用准确的数学语言来刻画直线与平面垂直？

图8.3–1

【设计意图】通过对现实情境的观察，引发思考．让学生把直观感受抽象化、精准化，从而认识直线与平面垂直的本质．

追问1 旗杆所在直线是否与平面内所有直线垂直？请尝试定义直线与平面垂直.

追问2 直线与平面垂直的定义中，“任意”能改为“无数”吗？也就是说，如果直线与平面内无数条直线垂直，能说直线与平面垂直吗？

【设计意图】辨析概念. 让学生体会定义中“任意”与“所有”的关系. 通过列举反例，让学生体会定义中的“任意”不能改为“无数”.

追问3 直线与平面不垂直，我们又该如何用数学语言来刻画？当直线与平面不垂直时，它是否与平面内所有的直线都不垂直？

【设计意图】反向辨析直线与平面垂直定义，让学生明确直线与平面垂直必须和平面内所有的直线垂直；直线与平面不垂直只要和平面内至少一条直线不垂直即可.

问题2 类比两条相交直线垂直，你能给出直线与平面垂直中垂线、垂面、垂足等概念吗？

追问1 类比两相交直线垂直，你能写出直线和平面垂直的符号以及画出它们的图示吗？

追问2 在同一平面内，过一点有且只有一条直线与已知直线垂直. 将这一结论推广到空间，过一点垂直于已知平面的直线有几条？为什么？

追问3 类比点到直线的垂线段、点到直线的距离的定义，你能定义点到平面的垂线段、点到平面的距离的概念吗？

追问4 请同学们回忆棱锥体积公式中，棱锥的高的概念，它与我们本节研究的点到平面的距离有何联系？

【设计意图】探究直线与平面垂直的相关概念，体会研究数学概念的一般观念.

任务二 直线与平面垂直的判定定理

问题3 根据直线与平面垂直的定义，如果我们要证明一条直线与一个平面垂直，需证明该直线与平面内的所有直线垂直，你认为这一操作可行吗？你有没有更简洁的方法？你是如何想到的？

生：类比平面与平面平行的判定定理，我猜想把“所有的直线”简化为

“两条相交直线”.

问题4　请同学们准备一块三角形的纸片 ABC，过 $\triangle ABC$ 的顶点 A 翻折纸片，得到折痕 AD（如图8.3–2）.将翻折后的纸片竖起放置在桌面上（BD，DC 与桌面接触）. 请思考：

（1）折痕 AD 与桌面垂直吗？

（2）如何翻折才能使折痕 AD 与桌面垂直？为什么？

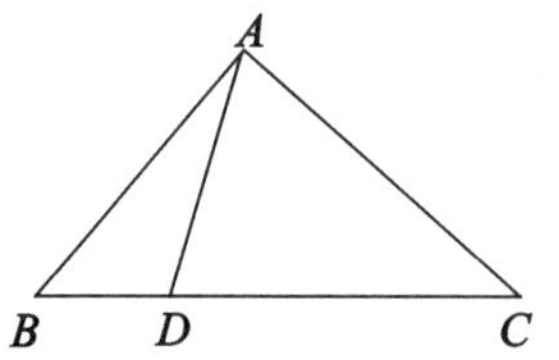

图8.3–2

生操作（如图8.3–3）：

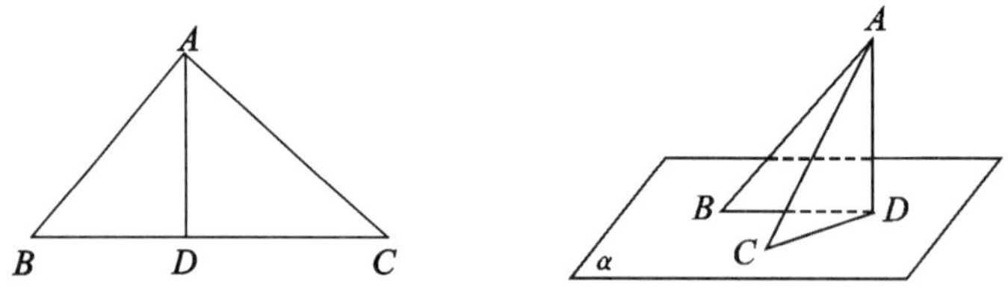

图8.3–3

结论：如果一条直线与平面内两条相交直线都垂直，那么该直线与平面垂直.

追问1　为什么一条直线和一个平面内的两条相交直线都垂直时，这条直线就和这个平面垂直？

生：类比平面与平面平行的判定定理，由基本事实的推论2知，平面是由两条相交直线唯一确定的. 因此，当直线 AD 和平面内的两条相交直线 BD，CD 都垂直时，这条直线就和该平面垂直.

追问2　两条平行直线也可以确定一个平面，那么，直线 AD 和平面内的两条平行直线垂直时，能不能得到直线与该平面垂直？

生：举出反例.

【设计意图】通过实践操作、探究，提出直线和平面垂直的充分条件，即直线与平面垂直的判定定理．在此，该定理不要求证明，仅作猜想．

问题5　类比直线、平面的平行，请尝试将直线与平面垂直的图形语言和符号语言表示出来．

【设计意图】图形语言、符号语言、文字语言之间的转换是学生进一步理解判定定理的需要，也是发展学生逻辑思维的需要．

研究直线与平面垂直判定的一般观念：

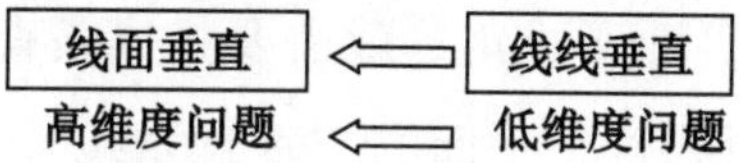

问题6　同学们还有没有其他判定直线与平面垂直的方法，请小组内讨论．

生1：如果两条平行线中的一条垂直于一个平面，那么另一条也垂直于这个平面．

生2：如果两个平面垂直，那么在第一个平面内垂直于它们的交线的直线垂直于另一个平面．

生3：如果两个平面平行，那么与其中一个平面垂直的直线也与另一个平面垂直．

生4：如果两个相交平面都垂直于第三个平面，那么它们的交线也垂直于第三个平面．

生5：如果三条共点直线两两垂直，那么其中一条直线垂直于另两条直线确定的平面．

【设计意图】引出思考，发散思维．学生自主探究，得出一些结论．教师对结论的正确性予以点评，可以安排学生对个别结论进行证明．

任务三　直线与平面所成的角

问题7　类比空间中两条直线所成的角，我们如何刻画直线与平面相交时，它们的相对倾斜程度？

生：用角来刻画．

追问1　如何定义直线和平面所成的角？

生：类比异面直线所成角的概念，能不能利用相交直线所成的角来定义？

追问2　你认为用哪两条相交直线来刻画线面角比较合理？

师：介绍斜线的概念以及一条斜线在平面上的射影的概念．

【设计意图】通过问题设置，引导学生类比异面直线所成的角，体现了立体几何中将空间中的高维度问题转化为平面内的低维度问题的基本思路．

追问3　请你试着说出直线和平面所成角的定义．

追问4　说一说直线和平面所成角的范围．

结论：要求直线和平面所成角，就需要找这条直线在平面上的“影子”；而要找“影子”，就需要找这个平面的“垂直光线”，即需要找过该直线上一点的平面的垂线，连接斜足与垂足即为直线在平面上的“影子”．

研究直线和平面所成角的一般观念：

直线与平面所成角	⟸	相交直线所成角
高维度问题	⟸	低维度问题

反思：与异面直线所成角的研究方法还是有区别的，异面直线所成角是先探究异面直线所成角的定义，再到特殊位置异面直线垂直；直线和平面所成角是先研究特殊位置直线和平面垂直，再到一般情况直线和平面所成角．究其原因是根据学生的思维发展需要，学生更容易直观感知直线与平面垂直，进而得出线面角的概念．

任务四　直线与平面垂直的性质

问题8　类比直线与平面平行的性质，你认为什么是性质？我们这节课该如何研究直线与平面垂直的性质？

生：性质即为变化中的不变性．这节课我们是在已知直线与平面垂直的条件下，寻找其必要条件．

追问1　你能说出在直线a与平面α垂直的条件下，有哪些结论吗？

生：由直线和平面垂直的定义知，直线a与平面α垂直，则与平面α内的所有直线都垂直．

追问2　直线a，平面α与其他直线或平面有哪些位置关系？

追问3（1）如图8.3-4，在长方体$ABCD-A'B'C'D'$中，棱AA'，BB'，CC'，DD'所在的直线都垂直于平面$ABCD$，它们之间具有什么关系？

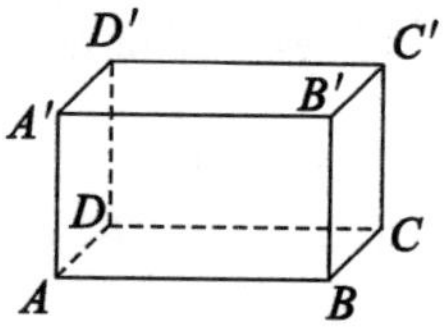

图 8.3–4

（2）如图 8.3–5，已知直线 a，b 和平面 α. 如果 $a\perp\alpha$，$b\perp\alpha$，那么直线 a，b 一定平行吗？

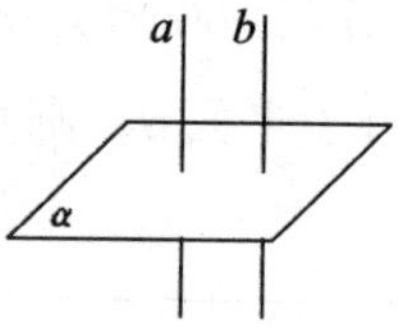

图 8.3–5

生：猜想平行.

【设计意图】对几何模型进行观察和思考，让学生在直观感知中抽象出一般结论.

追问4　请你从上述实例中总结出一般结论并尝试证明.

生：垂直于同一个平面的两条直线平行.

证明略.

追问5　上节课我们得出结论，过一点有且只有一条直线与平面 α 垂直，请尝试从这个结论出发进行证明.

生：已知 $a\perp\alpha$，$b\perp\alpha$，求证：$a\parallel b$.

证明：如图 8.3–6，假设直线 b 与 a 不平行，且 $b\cap\alpha=O$.

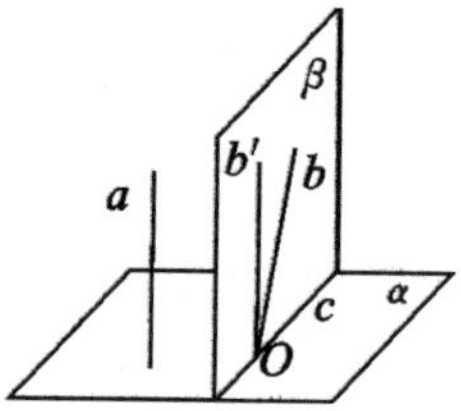

图 8.3–6

因为 $O\notin a$，所以点 O 与直线 a 可确定一个平面.

在该平面内过点 O 作直线 $b'\parallel a$，

则$b \cap b' = O$，所以直线b与b'确定平面β，设$\alpha \cap \beta = c$，则$O \in c$.

因为$a \perp \alpha, b \perp \alpha$，所以$a \perp c, b \perp c$.

又因为$b' \parallel a$，所以$b' \perp c$.

显然，在平面β内，经过直线c上同一点O有两条直线b，b'与c垂直，显然不可能.

所以，$a \parallel b$.

问题9　直线与平面垂直，你还能提出更多的问题，发现更多的结论吗？

生：如图8.3–7，直线l平行于平面α，则直线l上各点到平面α的距离相等.

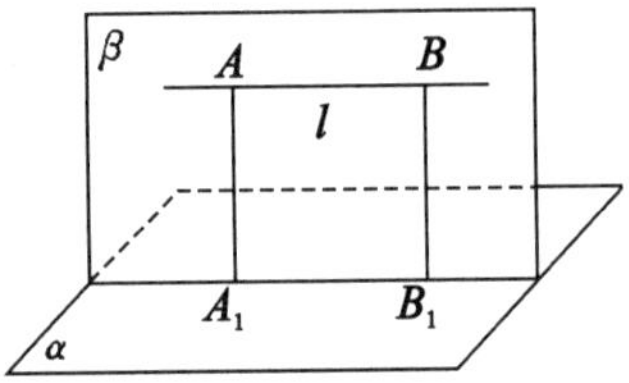

图8.3–7

追问　请尝试证明此结论.

任务五　直线到平面的距离，两平行平面间的距离

问题10　类比两条平行直线间的距离，你认为问题9中的结论可以刻画哪些要素的距离？

生：可以刻画直线到平面的距离和两个平行平面间的距离.

【设计意图】帮助学生加深对性质定理的认识. 体会直线与平面垂直的性质定理揭示了“垂直”与“平行”之间的相互转化.

问题11　关于直线与平面垂直，你还能提出什么问题，发现更多的结论吗？

生1：若两条平行线中的一条垂直于一个平面，则另一条也垂直于这个平面.

生2：若$l \perp \alpha$于点A，$AP \perp l$，则$AP \subset \alpha$.

生3：垂直于同一条直线的两个平面平行.

生4：若一条直线垂直于两个平行平面中的一个，则它必垂直于另一个.

【设计意图】引出思考，发散思维．学生自主探究，得出一些结论．教师对结论的正确性予以点评，可以安排学生对个别结论进行证明．

直线与平面垂直的性质定理揭示了空间中“平行”与“垂直”关系的内在联系，提供了“垂直”与“平行”关系转化的依据，以上结论可引导学生试着去证明并体会空间中“平行”与“垂直”关系的转化．

任务六 知识应用

题型一 判定定理证明线面垂直

例1．如图8.3-8，已知P是菱形$ABCD$所在平面外一点，且$PA=PC$．

求证：$AC\perp$平面PBD．

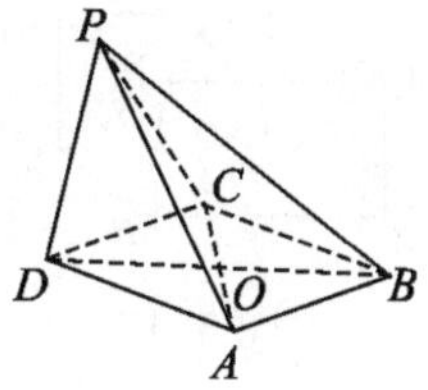

图8.3-8

练习：在正方体$ABCD-A_1B_1C_1D_1$中，E，F分别是棱AB，BC的中点，O是底面$ABCD$的中心．

求证：$EF\perp$平面BB_1O．

【设计意图】应用直线与平面垂直的判定定理是证明直线与平面垂直的主要方法．如果在一个问题的条件中，出现较多的线线垂直或线面垂直，那么证明线面垂直常会选择用直线与平面垂直的判定定理．关键是找好平面内的两条相交直线与已知直线垂直，即可证明之．

题型二 计算证明线面垂直

例2．如图8.3-9，在正方体$ABCD\text{-}A_1B_1C_1D_1$中，P为DD_1的中点，O为底面$ABCD$的中心．

求证：$B_1O\perp$平面PAC．

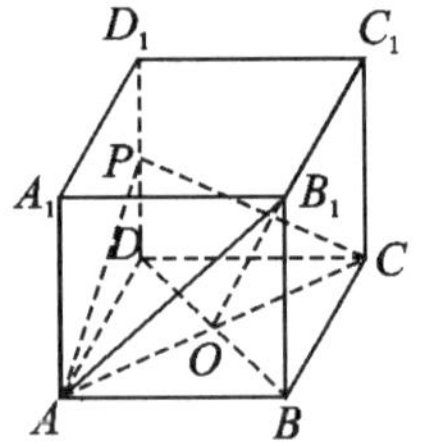

图8.3-9

练习：如图8.3-10，在长方体$ABCD\text{-}A_1B_1C_1D_1$中，$AA_1=AD=a$，$AB=2a$，E为棱C_1D_1的中点．

求证：$DE\perp$平面BCE．

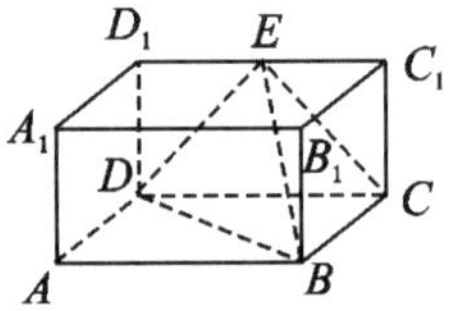

图8.3-10

【设计意图】（1）计算也是论证的一种方法;（2）勾股定理、余弦定理是常用的工具．

题型三　相似证线面垂直

例3．如图8.3-11，在长方体$ABCD\text{-}A_1B_1C_1D_1$中，$AB=BC=4$，$BB_1=2\sqrt{2}$，E，F，M分别为C_1D_1，A_1D_1，B_1C_1的中点，过点M的平面α与平面DEF平行，且与长方体的相应面相交，交线围成一个几何图形．

（1）在图中画出这个几何图形，并求这个几何图形的面积（画图说出作法，不用说明理由）;

（2）求证：$D_1B\perp$平面DEF．

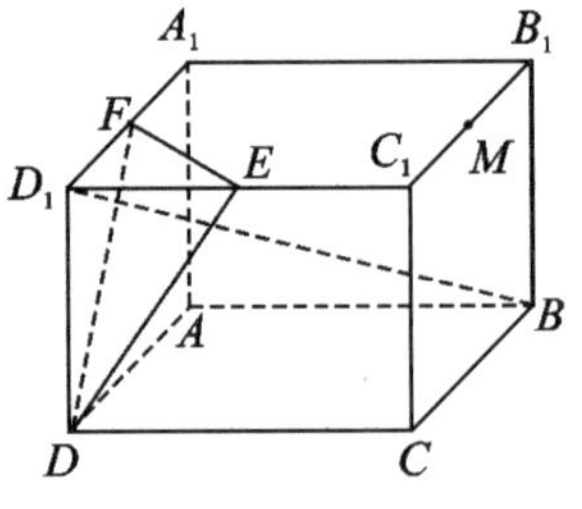

图8.3-11

练习：几何体 $ABCDEP$（图 8.3-12（1））的三视图如图 8.3-12（2）所示，其中正视图为直角梯形，侧视图为直角三角形，俯视图为正方形，则下列结论中不成立的是（　　）

A. BD // 平面 PCE

B. $AE\perp$ 平面 PBC

C. 平面 BCE // 平面 ADP

D. CE // DP

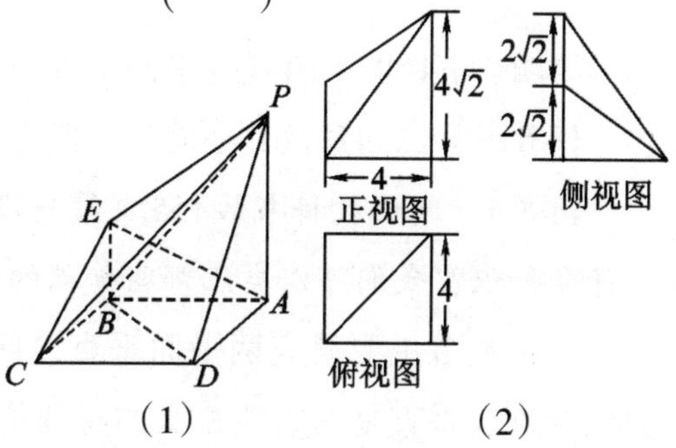

图 8.3-12

小结：

证明线面垂直的常用方法：

①利用线面垂直的判定定理，这是最常用的方法.

②利用线面垂直的性质：若两条平行线之一垂直于平面，则另一条线必垂直于该平面.

③利用面面垂直的性质：

a. 两个平面互相垂直，在一个平面内垂直于交线的直线垂直于另一个平面.

b. 若两个相交平面都垂直于第三个平面，则它们的交线垂直于第三个平面.

题型四　证线线垂直

例 4. 如图 8.3-13，已知 $PA\perp$ 平面 ABC，AB 是 $\odot O$ 的直径，C 是 $\odot O$ 上的任一点.

求证：$PC\perp BC$.

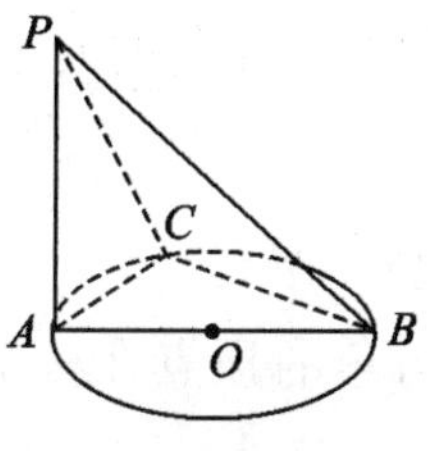

图 8.3-13

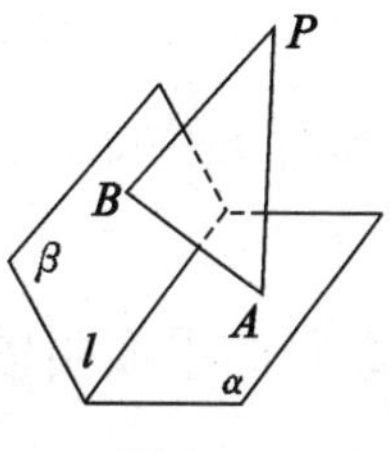

图 8.3-14

练习：如图8.3-14，已知$\alpha \cap \beta = l$，$PA \perp \alpha$于点A，$PB \perp \beta$于点B.

求证：$AB \perp l$.

第四、五课时　直线与平面垂直

任务一　二面角及其平面角的概念

问题1　阅读教科书第155页第一段至第三段内容，请你说说本节课将研究什么知识？我们可以类比哪些知识的研究方法来研究本节内容？

生：本节主要研究两平面垂直，两平面垂直是两平面相交的特殊情况；类比两直线垂直是两直线相交的特殊位置的研究方法，我们想先用角刻画一般的相交，进而研究特殊情况.

追问1　随手打开书，书页所在的平面之间能够形成一个角度；打开一扇门，门与墙面所在的平面也能形成一个角度. 类比两条相交直线的位置关系用角来刻画，你能在空间中引入一个概念来刻画两个相交平面的位置关系吗?

【设计意图】通过对实例的观察、比较、分析，使学生感性认识二面角，形成二面角的定义.

生：还用角来刻画.

追问2　如何定义两平面所成的角?

【设计意图】通过问题设置，引导学生类比两直线所成的角，体现了立体几何中将空间中的高维度问题转化为平面内的低维度问题的基本思路.

追问3　请你试着说出二面角的定义.

追问4　说一说二面角的平面角的范围.

结论：要求二面角的平面角，就需要找在二面角的两个半平面内过棱上一点且垂直于棱的两条射线所成的角.

追问5　你还能举出一些二面角的实际例子吗?

追问6　二面角的平面角的大小是否与角的顶点在棱上的位置有关呢?为什么?

追问7　请你说说二面角和二面角的平面角的区别和联系，其中又蕴含着怎样的数学研究思想？

任务二　两个平面互相垂直的定义

问题2　有了二面角的定义，你认为该如何定义两个平面互相垂直？

【设计意图】有了二面角的定义，类比两直线垂直，很容易得出两个平面互相垂直的定义.

任务三　两个平面互相垂直的判定

问题3　除了定义，通过度量其二面角的平面角的大小来判定它们是否垂直外，是否还存在其他的判定方法？

追问1　如图8.3–15，建筑工人在砌墙时，常用铅锤来检测所砌的墙面与地面是否垂直. 如果系有铅锤的细线紧贴墙面，工人师傅就认为墙面垂直于地面. 这种方法说明了什么道理？

图8.3–15

生：如果一个平面经过另一平面的垂线，那么这两个平面垂直.

追问2　你能用定义证明该定理吗？

【设计意图】判定定理是通过直观感知获取，不加证明. 追问2引导学生从平面与平面垂直的定义出发，在另一平面内过垂足作交线的垂线，即可得到一个二面角的平面角. 再结合直线与平面垂直的定义可知，该平面角为直角. 之所以让学生对其证明，一方面是加强思辨，确认其正确性；另一方面，进一步夯实平面与平面垂直的定义、二面角的平面角的概念、直线与平面垂直的定义等基础知识.

任务四　平面与平面垂直的性质

问题4　类比线面垂直的性质的探究，已知平面与平面垂直的条件下，能推出哪些结论？

追问1　其中一个平面内的直线与另一个平面具有怎样的位置关系？

生：两个平面垂直，如果一个平面内有一直线垂直于这两个平面的交线，那么这条直线与另一个平面垂直.

【设计意图】由一般情形到特殊情形，重点研究平面β内的直线b何时与平面α垂直，引出本节的重点.

追问2　请尝试证明该结论.

【设计意图】在直观感知得出结论的基础上，让学生对结论进行严格证明.

生：若直线b与a垂直，$a\in\alpha$，则b与α垂直.

证明：如图8.3-16，设直线b与直线a的交点为A，过点A在α内作直线$c\perp a$，则直线b与c所成的角就是二面角α-a-β的平面角.

因为$\alpha\perp\beta$，所以$b\perp c$.

又因为$b\perp a$，a和c是α内的两条相交直线，

所以$b\perp\alpha$.

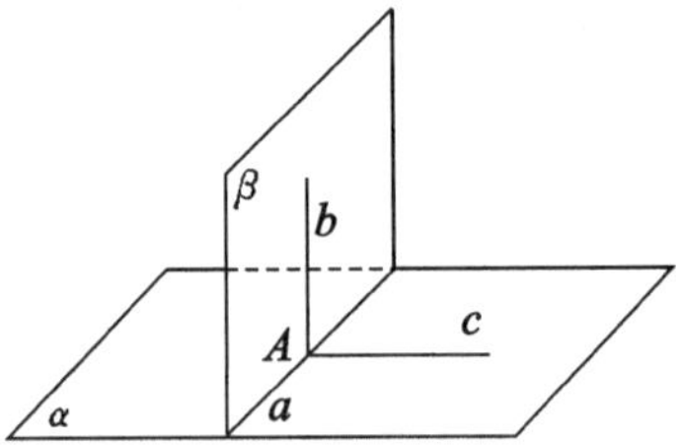

图8.3-16

问题5　两个平面垂直，你还能提出什么问题，发现更多的结论吗？

生1：如果两个平面垂直，那么经过第一个平面内的一点垂直于第二个平面的直线，在第一个平面内.

生2：若一条直线和不过该直线的平面都垂直于同一个平面，那么该直线与该平面平行.

小结：通过本节的学习可知，由直线与直线垂直可以判定直线与平面垂直；由直线与平面垂直的定义可以得到直线与直线垂直；由直线与平面垂直可以判定平面与平面垂直；而由平面与平面垂直的性质可以得到直线与平面垂直，这进一步揭示了直线、平面之间的位置关系可以相互转化.

研究线面垂直的一般观念：

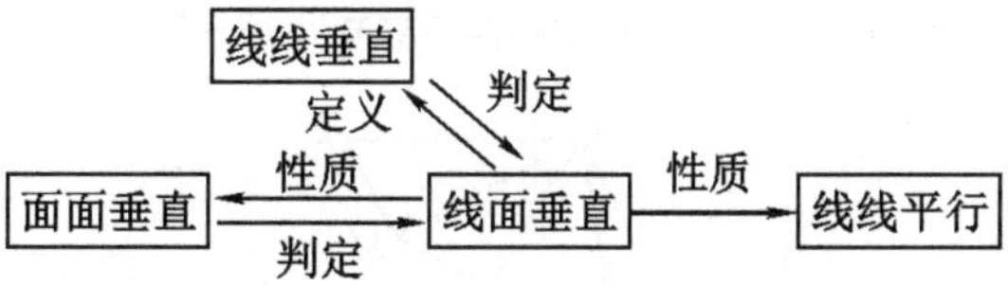

任务五　知识应用

应用一　面面垂直的判定

例1. 如图8.3-17，在三棱柱$ABC-A_1B_1C_1$中，底面为正三角形，$AA_1\perp$底面ABC，$AA_1=3AB$，点E在线段CC_1上，平面$AEB_1\perp$平面AA_1B_1B.

（1）请指出点E的位置，并给出证明；

（2）若$AB=1$，求点B_1到平面ABE的距离.

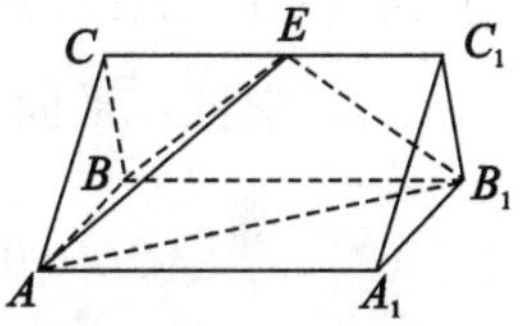

图8.3-17

应用二　面面垂直的性质

题型一　有就用（垂直于交线的直线）

例1　如图8.3-18，在四棱锥$P-ABCD$中，底面$ABCD$是正方形，面$PAD\perp$面ABC，$PA=PD=\dfrac{\sqrt{2}}{2}AD$.

求证：面$PAB\perp$面PCD.

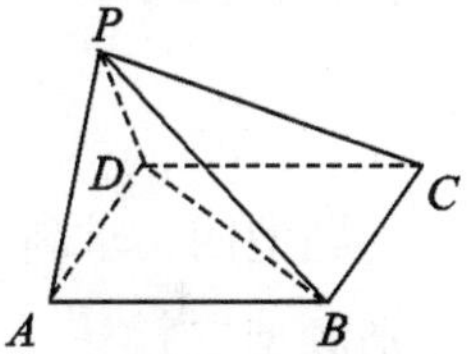

图8.3-18

题型二　没有就做（垂直于交线的直线）

例2. 已知平面$\alpha\perp$平面β，直线$a\perp\beta$，$a\not\subset\alpha$.

求证：$a\parallel\alpha$.

分析：题中有没有直线垂直于交线？没有，没有就作交线，在哪个平面内作？请试一试.

练习：已知平面α，β，γ，且$\alpha\perp\gamma$，$\beta\parallel\alpha$.

求证：$\beta\perp\gamma$.

题型三　用余弦定理

例3. 如图8.3-19所示，$\triangle ABC$所在的平面与菱形$BCDE$所在的平面垂直，且$AB\perp BC$，$AB=BC=2$，$\angle BCD=60^\circ$，M为BE的中点，点N在线段AC上.

（1）若$\dfrac{AN}{NC}=\lambda$，且$DN\perp AC$，求λ的值；

（2）在（1）的条件下，求三棱锥 $B-DMN$ 的体积．

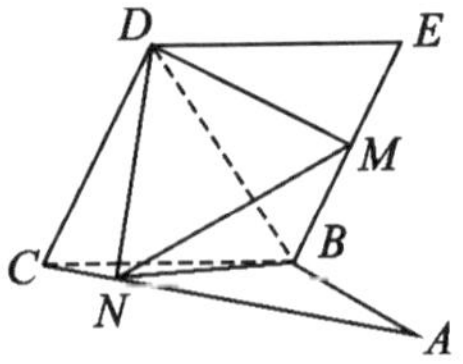

图 8.3-19

练习：如图 8.3-20 所示，在四棱锥 $P\text{-}ABCD$ 中，底面 $ABCD$ 为菱形，且 $\angle DAB=60^\circ$，$PA=PD$，M 为 CD 的中点，$BD\perp PM$.

（1）求证：平面 $PAD\perp$ 平面 $ABCD$；

（2）若 $\angle APD=90^\circ$，四棱锥 $P-ABCD$ 的体积为 $\dfrac{2\sqrt{3}}{3}$，求三棱锥 $A-PBM$ 的高.

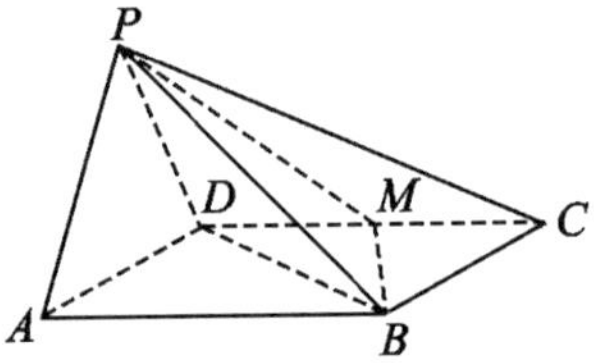

图 8.3-20

题型四　求高、求体积（第一问证面面垂直，第二问用面面垂直的性质，包括题型三）

例 4. 如图 8.3-21，在四棱柱 $ABCD-A_1B_1C_1D_1$ 中，底面 $ABCD$ 为平行四边形，$AA_1\perp$ 平面 $ABCD$，$AB=2AD=4$，$\angle DAB=60^\circ$.

①求证：平面 $D_1BC\perp$ 平面 D_1BD；

②若直线 D_1B 与底面 $ABCD$ 所成的角为 30°，M，N，Q 分别为 BD，CD，D_1D 的中点，求三棱锥 $C-MNQ$ 的体积.

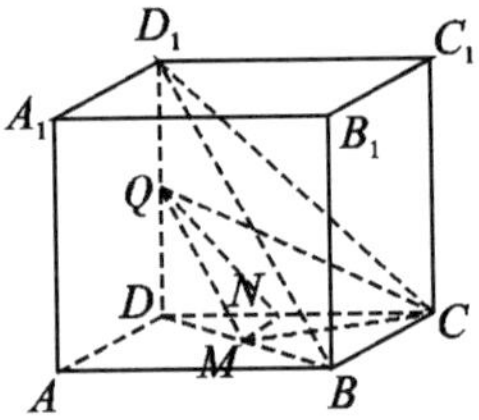

图 8.3-21

小结：已知两个平面垂直时，过其中一个平面内的一点作交线的垂线，则由面面垂直的性质定理可得此直线垂直于另一个平面，于是面面垂直转化为线面垂直，由此得出结论：两个相交平面同时垂直于第三个平面，则它们的交线也垂直于第三个平面.

归纳小结：

教师与学生一起回顾本节课所学的主要内容，并请学生回答以下问题：

（1）直线与平面垂直的性质定理是什么？它是如何被证明的？

（2）直线到平面的距离和两个平行平面间的距离是如何定义的？为什么可以那样定义？

（3）直线与平面垂直的性质定理揭示了“平行”与“垂直”之间的相互转化，你能提出更多类似的问题吗？

第九章　统计

第一节　主题单元解读与设计

统计学是通过收集数据和分析数据来认识未知现象的一门科学，它可以为人们制定决策提供依据．按照《普通高中数学课程标准（2017 年版）》的要求，在高中数学课程中，概率与统计是必修课程和选择性必修课程的主题之一．从统计研究的内容看，必修课程主要学习收集数据的方法和单变量的统计问题，选择性必修课程主要学习两个变量的统计问题．本章属于必修课程，也是高中统计内容的第一章．本章将通过一些典型的案例，使学生经历较为系统的数据处理全过程．

一、单元主要内容

本章内容主要是数据收集与整理的方法、数据直观图表的表示方法和数据统计特征的刻画方法．本章的统计问题主要是单变量的问题，处理的数据是一维数据．

我们知道，统计中数据分析过程如下：

收集数据 → 整理数据 → 提取信息 → 构建模型 → 进行推断 → 获得结论

本章内容整体上按上述过程进行组织，先介绍收集和整理数据的方法，然后介绍分析数据的方法，包括数据直观图表的表示方法和数据统计特征的刻画方法等，并根据样本数据估计总体的统计特征，最后是所学知识的综合应用．据此，本章共分三节：“9.1 随机抽样”“9.2 用样本估计总体”“9.3 统计案例　公司员工的肥胖情况调查分析”．在教科书中，各种统计方法都是结合具体的案例进行介绍的．一个统计问题的解决必然会涉及数据分析的部分甚至全部过程，这也是学生经历较为系统的数据处理全过程的需要．因此本章内容按数据分析过程的先后划分，并不是截然分开，而是侧重点的不同．

统计的研究对象是数据，如何收集数据获得研究对象是统计研究的重要内容，也是统计学习最先需要学习的内容．“9.1 随机抽样”就是研究收集数据的问题，主要内容是介绍两种抽样方法——简单随机抽样和分层随机抽样，以及获取数据的基本途径．简单随机抽样是一种简单且基本的抽样方法，是分层随机抽样方法的基础，教科书把它作为最先学习的抽样方法．对简单随机抽样，教科书首先通过一个探究，根据频率稳定概率估计袋中红球所占的比例，让学生体会简单随机抽样方法的合理性．在此基础上，结合对树人中学高一年级学生平均身高的估计，让学生了解简单随机抽样的含义及其实现方法．分层随机抽样是另一种基本的抽样方法，教科书通过对简单随机抽样容易产生“极端”样本的讨论，让学生体会分层随机抽样的必要性．再结合对树人中学高一年级学生平均身高的估计，让学生了解分层随机抽样的含义、特点和适用范围．伴随着上述具体问题的解决，教科书让学生经历了较为系统的数据处理全过程，最后对统计中获取数据的一些基本途径进行了简单介绍．

抽样的目的是估计总体的情况．“9.2 用样本估计总体”的主要内容就是用样本数据的统计特征估计总体的统计特征，包括总体取值规律的估计、总体百分位数的估计、总体集中趋势的估计和总体离散程度的估计．对于刻画各种统计特征的概念和方法，为了帮助学生理解其统计含义，教科书都是结合具体的案例引入和介绍，在此基础上适当引入严格的定义．教科书结合制定居民用户合理用水量标准的案例，用频率分布表和频率分布直方图描述样本数据的取值规律，用百分位数刻画样本数据的具体位置信息，并据此对总体的情况进行估计. 数据集中趋势的刻画包括平均数、中位数、众数等数字特征，这些概念学生在初中阶段已经有所了解，且在抽样调查中已经学习了总体平均数的估计，因此对于总体集中趋势的估计，教科书主要是结合案例，通过平均数、中位数、众数关系的讨论，以及如何从图表中估计它们，让学生进一步理解它们的统计含义. 数据离散程度的刻画包括方差、标准差等数字特征，这些概念学生在初中阶段也已经有所了解，教科书主要是结合案例，通过对方差和标准差定义的探究，让学生进一步理解它们的统计含义.

“9.3统计案例　公司员工的肥胖情况调查分析”是根据已有的数据并查询文献写一份统计报告，这是对前两节所学知识的综合应用.

统计是通过收集数据和分析数据来认识未知现象，其研究重点是如何有效地收集和分析数据，所有统计方法的提出都是为了这个目的. 这里的“有效”既包括人力、物力、时间的节省，也包括估计精度和可靠度的提高. 在具体教学中这种有效性又可以表现为方法的必要性、合理性或重要性等. 因此，从整体上看，让学生体会统计方法的必要性和合理性，以及正确了解样本和总体的关系是统计教学的重点，往往也是难点. 对于本章的内容，简单随机抽样和分层随机抽样这两种抽样方法是数据收集部分的重点，频率分布直方图是数据描述部分的重点，各种数字特征的统计含义是数据分析部分的重点；而能根据实际问题的特点，灵活应用所学统计知识是难点，例如设计恰当的抽样方法收集数据，选择恰当的统计图表描述数据，选择合适的数字特征刻画统计特征.

二、单元课程标准和教材解读

（一）课程标准解读

《普通高中数学课程标准（2017年版）》中提道：“本单元的学习，可以帮助学生进一步学习数据收集和整理的方法、数据直观图表的表示方法、数据统计特征的刻画方法；通过具体实例，感悟在实际生活中进行科学决策的必要性和可能性；体会统计思维与确定性思维的差异、归纳推断与演绎证明的差异；通过实际操作、计算机模拟等活动，积累数据分析的经验.”

内容包括：获取数据的基本途径及相关概念、抽样、统计图表、用样本估计总体.

1. 获取数据的基本途径及相关概念

（1）知道获取数据的基本途径，包括：统计报表和年鉴、社会调查、试验设计、普查和抽样、互联网等.

（2）了解总体、样本、样本量的概念，了解数据的随机性.

2. 抽样

（1）简单随机抽样. 通过实例，了解简单随机抽样的含义及其解决问题的过程，掌握两种简单随机抽样方法：抽签法和随机数法. 会计算样本均值和样本方差，了解样本与总体的关系.

（2）分层随机抽样. 通过实例，了解分层随机抽样的特点和适用范围，了解分层随机抽样的必要性，掌握各层样本量比例分配的方法. 结合具体实例，掌握分层随机抽样的样本均值和样本方差.

（3）抽样方法的选择. 在简单的实际情境中，能根据实际问题的特点，设计恰当的抽样方法解决问题.

3. 统计图表

能根据实际问题的特点，选择恰当的统计图表对数据进行可视化描述，体会合理使用统计图表的重要性.

4. 用样本估计总体

（1）结合实例，能用样本估计总体的集中趋势参数（平均数、中位数、众数），理解集中趋势参数的统计含义.

（2）结合实例，能用样本估计总体的离散程度参数（标准差、方差、极差），理解离散程度参数的统计含义.

（3）结合实例，能用样本估计总体的取值规律.

（4）结合实例，能用样本估计百分位数，理解百分位数的统计含义.

在统计的教学中，可引导学生根据实际问题的需求，选择不同的抽样方法获取数据，理解数据蕴含的信息；根据数据分析的需求，选择适当的统计图表描述和表达数据，并从样本数据中提取需要的数字特征，估计总体的统计规律，解决相应的实际问题. 对统计中的基本概念（如总体、样本、样本量等），应结合具体问题进行描述性说明，在此基础上适当引入严格的定义，并利用数字特征（平均值、方差等）和数据直观图表（直方图、散点图等）进行数据分析.

统计的教学活动应通过典型案例进行. 教学中应通过对一些典型案例的处理，使学生经历较为系统的数据处理全过程，在此过程中学习数据分析的方法，理解数据分析的思路，运用所学知识和方法解决实际问题.

可以鼓励学生尽可能运用计算器、计算机进行模拟活动，处理数据，更好地体会统计思想. 例如，利用计算机来计算样本量较大的数据的样本均值、样本方差等.

（二）教材解读

统计学有多种不同的定义，综合来说，统计学是收集、处理、分析、解释数据并从数据中得出结论的科学. 作为专门研究有效收集和分析数据的科学，可以说凡是一个实际问题涉及数据处理，都应该利用统计学方法去分析和解决. 统计方法不仅有用，对于理解周围的世界也是不可或缺的，它提供了对许多现象获得新见解的方法. 现在统计学已深入到科学、技术、工程和现代社会生活的各个方面. 尤其当我们进入大数据时代和“互联网+”时代，作为研究数据分析的重要数学技术，统计学方法在相关领域的应用已成为数学应用的主要方法. 统计素养已成为一名效率公民的基本素养.

通过统计的学习，还可帮助学生建立正确的随机观念，养成通过数据来分析问题的习惯，学会抓住事物的主要因素等，发展数据分析、数学建模、逻辑推理、数学运算和数学抽象等数学学科核心素养，实现统计的教育价值.

统计是通过数据分析来解决问题的，数据分析的过程体现了统计解决问题的基本思路. 因此，让学生了解这个过程，对整体把握统计学科的特点，理解具体的数据分析方法和应用数据分析方法解决实际问题都是非常重要的.

虽然在不同的数据分析过程划分中，划分的环节数、每个环节提法等不完全一致，但都遵循从收集数据到分析数据再到得出结论的基本过程.

本章主要根据数据分析的基本过程进行安排，把学习内容分为三节."9.1　随机抽样"主要学习收集和整理数据的方法;"9.2　用样本估计总体"主要学习分析数据的方法，包括数据直观图表的表示方法和数据统计特征的刻画方法等，以及根据样本数据的统计特征估计总体的统计特征;"9.3　统计案例　公司员工的肥胖情况调查分析"是对前两节所学知识的综合应用.

三、单元教学分析与建议

(一) 单元划分

本章教学时间约需12课时，具体分配如下（仅供参考）:

9.1　随机抽样	约4课时
9.2　用样本估计总体	约4课时
9.3　统计案例　公司员工的肥胖情况调查分析	约2课时
小结	约2课时

(二) 教学建议

1. 注意初、高中内容的衔接

学生在初中阶段已经学习过一些统计知识，本单元是在此基础上的进一步学习. 与初中阶段的统计比较，本单元有新增的内容，也有些则是内容相同但要求不同. 例如，对于抽样方法，初中只要求了解简单随机抽样；高中除了要求了解简单随机抽样，还要求了解分层随机抽样，并要求会设计恰当的抽样方法解决问题. 而对于简单随机抽样，高中不但要求了解它的含义及其解决问题的过程，还要掌握两种实现简单随机抽样的方法. 又如，在初中只要知道方差可以刻画数据的离散程度，并会对简单数据计算方差，但高中需要理解方差的统计含义，对方差定义的合理性有所体会，会结合实例计算分层随机抽样的样本方差，以及会根据具体问题选择恰当的特征数（标准差、方差、极差）刻画数据的离散程度. 因此，准确把握本单元的教学要求，除了要认真研读课程标准和教科书，还需要了解初中阶段的统计内容和教学要求.

2. 从统计整体看局部的统计方法

一个统计问题的完整解决包括从收集数据到获得结论的一系列过程，而具体的统计方法往往是针对某个具体环节而言. 只有使学生在较为系统的数据处理过程中学习统计方法，才能理解方法的目的和本质. 例如，抽样的目的是为了估计总体，研究抽样方法是为了有效地抽取样本，从而更好地估计总体. 只有在估计总体这个大目标下，才能体现出简单随机抽样的合理性和分层随机抽样的必要性. 又如画频率分布直方图的目的是为了观察数据的分布规律，进而估计总体的分布规律. 因此组数多少应以是否有利于观察数据的分布规律以及估计总体的分布规律为标准.

3. 在问题的解决中提升数据分析素养

针对研究对象获取数据，运用数学方法对数据进行整理、分析，推断总体的情况，进而解决简单的实际问题，这是学习高中统计知识过程中需要重点关注的. 数据分析素养需要在具体问题的解决中逐渐提升. 本单元的教学，应结合典型案例，引导学生根据实际问题的需求，选择不同的抽样方法获取数据，理解数据蕴含的信息；根据数据分析的需求，选择适当的统计图表描述和表达数据，并从样本数据中提取需要的数字特征，估计总体的统计规律，解决相应的实际问题. 对统计中的基本概念（如总体、样本、样本量等），应结合具体问题进行描述性说明，在此基础上适当引入严格的定义，并利用数字特征（平均数、方差等）和数据直观图表（直方图、散点图等）进行数据分析.

4. 合理使用信息技术

信息技术既是现代统计的组成部分，也是统计学习的有效辅助手段. 因此，在统计教学中，必须加强信息技术的使用，这不仅是为了提高教学的效率，同时也是为了更好地体现统计的学科特点. 例如，绘制频率分布直方图涉及数据的分组、频率的计算、图形的绘制等大量工作，用统计软件可以快速绘制出不同组距和组数的直方图，节省重复计算、机械性操作的时间，让学生把更多的精力花在直方图信息的提取上. 又如平均数、方差等特征数的计算，在学生已经知道如何计算的情况下，统计软件的使用就可以大大节约时间，进而让他们把更多的精力花在理解特征数的统计含义上．在中学阶段，信息技术最大的优势在于可以实现随机模拟，它使大量重复试验成为可能，可以让学生直观观察样本的随机性和规律性，了解样本和总体之间的关系，弥补没有理论基础的不足．在教学中，应鼓励学生尽可能运用随机模拟的方法，更好地体会统计的思想．

第二节　“用样本估计总体”单元教学解读与设计

一、教学设计基本要素分析

（一）学情分析

在初中阶段，学生学习了随机抽样的必要性、简单随机抽样方法、用统计图表整理和表示数据，了解了平均数、方差等数字特征的意义及计算，学习了简单的统计推断以及用统计方法解决实际问题等，这些知识、经验为本单元的学习打下了一定的认知基础．不过，初中数学课程对统计的要求不高，总体、样本等概念仅仅是描述性的，学生对样本数据的随机性、样本均值、样本方差等数字特征的随机性还缺乏认识．在高中阶段的统计学习中，要结合实际问题，利用信息技术，使学生能够对样本估计总体效果的评价、样本容量对估计精度的影响以及估计结果的解释等有新的认识，对平均数、中位数、百分位数、方差、标准差等数字特征，也要借助更加丰富的实际背景进行更深入的理解，在提高认识水平的基础上解决实际问题．

（二）教材分析

1．总体取值规律的估计

总体取值规律描述了总体的所有可能的取值，以及取每个值的个体数占总体的比例，它是总体分布的另一种表述，是为了避免严格的总体分布定义而引入的一个概念．在很多实际问题中，经常需要根据样本的取值规律来估计总体的取值规律．对于连续型变量的数据，样本的取值规律可以用频率分布表或频率分布直方图来描述，据此估计总体的取值规律．

教科书先通过问题1提出制定居民用户月均用水量标准的问题，引出总体取值规律的估计问题．因为全市居民用户很多，进行全面调查比较困难，所以采用抽样调查的方式，用样本去估计总体．由于抽样调查的内容上节我们已经学习，因而教科书直接给出通过简单随机抽样获取的一组样本观测数据．这样，问题就转化为如何分析数据，获得样本观测数据的信息．教科书主要结合这个实际问题，介绍用频率分布表和频率分布直方图描述样本数据的取值规律，并据此估计总体的取值规律．直方图主要用于描述连续型变量的数据的取值规律，其他统计图也都有各自适用的范围和特点．教科书通过例1，让学生了解了统计图的选择需根据实际问题的特点，体会到合理使用统计图的重要性．

2．总体百分位数的估计

百分位数直观上比较容易理解，它把一组按大小排列的数据分成相应百分比的两部分．为了使得对任何一组数据都存在任意的百分位数，百分位数的定义表述却不是很容易理解．教科书中给出的是一组数据的百分位数的定义，因为不管是对有限总体，还是从总体中抽取的样本，观测得到的都是一组数据．如果这组数据是总体中所有个体的观测值，那么该定义就是总体百分位数．如果这组数据是样本的观测值，那么该定义就是样本的百分位数．教学中，对于百分位数概念的理解，要注意强调它的直观含义．

由总体的取值规律可以得到总体每个百分位数，但由总体的某一个百分位数，不能完全掌握总体的取值规律．

3．总体集中趋势的估计

总体平均数和样本平均数都是学生熟悉的概念，用样本平均数估计总体平均数的方法也是学生熟悉的统计方法．而且在上一节，学生通过随机模拟的方法体会到了样本平均数的随机性，样本平均数随抽取的样本的不同而改变，一次抽样得到的样本平均数的观测值与总体平均数之间存在误差．本部分通过实例使学生了解了平均数、中位数和众数的区别与联系，重点介绍了由样本频率分布表或频率分布直方图估计总体分布的众数、中位数和平均数的方法，其意义在于当原始样本数据丢失时，通过频率分布直方图仍可以估计总体特征．

平均数、中位数、众数都可以反映一组数据的集中趋势，从某种意义上说，它们刻画的是数据中心位置的数据特征.

教科书首先通过例 4，计算居民用户月均用水量的平均数和中位数，帮助学生回忆平均数和中位数的含义，然后借助一个“思考”栏目体会极端值对平均数和中位数的影响，再通过“探究”栏目体会数据分布的不同形态对平均数和中位数大小的影响，最后再通过一个“探究”栏目，引出由频率分布直方图估计总体集中趋势的实际问题.

4. 总体离散程度的估计

总体方差、极差和样本方差、极差也是学生熟悉的概念，学生还知道可以用样本方差、极差分别估计总体方差、极差. 本部分侧重方差的应用，借助两组样本数据方差的比较加深对方差含义的理解. 通过男生、女生身高的数据，理解已知男生的人数、平均身高和方差以及女生的人数、平均身高和方差，可以得到男生、女生合在一起的全体学生的身高方差.

二、单元课时教学设计

第一课时　总体取值规律的估计　总体百分位数的估计

教学目标

1. 结合实例，能用样本估计总体的取值规律.

2. 结合实例，能用样本估计总体百分位数，理解百分位数的统计含义.

教学过程

情境导入

我国是世界上严重缺水的国家之一，城市缺水问题较为突出，某市政府为了减少水资源的浪费，计划对居民生活用水费用实施阶梯式水价制度，即确定一户居民月均用水量标准 a，用水量不超过 a 的部分按平价收费，超出 a 的部分按议价收费. 如果希望确定一个比较合理的标准，以使大部分居民用户的水费支出不受影响，你认为需要做哪些工作?

每户居民月均用水量标准如果定得太低，会影响很多居民的日常生活；如果标准太高，则不利于节水. 为了确定一个较为合理的用水标准，必须先了解在全市所有居民用户中，月用水量在不同范围内的居民用户所占的比例情况.

在时间、经费允许的情况下，我们可以通过全面调查获得过去一年全市所有居民用户的月均用水量数据，进而得到月均用水量在不同范围内的居民用户所占的比例.

由于全市居民很多，通常采用抽样调查的方式，通过分析样本观测数据，来估计全市居民用户月均用水量的分布情况.

问题1　在这个问题中，总体、个体、调查的变量分别是什么?

总体是该市的全体居民用户，个体是每户居民用户，调查的变量是居民用户的月均用水量.

假设通过简单随机抽样，获得了100户居民用户的月均用水量数据（单位：t）如下：

9.0	13.6	14.9	5.9	4.0	7.1	6.4	5.4	19.4	2.0
2.2	8.6	13.8	5.4	10.2	4.9	6.8	14.0	2.0	10.5
2.1	5.7	5.1	16.8	6.0	11.1	1.3	11.2	7.7	4.9
2.3	10.0	16.7	12.0	12.4	7.8	5.2	13.6	2.4	22.4
3.6	7.1	8.8	25.6	3.2	18.3	5.1	2.0	3.0	12.0
22.2	10.8	5.5	2.0	24.3	9.9	3.6	5.6	4.4	7.9
5.1	24.5	6.4	7.5	4.7	20.5	5.5	15.7	2.6	5.7
5.5	6.0	16.0	2.4	9.5	3.7	17.0	3.8	4.1	2.3
5.3	7.8	8.1	4.3	13.3	6.8	1.3	7.0	4.9	1.8
7.1	28.0	10.2	13.8	17.9	10.1	5.5	4.6	3.2	21.6

问题2　从这组数据我们能发现什么信息呢?

如果将这组数据按从小到大排序，容易发现，这组数据的最小值是1.3 t，最大值是28.0 t，其他在1.3 t和28.0 t之间.

为了更深入地挖掘数据蕴含的信息，需要对数据作进一步的整理与分析.

为了探索一组数据的取值规律，一般先要用表格对数据进行整理，或者用图将数据直观表示出来.

在初中，我们曾用频数分布表和频数分布图来整理和表示这种数值型数据，由此能使我们清楚地知道数据分布在各个小组的个数．在这个实际问题中，因为我们更关心月均用水量在不同范围内的居民占全市居民用户的比例，所以选择频率分布表和频率分布直方图来整理和表示数据．

问题3　什么是频数？什么是频率？

频数：在总体（或样本）中，某个个体出现的次数叫做这个个体的频数．

频率：某个个体的频数与总体（或样本）中所含个体的数量的比叫做这个个体的频率．

【设计意图】设置问题情境，回顾上节课知识点，联系初中相关知识，激发学生学习兴趣，培养学生严谨的逻辑思维能力，并引出本节新内容．

知识探究（一）　频率分布表和频率分布直方图

与画频数分布直方图类似，我们可以按以下步骤制作频率分布表、画频率分布直方图．

（1）求极差．极差为一组数据中最大值与最小值的差．

样本观测数据的最小值是1.3 t，最大值是28.0 t，则极差为28.0 −1.3=26.7，这说明样本观测数据的变化范围是26.7 t．

（2）决定组距与组数．组数太多或太少，都会影响我们了解数据的分布情况．组距与组数的确定没有固定的标准，常常需要一个尝试和选择的过程．数据分组的组数与数据的个数有关，一般数据的个数越多，所分组数也越多．当样本容量不超过100时，常分成5~12组．数据分组可以是等距的，也可以是不等距的．

但为方便起见，一般取等长组距，并且组距应力求“取整”．分组时可以先确定组距，也可以先确定组数．如果取组距为3，则$\dfrac{极差}{组距}=\dfrac{26.7}{3}=8.9$，即可以将数据分为9组，这也说明这个组距是比较合适的．

（3）将数据分组．由于组距为3，9个组距的长度超过极差，我们可以使第一组的左端点略小于数据中的最小值，最后一组的右端点略大于数据中的最大值．例如，可以取区间为［1.2,28.2］，按如下方式把样本观测数据以组距为3分为9组：[1.2,4.2)，[4.2,7.2)，…，[25.2,28.2].

（4）列频率分布表．计算各小组的频率，例如第一组的频率是：$\frac{第一组频数}{样本量}=\frac{23}{100}=0.23$．作出频率分布表（表9.2-1）．

表9.2-1

分组	频数累计	频数	频率
[1.2,4.2)	正正正正下	23	0.23
[4.2,7.2)	正正正正正正丅	32	0.32
[7.2,10.2)	正正下	13	0.13
[10.2,13.2)	正止	9	0.09
[13.2,16.2)	正止	9	0.09
[16.2,19.2)	正	5	0.05
[19.2,22.2)	下	3	0.03
[22.2,25.2)	止	4	0.04
[25.2，28.2]	丅	2	0.02
合计		100	1.00

（5）画频率分布直方图．

根据频率分布表可以得到如图9.2-1所示的频率分布直方图．在频率分布直方图中，横轴表示月均用水量，纵轴表示$\frac{频率}{组距}$．

在这里，我们发现，$\frac{频率}{组距}$实际上就是频率分布直方图中各小长方形的高，它反映了各组样本观测数据的疏密程度．因为小长方形的面积=组距×$\frac{频率}{组距}$=频率，所以各小长方形的面积表示相应各组的频率．

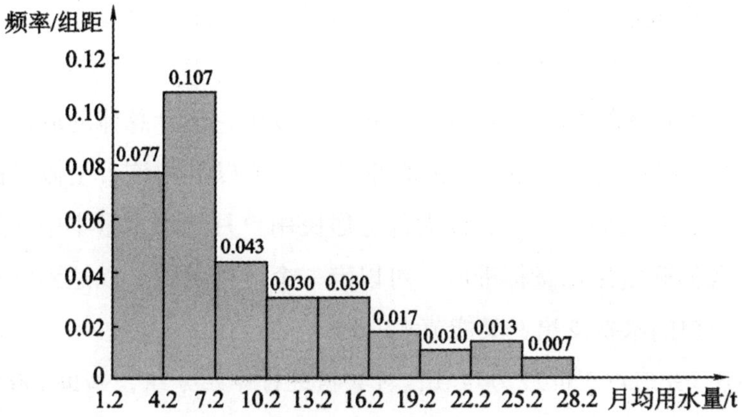

图9.2−1

由以上分析可知，频率分布直方图以面积的形式反映了数据落在各个小组的频率的大小．易知，在频率分布直方图中，各小长方形的面积的总和等于1，即样本数据落在整个区间的频率为1．

问题4　频率分布直方图与频数分布直方图有什么区别？

频率分布直方图的纵轴是$\frac{频率}{组距}$，而频数分布直方图的纵轴是频数．因此，两图所反映的情况不同．

【设计意图】利用初中知识探究得出频率分布直方图的画法，培养学生的探索精神．通过分组合作交流，培养学生的合作精神和探索能力．

知识探究（二）　根据样本数据估计总体情况

问题5　观察上述频率分布表和频率分布直方图，你觉得这组数据中蕴含了哪些有用的信息？你能发现居民用户月均用水量的哪些分布规律？你能给出适当的语言描述吗？

从频率分布表可以看出，样本观测数据落在各个小组的比例大小．例如，月均用水量在区间［4.2，7.2）内的居民用户最多，在区间［1.2，4.2）内的次之，而月均用水量超过16.2 t的各区间内数据所占比例较小，等等．

从频率分布直方图可以看出，居民用户月均用水量的样本观测数据的分布是不对称的，图形的左边高、右边低，右边有一个较长的“尾巴”．这表明大部分居民用户的月均用水量集中在一个较低值区域，尤其在区间[1.2，7.2)

最为集中，少数居民用户的月均用水量偏多，而且随着月均用水量的增加，居民用户数呈现降低趋势.

有了样本观测数据的频率分布，我们可以用它估计总体的取值规律. 根据100户居民用户的月均用水量的频率分布，可以推测该市全体居民用户月均用水量也会有类似的分布，即大部分居民用户月均用水量集中在较低值区域. 这使我们确定用水量标准时，可以定一个合适的值，以达到既不影响大多数居民用户的水费支出，又能节水的目的.

问题6　分别以3和27为组数，对数据进行等距分组，画出100户居民用户月均用水量的频率分布直方图（图9.2-2）. 观察图形，你发现不同的组数对于直方图呈现数据分布规律有什么影响？

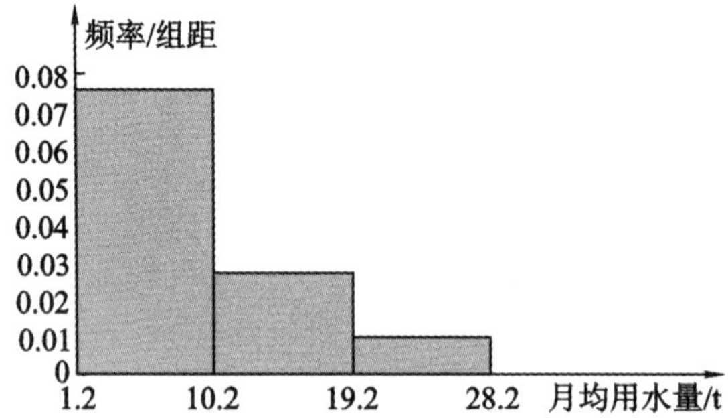

（1）“组数为3”

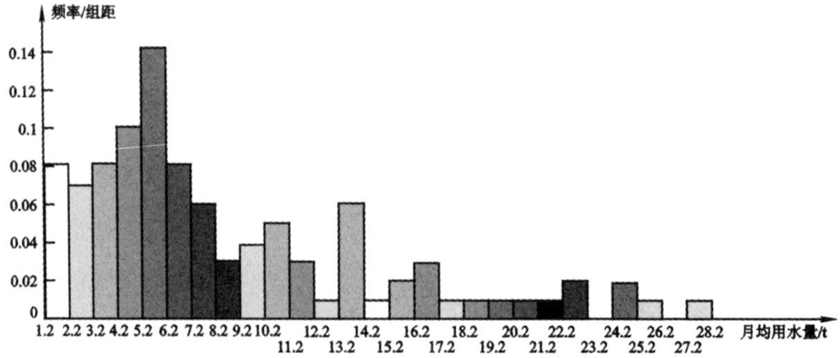

（2）“组数为27”

图9.2-2

从图9.2-2可以看出，同一组数据，组数不同，得到的直方图形状也不尽相同.

图9.2–2（1）中直方图的组数少、组距大，从图中容易看出，数据分布的整体规律是随着月均用水量的增加，居民用户数的频率在降低，而且月均用水量在区间［1.2，10.2）内的居民用户数的频率，远大于在另两个区间［10.2，19.2）和[19.2，28.2]内的频率，这说明大部分居民用户的月均用水量都少于10.2 t.

图9.2–2（2）中直方图的组数多、组距小，从图中可以看出，数据主要集中在低值区，尤其在区间［5.2，6.2）内最为集中，从总体上看，随着月均用水量的增加，居民用户数的频率呈现下降趋势，但存在个别区间频率变大或者缺失的现象.

问题7　根据图9.2–2你能发现组数少与组数大各有什么优缺点?

从上述分析可见，当频率分布直方图的组数少、组距大时，容易从中看出数据整体的分布特点，但由于无法看出每组内的数据分布情况，损失了较多的原始数据信息；当频率分布直方图的组数多、组距小时，保留了较多的原始数据信息，但由于小长方形较多，有时图形会变得非常不规则，不容易从中看出总体数据的分布特点.

同时，对于同一组数据，因为组距、组数不同而得到不同形状的直方图，会给人以不同的频率分布印象，这种印象有时会影响人们对总体的判断.

问题8　画频率分布直方图有哪几个步骤?

（1）求极差.极差为数据中最大值与最小值的差.

（2）决定组距和组数.注意：①一般数据的个数越多，所分组数也越多；②为方便起见，组距的选择应力求“取整”；③当样本量不超过100时，按照数据的多少，通常分成5 ~ 12组.

（3）将数据分组，通常对组内数值所在区间，取左闭右开区间，最后一组取闭区间.

（4）登记频数，计算频率和$\frac{\text{频率}}{\text{组距}}$，作出频率分布表.一般分四列：分组、频数累计、频数、频率，最后一行是合计. 其中频数合计应是样本容量，频率合计是1.

（5）画频率分布直方图．画图时，应以横轴表示样本数据纵轴表示$\frac{频率}{组距}$．其相应组距上的频率等于该组上的小长方形的面积．

因此，我们要注意积累数据分组、合理使用图表的经验．

除频率分布直方图外，我们在初中还学习过条形图、扇形图、折线图、频数分布直方图等．不同的统计图在表示数据上有不同的特点．例如，扇形图主要用于直观描述各类数据占总数的比例，条形图和直方图主要用于直观描述不同类别或分组数据的频数和频率，折线图主要用于描述数据随时间的变化趋势．不同的统计图适用的数据类型也不同．例如，条形图适用于描述离散型的数据，直方图适用于描述连续型数据等．因此，在解决问题的过程中，要根据实际问题的特点，选择恰当的统计图对数据进行可视化描述，以使我们能通过图形直观地发现样本数据的分布情况，进而估计总体的分布规律．

例1．已知某市2015年全年空气质量等级如表9.2–2所示：

表9.2–2

空气质量等级(空气质量指数(AQ I))	频数	频率
优(AQI≤ 50)	83	22.8%
良(50<AQI≤ 100)	121	33.2%
轻度污染(100 <AQI≤ 150)	68	18.6%
中度污染(150 <AQI≤ 200)	49	13.4%
重度污染(200 <AQI≤ 300)	30	8.2%
严重污染(AQI> 300)	14	3.8%
合计	365	100%

2016年5月和6月的空气质量指数如下：

5月	240	80	56	53	92	126	45	87	56	60
	191	62	55	58	56	53	89	90	125	124
	103	81	89	44	34	53	79	81	62	116
	88									
6月	63	92	110	122	102	116	81	163	158	76
	33	102	65	53	38	55	52	76	99	127
	120	80	108	33	35	73	82	90	146	95

选择合适的统计图描述数据，并回答下列问题：

（1）分析该市2016年6月的空气质量情况；

（2）比较该市2016年5月和6月的空气质量，哪个月的空气质量较好？

（3）比较该市2016年6月与该市2015年全年的空气质量，2016年6月的空气质量是否好于去年？

解：（1）根据该市2016年6月的空气质量指数和空气质量等级分级标准，可以作出该市这个月的不同空气质量等级的频数和频率分布表（表9.2-3）.

表9.2-3

	空气质量等级						合计
	优	良	轻度污染	中度污染	重度污染	严重污染	
天数	4	15	9	2	0	0	30
比例	13.33%	50%	30%	6.67%	0	0	100%

从表中可以看出，“优”“良”的天数达19天，占了整月的63.33%，没有出现“重度污染”和“严重污染”.

我们可以用条形图和扇形图对数据作出直观的描述，如图9.2-3和图9.2-4所示.

从条形图中可以看出，在前三个等级的占绝大多数，空气质量等级为“良”的天数最多，后三个等级的天数很少.

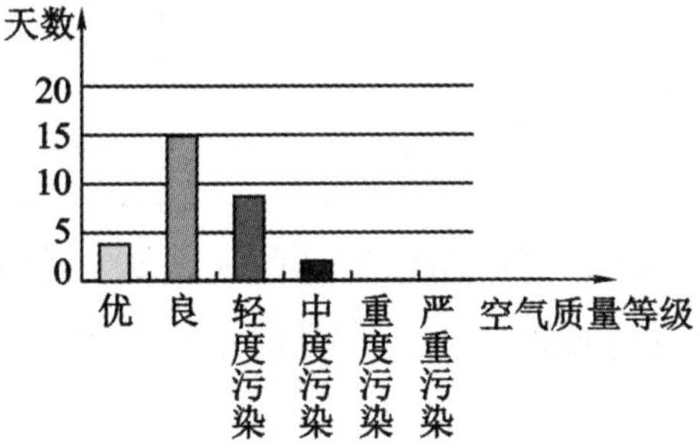

图9.2-3

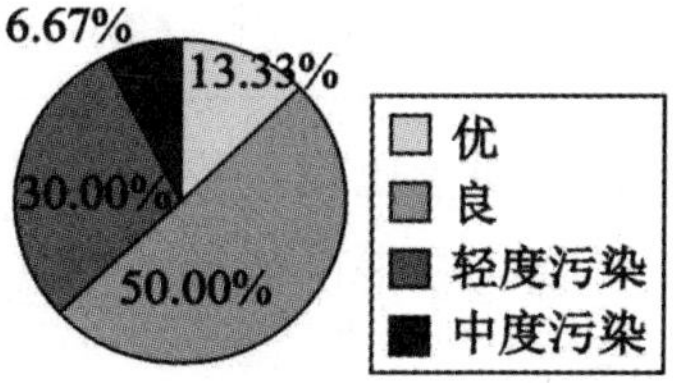

图9.2-4

从扇形图中可以看出，空气质量为“良”的天数占了总天数的一半，大约有三分之二为“优”“良”，大多数是“良”和“轻度污染”.

因此，整体上6月的空气质量不错．

我们还可以用折线图展示空气质量指数随时间的变化情况．如图9.2–5．容易发现，6月的空气质量指数在100附近波动．

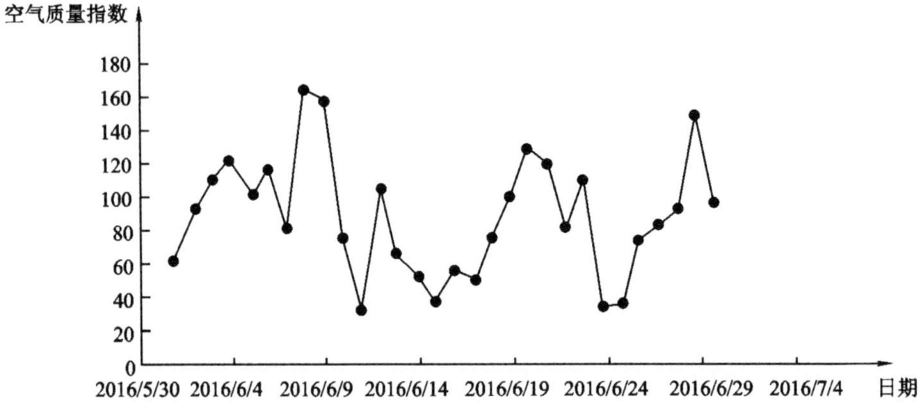

图9.2–5

（2）根据该市2016年5月的空气质量指数和空气质量分级标准，可以作出该市这个月的不同空气质量等级的频数和频率分布表（表9.2–4）．

表9.2–4

	空气质量等级						合计
	优	良	轻度污染	中度污染	重度污染	严重污染	
天数	3	21	5	1	1	0	31
频率	10%	68%	16%	3%	3%	0	100%

为了便于比较，我们选用复合条形图，将两组数据同时反映到一个条形图上．通过条形图中柱的高低，可以更直观地进行两个月的空气质量的比较（图9.2–6）．

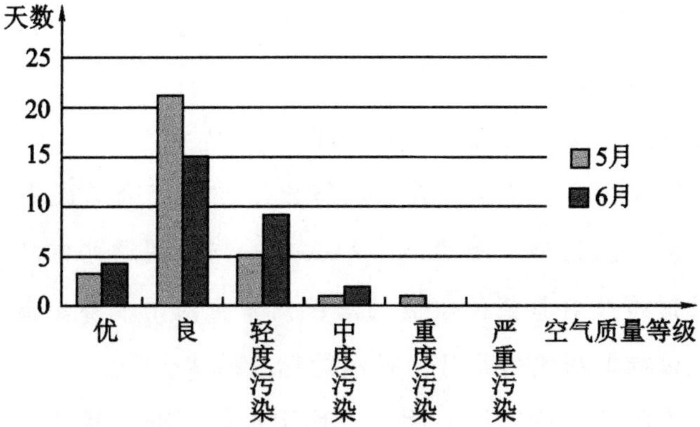

图9.2-6

由上图和上表发现，5月空气质量为“优”和“良”的总天数比6月多.所以，从整体上看，5月的空气质量略好于6月，但5月有重度污染，而6月没有.

（3）把2016年6月和2015年全年的空气质量进行比较，由于一个月和一年的天数差别很大，所以直接通过频数比较没有意义，应该转化成频率分布进行比较. 可以通过二者的空气质量指数的频率分布直方图或空气质量等级的频率分布条形图进行比较（图9.2-7）.

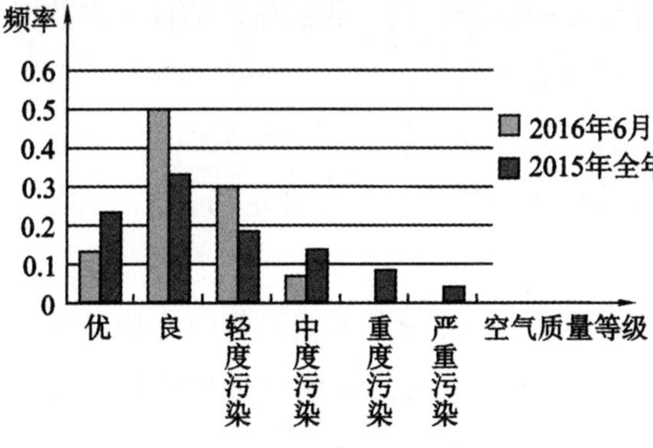

图9.2-7

通过上图可以看出，虽然2016年6月的空气质量为“优”的频率略低于2015年，但“良”的频率明显高于2015年，而且2016年6月中度以上的污染天气频率明显小于2015年. 所以从整体上看，2016年6月的空气质量要好于2015年全年的空气质量.

【设计意图】通过实例经历根据样本数据估计总体情况的过程，体会用样本估计总体的统计思想.

知识探究（三）总体百分位数的估计

问题9 我们根据频率分布直方图得出了“大部分居民用户的月均用水量集中在一个较低值区域”等推断. 那么，如何利用这些信息，为政府决策服务呢？如果该市政府希望使80%的居民用户生活用水费支出不受影响，你能给市政府提出确定居民用户月均用水量标准的建议吗？

根据市政府的要求确定居民用户月均用水量标准，就是要寻找一个数a，使全市居民用户月均用水量中不超过a的占80%，大于a的占20%. 下面我们通过样本数据对a的值进行估计.

把100个样本数据按从小到大排序，得到第80个和第81个数据分别为13.6和13.8. 可以发现，区间［13.6，13.8）内的任意一个数，都能把样本数据分成符合要求的两部分.

一般地，我们取这两个数的平均数$\frac{13.6+13.8}{2}=13.7$，并称此数为这组数据的第80百分位数或80%分位数.

根据样本数据的第80百分位数，我们可以估计总体数据的第80百分位数为13.7左右. 由于样本的取值规律与总体的取值规律之间会存在偏差，而在决策问题中，只要临界值近似为第80百分位数即可，因此为了实际中操作的方便，可以建议市政府把月均用水量标准定为14 t，或者把年用水量标准定为168 t.

一般地，一组数据的第p百分位数是这样一个值，它使得这组数据中至少有$p\%$的数据小于或等于这个值，且至少有$(100-p)\%$的数据大于或等于这个值.

可以通过下面的步骤计算一组n个数据的第p百分位数：

第1步：按从小到大排列原始数据.

第2步：计算$i=n\times p\%$.

第3步：若i不是整数，而大于i的比邻整数为j，则第p百分位数为第j项数据；若i是整数，则第p百分位数为第i项与第$(i+1)$项数据的平均数．

我们在初中学过的中位数，相当于是第50百分位数．

在实际应用中，除了中位数外，常用的分位数还有第25百分位数、第75百分位数．这三个分位数把一组由小到大排列后的数据分成四等份，因此称为四分位数．其中第25百分位数也称为第1四分位数或下四分位数等，第75百分位数也称为第3四分位数或上四分位数等．另外，像第1百分位数，第5百分位数，第95百分位数和第99百分位数在统计中也经常被使用．

例2．根据下列样本数据，估计树人中学高一年级女生第25，50，75百分位数．

女生

163.0　164.0　161.0　157.0　162.0　165.0　158.0　155.0　164.0　162.5
154.0　154.0　164.0　149.0　159.0　161.0　170.0　171.0　155.0　148.0
172.0　162.5　158.0　155.5　157.0　163.0　172.0

解：把27名女生的样本数据按从小到大排序，可得：

148.0　149.0　154.0　154.0　155.0　155.0　155.5　157.0　157.0
158.0　158.0　159.0　161.0　161.0　162.0　162.5　162.5　163.0
163.0　164.0　164.0　164.0　165.0　170.0　171.0　172.0　172.0

由$25\%\times27=6.75$，$50\%\times27=13.5$，$75\%\times27=20.25$，可知样本数据的第25，50，75百分位数分别为第7，14，21项数据，分别为155.5，161，164.

据此可以估计树人中学高一年级女生的第25，50，75百分位数分别约为155.5，161和164.

例3．根据表9.2–5和图9.2–8，估计月均用水量的样本数据的80%和95%分位数．

表9.2–5

分组	频数累计	频数	频率
[1.2，4.2)	正正正正下	23	0.23
[4.2，7.2)	正正正正正正丅	32	0.32

（续表）

分组	频数累计	频数	频率
[7.2，10.2)	正正下	13	0.13
[10.2，13.2)	正丌	9	0.09
[13.2，16.2)	正止	9	0.09
[16.2，19.2)	正	5	0.05
[19.2，22.2)	下	3	0.03
[22.2，25.2)	止	4	0.04
[25.2，28.2]	丅	2	0.02
合计		100	1.00

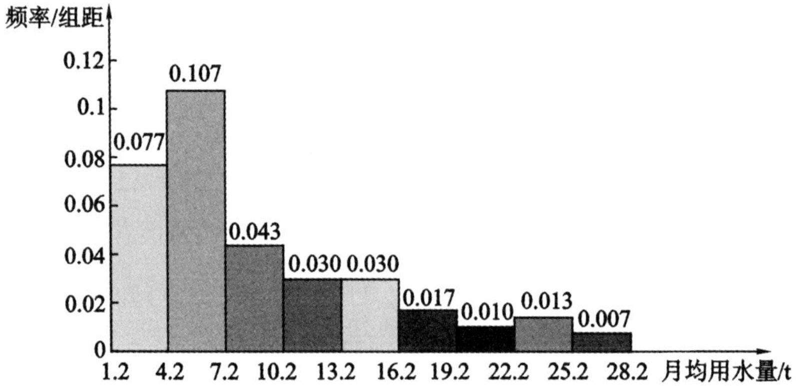

图9.2-8

解：由上表可知，月均用水量在13.2 t以下的居民用户所占比例为23%+32%+13%+9%=77%.

月均用水量在16.2 t以下的居民用户所占的比例为77%+9%=86%. 因此，80%分位数一定位于[13.2,16.2)内.

由 $13.2+3\times\frac{0.80-0.77}{0.86-0.77}=14.2$，

可以估计月均用水量的样本数据的80%分位数约为14.2.

类似地，由 $22.2+3\times\frac{0.95-0.94}{0.98-0.94}=22.95$，

可以估计月均用水量的样本数据的95%分位数约为22.95.

【设计意图】经历总体百分数的估计过程，感受统计思想.

第二课时　总体集中趋势的估计

教学目标

结合实例，能用样本估计总体的集中趋势参数（平均数、中位数、众数），理解集中趋势参数的统计含义.

教学过程

情境导入

问题1　你还记得平均数、中位数、众数是什么吗？这些统计量刻画了数据的什么特点？

众数：一组数据中出现次数最多的数.

中位数：一组数据按大小顺序依次排序后，当数据个数是奇数时，处在最中间的数是中位数；当数据个数是偶数时，最中间两个数的平均数是中位数.

平均数：一组数据 x_1，x_2，…，x_n 的平均数 $\bar{x}=\frac{1}{n}\left(x_1+x_2+\cdots+x_n\right)$.

这些统计量是刻画数据的“中心位置”的量，它们从不同角度刻画了一组数据的集中趋势.

那么，本节课将进一步探究这些统计量之间的区别与联系，并根据样本的集中趋势估计总体的集中趋势.

【设计意图】回忆初中知识，寻找学生知识的最近发展区.

知识探究（一）平均数、中位数、众数

问题2　利用教科书9.2.1节中100户居民的月均用水量的调查数据，计算样本数据的平均数和中位数，并据此估计全市居民用户月均用水量的平均数和中位数.

解：根据教科书9.2.1节中100户居民用户月均用水量的数据，样本平均数的定义，可得$\bar{y}=\frac{1}{100}\left(y_1+y_2+\cdots+y_{100}\right)=8.79$，即100户居民的月均用水量的平均数为8.79 t. 将样本数据从小到大排序，得第50个数和第51个数均为6.8，由中位数的定义，可得100户居民的月均用水量的中位数是6.8 t.

因为数据是抽自全市居民用户的简单随机样本，所以我们可以据此估计全市居民用户的月均用水量约为8.79 t，其中位数约为6.8 t.

问题3　假设某个小区有2 000户居民，你能估计该小区的月用水总量吗?

根据上述问题可知，全市居民用户的月均用水量约为8.79 t，则2 000户居民的月用水总量为2 000×8.79=17 580(t).

问题4　小明用统计软件计算了100户居民月均用水量的平均数和中位数. 但在录入数据时，不小心把一个数据7.7录成了77. 请计算录入数据的平均数和中位数.

通过简单计算发现，平均数由原来的8.79 t变为9.483 t，中位数没有变化，还是6.8 t.

问题5　与真实的样本平均数和中位数做比较，哪个量的值变化更大?你能解释其中的原因吗?

平均数变化较大. 这是因为样本平均数与每一个样本数据有关，样本中的任何一个数的改变都会引起平均数的改变；但中位数只利用了样本数据中间位置的一个或两个值，并未利用其他数据，所以不是任何一个样本数据的改变都会引起中位数的改变.

因此，与中位数比较，平均数反映出样本数据中的更多信息，对样本中的极端值更加敏感.

问题6　平均数和中位数都描述了数据的集中趋势，它们的大小关系和数据分布的形态有关. 在图9.2-9的三种分布形态中，平均数和中位数的大小存在什么关系?

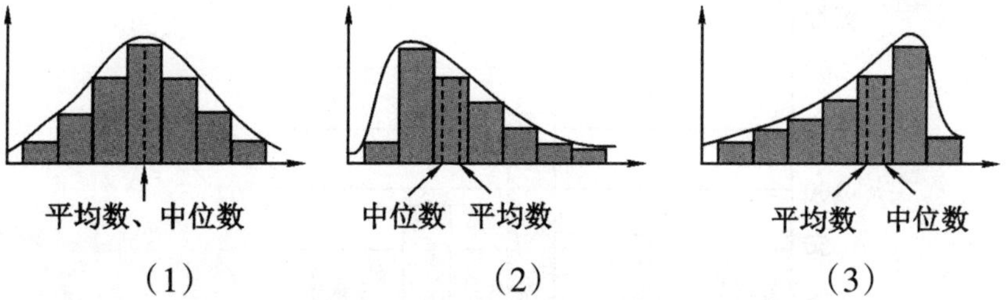

图9.2-9

一般来说，对一个单峰的频率分布直方图来说，如果直方图的形状是对称的（如图（1）），那么平均数和中位数应该大体上差不多；如果直方图在右边“拖尾”（如图（2）），那么平均数大于中位数；如果直方图在左边“拖尾”（如图（3）），那么平均数小于中位数. 也就是说，和中位数相比，平均数总是在“长尾巴”那边.

例. 某学校要定制高一年级的校服，学生根据厂家提供的参考身高选择校服规格. 据统计，高一年级女生需要不同规格校服的频数如表9.2-6所示：

表9.2-6

校服规格	155	160	165	170	175	合计
频数	39	64	167	90	26	386

如果用一个量来代表该校高一年级女生所需校服的规格，那么在中位数、平均数和众数中，哪个量比较合适？试讨论用上表中的数据估计全国高一年级女生校服规格的合理性.

解：为了更直观地观察数据的特征，我们用条形图来表示表中的数据（图9.2-10）.

可以发现，选择校服规格为“165”的女生的频数最高，所以用众数165作为该校高一年级女生校服的规格比较合适.

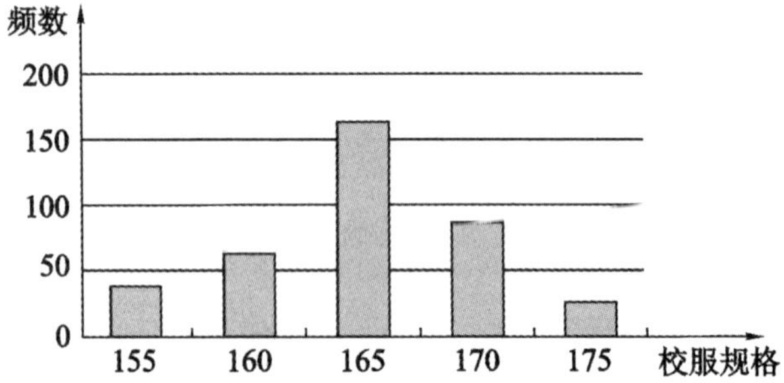

图 9.2-10

由于全国各地的高一年级女生的身高存在一定的差异，所以用一个学校的数据估计全国高一年级女生的校服规格不合理.

问题7　从上述例题中，你能总结出平均数、中位数、众数各自的特点吗？

平均数与每一个数据有关，任何一个数的改变都会引起它的改变. 中位数只利用了样本数据中间位置的一个或者两个值，并未利用其他数据. 众数只利用了出现次数最多的那个值的信息.

问题8　根据平均数、中位数、众数各自的特点，我们应如何选择适合的统计量来表示数据的集中趋势？

一般地，对数值型数据（如用水量、身高、收入、产量等）集中趋势的描述，可以用平均数、中位数.对分类型数据（如校服规格、性别、产品质量等级等）集中趋势的描述，可以用众数.

【设计意图】通过实例，经历样本数据的平均数、中位数、众数的生成过程，体会不同数字特征的特点.

知识探究（二）用样本平均数、中位数、众数估计总体

样本的平均数、中位数和众数可以分别作为总体的平均数、中位数和众数的估计，但在某些情况下我们无法获知原始的样本数据. 例如，我们在报纸、网络上获得的往往是已经整理好的统计表或统计图. 这时该如何估计样本的平均数、中位数和众数？你能以图 9.2-11 中频率分布直方图提供的信息为例，给出估计方法吗？

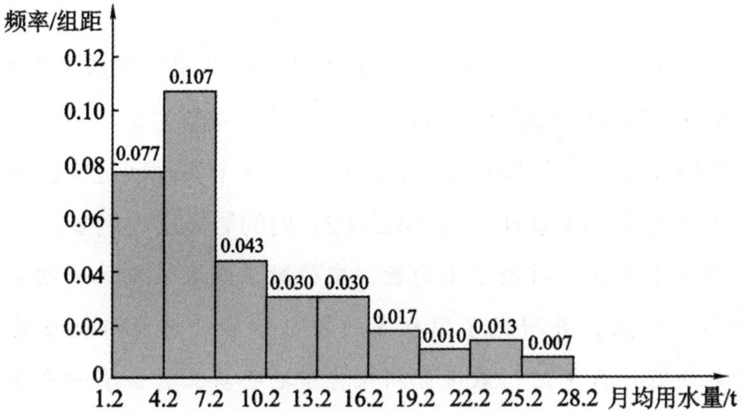

图9.2-11

问题9 根据频率分布直方图如何计算样本平均数？

因为样本平均数可以表示为数据与它的频率的乘积之和，所以在频率分布直方图中，样本平均数可以用每个小矩形底边中点的横坐标与小矩形的面积的乘积之和近似代替. 那么由图9.2-11可得样本平均数为$\bar{x}=0.077\times 3\times\left(\dfrac{1.2+4.2}{2}\right)+0.107\times 3\times\left(\dfrac{4.2+7.2}{2}\right)+\cdots+0.007\times 3\times\left(\dfrac{25.2+28.2}{2}\right)=8.96.$

问题10 根据频率分布直方图如何计算样本中位数？

由中位数的意义可知，在频率分布直方图中，中位数左边和右边的直方图的面积应该相等.

由于$0.077\times 3=0.231$，$(0.077+0.107)\times 3=0.552$，因此中位数落在区间$[4.2,7.2)$内.

设中位数为x，由$0.077\times 3+0.107\times(x-4.2)=0.5$，得到$x\approx 6.71$. 因此中位数约为6.71.

问题11 根据频率分布直方图观察，样本众数应该在哪个小矩形内？由此估计众数是多少？

由众数定义知，出现次数最多的数据是众数.

如图9.2-11所示，月均用水量在区间$[4.2,7.2)$内的居民最多，可以将这个区间的中点5.7作为众数的估计值.

问题12 根据上述计算出的样本平均数、中位数和众数，你有什么结论？

上面计算的样本平均数为8.96，和直接计算出的平均数8.79相差不大；中位数为6.71，与计算出的中位数6.6基本一致；众数为5.7.

众数常用在描述分类型数据中，因此，在这个实际问题中，我们根据众数“5.7”知道月均用水量在区间［4.2,7.2）内的居民用户最多.

问题13　以上我们讨论了平均数、中位数和众数在刻画一组数据的集中趋势时的各自特点，并研究了用样本的特征量估计总体特征量的方法. 那么，这种方法有什么不足？假设你到人力市场去找工作，有一个企业老板告诉你：“我们企业员工的年平均收入是20万元.”你如何理解这句话？

这些特征量有时会被利用而产生误导.

这句话是真实的，但它可能描述的是差异巨大的实际情况. 例如，可能这个公司的工资水平普遍较高，也就是员工收入的中位数、众数与平均数差不多；也可能是绝大多数员工的年收入较低，而少数员工的年收入很高；在这种情况下，年收入的平均数就比中位数大得多.

尽管在后一种情况下，用中位数或众数比用平均数更合理些，但这个企业的老板为了招揽员工，却用了平均数.

所以，我们要强调“用数据说话”，但同时又要防止被误导.

问题14　你能总结用样本的众数、中位数和平均数来估计总体的数字特征各自的优缺点吗？

预设答案如表9.2-7所示.

表9.2-7

	优点	缺点
众数和中位数	容易计算，不受少数几个极端值的影响	只能表达样本数据中的少量信息
平均数	代表了样本数据更多的信息	受极端数据的影响较大

【设计意图】通过实例，经历用样本数据的数字特征估计总体的数字特征的过程，感受用样本估计总体的统计思想.

小试牛刀：

1. 已知一组数据：125、121、123、125、127、129、125、128、130、129、124、125、127、126、122、124、125、126、128、127.

（1）填写下列的频率分布表；

分组	频数	频率

（2）作出频率分布直方图；

（3）根据直方图求其众数、中位数和平均数.

解：（1）如表9.2-8所示.

表9.2-8

分组	频数	频率
$[121,122)$	1	0.05
$[122,124)$	2	0.1
$[124,126)$	7	0.35
$[126,128)$	5	0.25
$[128,130]$	5	0.25
合计	20	1

（2）如图9.2–12所示.

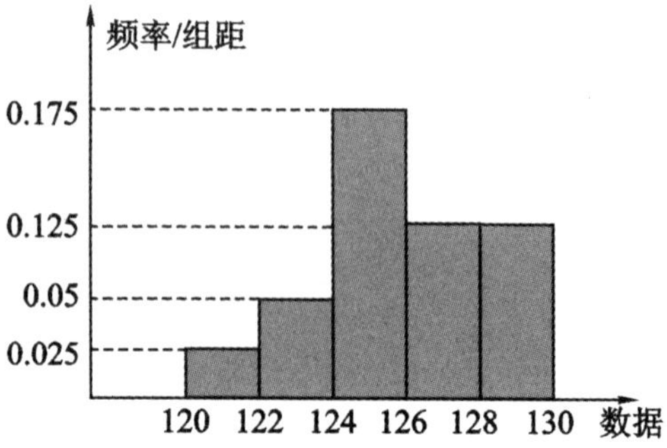

图9.2–12

（3）由频率分布直方图得：

众数：125，中位数：125.5，平均数：125.8.

2. 某公司为了了解一年内的用水情况，抽取了10天的用水量如表9.2–9所示：

表9.2–9

用水量/t	22	38	40	41	44	50	95
天数	1	1	1	2	2	1	2

（1）在这10天中，该公司用水量的平均数是多少？每天用水量的中位数是多少？

（2）你认为应该用平均数和中位数中的哪一个来估计该公司每天的用水量？

解：（1）在这10天中，该公司用水量的平均数是

$\bar{x}=\frac{1}{10}\times(22+38+40+41+41+44+44+50+95+95)=51(\mathrm{t})$.

每天用水量的中位数是$\frac{1}{2}\times(41+44)=42.5(\mathrm{t})$.

（2）平均数受数据中的极端值（2个95）影响较大，使平均数在估计总体时可靠性降低，10天的用水量有8天都在平均值以下，故用中位数来估计

每天的用水量更合适.

【设计意图】学以致用，巩固知识.

课时小结：

请你从知识层面及思想方法层面谈谈本节课的收获.

【设计意图】引导学生总结所学知识，提炼思想方法.

第三课时　总体离散程度的估计

教学目标

结合实例，能用样本估计总体的离散程度参数（标准差、方差、极差），理解离散程度参数的统计含义.

教学过程

情境导入

有两位射击运动员在一次射击测试中各射靶10次，每次命中的环数如下：

甲	7	8	7	9	5	4	9	10	7	4
乙	9	5	7	8	7	6	8	6	7	7

如果你是教练，你如何对两位运动员的设计情况作出评价？如果这是一次选拔性考核，你应当如何作出选择？

通过上述数据计算得出：甲、乙两名运动员射击成绩的平均数、中位数、众数都是7. 从这三个数据来看，两名运动员之间没有差别.

根据以上数据作出频率分布直方图，如图9.2-12所示

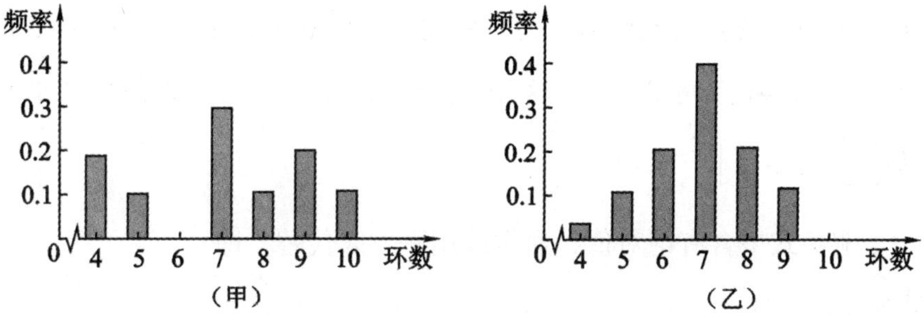

图9.2-13

由上图发现：甲的成绩比较分散，乙的成绩相对集中．即甲的成绩波动幅度较大，而乙的成绩比较稳定．可见，他们的射击成绩是存在差异的．

【设计意图】通过实例使学生感受利用已有知识无法解决实际面临的问题，从而感受引入新概念的必要性．

问题1　上述问题中，甲、乙的平均数、中位数、众数相同，但二者的射击成绩存在差异，那么，如何度量这种差异呢？

我们可以利用极差进行度量．根据上述数据计算得：甲命中环数的极差=10−4=6，乙命中环数的极差=9−5=4.

极差在一定程度上刻画了数据的离散程度．由极差发现甲的成绩波动范围比乙的大．

但由于极差只使用了数据中最大、最小两个值的信息，所含的信息量很少．也就是说，极差度量出的差异误差较大．

问题2　你还能想出其他刻画数据离散程度的办法吗？

我们知道，如果射击的成绩很稳定，那么大多数的射击成绩离平均成绩不会太远；相反，如果射击的成绩波动幅度很大，那么大多数的射击成绩离平均成绩会比较远．

因此，我们可以通过这两组射击成绩与它们的平均成绩的“平均距离”来度量成绩的波动幅度．

知识探究：方差与标准差

问题3　如何定义“平均距离”？

假设一组数据是x_1，x_2，…，x_n，用$\bar{x}$表示这组数据的平均数．我们用每个数据与平均数的差的绝对值作为“距离”，即$\left|x_i-\bar{x}\right|(i=1,2,\cdots,n)$作为$x_i$到$\bar{x}$的距离．可以得到这组数据$x_1$，$x_2$，…，$x_n$到$\bar{x}$的“平均距离”为$\frac{1}{n}\sum_{i=1}^{n}\left|x_i-\bar{x}\right|$.

为了避免式中含有绝对值，通常改用平方来代替，即

$\frac{1}{n}\sum_{i=1}^{n}\left(x_i-\bar{x}\right)^2$.（1）

我们称（1）式为这组数据的方差．有时为了计算方便，我们还把方差写成以下形式$\frac{1}{n}\sum_{i=1}^{n}x_i^2-\bar{x}^2$．

由于方差的单位是原始数据的单位的平方，与原始数据不一致．为了使二者单位一致，我们对方差开平方，取它的算术平方根，即$\sqrt{\frac{1}{n}\sum_{i=1}^{n}\left(x_i-\bar{x}\right)^2}$．（2）

我们称（2）式为这组数据的标准差．

如果总体中所有个体的变量值分别为Y_1，Y_2，…，Y_N，总体平均数为$\bar{Y}$，则称$S^2=\frac{1}{N}\sum_{i=1}^{N}\left(Y_i-\bar{Y}\right)^2$为总体方差，$S=\sqrt{S^2}$为总体标准差．与总体均值类似，总体方差也可以写成加权的形式．如果总体的N个变量值中，不同的值共有$k(k\leqslant N)$个，不妨记为Y_1，Y_2，…，Y_k，其中Y_i出现的频数为$f_i(i=1, 2, \cdots, k)$，则总体方差为$S^2=\frac{1}{N}\sum_{i=1}^{k}f_i\left(Y_i-\bar{Y}\right)^2$．

如果一个样本中个体的变量值分别为y_1，y_2，…，y_n，样本平均数为$\bar{y}$，则称$s^2=\frac{1}{n}\sum_{i=1}^{n}\left(y_i-\bar{y}\right)^2$为样本方差，$s=\sqrt{s^2}$为样本标准差．

问题4　标准差的范围是什么？标准差为0的一组数据有什么特点？

标准差$s\geqslant 0$，$s=0$时表示这组数据中的每个数据到平均数的距离都是0，这组数据中的每个数据都是相等的．

问题5　标准差和方差是怎样刻画数据的离散程度的？

标准差和方差刻画了数据的离散程度或波动幅度．标准差（或方差）越大，数据的离散程度越大，越不稳定；标准差（或方差）越小，数据的离散程度越小，越稳定．

显然，在刻画数据的分散程度上，方差和标准差是一样的；但在实际问题中，一般多采用标准差．

在实际问题中，总体平均数和总体标准差都是未知的，就像用样本平均数估计总体平均数一样，通常也用样本标准差估计总体标准差．

在随机抽样中，样本标准差依赖于样本的选取，具有随机性．

接下来我们再来探究开始的问题.

我们可以根据标准差来判断两名运动员的成绩的离散程度，计算可得$s_{甲}=2$，$s_{乙}\approx 1.095$. 由$s_{甲}>s_{乙}$可知，甲的成绩离散程度大，乙的成绩离散程度小. 由此可以估计，乙比甲的射击成绩稳定.

因此，如果要从这两名选手中选择一名参加比赛，要看一下他们的平均成绩在所有参赛选手中的位置. 如果两人都排在前面，就选成绩稳定的乙选手，否则可以选甲.

例. 在对树人中学高一年级学生身高的调查中，采用样本量比例分配的分层随机抽样，如果不知道样本数据，只知道抽取了男生23人，其平均数和方差分别为170.6和12.59，抽取了女生27人，其平均数和方差分别为160.6和38.62. 你能由这些数据计算出总样本的方差，并对高一年级全体学生的身高方差作出估计吗?

解：把男生样本记为x_1，x_2，…，x_{23}，其平均数记为$\bar{x}$，方差记为s_x^2，把女生样本记为y_1，y_2，…，y_{27}，其平均数记为$\bar{y}$，方差记为s_y^2，把总样本数据的平均数记为$\bar{z}$，方差记为s^2.

根据方差的定义，总样本方差为

$$s^2=\frac{1}{50}\left[\sum_{i=1}^{23}\left(x_i-\bar{z}\right)^2+\sum_{j=1}^{27}\left(y_j-\bar{z}\right)^2\right]$$

$$=\frac{1}{50}\left[\sum_{i=1}^{23}\left(x_i-\bar{x}+\bar{x}-\bar{z}\right)^2+\sum_{j=1}^{27}\left(y_j-\bar{y}+\bar{y}-\bar{z}\right)^2\right].$$

由$\sum_{i=1}^{23}\left(x_i-\bar{x}\right)=\sum_{i=1}^{23}x_i-23\bar{x}=0$，可得

$$\sum_{i=1}^{23}2\left(x_i-\bar{x}\right)\left(\bar{x}-\bar{z}\right)=2\left(\bar{x}-\bar{z}\right)\sum_{i=1}^{23}\left(x_i-\bar{x}\right)=0.$$

同理可得$\sum_{j=1}^{27}2\left(y_j-\bar{y}\right)\left(\bar{y}-\bar{z}\right)=0$.

因此$s^2=\frac{1}{50}\left[\sum_{i=1}^{23}\left(x_i-\bar{x}\right)^2+\sum_{i=1}^{23}\left(\bar{x}-\bar{z}\right)^2+\sum_{j=1}^{27}\left(y_j-\bar{y}\right)^2+\sum_{j=1}^{27}\left(\bar{y}-\bar{z}\right)^2\right]$

$$= \frac{1}{50}\left\{23\left[s_x^2 + \left(\bar{x} - \bar{z}\right)^2\right] + 27\left[s_y^2 + \left(\bar{y} - \bar{z}\right)^2\right]\right\}. \quad (1)$$

由 $\bar{x} = 170.6$，$\bar{y} = 160.6$，根据按比例分配分层随机抽样总样本平均数与各层样本平均数的关系，可得总样本平均数为

$$\bar{z} = \frac{23}{23+27}\bar{x} + \frac{27}{23+27}\bar{y} = \frac{23 \times 170.6 + 27 \times 160.6}{50} = 165.2.$$

把已知的男生、女生样本平均数和方差的取值代入（1），可得

$$s^2 = \frac{1}{50}\left\{23 \times \left[12.59 + (170.6 - 165.2)^2\right] + 27 \times \left[38.62 + (160.6 - 165.2)^2\right]\right\}$$

$$= 51.486\,2.$$

我们可以计算出总样本的方差为51.486 2，并据此估计高一年级学生身高的总体方差为51.486 2.

样本标准差刻画了数据离平均数波动的幅度大小，平均数和标准差一起能反映数据取值的信息.

问题6　你能根据图9.2-14计算出样本平均数和样本标准差吗？

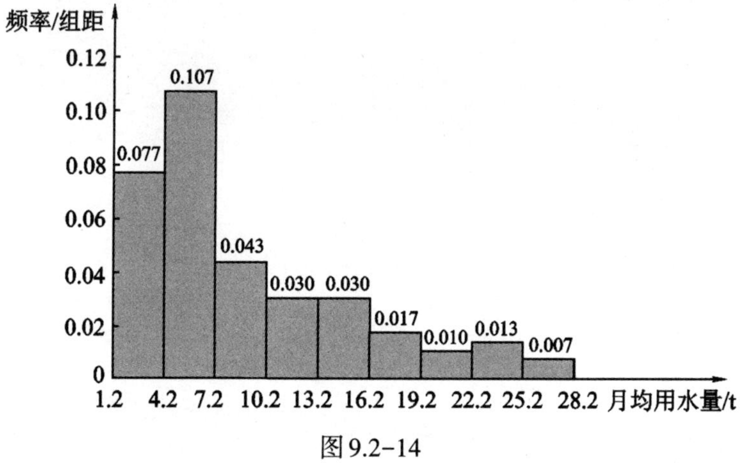

图9.2-14

根据图9.2-14计算出样本平均数 $\bar{x} = 8.79$，样本标准差 $s \approx 6.20$.

$\bar{x} - s = 2.59$，$\bar{x} + s = 14.99$，

$\bar{x} - 2s = -3.61$，$\bar{x} + 2s = 21.19$.

如图9.2-14所示，可以发现，这100个数据中大部分落在区间 $[\bar{x} - s$，

$\bar{x}+s]=[2.59, 14.99]$内，在区间$[\bar{x}-2s, \bar{x}+2s]=[-3.61, 21.19]$外的只有7个．也就是说，绝大部分数据落在$[\bar{x}-2s, \bar{x}+2s]$内．

【设计意图】通过实例，感受数据离散程度的数字特征的作用．

第十章　概率

第一节　主题单元解读与设计

一、单元主要内容

现实生活中存在大量不确定事件，而概率正是研究不确定事件的一门学科. 概率也是每年高考的必考内容之一，主要是对基础知识的运用以及生活中的随机事件的概率的计算，这些都是学生在今后的生活中必备的数学素养，所以它在教材中处于非常重要的位置.

《普通高中数学课程标准（2017年版）》指出，概率的研究对象是随机现象，为人们从不确定性的角度认识客观世界提供重要的思维模式和解决问题的方法. 课程标准对必修与选择性必修模块概率内容安排如图10.1–1所示.

- 必修
  - 随机事件与概率
    - 有限样本空间与随机事件
    - 事件的关系和运算
    - 古典概型
    - 概率的基本性质
  - 事件的相互独立性
  - 频率与概率

图10.1–1

关于概率知识的学习，必修部分以随机事件为主线，首先提出样本点和有限样本空间的含义，为古典概型的学习打下基础. 其次，在学习随机事件与概率基础上，设置随机事件的独立性内容．选择性必修阶段，首先延续必修二中随机事件的主线，设置随机事件的条件概率．其次，以随机变量为主线，设置离散型随机变量及其分布列和连续型随机变量及其分布列．概率内容按照随机事件和随机变量两条主线编排，层层递进，符合学生的认知结构特点．

二、单元课程标准和教材解读

（一）课程标准解读

课程标准指出，本单元的学习，可以帮助学生结合具体实例，理解样本点、有限样本空间、随机事件，会计算古典概型中简单随机事件的概率，加深对随机现象的认识和理解．

内容包括：随机事件与概率、随机事件的独立性．

1．随机事件与概率

（1）结合具体实例，理解样本点和有限样本空间的含义，理解随机事件与样本点的关系．了解随机事件的并、交与互斥的含义，能结合实例进行随机事件的并、交运算．

（2）结合具体实例，理解古典概型，能计算古典概型中简单随机事件的概率．

（3）通过实例，理解概率的性质，掌握随机事件概率的运算法则．

（4）结合实例，会用频率估计概率．

2．随机事件的独立性

结合有限样本空间，了解两个随机事件独立性的含义．结合古典概型，利用独立性计算概率．

学生需要达到的学业水平要求为：能够掌握古典概型的基本特征，根据实际问题构建概率模型，解决简单的实际问题．能够借助古典概型初步认识有限样本空间、随机事件，以及随机事件的概率．

（二）教材解读

人教A版教材（2019年版）在概率部分的编写上紧密围绕课程标准，按照主题形式编排，构建了完整的知识体系．相较于实验版教材，概率部分增加了“阅读与思考”栏目（如表10.1–1所示），不仅拓展了学生的视野，也加强了概率与统计的联系．

表10.1–1

新旧教材对比	3.1 随机事件的概率 3.1.1 随机事件的概率 3.1.2 概率的意义 3.1.3 概率的基本性质 3.2 古典概型 3.2.1 古典概型 3.2.2 （整数值）随机数的产生 3.3 几何概型 3.3.1 几何概型 3.3.2 均匀随机数的产生	10.1 随机事件与概率 10.1.1 有限样本空间与随机事件 10.1.2 事件的关系和运算 10.1.3 古典概型 10.1.4 概率的基本性质 10.2 事件的相互独立性 10.3 频率与概率 10.3.1 频率的稳定性 10.3.2 随机模拟 阅读与思考 孟德尔遗传规律

人教A版教材（2019年版）与实验版教材在内容呈现顺序上差别较大，前者是基于概率研究的框架对内容进行构建：首先是预备知识，对具体的随机试验，抽象出样本点、样本空间、随机事件的关系和运算；其次安排古典概型的学习，为研究概率的性质提供了实例支撑；再次为概率的性质，包括概率的取值范围、加法公式、单调性、事件的独立性、乘法公式，为求复杂事件的概率提供理论依据；最后为频率与概率的稳定性、用计算机模拟试验、用频率估计概率，为应用概率解决实际问题打下了基础．

三、单元教学分析与建议

（一）单元划分

概率必修部分以随机事件为主线，构建研究框架：预备知识（样本点、样本空间概念、随机事件与概率）→实例支撑（古典概型）→理论依据（概率的取值范围、单调性、独立性、加法公式、乘法公式）→应用基础（频率的稳定性）.

（二）教学建议

1. 重视思考，培养数学阅读能力

新教材（2019年版）《概率》一章包含大量的阅读思考材料，首先教师在平时的教学中要善于借助这些阅读材料培养学生的阅读能力；其次，教师也要引导、指导学生阅读，在概率试题的讲解过程中，不能只顾讲解做题思路及做题步骤，而要引导学生自主读题，并指导学生从题目的文字、图表、数据中提取信息，寻找解题的关键点.

阅读能力的提高不是一朝一夕就能实现的，需要一个长久的过程. 因此，教师在教学过程中，要形成培养学生阅读能力的意识，帮助学生养成自主阅读、自主探究的学习习惯.

2. 夯实基础，强化知识应用能力

新课程标准（2017年版）与旧课程标准的对比显示，新课程标准提高了对概率与统计模块知识整体要求，且新课程标准在学业要求中强调学生能运用知识解决实际问题；新教材也更加注重结果的解释. 因此，教师在今后的教学中要夯实基础，让学生理解概念的本质，强化知识的应用能力.

在概率与统计模块的教学中要重视统计，突出概率，概念的讲解应借助具体的实例有意识地设置开放性的问题. 统计的重点内容为统计图表及用样本估计总体，概率的重点内容为随机事件与概率、古典概型概率的计算、随机变量及其分布列；教师在平时的教学中要深化公式的讲解，明确随机事件的区分，厘清超几何分布及二项分布的区别和联系，加强统计图表基本概念的阐述，强化学生对独立性检验基本思想的理解和应用. 例如：在讲解频率与概率时，可以借助计算机模拟让学生明白大量实验之后频率会趋于一个稳定值，这个值就是概率；如果仅仅停留在概念本身，很多学生就会误认为频率就是概率.

概率模型和随机变量的模型，是重点，也是难点，教师在教学时要注重对这些模型之间区别和联系的讲解，让学生深刻理解模型的本质并加以运用.

3. 创设情境，提升数学建模素养

数学知识的特点是抽象，在传统的教学中以知识为核心，学生难以形成解决实际问题的能力. 实际上数学知识与现实社会联系紧密，概率与统计知识应用在生活的方方面面，知识的学习应以真情实境为载体，加强了数学与现实社会的联系，凸显了数学的应用价值.

情境教学不仅可以激发学生的学习兴趣，而且还可以增强学生的应用意识. 教学的情境不能是一成不变的，而要根据时代的发展更新情境，情境的内容要丰富、有内涵，情境的选择可以是数学文化类、生产生活类、科技前沿类等，但应多选择生产生活类的情境.

4. 借助软件，落实数据分析素养

大数据时代，数据分析显得尤为重要，也是每个公民应具备的能力，大量的数据分析通常需要借助统计软件，信息技术在概率与统计教学中的应用将是必然.

《普通高中数学课程标准（2017年版）》为了顺应时代的发展，将数据分析作为数学学科的核心素养，数据分析是由收集数据、整理数据、提取信息、构建模型、结果推断、获得结论六步构成的完整过程. 课程标准在概率与统计部分的教学提示中明确提出，可以鼓励学生尽可能运用计算机、计算器等现代信息技术工具进行模拟活动，处理数据、分析数据，教材中随机数的产生这部分明确给出了用计算器、电子表软件、R统计软件三种信息技术生成随机数的具体操作步骤，并在获取数据的途径这一小节最后给出统计软件的应用的详细介绍.

为了借助计算机落实数据分析素养，在收集数据部分，教师可以让学生借助计算机搜集所需的数据，从而让他们经历数据收集的过程；在整理数据及提取信息部分，新教材（2019年版）给出的数据偏大，如果仅靠手动计算，不仅浪费课堂时间也会给学生造成心理负担，借助EXCLE、SPAA等软件对数据进行排序、求平均值、最值等会非常便捷，但需注意的是，计算机不能完全替代动手，如果数据量较小，就需学生自己动手计算，落实数学运算素养. 在构建模型及结果推断部分，教师可以鼓励学生借助计算机计算成对数据的相关系数，也可以运用统计软件对一元线性回归模型参数进行最小二乘估计.

借助信息技术，将抽象的知识具体化；教师可以借助计算机模拟大量重复的抛硬币试验，让学生体会频率和概率的关系；也可以借助计算机对大量数据进行处理，缓解学生望数生畏的情绪；可以借助计算机呈现图片，激发学生的学习兴趣. 信息技术应用得当，会大大提高教学的效率.

教师只有自身熟练掌握信息技术，才能将信息技术应用到教学中，因此教师要更新观念，顺应时代的潮流，树立终身学习的理念.

第二节 “概率”单元教学解读与设计

一、教学设计基本要素分析

（一）学情分析

概率的相关知识，学生在小学二年级就开始接触和了解了，在初中也进行了学习，相对而言，是属于高中数学学习中学生基础较好的一部分内容. 初中阶段：进一步体会概率的意义，能计算简单事件发生的概率. 应注重使学生在具体情境中体会概率的意义；应加强统计与概率之间的联系；应避免将这部分内容的学习变成数字运算的练习，对有关术语不要求进行严格表述. 总之，从初中到高中，概率统计的内容是采用逐步渗透、螺旋上升的方式. 在初中，介绍了随机事件的概念，要求会运用列举法计算简单随机事件的概率，通过试验，获得随机事件发生的频率，知道大量重复试验时频率可作为随机事件发生概率的估计值. 由此可以看到，高中与初中有些内容是相同的. 在教学中可以用回忆、复习等方式先回顾初中相应的内容，在此基础上要有更深层次的理解.

（二）教材分析

在现实生活中，我们会面对很多不确定性的问题，有的相对简单，有的比较复杂，甚至有些不确定性的现象，以人类目前的能力，根本无法解决．为此，我们缩小研究的范围，在高中阶段我们仅研究那些在相同条件下能进行重复观测且有规律的现象——随机现象．

教材的呈现方式为：选择典型的、生活中常见的随机现象，归纳随机试验的特点，引入随机试验的概念；结合简单的随机试验，归纳出样本点、样本空间（有限样本空间）的概念；对于随机事件的概念，在初中描述的基础上，抽象为样本空间的子集．为用数学的方法描述和研究随机现象奠定了基础．

用适当的字母、数字、数对表示结果，构建样本空间，这是将实际问题数学化的关键步骤，也是提升学生数学抽象素养的重要途径．用符号语言准确而简练地表示求解概率问题的过程，揭示了随机变量的本质，即样本空间到实数集的映射，为学习选择性必修内容奠定了基础．

教材呈现了概率研究对象的获得过程，符合知识发生发展的内在逻辑和学生认知心理的特点，能较好地培养学生的数学抽象和直观想象核心素养．

（三）教学分析

本单元的基本脉络：概率的事实（随机现象）—概率的定义及表示—概率的性质、运算法则—古典概型—频率的稳定性等—概率的计算、随机模拟试验．前三部分是对概率的基本概念、基本性质的研究，相当于对函数的一般概念与性质的研究；古典概型是最简单的概率模型，也是高中概率课程重点研究的概率模型，另外，由于古典概型比较简单，便于解释相关概念，有利于学生体会概率的意义，考虑到学生的已有经验和认知水平，为了使学生在理解概率的概念和性质时有一个完整的具体例证支撑，教材把古典概型提前安排．

在概率教学过程中，自始至终都要结合实例来展开．应提供丰富的、典型的随机现象实例，分析、归纳获得研究对象——随机现象的特征．同时鼓励学生提出有价值的概率问题．可以引导学生分类列举随机现象，例如，游戏中的随机现象（抛掷硬币、抛掷骰子、抽取扑克牌、玩电脑游戏）；生活中的随机现象（购买彩票、出生月份、摸球、抽签、上学迟到等），实际应用中的随机现象（随机抽样、保险问题、投资理财等）．要注意避免人为虚构脱离数学本质的情境，情境也不宜过于复杂，更不能将生活常识、数学定理、成语、俗语等当成事件．

在教学中，可结合知识框图，把握本章的整体结构．特别注意不同的顺序安排，对某些概念的呈现方式是不同的．例如，如果先研究概率的基本性质，然后定义古典概率，由于概率要满足规范性和可加性，只要对每个基本事件定义其概率为一，那么所有事件的概率就完全确定了．本章教材我们采用从认知经验出发，根据古典概型的特征，定义事件的概率为事件包含的样本点数与样本空间中样本点总数的比值，然后研究概率的基本性质．

二、单元课时教学设计

第一课时　有限样本空间与随机事件

教学目标

通过分析正确认识必然事件、不可能事件、随机事件，理解三种事件的异同，掌握随机事件的特点，正确确定样本空间和随机事件中所包含的元素．培养学生的比较分析能力、抽象思维能力，运用知识解决实际问题的能力．了解随机现象、随机试验的概念．理解样本空间、基本事件和随机事件的概念．

教学过程设计

1．情境引入

日常生活中，我们所观察到的现象主要分为两类：条件完全决定结果，一定条件下结果是确定的确定性现象；条件不能完全决定结果，一定条件下结果是不确定的随机现象．本节课我们将进一步研究随机现象的相关知识．

2．探索新知

（1）随机试验：我们把对随机现象的实现和对它的观察称为随机试验，

简称试验，常用字母E表示.

随机试验的特点：

①试验可以在相同条件下重复进行（可重复性）；

②试验的所有可能结果是明确可知的，并且不止一个（可预知性）；

③每次试验总是恰好出现这些可能结果中的一个，但事先不能确定出现哪一个结果（随机性）.

思考1：体育彩票摇奖时，将10个质地和大小完全相同、分别标号0，1，2，…，9的球放入摇奖器中，经过充分搅拌后摇出一个球，观察这个球的号码，这个随机试验共有多少个可能结果？如何表示这些结果？

答：共有10种可能结果. 所有可能结果可用集合表示为$\{0，1，2，3，4，5，6，7，8，9\}$.

（2）样本点和样本空间：我们把随机试验E的每个可能的基本结果称为样本点，全体样本点的集合称为试验E的样本空间.一般地，我们用Ω表示样本空间，用ω表示样本点. 如果一个随机试验有n个可能结果w_1，w_2，…，w_n，则称样本空间$\Omega=\left(\omega_1，\omega_2，\cdots，\omega_n\right)$为有限样本空间.

问题1　如何确定试验的样本空间？

答：确定试验的样本空间就是写出试验的所有可能的结果，并写成$\Omega=\left\{\omega_1，\omega_2，\cdots，\omega_n\right\}$的形式.

问题2　写试验的样本空间要注意些什么？

答：要考虑周全，应想到试验的所有可能的结果，避免发生遗漏和出现多余或者重复的结果.

例1. 抛掷一枚硬币，观察它落地时哪一面朝上，写出试验的样本空间.

解：因为落地时只有正面朝上和反面朝上两个可能结果，所以试验的样本空间可以表示为$\Omega=\left\{\text{正面朝上，反面朝上}\right\}$. 如果用$h$表示“正面朝上”，$t$表示“反面朝上”，则样本空间$\Omega=\{h，t\}$.

例2. 抛掷一枚骰子，观察它落地时朝上的面的点数，写出试验的样本空间.

解：用i表示朝上面的“点数为i”，因为落地时朝上的面的点数有1，2，3，4，5，6共6个可能的基本结果，所以试验的样本空间可以表示为$\Omega=\{1, 2, 3, 4, 5, 6\}$.

例3. 抛掷两枚硬币，观察它们落地时朝上的面的情况，写出试验的样本空间.

解：掷两枚硬币，第一枚硬币可能的基本结果用x表示，第二枚硬币可能的基本结果用y表示，那么试验的样本点可用(x, y)表示，于是，试验的样本空间$\Omega=\{$(正面，正面)，(正面，反面)，(反面，正面)，(反面，反面)$\}$.

如果我们用1表示硬币“正面朝上”，用0表示硬币“反面朝上”，那么样本空间还可以简单表示为$\Omega=\{(1, 1), (1, 0), (0, 1), (0, 0)\}$.

如图10.2-1所示，画树状图可以帮助我们理解例3的解答过程.

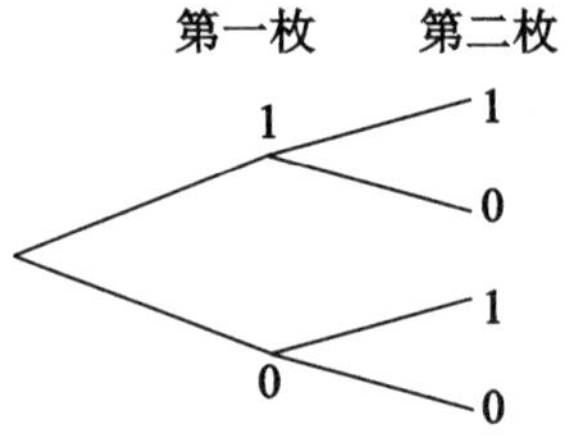

图10.2-1

(3) 随机事件、必然事件与不可能事件

①随机事件和基本事件

一般地，随机试验中的每个随机事件都可以用这个试验的样本空间的子集来表示. 为了叙述方便，我们将样本空间Ω的子集称为随机事件（random event），简称事件，并把只包含一个样本点的事件称为基本事件（elementary event）. 随机事件一般用大写字母A，B，C，…表示. 在每次试验中，当且仅当A中某个样本点出现时，称为事件A发生.

②必然事件和不可能事件

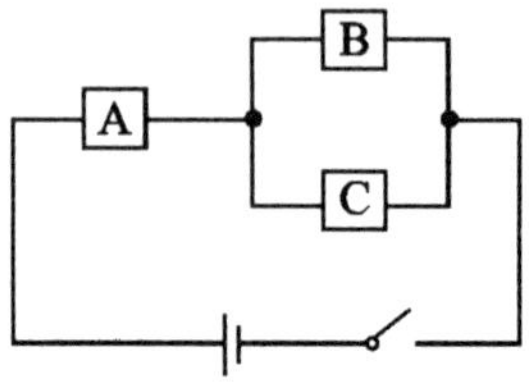

图10.2-2

在每次试验中总有一个样本点发生，所以Ω总会发生，我们称Ω为必然事件. 而空集$\varnothing$不包含任何样本点，在每次试验中都不会发生，我们称$\varnothing$为不可能事件.

例4. 如图10.2-2，一个电路中有A，B，C三个电器元件，每个元件可能正常，也可能失效. 把这个电路是否为通路看成是一个随机现象，观察这个电路中各元件是否正常.

（1）写出试验的样本空间；

（2）用集合表示下列事件：M = “恰好两个元件正常”；N = “电路是通路”；T = “电路是断路”.

解：（1）分别用x_1，x_2和x_3表示元件A，B和C的可能状态，则这个电路的工作状态可用(x_1, x_2, x_3)表示. 进一步地，用1表示元件的“正常”状态，用0表示“失效”状态，则样本空间$\Omega=\{(0, 0, 0), (1, 0, 0), (0, 1, 0), (0, 0, 1), (1, 1, 0), (1, 0, 1), (0, 1, 1), (1, 1, 1)\}$.

如图10.2-3，还可以借助树状图帮助我们列出试验的所有可能结果.

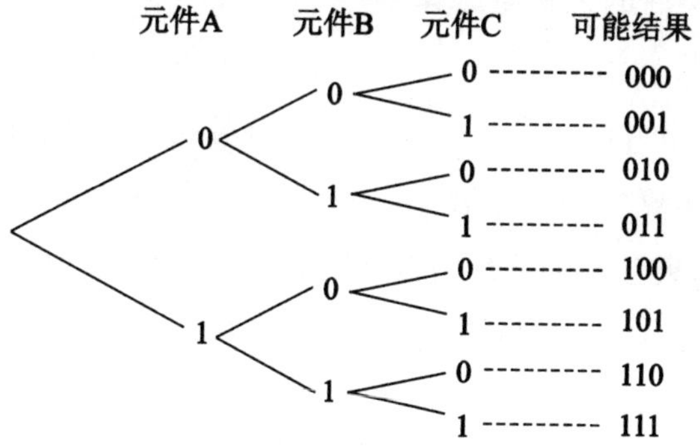

图10.2-3

（2）“恰好两个元件正常”等价于$(x_1, x_2, x_3)\in\Omega$，且x_1，x_2，x_3中恰有两个为1，所以$M=\{(1, 1, 0), (1, 0, 1), (0, 1, 1)\}$. “电路是通路”等价于$(x_1, x_2, x_3)\in\Omega$，$x_1=1$，且$x_2$，$x_3$中至少有一个是1，所以$N=\{(1, 1, 0), (1, 0, 1), (1, 1, 1)\}$. 同理，“电路是断路”等价于$(x_1, x_2, x_3)\in\Omega$，$x_1=0$，或$x_1=1$，$x_2=x_3=0$，所以$T=\{(0, 0, 0), (0, 1, 0), (0, 0, 1), (0, 1, 1), (1, 0, 0)\}$.

方法规律：

1. 写样本空间的关键是找样本点，具体有三种方法：

（1）列举法：适用样本点个数不是很多，可以把样本点一一列举出来的情况，但列举时必须按一定的顺序，要做到不重不漏.

（2）列表法：适用于试验中包含两个或两个以上的元素，且试验结果相对较多的样本点个数的求解问题，通常把样本归纳为“有序实数对”，也可用坐标法，列表法的优点是准确、全面、不易遗漏.

（3）画树状图法：适用较复杂问题中的样本点的探求，一般需要分步（两步及两步以上）完成的结果可以用树状图进行列举.

2. 对于随机事件的表示，应先列出所有的样本点，然后，确定随机事件中含有哪些样本点，这些样本点作为元素表示的集合即为所求.

第二课时　事件的关系与运算

教学目标

1. 了解随机事件的包含、相等、互斥与对立的含义，能结合实例进行随机事件的并、交运算.

2. 通过利用集合的关系判断事件的关系，体会类比的研究方法，习得将随机事件抽象为样本点进而判断事件关系的方法，提升学生数学抽象的核心素养.

教学过程设计

1. 复习引入，提供素材

问题　（1）上节研究的一次投骰子试验所得点数的样本空间是怎样的？

（2）你能找到哪些随机事件？并以集合形式表示.

【设计意图】（1）继续巩固学生对样本空间列举的准确、完备；

（2）锻炼学生对事件文字表述和集合表示的转化能力；

（3）为本课学习提供素材.

预设的师生活动：学生迅速、准确地找到样本空间$\Omega=\{1, 2, 3, 4, 5, 6\}$.

学生找到的随机事件：

A：点数为1，即$A=\{1\}$；B：点数为2，即$B=\{2\}$；C：点数为3，即$C=\{3\}$；D：点数为4，即$D=\{4\}$；E：点数为5，即$E=\{5\}$；F：点数为6，即$F=\{6\}$.

部分学生尝试寻找一些较复杂的事件：

G：点数为奇数，即$G=\{1, 3, 5\}$；H：点数为偶数，即$H=\{2, 4, 6\}$；

I：点数不大于2，即$I=\{1, 2\}$；J：点数小于3，即$J=\{1, 2\}$……

2. 类比学习，理解新概念

问题1　观察上面得到的若干集合，你能找到这些集合间具有哪些类型的关系？这些事件的样本点分布有何特点？将你得到的结果填写在表格中.

【设计意图】引导学生先从集合论的角度发现集合间的关系，观察事件样本点分布的特征，进而定义事件间的关系.

预设的师生活动：学生观察填表，最后两个集合的关系需要教师提示（如表10.2-1）.

表10.2-1

集合的关系	样本点分布特征
$A\subseteq G$	事件A的样本点全部落在事件G中
$I=J$	事件I和事件J所含样本点相同
$A\cup B=I$	事件I包含的样本点全部落在事件A或事件B中
$G\cap I=A$	A事件的样本点既在事件G中又在事件I中
$A\cap B=\varnothing$	A，B事件不含相同的样本点
$G\cap H=\varnothing$，且$G\cup H=\Omega$	事件G与事件H不含相同的样本点，它们合计包含了全部样本点

教师引导：第一组关系中，事件A的样本点全部落在事件G中，可知，若事件A发生就一定会导致事件G发生.

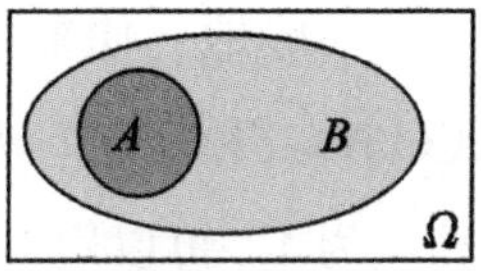

图10.2-4

教师定义：一般地，若事件A发生，则事件B一定发生，我们就称事件B包含事件A（或事件A包含于事件

B）记作 $B \supseteq A$（或 $A \subseteq B$）. 可以用韦恩图表示事件间的关系，如图 10.2-4.

特别地，若 $B \supseteq A$ 且 $A \supseteq B$，就称事件 A 与事件 B 相等，即 $A=B$.

问题 2　请同学们类比刚才的概念，自主阅读课本 P_{230}~P_{231}，小组合作，归纳出表格中其他的事件关系.

【设计意图】通过上一环节的学习，学生已经体验了类比学习的方法，这一环节锻炼学生自主学习、合作学习和归纳表达的能力.

预设的师生活动：组织学生自主阅读教材、合作交流、归纳发言.

一般地，事件 A 与事件 B 至少有一个发生，这个随机事件的样本点全部落在事件 A 或事件 B 中，我们称这个事件为事件 A 和事件 B 的并事件（或和事件），记作 $A \cup B$（或 $A+B$）. 可以用韦恩图表示事件间的关系，如图 10.2-5 .

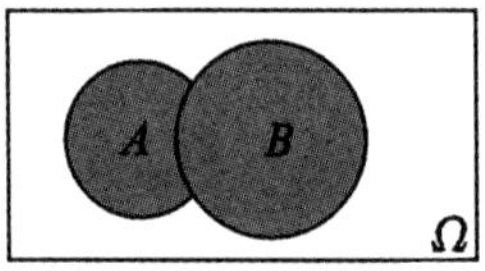

图 10.2-5

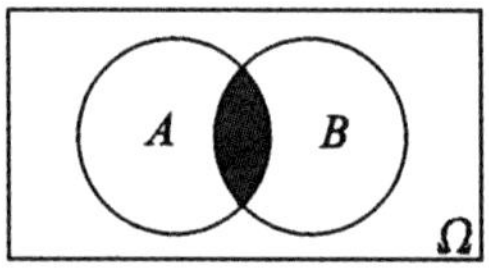

图 10.2-6

一般地，事件 A 中与事件 B 同时发生，这个随机事件的样本点既在事件 A 中，也在事件 B 中，我们称这个事件为事件 A 与事件 B 的交事件（或积事件），记作 $A \cap B$（或 AB）. 可以用韦恩图表示事件间的关系，如图 10.2-6.

一般地，如果事件 A 与事件 B 不可能同时发生，也就是说 $A \cap B$ 是一个不可能事件，即 $A \cap B = \varnothing$，则称事件 A 与事件 B 互斥（或互不相容）. 可以用韦恩图表示事件间的关系，如图 10.2-7.

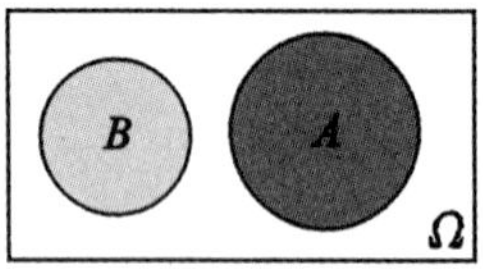

图 10.2-7

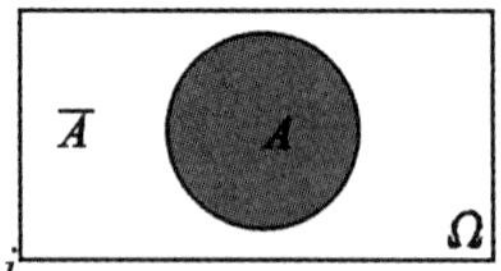

图 10.2-8

一般地，如果事件 A 和事件 B 在任何一次试验中有且仅有一个发生，即 $A \cup B = \Omega$，且 $A \cap B = \varnothing$，那么称事件 A 与事件 B 互为对立，事件 A 的对立事件记为 $\overline{A}$. 可以用韦恩图表示事件间的关系，如图 10.2-8 .

3. 巩固新知，强化印象

问题 我们刚才学习了事件间的若干关系和运算. 请同学们不要借助笔记和课本，你们能说出事件间的关系和运算有哪些？

【设计意图】通过填表的形式巩固所学的新概念并强化理解和记忆，同时规范学生的表述.

预设的师生活动：教师展示表10.2–2并个别提问学生，其他同学负责补充和纠正错误.

表 10.2–2

事件的关系或运算	含义	符号表示
包含	A发生导致B发生	$A \subseteq B$
并事件（和事件）	A与B至少一个发生	$A \cup B$或$A+B$
交事件（积事件）	A与B同时发生	$A \cap B$或AB
互斥（互不相容）	A与B不能同时发生	$A \cap B=\varnothing$
互为对立	A与B有且仅有一个发生	$A \cup B=\Omega$，$A \cap B=\varnothing$

4. 初步应用，深化理解

师生共同研究课本P_{231}~P_{232}例5、例6，在例题的研究中注意：

（1）训练学生对事件的描述和样本点的对应；事件关系的文字描述与符号语言的对应.

（2）对比本课引例，引导学生认识当实际问题案例的试验结果中含有两个可变量时应选择形如“(x, y)”的数对表示样本点.

（3）事件关系的判断有些从文字描述很快可以做出结论，有些则需要借助样本点分布特征做出判断，引导学生做好方法的选择.

5. 梳理小结

问题 本节课学习了事件间的哪些关系？哪些运算？我们是用怎样的方法判断的？

【设计意图】帮助学生梳理基本知识，形成方法，提升学生的归纳能力.

预设的师生活动：学生自主总结，展示交流．

本节的结构：

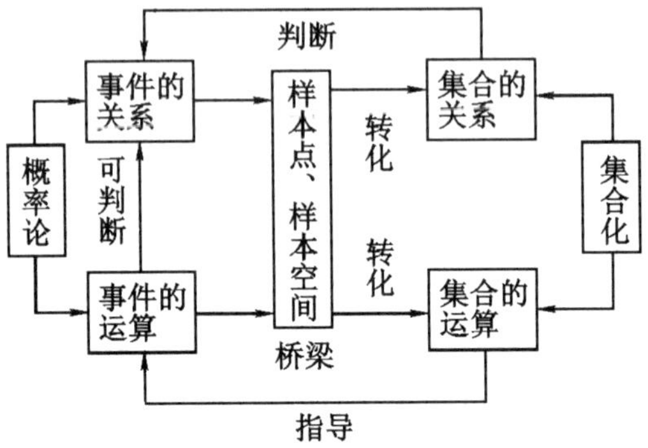